선명상 일기
禪冥想 日記

현대인에 꼭 필요한 365일 간화선 수행

선명상일기
禪冥想日記

해광 이영원(海光 李永遠) 지음

하늘북

추천사

1

고통과 혼돈 속에서 길을 잃은 모든 구도자들에게 해광 선법사께서 저술한 이 간화선(看話禪) 안내서는 '깨달음으로 가는 빛의 길'로서 한 줄기 밝은 광명이자 가장 확실한 이정표가 되어 줄 것입니다.

서산 대사님께서는, "번뇌는 미혹을 낳는 어두운 무명(無明)의 길이며, 이 무명의 어둠을 타파하는 방편은 곧 밝은 지혜로 나아가는 참선"이라고 하였습니다. 이 책은 단순한 심리적 위안을 주는 명상서가 아니라, 어둠 속에서 지혜의 광명을 회복하게 하는 근원적 해탈의 길을 제시하고 있습니다.

법사께서는 깨달음의 진실한 길을 찾고자 오랜 세월 제방의 선지식을 참문(參問)하며 일념으로 수행해 왔습니다. 이러한 철저한 실참(實參)과 검증을 통해 체득한 절절한 깨달음의 체험, 즉 수증(修證)을 바탕으로 이 책이 탄생하였습니다. 그러므로 이 책은 단순한 이론이 아니라 수행자가 몸소 겪어낸 살아 있는 진리의 기록입니다.

이 책의 가장 두드러진 특징은 깊은 내용에도 불구하고 수행 초심자를 세심하게 배려한 구성에 있습니다. 법사께서는 자신의 체험을 독자가 자연스럽게 공감할 수 있도록 일기 형식으로 풀어내었으며, 간화선이라는 정법(正法)을 매우 구체적이고도 친절하게 설명하고 있습니다.

이는 고된 수행의 결실을 나누고자 하는 자비심에서 비롯된 것입니다. 마치 번뇌의 망망대해 한가운데 등대를 세우듯, 길을 잃기 쉬운 수행자들에게 올바른 방향과 안전한 길을 제시하고 있습니다.

누구나 책의 안내에 따라 매일 꾸준히 실천한다면, 번뇌는 서서히 잦아들 것이며 마음을 가려 왔던 미혹의 구름은 걷히고, 본래의 고요하고 밝은 마음이 자연스레 드러날 것입니다. 이 책은 누구나 본래 지닌 청정한 마음의 빛을 회복하도록 도와주는 실용적인 수행 안내서입니다.

이 책을 읽는 모든 이들이 번뇌 없는 평화[無念], 집착 없는 자유[無住], 형상에 얽매이지 않는 행복[無相]을 누리기를 두 손 모아 기원합니다.

2025년 11월 30일

대한불교조계종 선명상위원장

금강(金剛) 합장

추천사

2

귀의 삼보하옵고,

동국대학교 불교대학원 동창회에서는 동불선원을 개원한 지 어느덧 10여 년이 지났습니다. 그동안 동창회 도반님들은 한국 전통 선맥을 잇는 간화선을 이곳 동불선원에서 꾸준히 이어올 수 있었습니다. 이렇게 안정적으로 수행을 이어올 수 있었던 것은 해광 선원장님의 깊은 원력과 자비심 덕분입니다.

이제 그동안의 수행이 무르익어 해광 선원장님께서는 제자들의 수행에 도움을 주고자 바쁜 일상에서도 시간을 내어 자신의 수행 기록을 집필하셨습니다. '물건 없는 한 물건' 즉, '선명상일기(禪冥想日記)'라는 제목으로 간화선 수행의 지침서를 발간하신다는 소식에 매우 기쁘고 감사한 마음입니다.

시중에는 많은 명상 서적과 간화선 관련 책들이 나와 있지만, 수행에 갈증을 느끼는 재가자들의 요구를 충분히 채워주지는 못했습니다. 책 대부분이 수행 방법만을 설명할 뿐, 직접적인 체험을 바탕으로 쓰인 것이 아니며, 본질과 부차적인 내용으로만 설명하다 보니 이해하기가 쉽지 않았습니다.

선원장님께서는 재가에서 수십 년간 치열하게 수행하며 화두를 타파하고 깨달음을 얻으셨습니다. 그 경험을 바탕으로, 자신이 체득한 공부를 남김없이 쉽고 간편하게, 간소하게 정리하여 기록한 것이 바로 이 책의 실천적 체험입니다.

길 없는 길에서 '물건 없는 물건'을 들고 동불선원과 여러 선원에서 간화선을 지도하시며, 재가 수행자들이 겪는 어려움을 직접 살피고 자연스럽게 화두를 공부할 수 있는 길을 열어주셨습니다.

이제 그 결실 '법사리(法舍利)'인 《선명상일기》를 제방 재가자들에게 펼쳐 보여 주시니, 많은 이들이 이를 널리 읽고 공부하여 큰 깨달음을 얻고, 함께 성불의 길에 동참하시기를 바랍니다.

2025년 11월 30일

동국대학교 불교대학원 동창회

회장 월제혜담(月齊慧潭) 합장

머리말

화두 일기를 쓰면서

오늘날 우리는 눈부신 기술의 발전 속에서 살아가고 있습니다. 그러나 정작 우리의 마음은 쉽게 흔들리고, 중심을 잡기 어렵습니다. 인공지능과 첨단 기술이 빠르게 발전하고 있음에도, 이에 걸맞은 정신적 깊이나 내면의 지혜는 아직 충분치 않습니다.

이제는 나[我] 자신 안의 마음자리를 돌아보는 수행, 특히 선(禪) 명상이야말로 현대인에게 꼭 필요한 근본적 길이 될 수 있습니다. 마음을 다스리고 본래의 성품을 비추어 보는 이러한 수행이야말로, 빠르게 변화하는 시대 속에서도 흔들리지 않는 내적 중심을 잡아 주는 길입니다.

《선명상(禪冥想) 일기》는 일상생활 자체를 수행의 장으로 삼아, 매일의 공부를 점검하고 마음을 다듬으며, 본래 자신의 성품자리를 비추어 보는 실천적인 안내서입니다.

이 수행은 크게 세 가지 핵심 개념을 중심으로 이루어집니다.

하나의 법(法)
하나의 마음[心]
하나의 문(門)입니다.

그중에서도 '하나의 문'을 여는 열쇠가 바로 화두 타파(話頭打破)입니다. 도(道)는 우리가 얻거나 혹은 잃는 대상이 아니라, 분별과 대립을 초월한 자리에서 자신의 본성을 직접 보고 깨닫는 데 있습니다.

화두 타파는 일상생활 속에서 문득 떠오르는 의문이나 질문을 수행의 화두로 삼아, 그것을 깊이 관찰하고 철저히 살피는 수행 방식입니다. 이러한 수행은 간화선(看話禪)에서 대표적으로 행해지며, 깨달음에 이르는 가장 빠르고 직접적인 길입니다.

《선명상(禪冥想) 일기》를 읽고 꾸준히 실천하면, 생멸(生滅)의 집착과 변화에서 벗어나 마음이 고요해지는 적멸(寂滅)의 경지에 이를 수 있습니다. 그곳은 진정한 평온과 자유, 그리고 깊은 기쁨이 머무는 자리입니다.

오늘날 첨단 기술과 인공지능이 발달했지만, 기술만으로는 인간의 삶을 온전히 채울 수 없습니다. 마음을 꿰뚫는 수행 없이 쌓인 지식(知識)에는 한계가 있을 수밖에 없습니다. 따라서 이제는 간화선을 중심으로 한 선(禪) 명상이 현대인의 삶에서 내면을 안내하는 정신적 나침반이 되어야 할 때입니다.

이 책이 그 길을 밝히는 하나의 등불이 되어, 더 많은 사람이 자기 안의 참된 주인공을 발견하고 자유롭게 행복한 삶을 살아가는 데 도움이 되기를 바랍니다.

이 책이 세상에 나올 수 있도록 그동안의 공부 자리를 정리하며, 온 마음을 보태 주신 동불선원 입승이신 명봉 신해철 님께 깊이 감사드립니다.

2025년 11월 30일

동불선원장(東佛禪院長)

해광(海光) 씀

목 차

- 추천사 1 _금강(金剛) _ 4
- 추천사 2 _혜담(慧潭) _ 6
- 머리말 / 화두 일기를 쓰면서 _해광(海光) _ 8

◆◆ 선명상 일기 ◆◆

- 1월 자기성찰 _ 15
- 2월 불교입문 _ 47
- 3월 구도(求道) _ 77
- 4월 간화선 입문 _113
- 5월 좌선의 기본자세 _145
- 6월 참선자의 마음가짐 _177
- 7월 화두수행 _209
- 8월 화두타파 _241

- 9월 최종관문 _273
- 10월 보림수행 _305
- 11월 중생제도 _337
- 12월 대자유인 _369

【부록】

1. 간화선이란 _402
2. 간화선 용어 풀이 _408
3. 약전(略傳) _420
4. 발문(跋文) _명봉(明峯) _424

현대인에 꼭 필요한 365일 간화선 수행

선명상일기

禪冥想日記

해광 이영원(海光 李永遠) 지음

1월

자기성찰

나는 누구인가?
나는 어디서 와서 어디로 가는가?
삶의 의미는 무엇인가?
인생(人生)은 무엇인가?

1월 1일

'나는 어디서 와서 어디로 가는가?'
그 의문(疑問)이 시작될 때,
우주와 내가 하나 되는 지혜(智慧)의 문(門)이 열립니다.

선(禪)은 식심견성(識心見性), 자신의 마음을 알고 본래 성품을 꿰뚫어 보는 것입니다. 명상(冥想)은 그 중심에 화두(話頭)를 들고, 간절한 의심으로 본심(本心)을 관조하는 수행입니다. 화두는 말 이전의 말, 생각이 끊어진 말, 흔적조차 없는 경계를 가리키는 특별한 물음입니다. 이는 논리나 지식으로 풀 수 없는 근원적인 물음입니다.

'나는 누구인가?'
'나는 어디서 와서 어디로 가는가?'

이와 같은 물음에서 화두 생활은 시작됩니다. 간화선(看話禪)은 이 화두를 들고 실천하는 수행으로, 가장 빠르고 직접적인 깨달음의 길입니다.

수행의 첫걸음은 탐욕[貪] · 성냄[瞋] · 어리석음[癡] - 이 삼독(三毒)을 다스리는 것입니다. 그 위에 화두 수행이 깊어지면, 결국 우주와 나[我] 하나 되는 경지, 즉 참된 평안과 원(願)의 성취에 이르게 됩니다.

선명상(禪冥想) 일기는 깨달음과 해탈의 길을 실천하는 생활 속 용심서(用心書)입니다. 이 공간을 통해, 진리를 향한 화두 수행의 본질을 배우고, 일상에서 실천할 수 있는 선 명상의 방법을 익히며, 나와 세상을 함께 꿰뚫는 지혜의 여정을 시작할 수 있습니다.

1월 2일

'이뭣꼬?'
이 한마디 화두(話頭)에서
분별(分別)을 멈추고 나[我]의 본래자리를 비추는
참된 삶이 시작됩니다.

'이뭣꼬?' 이 간결한 화두는 생각 이전, 본래의 자리를 찾기 위한 물음입니다. 화두 수행은 단순한 사유가 아니라, 분별을 멈추고 마음속 깊이 화두를 자리하게 하여 자신을 스스로 비추는 수행[廻光返照]입니다.

화두를 참구(參究)한다는 것은 단지 화두를 '생각'하는 것이 아니라, 그 화두 안으로 깊이 파고들어 결국 화두와 나[我]가 하나 되는 경지에 이르는 것을 말합니다. 이때 중요한 점은 총명하거나 이성적인 분별심으로 헤아리지 않고, 오로지 순수한 의심(疑心)만을 간직한 채, 묵묵히 관조하는 것입니다.

화두 수행은 의심을 깊게 하면 할수록 내면의 에너지가 쌓여 본성이 폭발적으로 드러나는 삼매에 이르는 과정입니다. 이 과정은 의심(疑心), 의정(疑定), 의단(疑團), 타성일편(打成一片), 은산철벽(銀山鐵壁)의 단계를 거쳐 완성됩니다. 취하거나 버릴 것도 없고, 안과 밖이 둘이 아닌 자리에서 우리는 진정한 '주인공'이 됩니다.

이곳은 말과 형상, 좋고 나쁨이 사라진 무심무념의 경지입니다. 화두는 앉아 있을 때뿐만 아니라 걷고 서고 누울 때까지 이어져야 하며, 이를 동정일여라 합니다. 생활 속에서 마음과 성품을 깨달을 때, 우리는 진정한 '참나'를 만날 수 있습니다.

1월 3일

화두란 생각 이전의 자리를 꿰뚫는 근원적 물음으로,
모든 분별을 끊고 간절한 의심 하나로
깨달음에 이르게 하는 선 수행의 핵심입니다.

화두(話頭)는 깨달음을 직접적으로 이끄는 도구로, 단순한 질문이 아니라 생각과 분별을 넘어서는 특별한 언어입니다. '화(話)'는 말, '두(頭)'는 말 이전의 자리, 즉 생각이 일어나기 전의 근원적 마음을 뜻합니다.

화두란 이 '생각 이전의 자리' 일반적인 사고로 답할 수 없는 절대적 물음입니다. 이는 스승이 제자에게 던지는 가장 날카로운 물음으로, 제자는 이 화두를 들고 생사를 건 전심(全心)의 수행으로 화두를 타파(打破)해야 합니다.

자신의 본래 마음자리는 맑고 깨끗하며, 마음과 성품을 바로 알면 즉시 부처의 도(道)를 이룰 수 있습니다. 일체 만법은 마음속에 있으며, 분별과 차별에 얽매이면 본성을 드러낼 수 없습니다.

참선 수행에는 대신근(大信根, 굳은 믿음), 대분지(大憤志, 간절한 뜻), 대의정(大疑情, 큰 의심) 세 가지가 필요하며, 특히 의심은 깨달음의 열쇠입니다. 알 수 없는 것을 간절히 알고자 하는 마음이 하나로 뭉쳐 수행할 때, 우리는 깨달음에 가까워집니다.

수행 중 견해를 내세우고, '이것이 깨달음일 것이다'라고 인식하거나, 스스로 '주체'가 되려는 마음을 일으킨다면 바로 음계(陰界), 미혹의 세계에 떨어집니다. 오직 생각과 판단을 모두 내려놓고, 선지식이 제시한 화두 하나를 붙들고 그 의심이 깊어져서 타성일편, 은산철벽, 내외명철에 이르러야 합니다.

1월 4일

화두 수행은
생각과 분별을 여의고,
일상생활 속에서 간절한 의심을 통해 본래 성품을 꿰뚫어
진정한 자유와 깨달음에 이릅니다.

화두의 핵심은 말과 생각이 사라진 자리에서 참구하는 데 있습니다. 진정한 자유는 화두를 깨달음으로써 얻으며, 그 자유는 형상이나 얽힘 없이 순수한 자리입니다. 일체 만법은 내 마음속에 있으므로 자신의 성품을 깨닫지 못하면 수행도 근본에서 벗어나게 됩니다. 화두 참구는 성품을 꿰뚫어 진리를 체험하는 수행의 핵심입니다.

화두 생활에는 화두와 자신에 대한 믿음, 용기와 인내가 필요하며, 삶을 단순하고 질서 있게 유지하는 것이 자기 내면 집중에 도움이 됩니다. 화두 수행은 앉고 눕고 말하고 움직이는 모든 일상생활 속에서 이어지며, 화두가 자신 내면에 자리 잡으면 어떤 환경 속에서도 고요하고 자연스럽게 행동하게 됩니다.

화두 수행을 방해하는 것은 외부에 있는 것이 아니라 내 안의 분별과 망상이 원인입니다. 화두가 깊어지고 무르익으면 맑은 거울이 모든 것을 그대로 비추듯, 태양이 떠올라 온 하늘을 밝히듯, 마음이 깨끗해지고 텅 빈 본래의 자리가 드러납니다.

이때 중요한 점은, 화두 수행이 억지로 힘을 줘서 되는 것이 아니라는 것입니다. 억지로 애쓰는 것이 아니라 일상에서 자연스럽게 깊어지고 익어가야 합니다. 그러면 마침내 화두가 저절로 타파되는 순간이 옵니다.

1월 5일

화두 생활은
자신 내면의 본래 성품을 꿰뚫어
지혜와 평정으로
지금 이 순간의 마음을 바로 보는 것입니다.

화두 생활은 자신의 마음을 하나의 중심에 집중시켜, 흐트러짐 없이 본래 성품을 꿰뚫는 수행입니다. 그 속에서 미혹은 사라지고 감정은 평정되며, 지혜는 스스로 밝아져 진실한 이치를 깨닫게 됩니다. 스스로 내 마음을 관찰하고, 찰나의 순간(札刹)에 본래 성품 자리를 깨닫고, 그 성품의 심지를 지혜로써 비추어 참구하면, 안팎이 밝아지고 사무쳐 결국 본래의 마음자리를 알아차리게 됩니다.

마음을 다스리는 여러 방법 중에 생사에 관한 화두는 가장 귀중하며, 우리가 놓치지 말아야 할 적극적인 공부입니다. 지혜는 본래 스스로 지니고 있거늘, 다만 마음이 미혹하여 잠겨 있을 뿐입니다. 마음은 몸속의 채널을 따라 움직이면서도 몸을 순수하게 만드는 호흡의 미묘한 에너지에 편승하고 있으며 우리의 생명은 호흡 사이에 있습니다.

움직임과 고요함, 가고 옴, 말과 침묵, 이 모든 것이 나(我) 밖에서 오는 것이 아닙니다. 그 어떤 것에도 집착하지 말고 버릴 필요도 없습니다. 처음부터 끝까지 하나일 뿐이며, 세간법을 떠난 곳에 별도로 불법이 있지 않으며, 불법을 떠난 곳에 별도로 세간법(世間法)도 없습니다. 불법(佛法)은 별도로 존재하는 것이 아니라, 지금 이 순간, 바로 이 마음입니다.

1월 6일

화두 수행은
'오직 모를 뿐' 간절한 의심으로
본래 마음을 꿰뚫어 삼독을 여의고
지금 이 순간 자성, 본래 성품 자리를 깨닫습니다.

자기의 본래 마음을 아는 것이 곧 자기의 본래 성품을 보는 것입니다. 사람의 마음은 본래 청정(淸淨)합니다. 그러나 탐욕, 성냄, 어리석음 등 삼독(三毒)이 그 마음을 덮고 있어 우리는 진실한 자기를 보지 못한 채 번뇌와 고통 속에 살아갑니다.

자기의 마음을 잃으면 바로 중생이고, 자기의 마음을 깨치면 곧 부처입니다. 이 마음을 깨닫지 못하면 아무리 노력해도 삶의 진정한 보람과 평온을 얻기 어렵습니다.

화두를 들 때는 영리하고 총명한 마음으로 헤아려 분별하지 말고, 오직 '모를 뿐'의 마음으로 참구해야 합니다. 자나 깨나 화두 일념으로 무심삼매하면 깨달음에 도달할 수 있습니다.

화두를 본다는 것은 한 생각 일어나기 전 자기의 본성자리를 보는 것이며, 생사가 이곳에서 나왔으나 이곳에는 생사가 없습니다. 또렷하면서도 고요한 마음으로 '이뭣꼬?'라는 화두 하나를 붙들고 생각 이전의 나를 묻는 것입니다.

화두 수행은 마음이 간절한 지금, 지금 이 순간 시작해야 합니다. 그러기 위해서는 아래와 같은 여섯 가지 준비가 필요합니다. ① 스승 ② 화두 결택 ③ 화두 확신 ④ 발심 ⑤ 신심[信] ⑥ 의심[疑情]입니다.

1월 7일

생각 이전의 자리에서
'이뭣꼬?'
한 물음이 진정한 자유와 지혜로 이끌 것입니다.

화두 수행은 시간과 장소를 정해서 하는 수행이 아닙니다. 걷고 일하고 말하고 쉴 때조차도, 모든 사물과 마주하는 그 순간마다 자신에게 물어야 합니다. '이것은 무엇인가?' 끊임없이 '이뭣꼬?'라는 의심을 깊이 관(觀)해서 마음에 머무름이 없어야 합니다. 화두를 오래도록 참구(參究)하여 한결같이 지니게 되어 마음속에 푹 익으면 어느 순간 모든 법은 공(空)하여 실체가 없음을 알게 될 것입니다.

만법은 공(空)하여 실체가 없고, 일체 만법은 자기 성품을 떠나지 않으며, 자성은 본래 청정하고 생멸이 없습니다. 자성이 본래 구족되어 있음을 알고, 동요함이 없고 능히 일체만법이 자기 성품을 떠나지 않음을 스스로 깨닫게 됩니다.

화두는 단순한 질문이 아닙니다. 마음의 뿌리 깊은 곳에 새겨 넣는 간절한 의심이며, 한 생각 일어나기 전 본래 마음자리로 향하는 가장 빠르고 직접적인 수행 도구입니다. '공부를 지어간다'라는 것은 화두로 자신의 마음을 깊이 파고드는 일이며, 화두와 내가 하나 되는 순간, 모든 분별이 사라지고 생사를 초월하게 됩니다.

의심이 깊을수록 깨달음도 깊습니다. 지금 여기, 생각 이전의 마음자리에서 분별없는 고요함과 깨어있음으로 '이뭣꼬?' 이 질문 하나가 생사의 경계를 넘어 진실한 자유와 지혜의 삶으로 이끌 것입니다.

1월 8일

깊은 의심(疑心)은 번뇌를 없애고 본래 마음의 청정함과 깨달음을 여는 가장 강력한 도구입니다.

'이뭣꼬?'는 선불교 수행의 대표적인 화두로 밥 먹고 옷 입고 말하고 보고 듣는 그 주체, 언제 어디서나 소소영영(昭昭靈靈)히 작용하는 이 주인공입니다.

이놈이 과연 누구인가?
마음도 아니고, 부처도 아니며, 어떤 하나의 물건도 아닌 이것이 과연 무엇인가?

'이뭣꼬?' 화두는 깊은 의심(疑心)을 일으키는 수행 도구입니다. 의심을 강조하는 이유는 그 의심이 한순간에 터지면 망념이 더 이상 붙을 수 없게 만들기 때문입니다. 우리는 생각을 일으켜 이리저리 굴리는 데 익숙합니다. 그렇기에 무념의 상태가 지속되지 못합니다. 한 생각 한 생각 깨어있으면서 화두를 들면, 망념이 더 이상 유지되지 못하게 됩니다.

화두에 대한 의심이 계속 이어지는 상태를 의정(疑情)이라 하며, 그 의정이 더욱 깊어져 응축된 상태가 의단(疑團)입니다. 화두는 일상에서도 끊임없이 이어져야 하며, 그 의심은 점점 더 강해져야 합니다. 마치 제트 폭격기가 공기를 압축하여 강력한 힘을 내는 것 같이 의심이 강렬하게 응축되면 모든 번뇌가 사라지고, 맑고 밝은 마음자리에 이르게 됩니다.

1월 9일

화두는
간절한 의심으로,
망념을 걷어내고 자비와 지혜를 밝히는
가장 직접적인 깨달음의 길입니다.

화두 참구란 무엇인가?

화두를 든다는 것은 곧 화두를 참구(參究)하거나, 화두 공부를 하는 것입니다. 이는 화두를 분석하거나 지식으로 이해하는 것이 아니라, 화두와 내가 하나 되어 간절한 의심으로 끊임없이 살피는 수행입니다. 이것을 간(看)이라 하며, 바로 참구의 핵심입니다.

사람의 마음은 본래 청정하고 성불할 자질을 갖추고 있으나, 나[我] 밖의 경계에 대한 집착과 망념이 밝은 본성을 가려 보고 듣지 못하게 만듭니다. 마치 해와 달이 항상 밝지만 구름에 가려 빛을 잃듯, 지혜의 바람이 불면 구름[妄念]이 걷히고 삼라만상이 드러나듯 본래 성품이 드러나게 됩니다.

화두를 참구(參究)하여 타파하게 되면 안과 밖이 밝아[內外明徹] 자기의 성품 가운데 만법이 모두 나타나 일체법에 자재하게 됩니다. 잠자리에서 일어나자마자 곧바로 마음도 아니고 성자도 아니고 물건도 아닌 것에 대한 의문 즉 '이뭣꼬?'라는 물음에서 화두가 시작됩니다.

이 화두 하나를 한 생각으로 간절히 붙잡아 단번에 미혹을 뛰어넘어 본성에 들어가는 길이 일초직입(一超直入)이며, 그 자리는 '나'와 '화두' 그리고 '일'이 합쳐진 근본 자리이고, 바로 깨달음의 뿌리입니다.

1월 10일

**망념을 의심으로 꿰뚫어
화두에 몰입하면
본래의 자성과 지혜가 드러나니,
이것이 곧 선의 길이자 해탈, 무념 삼매입니다.**

달마 대사는, "모든 중생은 본래 부처와 같은 참된 성품을 지니고 있으나, 범부(凡夫)는 망념과 집착[客塵妄心]에 가려서 그 본성을 인식하지 못합니다. 따라서 진성(眞性)을 드러내기 위해서는 마음을 집중하고 벽관(壁觀)을 수행해야 한다"라고 했습니다.

지혜는 본래 밝으나 집착이 망념을 일으켜서 밝지 않게 만듭니다. 망념을 의심으로 꿰뚫어 화두에 몰입하면 의심이 자연스럽게 이어지는 상태인 의정(疑情), 의단(疑團)이 되며, 화두와 내가 하나 되어, 앞뒤가 꽉 막힌 듯한 절박한 상태인 타성일편(打成一片) 또는 은산철벽(銀山鐵壁)의 상태가 도래합니다. 이 절박한 상태를 뚫고 나갈 때, 비로소 자성과 법성이 하나가 되어 삼매와 지혜의 세계가 열립니다.

모든 망념이 사라지면 청정한 자성이 드러나서 지혜로 안과 밖이 모두 환히 밝아져 내외명철[內外明徹]이 됩니다. 이것이 바로 해탈(解脫)이며, 반야삼매(般若三昧)요, 무념(無念)의 상태입니다. 식심(識心)은 견성(見性)이며, 견성이 곧 법신불(法身佛)이자 반야삼매이며, 무념입니다.

육진(六塵)인 색성향미촉법(色聲香味觸法)의 경계 속에서도 집착하거나 물들지 않고 자유롭게 살아가는 것이 곧 반야삼매이며, 자재해탈 즉 무념행(無念行)입니다.

1월 11일

화두 참구는
간절한 의심, 의정, 의단을 이루어
마침내 본래 자성을 밝히는 확철대오의 문이 열립니다.

화두 참구는 간절함에서 시작됩니다.

고양이가 쥐를 노리듯이, 닭이 알을 품듯, 목마른 자가 물을 찾듯이, 아기가 엄마를 찾듯이, 화두를 참구(參究)할 때는 목숨 바겠다는 간절함으로 임해야 합니다. 화두를 간절히 간(看)하면 어느 순간 진정한 의정(疑情)이 일어납니다. 그때 화두는 또록또록 현전(現前)하게 되고, 마음은 고요해지고 번뇌와 망상이 저절로 사라집니다.

새소리, 차량 소리 등 온갖 소리가 들려오지만, 듣는 자리는 어디인지 알 수 없습니다. 이는 곧 몸과 마음이 비어 있는 수행의 자리입니다. 화두의 간절함이 순간순간 흐르고, 그 흐름이 바로 의정의 연속이며, 그 지속이 결국 의단(疑團)으로 굳어집니다.

모든 법은 둘이 아닌 하나의 본래 마음자리에서 비롯되니, 화두에 생명을 걸고 단속해야 합니다. 덥고 춥고 탁하고 맑은 감각들에 걸리지 말고 그 속에서 끊임없이 의심해야 합니다.

'이뭣꼬?'

'어째서 이뭣꼬?'

이 간절한 물음이 계속되면 망상은 자취 없이 사라지고 선정(禪定)이 이뤄지며, 결국엔 확철대오(確徹大悟), 견성성불(見性成佛)에 이르게 됩니다.

1월 12일

자성은
본래 청정하고 만법과 하나이니,
이를 간절히 참구해 단박에 깨치면,
번뇌가 사라지고 지혜가 저절로 드러냅니다.

일체 만법은 자기의 성품을 떠나지 않습니다. 우리가 이 세상에 태어난 것도 본성 즉 자성과 이미 하나 되었기 때문입니다. 자성은 본래 청정하며, 생멸이 없고, 스스로 완전하게 갖추어져 있으며, 흔들림이 없이 만법을 낼 수 있는 본래의 자리입니다. 이를 깨닫지 못하면 참된 삶을 살아갈 수 없습니다.

수행의 핵심은 스스로 마음을 살피고[看], 자기의 본성을 단박에 깨치는 것입니다. 자기 본래의 마음을 아는 것이 곧 자기의 성품을 보는 것입니다. 깨달음에는 본래 차별이 없습니다. 미혹한 사람은 점진적으로 계합(契合)해 가지만, 깨달은 이는 단박에 자성을 꿰뚫어 봅니다. 자성은 원래 잘못도 없고, 어지러움도 없고, 어리석음도 없으며, 모든 생각이 곧 지혜로 나타나는 자리, 무심(無心)입니다.

무심(無心)이란 마음이 본래 텅 비어 공(空) 하지만, 인연을 만나면 자연히 지혜가 드러나는 상태입니다. 본래 마음을 모르면 아무리 법을 배워도 근본적인 이익이 없습니다. 말끝에서 본래 마음을 깨달아 자성을 보면, 그 자체로 세상 모든 사람의 스승이 될 수 있습니다. 미혹할 때는 수많은 세월이 걸리지만 깨달음은 찰나(刹那)에 이뤄질 수 있습니다.

1월 13일

마음이 본래 성불해 있음을 깨달아
한 가지 화두를 꾸준히 참구하면
본래 마음자리에서
해탈과 반야삼매에 이르게 됩니다.

마음이 본래 성불해 있음을 홀연히 깨닫는 순간, 본질적 자유와 참된 안락이 찾아옵니다. 모든 신묘한 작용은 나[我] 밖에 있는 것이 아니라 본래 내 안에 이미 갖추어져 있기 때문입니다. 자성은 허물도 어리석음도 없으며, 지혜가 항상 밝게 비쳐 법의 형상에 얽매이지 않고 자유자재하게 펼쳐집니다. 이 깨달음이 곧 식심(識心), 견성(見性), 대오(大悟), 돈오(頓悟)라 할 수 있는 내외명철(內外明徹)의 묘각(妙覺)입니다.

반야의 지혜로 마음을 관조하면 순간순간 망념이 사라지고, 그때 비로소 진정한 선지식 즉 내 안의 '주인공'을 만나게 됩니다. 앉고 서고 밥 먹고 옷 입는 모든 순간에 함께하는 이 주인공의 심지를 지혜로 살피고 밝히면, 자기 본래 마음을 깨닫게 되고 이것이 곧 해탈입니다. 해탈은 반야삼매의 경지이며, 반야삼매를 통달하면 무념의 상태에 이르게 됩니다.

화두는 수없이 많지만, 그 중에서 한 가지를 깊이 들고 꾸준히 참구해야 비로소 깨달음에 이를 수 있습니다. 비록 즉각적인 깨달음이 없더라도 화두 수행을 통해 잡다한 망념에서 벗어나 삶이 안정되고, 정신적·육체적 건강이 크게 향상됩니다. 따라서 화두 수행은 조급함이나 게으름 없이 꾸준히 이어가는 것이 중요합니다.

1월 14일

간화선은
문자에 의지하지 않고
일상 속 화두를 끊임없이 의심하며,
본래 마음을 깨달아 무념과 해탈에 이르게 됩니다.

문자를 세우지 않고[不立文字] 가르침을 밖에 별도로 전하지 않으며[敎外別傳], 곧바로 사람의 마음을 가리켜 자신의 성품을 보아 성불하는 것이 간화선의 핵심입니다.

간화선 수행은 걷고 서고 앉고 눕고[行住坐臥], 말하거나 침묵하며 움직이거나 기만히 있는[語默動靜] 어떤 상황에서도 가능하며, 현대인의 일상에서도 실천할 수 있는 선명상 수행입니다.

일상에서 반야로 관조하면 찰나 간에 망념이 모두 사라지고, 자기 성품의 심지(心地)를 지혜로 비추어 안팎이 밝아져서 사무치면 본래 마음을 아는 해탈에 이릅니다.

해탈을 얻으면 반야 삼매에 들고, 반야 삼매를 깨치면 무념(無念)에 이르며, 무상(無相)을 체(體)로 삼고 무주(無住)를 본(本)으로 삼으며, 무념(無念)을 종(宗)으로 삼아 머무르지 않는 수행을 완성합니다.

일상에서 망상이 일어날 때 억지로 누르지 말고 빨리 알아차려서 그 자리에서 화두를 참구해야 합니다. 그러면 망상은 사라지고 화두만 남게 되어 끊임없이 의심을 이어가는 수행이 됩니다. 이를 통해 혼란과 복잡 속에서도 삶의 질을 향상시키고, 질서와 품위를 갖춘 향상일로(向上一路)의 삶을 가능하게 합니다.

1월 15일

무념은
성품을 보는 길로
모든 법에 물들지 않으며,
이를 깨치면 부처에 이르게 됩니다.

무념(無念)은 성품을 보는 길이며, 모든 법에 물들지 않는 참된 깨달음의 상태입니다. 무념을 이룬 이는 기억과 집착을 벗어나 광망(誑妄)에 들지 않고, 본래의 진여(眞如)한 성품을 그대로 드러냅니다.

그러므로 지혜로 관조할 때, 어떤 법도 취하지 않고 버리지 않으며, 그 가운데서도 마음은 항상 고요하고 분별하지 않아 일체 경계에 물들지 않아야 합니다. 이처럼 마음이 경계에 흔들리지 않는 상태가 곧 무념이며, 선(禪)의 핵심입니다. 무념의 법을 깨치면 모든 법에 통달하고, 모든 부처님의 경계를 보며, 부처의 지위에 이르게 됩니다.

부처의 지위에 이르는 화두 수행은 '나'라는 집착과 이기적 중심을 넘어설 때 가능하며, 자성 청정의 본성을 회복하는 길입니다. 어느 한쪽에도 치우치지 않는 중도적 삶, 자성의 자비 즉, 모든 존재를 있는 그대로 이해하고 보살피는 자연스러운 자비심으로 살아가게 합니다.

중도(中道)는 연기법의 시각에서 모든 존재가 서로 연결되어 있음을 아는 것이며, 그 본성은 이론이나 개념으로는 결코 꿰뚫을 수 없기에, 오직 화두 수행을 통해 직접 체험하고 깨달아야 합니다.

1월 16일

'나는 누구인가?'
화두를 참구하면,
일상 모든 경계 속에서도 분별을 여의고
본래 자리를 깨달아 자유와 지혜에 이르게 됩니다.

'나는 누구인가?' 라는 화두는 진정한 나를 찾기 위한 의심에서 시작됩니다. 우리 의식은 '나' 와 '나의 것' 에 대한 집착으로 가려져 있으므로 이를 털어내고 본래 자성을 깨닫기 위해서 화두라는 도구를 듭니다.

화두 수행은 '나' 의 실체가 무엇인지 철저히 살펴보고, 연기적 관계 속에서 연기(緣起) · 공(空) · 원상(圓相) · 무아(無我) · 중도(中道)를 통찰하여 현실에 적용하는 수행입니다.

간화선 수행에서 좌선은 단지 앉는 행위에 국한되지 않으며, 말하고 걷고 일하는 모든 일상이 수행의 장입니다. 6조 혜능(慧能, 638~713) 대사는 "밖으로는 경계에 흔들리지 않고, 안으로는 본래 성품을 보는 것이 좌선" 이라 하였습니다.

깨달음이란 본래면목(本來面目)이며, 본지풍광(本地風光), 즉 모든 존재가 하나로 통하는 연기적 원상(圓相)입니다. 이것은 다른 뜻으로는 분별과 망념이 사라진 무념 · 무상 · 무주의 자리를 체득하는 것입니다.

화두는 일상의 모든 문제를 해결하는 데도 적용할 수 있는 지혜의 열쇠입니다. 간절히 화두를 간(看)하면 복잡한 상황에서도 고요한 마음으로 원만하게 풀리며, 결국 생사 문제를 직시하고 진리를 향한 수행에 들어가게 됩니다.

1월 17일

**간화선 수행은 화두를 참구해
나와 세상의 본래자리를 꿰뚫고 분별을 놓아야
진정한 자유와 깨달음에 이르는 길입니다.**

간화선(看話禪)은 말 길과 생각의 길이 끊어진 화두(話頭)를 참구하여 자기의 본래 마음자리를 깨닫는 수행법입니다. 마음을 비우고 몸과 생각을 놓아버려, 마치 기왓조각이나 흙덩이와 같이 되는 것도 개의치 말아야 합니다.

화두 생활은 시간 장소 돈이 필요 없고, 오직 의심(疑心)·의정(疑情)·의단(疑團)이 독로(獨路)하여, 타성일편(打成一片)이 되어야 합니다. 일체 차별이 없는 자리에서 화두를 들어야 번뇌와 망상, 무기(無記)에서 벗어날 수 있으며, 화두는 중단 없이 이어집니다.

그리하여 자연스럽게 화두가 들리고, 의단이 홀로 나타나는 경지 즉, 화두와 내가 하나 되는 자리, 은산철벽(銀山鐵壁)과 같은 꽉 막힌 경계에 들어설 때, 바로 그 앞에 깨달음이 기다리고 있습니다.

화두는 존재에 대한 의문이자, 깨달음의 문입니다. 화두 수행은 곧 '나란 누구인가'에 대한 깊은 의문의 연속입니다. 화두가 하루 24시간 고요한 곳이든, 시끄러운 곳이든, 물 흐르듯 이어지며 일상과 하나가 될 때, 진정한 화두 생활이 됩니다.

이때 상대의 모습은 곧 나 자신이며, 그 순간 무명이 걷히고 마음이 확 밝아지는 자리가 드러납니다. 이를 일초직입여래지(一超直入如來地), 한 번 뛰어넘어 곧장 여래의 경지에 이른다고 합니다.

1월 18일

화두 수행의 간절함과 태도는 고양이가 쥐를 잡듯이 간절하고 끊임없이 집중해야 하며, 일상과 꿈속에서도 한결같아야 합니다.

화두는 고양이가 쥐를 잡듯이, 목마른 자가 사막에서 물을 찾듯이, 간절하게 붙들어야 합니다. 늙은 과부가 외아들을 애타게 그리워하듯이, 전쟁터에 나간 자식을 찾으러 나선 부모의 마음처럼 간절함은 수행의 핵심입니다. 이러한 간절한 마음으로 화두를 24시간 끊임없이 참구해야 하며, 마치 티끌 하나조차 물기를 머금지 않듯 일체 망념이나 집착에 물들지 않아야 합니다. 낮에는 물론이고 잠든 꿈속에서도 화두는 계속되어야 하며, 그렇게 숙면 속에서도 의식은 깨어 있게 됩니다. 이를 숙면일여(熟眠一如)라 합니다.

화두는 단순한 생각이 아닌, '생각 이전'의 자리에서 진정한 참나를 찾는 수행으로, 알음알이로는 그 자리를 밝힐 수 없습니다. 오직 '그놈' 즉, 참된 주인공이 공(空)에서 스스로 사유하고 움직입니다. 그러므로 성성적적(惺惺寂寂) 즉 깨어있되(惺) 번뇌가 없는(寂) 상태로 맑고 고요한 마음으로 화두를 참구해야 합니다.

화두를 참구할 때는 수천만 인파 속에서도 한 사람도 없는 듯이, 오직 자기와 화두만 존재하는 자세로 임해야 합니다. 억지로 되는 것이 아니라, 자연스럽게 화두 일념에 빠져들 때 가능합니다. 처음부터 완전할 순 없지만, 앉으나 서나 끊임없이 간절한 마음으로 참구를 반복해야 합니다.

1월 19일

화두 참구는
의심, 의정과 의단을 거쳐
타성일편, 은산철벽의 경지에 이르면,
마침내 화두가 타파되어 나와 우주가 하나가 됩니다.

화두참구(話頭參究)는 '참나'를 밝히기 위한 수행으로, 의심(疑心), 의정(疑情), 의단(疑團), 타성일편(打成一片)의 네 단계를 거쳐 마침내 화두를 타파하고 깨달음에 이르는 길입니다.

① 의심(疑心)은 수행의 출발점으로 간절하고 진실하여야 합니다. '부처도 아니고 마음도 아니며, 어떤 물건도 아닌 이것은 과연 무엇인가?' 이러한 근원적 의문을 전신의 골절과 털끝 하나에까지 의심을 일으켜야 합니다.

② 의정(疑情)은 의심이 끊임없이 이어져 자연스러운 상태가 되면, 마음이 맑고 고요하면서도 깨어 있는 상태가 됩니다.

③ 의단(疑團)은 의심이 하나의 단단한 덩어리처럼 응축된 상태입니다. 화두가 성성적적(惺惺寂寂), 즉 또렷하게 깨어 있어 고요하게 이어지면 화두가 온몸과 마음에 깊이 배어 한순간도 놓칠 수 없는 상태가 됩니다.

④ 타성일편(打成一片), 은산철벽(銀山鐵壁)은 의단이 더욱 정제되고 순일해지면, 화두와 내가 하나 되어 어디로도 나아갈 수 없는 막다른 벽에 이름을 의미합니다. 이 경지에서는 생각 이전의 자리가 또렷이 드러나며, 때가 무르익으면 화두가 저절로 타파(打破)됩니다.

이렇게 화두가 박살이 나는 순간, 나와 우주가 하나가 되는 깨달음이 열립니다.

1월 20일

화두참구의 핵심은
대신심, 대분심, 그리고 '이것이 무엇인가?' 라는
깊고 간절한 대의심입니다.

화두참구의 세 가지 핵심 요소는 대신심(大信心), 대분심(大憤心), 대의심(大疑心)입니다.

① 대신심이란 내가 본래 부처요, 이미 성불해 있는 존재임을 굳게 믿는 마음입니다. 모든 중생은 청정한 본성을 본래부터 지니고 있으며, 그 믿음 위에서 스승과 화두를 신뢰하고 수행을 시작해야 합니다.

② 대분심은 본래 부처이면서도 부처다운 삶을 살지 못하고 중생처럼 살아가는 자신에 대한 깊은 분노입니다. '역대 조사들은 깨달았는데, 나는 왜 여전히 미혹 속에서 헤매는가?' 하는 간절하며 절박하고, 분한 마음으로 화두를 맹렬히 탐구해야 합니다.

③ 대의심은 화두에 대한 철저한 의문입니다. '말길과 생각길이 끊어진 자리는 무엇인가?' '부처도 아니고, 마음도 아니고, 물건도 아닌 이 놈은 과연 무엇인가?' '이뭣꼬?' 그 누구도 대신 풀어줄 수 없는 이 절절한 의문을 몸과 마음을 다 바쳐 끊임없이 관찰하고 간절하게 묻는 것입니다.

의심이 클수록 깨달음도 크고, 의심이 없으면 깨달음도 없습니다. 화두가 생생하게 살아 움직이면 분별심에 휘둘리지 않으며, 자연스럽게 삼매에 이르게 됩니다. 화두는 문 없는 문, 무문관(無門關)을 통과해야 하는 수행입니다. 그 흔적조차 잡을 수 없는 '화두' 하나를 붙들고, 그것을 뚫고 나아가야 비로소 본래자리에 이릅니다.

1월 21일

간화선 수행은
조신 · 조식 · 조심을 바탕으로
화두와 하나 되는 삼매에 들면,
생각과 분별을 여의고 지혜가 발현됩니다.

조신 · 조식 · 조심은 간화선 수행의 기초입니다.

① 조신(調身)은 결가부좌나 반가부좌가 자연스럽고 편안하게 이루어져야 하며, 과식과 과도한 수면욕은 수행을 방해하므로 삼가야 합니다.

② 조식(調息)은 호흡을 억지로 조절하지 않고 자연스럽고 편안하게 유지하는 것이며, 외부 경계에 끌리지 않고 안으로 헐떡이지 않아야 합니다.

③ 조심(調心)은 탐진치 삼독을 벗어나기 위한 굳센 원력을 갖추고, 나라는 분별심을 초월하여 연기적이고, (空)한 모든 법의 실상(實相)을 관(觀)하는 것입니다.

간화선의 삼매(三昧)란 나와 화두가 하나가 되어, 맑고 고요한 명경지수(明鏡止水)처럼 순수하고 혼탁함 없는 무잡(無雜) 상태에 이르는 것으로, 이때 지혜가 자연스럽게 발현이 되고 번뇌와 망상은 자취를 감춥니다.

깨달음은 말로 표현할 수 없는 생각 너머의 세계이며, 생각이 없는 공부 속에서 진정한 해탈과 열반이 이루어집니다. 깨달음 이후가 수행의 시작이며, 그것을 익혀 나가는 것이 바로 수행이라 할 수 있습니다.

1월 22일

성성적적(惺惺寂寂)한 화두 참구는
번뇌와 망상을 떠나
오직 화두만 또렷하고 맑게 드러나는
고요하고 비어 있는 무심(無心)의 상태입니다.

간화선이란 화두를 통해 지혜의 근원인 자성(自性) 청정심에 계합(契合)하는 수행입니다. 여기서 '깨달음'이란 자기의 본래 성품을 보는 것이며, 그것은 마음을 온전히 쉬어야만 도달할 수 있습니다.

화두를 참구할 때 모든 번뇌와 망상을 떠나 오직 화두만 또렷하고 맑게 드러나서 성성적적(惺惺寂寂)해야 합니다. 이것은 마음이 어디에도 걸리지 않고, 맑은 거울처럼 고요하고 비어 있는 '무심(無心)'의 상태이며, 공적연기(空寂緣起)의 바탕 위에서 자성(自性)을 비추는 수행입니다.

이때 인식주체(認識主體)와 인식대상(認識對象) 그 사이의 구별이 모두 사라져 화두삼매가 되어야 합니다. 이때 무엇인가를 얻으려는 마음, 집착하려는 욕망이 개입하면 번뇌에 휘말려 삼매에 도달할 수 없습니다.

간화선의 도는 지극하고도 깊어 헤아리기 어렵고, 머뭇거림 없이 단박에 견문성색(見聞聲色)을 벗어나 조용히 알아차리는 순간에 교외별전(敎外別傳)의 진실한 뜻이 드러납니다.

법신(法身)은 진리의 본체로서 달과 같고, 보신(報身)은 공덕의 완성으로서 완전한 모습이며, 화신(化身)은 중생을 교화하는 방편으로써 물에 비친 달처럼 드러납니다. 이 세 가지 모습은 하나의 마음, 곧 일심(一心)에서 드러납니다.

1월 23일

자신에게 줄 수 있는 최고의 선물은
화두로 마음을 철저히 비추고 의심하여,
평상심 속 무심행으로
진정한 자아를 깨닫는 것입니다.

자신이 자신에게 줄 수 있는 최고의 선물은 간화선 즉, 화두를 들고 수행하는 화두 생활입니다. 마음은 가장 가까이 있으면서도 가장 파악하기 어렵습니다. 모든 수행은 참된 마음을 찾기 위한 것입니다. 모든 존재는 인연에 따라 생기므로 자성이 없고, 무아(無我)이며 공(空)한 것입니다.

대매법상(大梅法常, 752~839) 스님은, "그대는 마음도 아니고 부처도 아니라고 말하라. 나는 마음 그대로가 부처라고 하겠다"라고 하셨습니다. 깨달음은 남의 말이 아닌 자기 스스로 체험이어야 하며, 의심은 진리를 발견하기 위한 첫걸음입니다. 평범한 일상에서 처음부터 끝까지 철저하게 마음에 걸림 없이, 얻을 바 없이 무심하게 살아가는 것이 평상심시도(平常心是道)의 실천입니다.

어떠한 경계에도 얽매이지 않고 비교하지 않으며, 면면밀밀(綿綿密密)하게 마음밭(福田)을 쓸어버려 모든 작위(爵位)를 내려놓을 수 있다면, 생사(生死)조차 어찌하지 못할 근본을 체득하게 됩니다. 영가현각(永嘉玄覺, 665~713) 스님의 말씀처럼, "최상의 인재는 한 번 결단하여 일체를 끝낸다"라고 했으니, 믿고 실행하기를 바랍니다.

1월 24일

진정한 깨달음은
'이뭣꼬?' 화두 참구로
본래 자성을 직지(直指)하고 번뇌에서 벗어나
참된 마음으로 귀의하는 것입니다.

예로부터 단박에 깨닫고 초월하는 길은 사람의 마음을 바로 가리켜 그 성품을 보고 부처를 이루는 '직지인심(直指人心), 견성성불(見性成佛)' 외에는 다른 길이 없습니다. 지혜로운 상근기(上根機)들은 털끝만큼도 움직이지 않고 단박에 본성과 계합하는 그 길을 귀하게 여겼습니다.

우리의 본래 마음은 청정하나 욕심과 성냄, 어리석음에 물들어 분별 망상을 일으키고 있습니다. 이런 망상 번뇌는 안이비설신의(眼耳鼻舌身意)와 색성향미촉법(色聲香味觸法) 같은 외부 자극 때문에 일어나고, 그로 인해 좋아하고 싫어하는 분별이 생깁니다. 분별 망상을 제거하기 위해 화두를 들고 참선 수행하여야 합니다.

참선은 일초직입여래지(一超直入如來地) 즉, 한 번 뛰어넘어 곧바로 여래의 경지에 드는 수행입니다. 지금 이 몸을 이끌고 다니는 이 주체는 도대체 무엇인가?

'이뭣꼬?' 하는 간절한 물음이 곧 부처이며, 그 질문을 거울처럼 비추고 돌이켜 관조(觀照)해야만 자성의 자리에 도달할 수 있습니다. 이때 화두를 '보는' 견해를 일으켜 관조하면, 이미 진리에서 멀어진 것입니다. 오직 간절하고 끈기 있게 '이뭣꼬?'를 참구하는 것만이 바른길입니다.

1월 25일

'화두는 마음을 밝히는 등불이다'
모든 순간 화두와 하나 되어 적멸의 평화에 이르면
그 자리에서 부처가 드러납니다.

화두생활의 본질은 나와 우주의 참된 본성을 자각하는 데 있으며, 맑고 청정한 삶을 실현하기 위함입니다. 화두 참구는 말이나 설명으로 전달되기 어려운 길이지만, 한 번 화두를 결택했다면 '모를 뿐'이라는 간절한 마음을 유지하며 의심 - 의정 - 의단 - 은산철벽(銀山鐵壁)의 단계를 따라 깊이 들어가야 합니다.

걷고 서고 앉고 눕고 말하고 침묵하고 움직이고 고요한 모든 순간(行住坐臥語默動靜)에 화두는 끊어지지 않아야 하며, 꿈속에서도 역력히 드러날 만큼 간절해야 합니다. 그 과정에서 털끝만큼의 분별심마저도 내려놓아야 합니다.

화두가 한결같이 지속되면 그 자리는 본래 맑고 밝아서 극락정토와 같습니다. 신심과 정성으로 수행하면 업장이 녹아 사라지고, 적멸의 세계 즉 번뇌가 끊긴 열반의 경지에 이르게 됩니다.

화두 수행은 모든 번뇌의 근본을 꿰뚫는 길이며, 수많은 내면의 적과 싸우는 과정이기에 끊임없는 집중과 간절함이 필수입니다. 수행자는 닦되 닦지 않는(修而不修), 닦지 않되 닦는(不修而修), 무념의 닦음(無念之修)을 실천하며, 진정한 마음을 보기 위해서는 발밑을 비추듯 자기 삶을 성찰하라(照顧脚下)는 가르침을 따라야 합니다. 심외무불(心外無佛), 즉 결국 부처는 마음 밖에 있는 것이 아니라 마음 안에 있음을 자각해야 합니다.

1월 26일

화두 참구로
마음의 실체 없음을 깨달으면
무명을 벗고 법성을 깨달아 열반에 도달할 수 있습니다.

우리가 사는 세상은 번뇌와 망상으로 가득 차 있지만, '이것이 무엇인가?' 라는 끊임없는 질문을 통해 본래무일물(本來無一物)의 공성(空性)과 연기(緣起)의 진리를 깨달아 중생의 삶을 벗어나게 됩니다.

혜가 스님이 "제 마음이 편치 않습니다. 부디 제 마음을 편하게 해주십시오" 달마 스님이 "그 불인한 마음을 가져오너라. 내가 편하게 해 주겠다" 혜가 스님이 "마음을 찾아보아도 찾을 길이 없습니다" 달마 스님이 "찾을 수 없다면 어찌 그대의 마음이겠는가. 나는 이미 그대의 마음을 편안하게 해 주었느니라"라고 했습니다.

위대한 선사 달마와 혜가(慧可, 487~593)의 선문답처럼, 우리의 불안한 마음은 실체가 없습니다. 그 사실을 바로 깨닫는 순간, 마음의 평화가 찾아옵니다. 분별과 망상에서 벗어나기 위해선, 어떤 생각도 일어나지 않는 상태에 이를 때까지 화두(話頭)를 깊이 참구해야 합니다. 생각이 사라진 순간 문득 밝아짐이 찾아옵니다. 이것이 바로 조고각하(照顧脚下)이며, 본래면목(本來面目), 즉 자신의 진정한 모습을 보는 순간입니다.

보리(菩提)란 미혹에서 벗어나 진리를 자각하는 깨달음이며, 지혜로 무명(無明)이 사라진 상태가 바로 인간의 완성입니다. 법성(法性) 즉 참된 본성을 깨달으면 번뇌가 끊기고 열반(涅槃)에 이르게 되며, 그 길을 도(道)라고 합니다.

1월 27일

선(禪)은
마음의 본질을 깨달아 번뇌를 끊고,
화두를 깊이 탐구하며 수행하여
본래 성품을 깨닫고 해탈에 이르는 길입니다.

선(禪)은 교리에 얽매이지 않고 '심인(心印)' 즉 마음의 본질을 한 길로 전하는 수행으로, 사람의 마음을 바로 가리켜 본래 성품을 깨닫고 부처가 되는 것을 말하며, 단계나 이론을 세우지 않습니다.

마조도일(馬祖導一, 709~788) 스님은 "마음이 곧 부처[卽心卽佛]"라고 하면서도 "마음도 아니고 부처도 아니며(非心非佛), 마음도 부처도 물건도 아니다"라고 마음과 부처, 법 사이에 본질적 차별이 없음을 강조했습니다.

지혜로운 근기(根機)를 가진 수행자는 무명의 어둠 속에서 찰나(札刹)에 번뇌의 뿌리를 끊고 시절 인연에 따라 해탈을 이루며, 최상승의 근기는 격식과 형식을 뛰어넘어 그 순간에 당시(當時), 당처(當處), 당사(當事)를 직관적으로 깨닫고 스스로 감당하여 하나가 됩니다.

화두법(話頭法)은 번뇌와 망상을 멈추고 본래 마음자리로 돌아가게 하는 수행법으로, 화두는 번뇌가 일어나는 찰나에 즉시 본래자리로 되돌리는 수단이며, 화두를 들 때에는 큰 의심이 불타듯 일어나야 합니다. 화두가 마음 중심에 분명히 자리 잡아 어떤 번뇌도 침범하지 못하게 하고, 화두와 하나가 되어 끝까지 밀고 나가는 수행입니다.

1월 28일

화두(話頭)는
참된 발심과 믿음으로 선지식에게 받아
간절히 참구할 때 의심이 깊어지고,
번뇌를 끊고 해탈에 이르는 도구입니다.

화두는 반드시 참된 발심(發心)이 일어났을 때 결택해야 하며, 발심이 부족한 상태에서 무리하게 화두를 들면 화두가 안정되지 않고 번뇌와 망상이 솟구쳐 다양한 심리적 혼란이 생길 수 있습니다. 화두는 믿을 수 있는 선지식(善知識)에게 받아야 신심이 굳게 서며, 부득이할 경우 부처님의 말씀이나 조사 어록에서 택하거나 스스로 선택할 수 있습니다.

화두를 결택했다면, '나에게 맞느냐, 맞지 않느냐'를 분별하지 말고, 어떤 화두든 좋고 나쁜 것이 없으니, 정직하고 간절하게 들어가야 자연스럽게 의심(疑情)이 일어납니다.

나옹(懶翁, 1320~1376) 선사는 "다른 화두로 바꾸지 말고, 하루 24시간 무엇을 하든지 화두를 들라"라고 하셨습니다. 이는 곧 하나의 화두만을 깊이 타파하면, 모든 공안(公案)이 함께 타파된다는 의미입니다.

선정(禪定)은 남방 불교의 주요 수행법으로, 사성제(四聖諦)를 수행의 바탕으로 삼습니다. ① 고제(苦諦)는 삶은 괴로움이라는 진리 ② 집제(集諦)는 괴로움의 원인은 마음속 번뇌와 집착 ③ 멸제(滅諦)는 번뇌와 무명을 없애면 열반에 이름 ④ 도제(道諦)는 열반에 이르는 실천의 길입니다. 이 네 가지 진리는 인간 존재의 괴로움과 그 해결법을 설명하는 불교의 핵심 가르침입니다.

1월 29일

간화선 수행은
화두를 간절히 참구하여
번뇌를 내려놓고 본래자리를 깨달아,
맑은 마음으로 여여하게 사는 길입니다.

완행열차에 몸을 싣고 떠나보면 앞은 항상 시작이고, 뒤는 끝이 없으니, 앞도 뒤도 모두 한 생각, 한마음이며 하늘과 땅 또한 하나입니다. 눈은 내리고, 구름은 흐르며, 산과 나무는 항상 그 자리에 있고, 들은 넓고 강물은 흐르니 이 모든 것이 변함없는 이치입니다.

이 사실을 깨닫는 순간, 모든 것을 스스로 감당하며 밝고 맑게 여여한 상태를 유지하게 되며, 사람과 열차는 움직여도 본래자리는 그대로인 것을 알게 됩니다

오직 이것입니다. 놓으십시오. 놓아버린다는 생각마저도 놓으십시오. 생각이 텅 비면 둥근 거울처럼 모든 것을 한가로이 비출 뿐이며, 번뇌는 고통의 근본임을 알게 됩니다. 살피고 또 살피십시오. 이것뿐입니다. 화두, '이뭣꼬?' 많은 생각으로 여러 가지를 해결하려 하면 어렵지만, 하나의 생각으로 모든 문제를 꿰뚫을 수 있습니다.

화두 수행은 약한 발심에도 포기하지 않고 꾸준히 정진해야 하며, 망상이나 졸음이 올 때는 정신을 집중하고, 내면 깊은 곳에서 우러나오는 간절한 마음으로 화두를 참구해 의심이 온몸에 스며들 만큼 깊이 들어가야 합니다. 이렇게 참구하다 보면 단박에 부처의 경지에 계합할 수 있습니다. 그 이후에도 현묘함을 꿰뚫고 기연을 제거하며, 충분히 익히고 실천해야 비로소 참된 수행이 완성됩니다.

1월 30일

화두(話頭)로
오온(五蘊)의 공성(空性)을 깨닫고,
망상이 일어나면 억누르지 말고
알아차리며 다시 화두로 돌아갑니다.

캄캄한 새벽, 시간을 가늠할 수 없는 순간 회광반조(回光返照)를 하며 '주인공'을 불러봅니다. 무의식적으로 바지를 집어 입으려 할 때 '이 뭣꼬?'라는 화두가 떠오릅니다. 회광반조는 반드시 해야 하며, 한번 어긋나면 윤회에서 벗어나기 어렵습니다.

'이뭣꼬?' 즉 내 몸뚱이와 나를 여기로 이끈 것은 무엇인가? 라는 의심 속에서 앞과 뒤가 없으니 자유롭게 '입으면' 그 자리는 청정하고 성성적적(惺惺寂寂)한 생명력의 자리임을 알게 됩니다.

찰나의 순간에 만법귀일(萬法歸一), 일시심마(一是甚麽) 즉 '이뭣꼬?'의 앞과 뒤, 어둠과 밝음이 모두 하나임을 체득합니다. 이 화두 타파(話頭打破)는 적멸락(寂滅樂) 즉 열반에 드는 절대의 참 즐거움으로, 절대 다수가 온전히 깨닫지 못한 경지입니다. 찰나에 ① 신체를 구성하는 물질인 색(色) ② 감각 혹은 느낌인 수(受) ③ 감각 대상에 대한 지각인 상(想) ④ 마음의 구성인 행(行) ⑤ 다른 수 · 상 · 행온의 3가지에 대한 앎 또는 인식인 식(識) 즉 오온(五蘊)의 공(空)함이 화두에 녹아내립니다.

화두를 들 때 망상이 일어나면 억지로 누르지 말고, '이것이 망상임'을 알아차리거나 '망상하는 자는 누구인가?'라고 되돌아보며 다시 화두에 집중해야 합니다.

1월 31일

도를 닦는 이는
선지식을 공경하고,
화두를 참구해 의심을 이어가며,
번뇌를 벗어나 대자유와 견성에 이르게 됩니다.

도(道)를 배우는 이는 선지식을 정성껏 모시며 한마디 한마디에서 깨달음의 기회를 잡아야 합니다. 생사의 문제를 늘 가슴에 품고 밤낮으로 어려움을 피하지 않으며, 여러 가지 어려운 경계 속에서도 끊임없이 정진해야 합니다. 화두를 결택한 후에는 조급하거나 느슨하지 않게 거문고 줄 타듯이 적절히 화두에 집중해야 합니다.

화두 수행의 핵심은 다음과 같습니다. ① 화두가 급하면 상기병이 오고 느슨하면 졸림이 찾아옵니다. ② 간절하게 들어야 합니다. ③ 고양이가 쥐를 잡듯이 끈질기게 들어야 합니다. ④ 알음알이로 화두를 설명하지 말아야 합니다. ⑤ 망상이 일어나면 즉시 알아차려야 합니다. ⑥ 끊임없이 화두에 대한 의심을 이어가야 합니다. ⑦ 행주좌와 어묵동정 즉 일상 모든 행동 속에서도 화두를 참구해야 합니다.

화두 생활은 번뇌를 벗어나 삶의 질을 근본적으로 높입니다. 수많은 생각(千思量 萬思量)이 고통을 부르지만, 하나의 '일념' 화두는 대자유를 여는 열쇠가 됩니다. 확철대오(廓徹大悟)는 동정일여(動靜一如) 몽중일여(夢中一如) 오매일여(寤寐一如)의 경지에 이르러 삶과 꿈이 하나가 됨을 체득합니다. 마침내 백척간두(百尺竿頭)에서 한 걸음 더 나아가 화두를 타파함으로써 견성(見性)에 이르게 됩니다.

2 월

불교입문

불교 수행은
계 · 정 · 혜 삼학을 바탕으로 하여
염불(念佛) · 주력(呪力) · 간경(看經) · 참선(參禪)으로
번뇌를 없애고 지혜를 열어서
해탈(解脫)과 깨달음에 이르는 길입니다

2월 1일

모든 법(法)이 본래 둘이 아님을 깨닫고 허공 같은 마음으로 번뇌가 깨달음임을 직관하면 생각 없는 본래자리를 체득하게 됩니다.

과거를 생각하고 또 후회하면 즉시 업식(業識)에 사로잡히게 됩니다. 사랑과 미움, 선악, 유무, 공(空)과 색(色), 생사와 열반, 중생과 부처, 지옥과 극락 등 모든 대립은 본래 둘이 아닙니다. 자연 속에서 함께 존재하는 하나의 진실한 작용일 뿐입니다.

비춤과 경계는 본래 둘이 아니며 평등하고, 모든 것은 한 생각 가운데 있습니다. 마음은 허공과 같이 분별이 없고 거울처럼 경계를 그대로 비출 뿐입니다. 일도양단(一刀兩斷) 즉 일체를 놓아버리고 고요 속에 한 생각도 일어나지 않는 경지에 머물러야 합니다.

생(生)과 사(死), 번뇌와 깨달음, 고요함과 산란함은 본래 둘이 아니며, 파도와 거품도 모두 바닷물입니다. 꿈이 허공(虛空)에서 꽃과 같이 헛것임을 깨달으면 미혹이 곧 깨달음입니다. 모든 분별은 생각에서 비롯된 것이니 생각이 없으면 본래 실상(實相)을 그대로 체득할 수 있습니다.

단도직입적으로 깨달아 이분법을 넘어서야 하며, 사랑하지도 미워하지도 않으면 괴로움도 슬픔도 자연히 없습니다. 본성이 본래 공(空)임을 체험하면 육신과 정신은 그림자와 같습니다. 수행하여 얻는다면 어리석음이니, 진리를 완벽히 통달해야 말과 행동이 일치합니다. 대도(大道)는 허공이라 들어갈 문이 없습니다.

**간절한 화두참구는
고요한 삼매에 이르고,
마음이 곧 진리임을 체득해 정혜일여에서
고통을 벗어나 즐거운 삶을 누리게 됩니다.**

지난날의 지해(知解) 즉 알음알이를 좇기만 하면 업식(業識)에 빠지므로, 화두를 들 때는 조급하지도 느리지도 않게 간절히 '모를 뿐'이라는 의심을 깊이 파고들어야 합니다.

일도양단(一刀兩斷)하듯 단호하게 한쪽을 뿌리치고, 텅 빈 고요함 속에서 한 생각도 일어나지 않는 경지에 이르러 알음알이의 기연에 빠지지 말아야 합니다. 또한 확연히 깨달아 조금의 의심도 없이 사물에 얽매이지 않아야 합니다.

오직 의심과 의정, 의단의 간절함으로 깊이 들어가 타성일편(打成一片)이나 은산철벽(銀山鐵壁)이 되어 말과 생각이 끊어진 삼매(三昧) 상태에 이르면 기연을 만나게 됩니다. 이때 생각을 일으켜 업을 만들면 깨달음에 이를 수 없으니 삼가해야 합니다. 인생의 수많은 어려움도 결국 자기 마음에서 한 치도 벗어남이 없으니, 반드시 화두를 놓지 말아야 합니다.

화두 공부는 진리를 체득하여 고통에서 벗어나 일상을 풍요롭고 즐겁게 만드는 것입니다. 옛 선인들은 즉심즉불에서 큰 힘을 얻었으며, 활활 타는 용광로 속을 투철히 통과하듯 불조(佛祖)조차 세우지 않았습니다. 정(定)과 혜(慧)는 서로 다르지 않고 하나로, 정은 혜의 몸이요, 혜는 정의 작용으로 등불과 빛처럼 서로 떨어질 수 없는 관계입니다.

2월 3일

선(禪)은 무념 속에서
진여의 작용을 자각하고,
화두 일념으로 번뇌를 끊어 맑은 삼매에 들며,
본래 자성을 깨달아 우주와 하나 됨을 체득하는 길입니다.

조주종심(趙州從諗, 778~897) 스님은 "그대가 십 년을 자기 자리에 앉아 있었는데도 선(禪)을 알지 못한다면 내 머리를 베어가라"라고 하였습니다. 선은 말이나 기연(機緣)에 있지 않고, 내외가 모두 밝아지는 경지인 내외명철(內外明徹) 묘각무념(妙覺無念)에 있음을 강조하였습니다. 무념(無念)은 밖으로는 분별하되 안으로는 흔들림 없는 상태로, 진여의 본체와 작용을 깨달아 경계에 물들지 않고 자재(自在)하게 노니는 경지입니다.

세상 사람이 견해를 버리고 생각을 일으키지 않으면 결국 생각 없는 곳에도 머무를 수 없습니다. 이것은 아무 일도 없다는 뜻이 아니라 상대되는 두 모양 즉 유무·선악 등의 모든 번뇌[塵勞]를 끊는 것을 말합니다.

우주만물(宇宙萬物)이 하나임을 체득하면 마음은 태허공(太虛空)처럼 밝고 고요하며, 천지의 사물을 대하여도 무심합니다. 이렇게 확철대오(確徹大悟)에 이르면 가슴속이 해와 달처럼 밝아지고, 본래 지닌 바탕에서 지혜가 자연히 드러납니다.

화두 참구는 말이나 가르침으로 대신할 수 없으며, 번뇌와 망상을 끊고 일도양단의 결심으로 오직 화두 한 생각에 전념해야 합니다. 의심이 흐트러지지 않고 분별이 붙지 않은 맑고 밝은 삼매에서 성성적적하게 화두를 참구해야 합니다.

2월 4일

화두를 들 때는
모기가 무쇠 솥뚜껑을 뚫듯
간절하고 끈질기게 몰입해야 합니다.

심법(心法)을 깨친 이는 무념의 상태에 이르러 기억과 집착에서 벗어나며, 허황된 망상을 일으키지 않습니다. 이는 진여의 성품으로 모든 것이 막힘없이 통하게 되고, 지혜로써 모든 법을 관조(觀照)하며 어떤 것에도 집착하거나 버리지 않습니다. 이것이 본래 성품을 깨닫고 도를 이루는 길이며, 4대인 지수화풍(地水火風)과 5온인 색수상행식(色受想行識)의 모든 현상을 꿰뚫는 대광명(大光明)입니다.

화두를 들 때는 모기가 무쇠 솥뚜껑을 뚫듯 간절하고 끈질기게 몰입해야 합니다. 발심(發心)이 부족하면 잘 들리지 않으니 포기하지 말고 꾸준히 규칙적으로 수행해야 합니다. 망상과 화두가 번갈아 나타날 때는 정신을 집중하고 심호흡하며 입을 꽉 다문 채 화두에 힘을 실어 집중하고, 졸음이 올 때도 같은 방법으로 극복해야 합니다.

인생은 지난밤 꿈과 같아서 허망한 환상도 있고 의식의 작용도 있지만, 또한 결국 사라지는 허공의 꿈임을 알아야 합니다. 그러므로 모든 법을 보되 집착하지 말고 어디에도 머무르지 않으며, 경계에 물들지 않고 맑고 깨끗하게 되어야 합니다. 이것이 무념 상태로 생각이 일어나더라도 그에 얽매이거나 집착하지 않습니다. 경계에 물들지 않고 본래의 성품이 드러나면, 마음은 맑고 자재(自在)합니다.

2월 5일

화두 생활은
자성을 반조하여
무념 무아의 지혜로 본래면목을 깨달아
자비롭게 살아가는 길입니다.

깨달음에 이르기 위해서는 헤아릴 수 없는 지견(智見)을 갖추고, 허공과 법계(法界)를 다하며, 미래가 다하도록 물러서지 않는 굳은 의지가 필요합니다. 털끝만큼도 닦고 배우려는 생각이 없이, 형상이 없는 빛 속에서 항상 자재(自在)하게 머물러야 합니다.

모든 경계 위에서 마음은 일체의 분별을 여의고 고요히 머물며, 무념(無念)을 종(宗)으로 삼습니다. 그러나 무념이란 단지 공허한 것이 아닙니다. 본래 있던 것이나 홀로 독립된 것이 아니라, 모든 인연 속에 연기되어 나타난 것입니다. 따라서 무념 역시 허공의 꽃과 같이 자성이 없고, 자성이 없기에 무아(無我)라 할 수 있습니다.

모든 경계 위에서 망념의 마음이 일어나지 않고, 마음이 물들지 않는 것이 곧 무념이며, 이는 식심견성(識心見性) 즉, 마음을 알아 자성을 보는 경지에 도달한 자만이 이룰 수 있는 경지입니다.

화두 생활은 매일의 마음 운동입니다. 이것은 특별한 시간이나 장소가 필요하지 않으며, 일상의 모든 움직임과 생활 속에서 함께하는 수행입니다. 이는 단순히 마음을 이완(弛緩)하고 평온하게 만드는 것을 넘어서, 성격과 삶의 질을 긍정적이고 자비롭고 지혜롭게 변화시키는 실천 과정입니다.

2월 6일

화두 생활은
자성을 반조해
일상에서 지혜와 자비를 실현하며
내면의 평화를 얻을 수 있습니다.

화두 생활은 생사의 큰일이며, 나와 화두의 경계가 하나 되는 삶, 곧 불이중도(不二中道), 오직 한 길을 걷는 수행입니다. 맑고 밝은 본성의 자리는 거울과 같으며, 육체는 이를 지탱하는 바탕입니다. 따라서 몸이 건강하지 않으면 자성도 온전히 작용할 수 없어 모든 일이 흔들리게 됩니다.

몸은 아침 이슬 같고, 목숨은 서산에 지는 해와 같습니다. 화두 생활인의 참된 자세는 건강을 잘 관리하며, 본래 지닌 보배 즉 자성을 바르게 활용하여 자비롭고 지혜로운 삶을 살아가는 것입니다.

화두 생활을 통해 우리는 다음과 같은 지혜로운 삶을 살아갈 수 있습니다. ① 내면의 지혜를 깨닫게 됩니다. ② 일상 속의 가치를 발견하게 됩니다. ③ 목표를 창의적으로 달성할 수 있습니다. ④ 일의 효율성이 높아집니다. ⑤ 피로감이 줄고 생활이 즐거워집니다. ⑥ 활력이 증대되며 불안과 우울이 사라집니다. ⑦ 몸과 마음이 맑아지며 잔병이 사라집니다. ⑧ 부정적인 마음이 긍정적인 마음으로 바뀝니다. ⑨ 의사소통이 간결하고 명료해집니다. ⑩ 자유로우면서도 치밀한 마음이 자리 잡습니다. ⑪ 사랑을 체험하며 타인과 친밀하게 연결됩니다. ⑫ 음식 절제와 영양, 마음 작용에 대한 관리에 자연스럽게 힘쓰게 됩니다.

2월 7일

**화두 수행은 일상에서
본래 마음을 깨닫고 분별을 떠나
대도(大道)의 참뜻을 체득하는 길입니다.**

화두 수행은 형식에 얽매이지 않고 찰나에 본래 면목을 바로 깨달아 본지풍광(本地風光)을 직접 체험하며, 뿌리를 깊이 내리고 줄기를 굳건히 하여 흔들림 없는 믿음과 깨달음을 기반으로 삼아야 합니다. 모든 것은 본래 갖추어져 있지만, 이를 깨닫지 못하면 정혜(定慧)가 함께하지 못해 평생 분별, 즉 식(識)의 놀이에 머물다 생을 마치게 됩니다.

간화선은 화두를 철저히 참구하는 참구선(參究禪)으로, 조용한 좌선에 머무는 수행이 아니라 일상에서 화두와 함께하는 수행입니다. 은산철벽처럼 사방이 막힌 극한 상황까지 오직 화두에 집중하면, 마음의 번뇌와 생각이 사라지고 참된 마음과 공의 진리를 깨달아 맑고 신비로운 지혜가 드러납니다.

깨달음은 새로 얻는 것이 아니라 본래 내 안에 있던 진리를 확인하는 것입니다. 선(禪)은 텅 비어 있지만 충만한 상태이며, 본래무일물(本來無一物) 즉 본래 아무것도 없는 그 자리에서 불거불래(不去不來), 즉 오지도 않고 가지도 않는 늘 그대로인 진리의 자리를 깨닫는 것입니다.

마음은 드러나 있으므로 애써 찾을 필요가 없으며, 본래 모습을 확인하면 흔적 없이 물러나 우주와 수미산을 담는 경지에 이릅니다. 이때 과거의 가르침과 언어, 논리마저 내려놓아야 비로소 대도의 참뜻을 온전히 체득할 수 있습니다.

2월 8일

선(禪)은
본래 마음의 본성을 체험하고,
찰나에 깨달아 변함없는 본지풍광을 확인함으로써
참된 평안과 지혜에 이르게 합니다.

본래 성품인 본성은 본래부터 원만하고 변함없이 온전하니, 선정이나 삼매에 드는 수행조차도 오히려 업(業)을 쌓는 일일 수 있습니다. 내 안에는 무수한 경전이 이미 갖추어져 있지만, 그것은 글자도 없고 종이도 없는 경전이며, 별도로 보관하지 않아도 필요할 때마다 자연스럽게 드러납니다.

마음은 만물과 만사(萬事)의 근본 바탕이며, 마음을 알게 되면 만 가지 선한 행이 그 안에 갖추어져 있습니다. 마음은 찾는 순간 바로 드러나며, 천지 우주에 가득 퍼져 있고 찰나조차도 이 마음을 벗어나지 못합니다. 마음 안에는 청정한 마음과 번뇌에 물든 마음이 함께 있지만, 화두 수행자는 언제나 청정한 마음으로 살아가야 합니다.

이 마음은 수행을 통해 얻게 되는 것이 아니라, 본래 모든 것이 갖추어져 있으며, 불법(佛法)은 바다처럼 무한하여 지혜 또한 허공과 같이 한없이 열려 있고 물러섬이 없습니다. 마음을 쉬고 자기 자신에게 의지할 때, 진정한 평안함이 시작됩니다.

찰나에 본래 모습을 분명히 보고 본지풍광을 체험하면, 변하지 않고 흔들리지 않는 본래자리를 확인하게 됩니다. 그때 앞뒤가 끊긴 고요 속에서 비교할 수 없는 평안과 즐거움이 찾아옵니다.

2월 9일

화두는
'오직 모름'의 문(門)을 통과해야 하며,
끊임없는 참구로 생각이 끊어져
은산철벽의 경지에 이르게 해야 합니다.

법(法)은 더럽지도 깨끗하지도 않은 본래의 모습이며, 도(道)는 그 본성을 가리키는 길잡이입니다. 불법은 모든 것을 포용하는 거대한 바다와 같아 헤아릴 수 없으므로, 깨달음을 얻으려면 넓고 깊은 지혜로 법계를 체득하고, 허공처럼 흔들림 없이 끝까지 화두를 참구해야 합니다.

화두 생활의 근본 목적은 식심견성(識心見性), 즉 자신의 마음을 알고 본래 청정한 성품을 직시하는 데 있습니다. 마음을 모르면 어떤 행위도 효과가 없으므로, 철석같은 마음으로 스승을 신중히 택해 의지하며, 일상생활 속에서 본성과 화두가 함께하도록 해야 합니다.

화두는 반드시 '오직 모름'의 문을 통과해야 하며, 이 과제를 통과할 때 비로소 본질이 해결됩니다. 생각이 완전히 끊어져 은산철벽과 같은 경지에 이르는 것은 외부에서 오는 것이 아니라, 끊임없는 화두참구를 통해서 옵니다.

화두를 붙들고 참구하는 사람은 살아있는 사람이요, 놓치는 사람은 죽은 사람과 같습니다. 맑고 밝은 진실한 마음은 번뇌와 망상이라는 어둠에 가려져 탐욕과 성냄, 어리석음이 나타나며 이로 인해 고통이 생기지만, 그때 화두가 또렷이 깨어 있으면 번뇌와 망상이 사라지고 지혜로운 인연의 계합(契合)으로 막혔던 문제가 자연스레 해결됩니다.

2월 10일

화두 생활인은
대신심, 대분심, 대의심을 바탕으로,
행주좌와 어묵동정(行住坐臥 語默動靜) 속에서도
끊임없이 화두를 참구하며 수행을 이어가야 합니다.

생활 속 어려운 문제를 화두로 삼아 간절히 참구하면 내외(內外)가 밝아지고, 지혜[慧]는 선정(定)의 활용이며, 선정은 지혜의 본체 작용을 이해해 선악의 본래 유무를 확인할 수 있습니다. 진정한 지혜의 발현은 움직임과 고요함이 어우러진 '동중(動中) 공부'에서 이루어지며, 이것이 화두 생활의 본래면목입니다.

또한 옛 선지식들의 규약인 '일일부작(日日不作) 일일불식(日日不食)', 즉 하루 일하지 않으면 하루 먹지 않는 원칙처럼 꾸준한 실행이 중요합니다. 행주좌와 어묵동정(行住坐臥 語默動靜) 속에서 화두를 철저히 이어가는 것이 진정한 화두 생활인입니다.

화두 생활인의 기본 조건은 ① 큰 믿음(大信心)이 있어야 합니다. 이는 본래 성불해 있음을 믿고, 본성이 흔들리지 않는 불멸의 법임을 확신하는 믿음입니다 ② 큰 분심(大憤心)입니다. 이는 본래 부처임을 보지 못하는 자기 자신에 대한 억울하고 분한 마음으로, 이미 갖추어진 본성을 찾지 못하고 사용하지 못하는 어리석음에 대한 분노를 뜻합니다 ③ 큰 의심(大疑心)입니다. 이는 망상과 무명 속 본질에 대한 철저한 의심으로, 화두에 온몸으로 몰입해 의심과 확신의 연속인 의단을 형성하는 것이 참선 수행의 핵심입니다.

2월 11일

깨달음은
외부가 아닌 항상 함께하는 자리의 확인으로,
정혜(定慧)가 하나임을 깨닫고 억지로 찾기보다
자비와 지혜의 마음으로 본래 나를 돌아보는 데 있습니다.

"본래무일물(本來無一物) 불거불래(不去不來) 설법자는 아무 말도 하지 않으며 아무것도 보이지 않으며, 청법자는 아무것도 듣지 않으며, 그 무엇도 터득하지 않습니다. 한없이 넓고 넓어도 좁쌀보다 작은 것을 담을 수 없구나!"

위의 옛 선사의 말씀은 참된 본체가 변함없이 그대로이며 깨달음은 마음의 신비로운 작용이고 자성은 본래 무(無)인 본질임을 가르치고 있습니다.

이는 지혜가 작용할 때 그 안에 고요함이 함께하고, 고요함이 있을 때 지혜도 그 안에 머뭅니다. 고요한 집중(定)과 지혜(慧)가 하나로 어우러진 자성 삼매인 정혜등지(定慧等持)입니다. 이 관계는 등불과 빛처럼 비유할 수 있습니다. 등불이 있으면 빛이 생기고 등불이 없으면 빛도 사라지며, 등불은 빛의 근원이요, 빛은 등불의 작용입니다. 비록 이름은 '정'과 '혜'로 나뉘지만, 본래는 둘이 아닌 하나입니다.

본래자리는 억지로 찾을 것이 아니며, '찾겠다'라는 그 마음 자체가 이미 자성입니다. 항상 함께 있으면서도 밖에서 구하려는 것은 오히려 업(業)을 짓는 일이며, 참된 좌선은 무엇을 얻으려는 집착이 아니라, 지혜롭고 자비로운 마음으로 본래의 나를 있는 그대로 마주하는 것입니다.

2월 12일

화두참구는
일상 모든 순간에
'이것이 무엇인가?'를 깊이 의심하며
본래 자성을 밝히는 수행입니다.

선정(禪定)은 들뜬 마음을 차분히 가라앉히고, 고요하게 자기 내면을 깊이 관(觀)하며, 본래의 자아를 되찾는 수행입니다. 삼매(三昧)는 마음이 하나로 통일되어 고요하고 평안한 상태, 또는 특정 대상에 집중하여 산란함 없이 안정된 상태를 의미합니다.

이는 선정과 같은 뜻으로, 일체선정(一切禪定)은 번잡한 생각이 모두 사라지고, 마음이 완전히 고요해져 무념(無念)이 되어, 오로지 집중 상태에 이르게 되는 깊은 명상의 경지를 말합니다.

화두참구는 24시간 일상 속 모든 순간에 함께하며, 관계와 움직임, 말과 생각 속에서도 끊임없이 '이것이 무엇인가?'를 되묻는 수행입니다. 거울이 모든 모습을 있는 그대로 비추듯, 우리의 자성도 분별없이 본래 모습을 드러냅니다. 생각이 멈추고 말이 사라지는 그 자리에서 마음을 고요히 하여 자성을 밝히는 것이 화두참구의 핵심입니다.

화두를 간(看)하는 방법은 '이것이 무엇인가?'라는 의심에 마음을 집중하는 것입니다. 외부 경계인 색성향미촉법(色聲香味觸法)에 끌려다니지 말고, 내면 깊이 파고들어야 합니다. 무심의 자리에서 생각이 일어나 모든 것이 생겨나므로, 화두참구는 생각 이전의 근원을 꿰뚫어 보는 수행입니다.

2월 13일

찰나(刹那)에
본래면목(本來面目)을 깨닫고,
공삼매(空三昧)의 지혜로 중도(中道)적 안목에서
무아(無我)와 연기(緣起)를 바라보아야 합니다.

격식에 얽매이지 말고 찰나에 본래면목을 분명히 보고, 본지풍광을 확실히 체득해야 합니다. 이것은 보여줄 수 없는 자기만의 깨달음으로, 흔들림 없는 기반을 세우는 길입니다. 찰나에 앞뒤가 끊어지고 텅 비어 성인과 다르지 않은 경지에 이르게 됩니다. 공삼매(空三昧)는 삼삼매(三三昧) 중 하나로 모든 현상이 인연 따라 생멸함을 관조하며, 무상삼매(無相三昧)·무원삼매(無願三昧)와 함께 대립과 집착을 떠난 삼매를 이룹니다.

팔정도(八正道) 중 정견은 내 마음을 바로 보는 것입니다. 자성을 바로 보면 외부 경계도 바르게 볼 수 있습니다. 이는 무루지의 청정한 지혜로 제법의 이치를 꿰뚫는 것입니다. 화두를 볼 때마다 한 생각을 본래 성품으로 돌이켜야 하며, 제법무아는 모든 법이 인연으로 생겨 자아의 실체가 없음을 뜻합니다.

연기 즉 공과 무아를 알아서 자기 마음의 실상을 깨닫게 되면 중도적인 가운데 복잡하고 다양한 자본주의 시장에서 사업을 할 때 전체적인 전망과 사업계획을 세우는 능력으로 양변을 살펴 중도적인 결과를 창출하는 것입니다

찰나의 순간 시원하더니,
분별하는 것이 사라지네.
생각이 무너지니,
허공이 하나로다.

2월 14일

정혜의 균형으로 자성삼매에 들어
망상과 분별을 내려놓고,
화두로 번뇌망상을 조복함으로써
참된 깨달음에 이르게 됩니다.

정혜등등(定慧等等)은 가지도 않고 오지도 않으며 일체에 물들지 않는 상태로, 이를 자성삼매(自性三昧)라 합니다. 정사유(正思惟)는 팔정도의 하나로 사제(四諦)의 이치를 밝히고 지혜를 향상시키는 바른 견해와 사고를 뜻합니다.

자신의 마음자리인 심지(心地)를 살핀 후에는 아무것도 두지 않고 털끝의 찰해(刹海)를 드러내며, 겨자씨 속에 수미산을 받아들이고, 향상의 기틀을 세워 불조(佛祖)의 법령을 펼칩니다.

바른 생각은 고요한 적정에 들었을 때 가장 잘 드러납니다. 이때에는 과거와 현재의 복잡한 이성적 판단이나 기묘한 말재간과 책략 등을 시원하게 떨쳐내야 비로소 참된 진리를 체득할 수 있습니다.

오랜 수행 끝에는 마침내 할 일 없는 안락한 경지에 이르게 됩니다. 이 경지에서 망상에 빠진 사량분별, 즉 복잡한 생각과 꾀하는 분별은 진리 깨달음을 방해하게 됩니다.

화두가 미성숙할 때는 놓아버린 경계에서 화두를 살피고, 생활 속 번잡한 생각과 분별도 물리치지 말고, 사량분별이 일어나는 그 자리에서 화두를 참구하여야 합니다. 그러면 무한한 힘을 잃는 동시에 무한한 힘을 얻게 될 것입니다.

2월 15일

화두 수행은
오매일여로 정전(正傳)을 실천하고,
자비와 바른 행위로
분별을 내려놓아 해탈에 이르게 합니다.

오매일여(寤寐一如), 즉 잠들 때나 깨어 있을 때나 한결같은 마음의 경지에 이르렀더라도, 언구(言句)를 참구하며 바르게 전해 내려오는 가르침 즉 정전(正傳)을 꾸준히 실천해야 합니다. 수행의 깊이에 도달했다 하더라도, 화두의 끈을 놓지 않고 일상에서 지속적으로 간화하는 자세가 중요합니다.

바른말은 바른 생각에서 나오는 자비로운 언어로, 상대에게 유익하고 마음을 낮추어 배려하는 말입니다. 탐욕과 분노가 섞인 말은 피하고, 진심 어린 칭찬과 위로로 서로를 이어주는 것이 진정한 사랑의 말입니다. 이는 상대가 있어야 성립되는 연기적 현상이며, 주고받음이 자연스러운 무아의 작용이고, 양극단을 벗어난 '하나'의 실현입니다.

바른 업(業)은 바른 생각에서 나온 올바른 신체 행위입니다. 죽음 뒤에도 화두는 떠나지 않고 깨달으면 업장이 쌓이지 않습니다. 깨닫지 못하면 업이 쌓이므로, 완전한 해탈을 위해 정성껏 화두를 참구해야 합니다. 알아차리면 화두의 힘이 배(倍)가 되지만 알아차리지 못하면 수행은 흐려집니다. 이 진실은 본래 고요하고 분명하며 직접 체험해야만 알 수 있습니다. 부처님 이전부터 지금까지 변함없는 맑고 평등한 본래자리입니다.

2월 16일

화두 수행은
견해와 집착을 버리고
본래면목을 깨달아,
바른 삶과 사회 가치를 실현해 자유롭게 합니다.

견해를 세우고 마음에 집착하여 분별했기 때문에 번뇌와 망상이 들끓게 됩니다. 그러므로 몸과 마음을 날카롭게 찰나에 머물게 하여 단 한 생각도 일어나지 않는 상태에 도달하게 해야 합니다. 그것이 바로 본래면목입니다. 한 생각도 없을 때 진실이 스스로 확연하게 드러납니다.

팔정도(八正道) 중 정명(正命)은 바른 마음의 자연스러운 작용으로, 화두 수행을 꾸준히 하면 올바른 직업관과 즐거운 삶을 얻습니다. 적성에 맞는 직업은 효율과 가치를 높이고, 청정한 생활은 건강과 가정, 사회를 밝게 합니다. 화두를 놓지 않으면 용기와 윤리로 악업을 줄이며 올바른 가치를 실현할 수 있습니다.

올바른 기억과 생각은 올바른 생활의 연속을 담보하며 정신적 기반이 됩니다. 또한 이상과 목적이 바른 방향을 향하면 상대방을 위한 연기적이고 중도적인 삶이 이루어집니다. 정도(正道)의 화두 생활은 하나가 곧 일체이며, 일체가 곧 하나인 경지로 자유로운 대자재(大自在)의 상태입니다.

6근(根)인 안이비설신의(眼耳鼻舌身意)이 움직이면 망상(妄想)인 지견(知見)이 생기지만, 화두를 지극히 참구하면 시공(時空)의 제약 없이 자유로워지고 주변과 우주가 평화로워집니다.

2월 17일

모든 현상은
허망한 인연의 조합일 뿐이며,
분별과 집착을 내려놓고 삼매에 들면
본래의 완전한 자리를 깨닫게 됩니다.

모든 현상은 꿈처럼 허망하며, 산하대지(山河大地)와 사대 색신(四大色身) 즉 육신마저도 실체가 없는 인연의 조합일 뿐입니다. 도는 밖에 있는 것이 아니라 본래 청정한 자성 안에 있으며, 맑고 밝아 안팎의 경계가 없는 허공과 같습니다.

우리는 그동안 스스로가 공(空)임을 모르고, 밖에서 공을 찾으며 허송세월하였습니다. 화두 수행을 통해 호흡이 깊어지고 멸진정 삼매에 이르면, 본래 무(無)의 자리를 체험하게 됩니다. 이 자리는 신령하게 작용하면서도 변치 않으며, 원만자재(圓滿自在)하게 만물을 아우르는 진공묘유(眞空妙有)의 본심입니다.

본래 스스로 청정하며 삶과 죽음이 없고, 분명하고 밝아 의심이 없으며, 마음 밖에서 법을 구하거나 경계에 끌리지 않으며, 생각이 꼬리를 물지 않게 됩니다. 시간과 공간 또한 내면에 있는 것이며, 삼매 속에서 시공(時空)과 하나가 됩니다. 삼매에 깊이 들어 한 생각도 나지 않을 때, 우주와 시공이 분리된 것이 아니라 오히려 함께하는 것입니다.

행주좌와(行住坐臥)와 어묵동정(語默動靜) 속에서 마음의 번뇌를 걷어내면 본래 청정한 본성이 드러납니다. 별도로 수행하지 않아도 지금 이 자리에서 체험하면, 모든 수행은 수고로울 뿐 본질은 이미 온전합니다.

2월 18일

깨달음은 생각과 분별 이전의
무아 · 공을 즉시 깨달아
본래 부처의 참모습을 드러내는 것입니다.

한 생각이 일어나는 순간 우리는 중생입니다. 또한 '내가 부처다'라고 분별하는 그 순간조차도 번뇌 망상일 뿐입니다. 진정한 깨달음은 생각 이전, 말 이전의 자리를 체험하는 것입니다. 그 자리는 너와 나의 분별이 없는 무아(無我), 공(空), 그리고 양변을 떠난 중도(中道)의 자리입니다.

깨달음은 말이나 듣는 것으로 얻는 것이 아니라, 본래 내가 곧 부처요, 하느님이자 알라이므로 타인이 말하는 신(神)의 개념에 속을 이유가 없습니다. 깨달음은 찰나에 드러나며, 도(道)는 언제 어디서나 변함없이 존재합니다. 다만 그 자리를 알아차리려면 간절한 마음과 올바른 인연이 필요합니다.

참된 깨달음은 듣는 순간 곧바로 알아차려서 다른 법이 별도로 없음을 바로 체득하는 것입니다. 이는 머뭇거림 없이 곧바로 일초직입(一超直入)해야 하며, 찰나라도 주저하면 천 리만큼 멀어집니다. 이 자리는 멀리 있는 목표가 아니라 지금 이 자리에서 바로 드러나는 본래의 해탈이며, 머뭇거림 없는 즉각적 깨달음입니다.

화살이 화살촉에 닿듯, 스위치를 켜면 불이 켜지는 것처럼 오랜 설명이나 복잡한 과정이 아니라, 순간적으로 '아, 본래 그렇구나!' 하고 바로 알아차리는 자리입니다.

2월 19일

진정한 수행은
화두를 깊이 살펴 자성을 깨닫고,
분별을 끊고 마음의 알음알이를 비워
자재하고 걸림 없는 자유의 경지에 이르는 것입니다.

진정한 수행은 종지(宗旨)와 격식을 넘어 '나는 누구인가?'를 깊이 살펴보는 데서 시작됩니다. 만법(萬法)은 인연 따라 일어났다 사라지므로, 항상 바른 견해로 경계에 끌리지 않고 본래 청정한 마음을 일심으로 살펴야 합니다. 본래 마음은 물들지 않고 스스로 완전하며, 걸림 없이 모든 것이 하나로 통하는 자유로운 성품입니다.

마음의 경계가 없고, 정(定)과 혜(慧)가 하나가 되면 세상 전체가 광명으로 드러납니다. 그러나 마음으로 짓는 업이 몸에 스며들면 마(魔)에 휘둘려 진리에서 멀어집니다. 자기 안의 보배를 잊고 남의 것만 좇으면 물속에서 불을 찾는 것처럼 헛된 짓이 됩니다.

우리 본성은 맑고 텅 비어 있는 진공(眞空)이지만, 삶은 인연 속에서 드러나니 이것이 진공묘유(眞空妙有)입니다. 모든 존재는 서로 의존하지만 본래는 일어나거나 사라지지 않습니다.

아주 사소한 일에도 순간적으로 시공간(視空間)과 내가 하나임을 깨달을 수 있으며, 말이 없어도 모든 것에 통합니다. 이런 기연(機緣)이 통하면 모든 견해를 내려놓고 속마음의 집착을 끊어 참된 자유와 자재의 경지에 이르게 됩니다.

2월 20일

본래 마음을 깨닫고
화두를 깊이 살피면,
변함없는 무념(無念)의 자리에서
본래 자신이 빛나고 있음을 알게 됩니다.

자기를 바로 알기 위해서는 본래 마음을 깨닫고 성품을 직접 보아야 하며, 지극한 정성으로 화두를 참구하여 마음이 일어나지 않는 자리, 심불기처(心不起處)를 확인해야 합니다. 본래면목(本來面目), 본지풍광(本地風光) 속 자신의 참된 성품에서 지혜가 자연스럽게 흘러나오고, 그로 인해 영원히 자연스러운 행복을 누릴 수 있습니다.

참된 성품은 항상 존재하며, 변할 수 없고 오직 하나뿐입니다. '거래(去來)' 오고 감도 없고, '생멸(生滅)' 나지도 않고 멸하지도 않는 '불생불멸(不生不滅)' 입니다. 이것은 무념위종(無念爲宗), 즉 생각 없음이 근본이 되는 법입니다. 이는 자신 안에 있던 본래의 빛이 새롭게 드러나는 것을 의미합니다. 이 빛은 외부에서 오는 것이 아니라, 원래부터 자신 안에 항상 존재해 온 것입니다.

화두 수행은 본성을 깨닫도록 돕는 수행입니다. 이 수행을 통해 '무념법(無念法)' 이라는 말로는 설명할 수 없는 마음의 상태를 경험하면, 모든 부처님이 체험한 경지를 직접 느낄 수 있습니다. 말로는 정확히 표현할 수 없지만, 한 번이라도 이 상태를 확인하면 그것이 분명하고 신비로운 실체임을 알게 되고, 그로 인해 삶이 자연스럽고 즐거워집니다.

2월 21일

화두 참구는
철저한 자각과 의심으로,
생각을 끊고 마음을 돌이켜
자성을 밝히는 수행의 핵심 과제입니다.

닦고 증득(證得)함은 있을지언정, 오염(汚染)될 수는 없습니다. 깨달음의 길은 오직 철저한 자성(自性)의 자각과 자신의 깨달음에 달려 있습니다. '이뭣꼬?' 라고 간절히 의심하는 것이 곧 의정(疑情)이며, 이 의정을 더욱 간절히 붙잡고 파고드는 것이 바로 참구(參究)입니다. 참구는 마치 죽음을 맞이할 때 마지막 숨을 내쉬듯, 온 마음과 정성을 다해 간절하게 해야 합니다.

화두 참구는 자신의 마음을 끊임없이 돌이켜 비추는 수행입니다. 이것은 '반문문자성(反聞聞自性)' 으로, 외부의 소리를 듣는 귀를 안으로 돌려 자성의 소리를 듣는 것을 의미합니다. 단지, 의정과 화두 없이 텅 비기만 한다면 이는 생명력 없는 마른나무와 다름없습니다. 반면, 화두가 일상에서도 유지되면 몸과 마음이 상쾌해지고 가벼워지며, 이런 경지는 스스로 체험해야 알 수 있습니다.

만약 오매일여(寤寐一如)는 고사하고, 몽중일여(夢中一如), 동정일여(動靜一如)조차 이루지 못한 미망(迷妄)의 상태에서 화두를 버리고 정혜쌍수(定慧雙修)를 논한다면, 이는 그릇된 공부입니다. 부처님을 비롯한 역대 조사(祖師)께서는 오직 큰 인연만을 주창(主唱)하셨습니다. 문자를 쓰지 않고 다만 마음, 심인(心印)만을 전한다고 하셨습니다. 이것이 선(禪)의 핵심입니다.

2월 22일

화두 수행은
망상을 알아차리고,
깊은 의심 끝에 본래자리를 깨닫습니다.
그 자리는 분별이 없고 항상 고요히 존재합니다.

깨달음이란, 생각의 흐름이 완전히 끊어진 자리이며, 사방팔방이 훤히 통하고, 소리조차 없는 광대무변한 도(道)입니다. 반대로 깨닫지 못한 상태는 생각이 일어나고 지식과 이해에 머무는 알음알이의 세계일 뿐입니다. 화두 참구를 통한 깨달음은 말이 채 끝나기도 전에 곧바로 이루어질 수 있습니다. 이것은 본래 성불(成佛)한 존재이기 때문입니다.

화두를 든다고 함은 단순히 떠올리는 것이 아니라, 마음속에서 분명히 들어 올려 화두가 내면에 뚜렷이 자리 잡는 것을 말합니다. 화두가 머릿속에서 오락가락할 때에는, 가슴 깊은 곳에서 우러나는 간절한 마음으로 다시 화두를 붙잡아야 합니다. 화두는 깊은 내면에서 들려야 하며, 온몸으로 스며든다는 체감 속에서 참구가 이루어져야 합니다.

화두 수행 중 망상이 일어나도 억지로 누르지 말고, 그것이 망상임을 알아차린 후 자연스럽게 다시 화두로 돌아가야 합니다. 발심(發心)이 증장(增長)하려면 일상에서도 끊임없이 자신을 살피며 화두에 대한 의심을 깊게 해야 합니다. 그 의심이 터지는 순간에 지견이 끊기고 모든 형상이 사라지면 본래자리를 경험하게 됩니다. 이 자리는 항상 가까이 있으면서도 형상이 없고, 허공처럼 넓고 태양보다 밝으며 한 생각도 일어나지 않는 진실한 자리입니다.

2월 23일

화두 참구는
모든 분별을 끊고
한 생각마저 일어나지 않는 자리에서
본래의 자리를 밝히는 수행입니다.

화두를 참구한다는 것은 마음 깊이 화두에 의문을 품고, 그 의문에 끝까지 몰입하여 화두와 하나가 되는 것입니다. '화두의 결택(決擇)'이란, 선지식에게서 받은 화두를 들고 일심으로 참구해 가는 과정을 말합니다.

화두는 생각으로 풀 수 있는 모든 길을 차단합니다. 이럴 수도 저럴 수도 없으며, 물러서거나 포기할 수도 없습니다. 사방이 은산철벽처럼 막힌 가운데 오직 타성일편(打性一片), 즉 한결같은 정성으로 나아가야 합니다. 긍정도 부정도 통하지 않으며, 말도 마음도 닿을 수 없는 경지, 즉 언어도단(言語道斷)과 심행처멸(心行處滅)에 이르게 됩니다.

화두는 시작이자 끝이며, 모든 인연과 맞닿지 않은 공(空)의 자리입니다. 진실로 알아차려 한 생각조차 일어나지 않으면, 본심의 자리가 드러납니다. 이 자리는 처음부터 막힘이 없고, 움직임이나 끊어짐이 없으며, 모든 존재와 하나로 통하는 여여한 자리입니다.

사람의 몸과 무정물도 모두 연결되어 있고, 불성과 도를 깨달은 이는 모든 인연 속에서 작은 것 하나까지도 진실로 연결되어 있음을 알 수 있습니다. 이렇게 한 생각을 바로 돌이키는 것만으로도 모든 일이 자연스럽게 이루어집니다.

2월 24일

화두 참구는
간절함 속에 분별을 쉬고
본래의 진여심을 체득하여,
삶과 수행이 하나 되는 자리로 나아가는 수행법입니다.

화두 참구는 자나 깨나 화두를 놓지 않고 한 생각으로 화두를 의심하는 의정(疑情)과 그 의심이 응축되어 더는 나아갈 수 없는 의단(疑團), 그리고 모든 출구가 막힌 타성일편(惰性一片) 즉 은산철벽의 경지에 도달할 정도로 간절하고 절실하게 이어져야 합니다. 돌이 물에 가라앉을 때 틈이 없듯이, 화두를 의심하는 마음도 틈 없이 간절해야 합니다.

마음은 진여문(眞如門)과 생멸문(生滅門)으로 나뉠 수 있습니다. 진여문은 일법계(一法界)의 대총상법문(大總相法門)을 체로 삼고 마음의 본성이 불생불멸하고, 언어상(言說相)도 명자상(名字相)도 심연상(心緣相)도 없으며 변하지 않는 일심(一心)의 자리로, 이것을 진여라 합니다.

생멸문은 불생불멸(不生不滅)의 여래장(如來藏)을 바탕으로 생멸심이 드러나는 면을 말하며, 마음의 본체인 심체(心體)와 작용인 심상(心相)이 마치 물과 파도와 같습니다.

마음 법계는 본래 변하지 않는 진여에 바탕을 두고 있으며, 모든 움직임과 머무름은 처음부터 막힘이 없고 밝고 고요합니다. 이 자리에서는 지식이나 분별심이 생길 자리도 없으며 또 사라질 자리도 없습니다. 불성을 깨달은 사람은 아주 작은 인연까지도 진실하게 받아들여 수행을 완성합니다. 이렇게 지혜를 쉬고 분별심을 내려놓으면, 삶과 수행이 자연스럽게 깊어지고, 참된 삶을 스스로 체험하게 됩니다.

2월 25일

화두 참구는
본래자리를 보고,
자비와 지혜로 부처와 중생이
하나임을 깨닫는 수행입니다.

화두 생활의 궁극적인 목적은 번뇌의 소멸입니다. 번뇌는 올바른 수행인 정도(正道)을 통해 자연스럽게 사라지며, 그 자체가 깨달음입니다. 이 생활이 오직 깊어지면 질투, 교만, 욕심 같은 번뇌는 사라집니다.

하지만 헛된 생각에 빠지면 스스로 고통을 겪게 됩니다. 이 망상을 끊기 위해 화두를 참구하는 것입니다. 그래서 일대사인연(一大事因緣) 즉 생사의 근본 문제를 해결하고자 큰 서원을 세웁니다.

화두는 주관과 객관을 초월한 자리 즉 생각의 길이 끊어진 곳에서 작용합니다. 거기에는 오직 크나큰 의심인 대의정(大疑情)만이 남아 있으며, 그 의심에 몰입하는 것이 곧 참구(參究)입니다. 이것은 알음알이인 지해(知解)로 분별할 수 있는 대상이 아니며, 오직 분별 의식을 타파할 때 본성이 드러납니다.

한 생각도 일으키지 않은 채, 감각인 육근(六根)과 대상인 육진(六塵)을 그대로 꿰뚫고 서 있는 바로 그 자리가 일대사인연을 해결하는 자리이며, 거기서 분명한 깨달음이 일어납니다. 그 자리는 고요하고 잠잠하여, 마음이 본래의 오묘함을 드러내기 전까지는 외적인 것에 의지하지 않습니다. 이때 시방세계의 허공 자체가 완전한 실재임을 깨닫게 됩니다.

결국 마음 전체가 곧 부처이자 중생이며, 부처와 중생은 둘이 아니라 본래 청정하고 텅 빈 하나의 실상임을 분명히 알게 됩니다.

화두 참구는
몸과 마음을 하나로 하여
본래자리를 보고
깨달음에 이르는 수행입니다.

이익과 손해, 좋아함과 싫어함, 길고 짧음 같은 분별의식은 손가락 한번 펴는 찰나에도 언어가 끊어진 언어도단(言語道斷), 마음의 작용이 멈추는 심행처멸(心行處滅)의 자리가 있음을 알아차려야 합니다. 몸과 마음은 둘이 아니며, 마음은 본래 허공과 같은 참된 주인공입니다. 그 마음이 곧 화두이며, 몸은 그 화두를 실천하는 도구입니다.

생각이 생각을 낳으며 헛된 삶에 빠지지만, 생명은 순간이고 마음은 그 속에서 무상을 보는 지혜입니다. 몸을 움직이거나 쉬고, 음식을 먹는 모든 순간이 수행이며, 무상(無常)한 마음에서 창의력과 아름다움이 나옵니다. 모든 상황 속에서 마음의 도리를 체득하는 것이 진정한 수행입니다. 무아(無我)란 자신과 타인, 중생, 생명에 대한 집착이 모두 사라진 상태로, 맑고 밝은 마음의 최고의 깨달음을 의미합니다.

화두 참구는 간절한 의심을 계속 이어가며, 그 의심이 점점 깊어 화두와 하나가 되는 상태에 이르는 과정입니다. 이때 화두는 단단해지고 모든 길이 막힌 듯한 경지에 이르며, 이를 통해 참된 깨달음이 열립니다. 지혜로운 수행자는 순간순간 보리심을 일으켜 인연에 흔들리지 않고, 자기 안을 비추어 본래자리에 머뭅니다.

2월 27일

**화두 참구는
부처가 마음 밖에 없음을 깨닫고,
일상에서도 간절한 의심으로
자비와 지혜의 삶에 이르는 수행입니다.**

심외무불(心外無佛)이라 마음 밖에 부처가 없으니, 마음을 관하여 부처를 만나야 합니다. 가장 뛰어난 방법이 화두를 참구하는 간화선(看話禪)입니다. '만법귀일(萬法歸一), 일귀하처(一歸何處)' 즉 '만 가지 법이 하나로 돌아가는데 그 하나는 어디로 가는가' 하는 의문이 바로 화두입니다.

화두를 택하면 간절한 의심을 일으켜야 하며, 일상에서도 화두를 놓지 않고 의심, 의정, 의단, 타성일편, 은산철벽 상태에 이를 때까지 수행해야 합니다. 처음에는 어렵지만 꾸준히 지속하면 익숙해집니다.

화두 수행은 24시간 언제 어디서나 가능하며, 선원에 들어가 참선할 때는 규칙을 지키고, 공부 후에는 방선(放禪)을 통해 휴식을 취하며 다음 시간을 준비합니다.

정좌삼매(正坐三昧)는 바르게 앉아 마음을 집중하고 망상 없이 의심을 이어가는 상태이며, 상자거각(常自擧覺) 즉, 항상 스스로 알아차림을 실천하는 것입니다. 오래 화두를 참구하면 반드시 깨달음에 이르며, 깨달음 후에는 보전보임(保全保任) 즉, 유지와 발전을 잘하여 자비와 지혜를 깊이 실천해야 합니다. 일상생활 중에도 항상 화두를 살피고, 한 생각이 일어나면 그것을 되돌아볼 능력을 길러 유지하면, 어느새 화두가 자연스럽게 무르익어갑니다.

해제(解制)는
본래 없던 것을 되돌아보며,
자기 본성을 철저히 깨닫고
수행을 새롭게 이어가는 시작입니다.

'쾅!' 소리와 함께 해제한다지만, 과연 무엇을 푸는 것인가? 누가 묶었고, 누가 풀었단 말인가? 본래자리에서는 애초에 묶인 것도 풀 것도 없습니다. 해제란 어떤 '있는 것'을 마치는 날이 아니라, 본래부터 아무것도 없었던 것을 마무리하는 날입니다. 득도, 성불, 극락, 지옥, 권력, 재물, 명예조차도 본래 실체 없는 망념일 뿐입니다.

내가 없고, 없다는 그 생각마저 사라진 그 자리에 무엇이 있겠습니까? '무무득 역무처(無無得 亦無處)' 즉, 아무것도 없고, 얻을 것도 없고, 머무를 자리조차 없습니다. 이 자리가 바로 나의 보배 중 보배입니다. 소중한 생명이나 성불과도 바꿀 수 없는, 내 본래 면목이자 누구도 빼앗을 수 없는 참된 나입니다.

결제(結制)를 마쳤다고 끝난 것이 아닙니다. 찰나에 번뇌를 타파하고, 생사심(生死心)을 멸한 후 적멸(寂滅)을 즐거움으로 삼을 때 비로소 진공묘유(眞空妙有), 견성성불(見性成佛)에 이릅니다.

한 해를 보내고 새해를 맞이하며, 이 소중한 생을 다시 허송세월하지 말고 '나는 누구인가?'를 철저히 깨닫기 바랍니다. 가는 길이 아무리 멀고 험해도, 바른길은 편안하고 평화롭습니다. 해제했다고 해서 방심하지 말고, 끝까지 본래자리를 잊지 않기를 간곡히 당부드립니다.

3월

구도(求道)

생사(生死)를 벗어나고자
발심(發心)한 사람이라면,
반드시 참된 선지식(善知識)을 먼저 찾아야 합니다.
선지식(善知識) 없는 수행은 헛수고일 뿐
깨달음에 이를 수 없습니다.

3월 1일

마음은 형태가 없고
본래 청정하여 옳고 그름이 없으며
찾을 것도 없는 존재입니다.

성품이란 고정된 실체가 없고, 마음의 흐름에 따라 일어나는 작용일 뿐입니다. 그 작용을 회광반조(回光返照), 즉 스스로 비추어 돌아보면 성품을 깨달을 수 있습니다. 마음이란 거품처럼 형태가 없어 보고 만질 수 없으며, 너무도 분명해서 더할 것도 뺄 것도 없습니다. 본래 청정한 마음은 옳고 그름조차 없으며, 아무리 찾아도 찾을 것이 없습니다.

수행이란, 외적 인연에 흔들리지 않고 마음을 고요히 하여 평정심을 유지하는 것입니다. 마음은 오온이나 십팔계에 고정되지 않고 본래 분별이 없지만, 외부 자극으로 잠시 분별과 망상이 생길 뿐입니다. 일체만법(一切萬法)은 본래 성품 자리에서는 여여(如如)하여 부동(不動)이며, 도(道)는 있는 그대로, 자연 그대로 걸림 없이 스스로 이루어집니다.

사대(四大)·오온(五蘊)·십이처(十二處)·십팔계(十八界)는 모두 연기(緣起)로 이루어져 있어 법계(法界)에 두루하고 본래 청정합니다. '나는 어디서 와서 어디로 가는가?'를 참구해 보면, 그 존재는 연기로 인해 생겨난 무아이며, 결국 공(空)으로 귀결됩니다. 무상(無常)과 무아(無我)는 양극단을 떠난 중도(中道)의 삶으로 연결되며, 이 활발한 중도의 삶이 진정한 진공묘유(眞空妙有)요, 진여(眞如)의 체험입니다.

3월 2일

화두는
의심하고 참구하여
허망함을 깨닫고 집착을 내려놓는
일상에서 깨달음의 도구입니다.

화두는 발심이 제대로 된 후 선지식에게서 받아야 합니다. 발심 없이 화두를 들면 힘이 실리지 않아 망상만 일어나 병통(病痛)을 초래할 수 있습니다. 그러므로 생각으로 헤아리거나 '나에게 맞다'와 '안 맞다'를 판단하지 말고, 초음속 폭격기처럼 마하 단계의 압축된 강한 의심과 집중으로 의심, 의정, 의단, 타성일편, 은산철벽의 단계를 거쳐 참구해야 삼매에서 깨달음을 얻을 수 있습니다.

세상만사(世上萬事)가 허깨비 같음을 깊이 참구하다 보면 '공(空)' 다시 '공'을 만나 공이 아닌 것도 없고 공임을 체득하게 됩니다. 청정한 본성은 여여부동(如如不動)하여 변함없이 고요하지만, 느끼고 아는 것은 허환(虛幻)하여 허깨비와 꿈 같으며, 무명(無明)과 허공(虛空)과도 같아서, 허공에 그림을 그리고 칼로 물을 베어도 흔적이 남지 않는 것과 같습니다.

이처럼 인생을 돌아보면 뚜렷한 흔적도 없고, 확실한 길도 없으니 인생 자체가 무상하다는 것을 알 수 있습니다. 본래 모든 것은 고정되어 있지 않고 오고 감도 없으므로, 화두 수행은 특별한 장소나 시간과 분리되지 않고 평상심 속에서 해야 합니다. 즉 지금 이 순간 일상생활 속에서 화두를 깊이 살피며, 깨달음의 지혜를 실천하는 것이 중요합니다.

3월 3일

우리 삶은
우주와의 공생(共生)이며,
이는 연기(緣起)의 삶 즉 연기법으로
그 궁극적인 결론은 공(空)입니다.

우리의 삶은 우주와 더불어 살아가는 공생의 삶입니다. 이 공생은 바로 연기의 삶, 즉 연기법(緣起法)으로 드러나며, 그 궁극적인 결론은 공(空)입니다. 그러나 이 공성(空性)은 언어로 온전히 설명할 수 없는 차원에 속합니다. 그래서 말로 다할 수 없는 공성을 마음의 언어로 드러낸 것이 바로 화두라 할 수 있습니다.

화두를 간절히 참구하여 백척간두진일보(百尺竿頭進一步)해서 타파하면 본래 아무것도 없는 바로 그 자리입니다. 하나의 화두를 타파하면 모든 것이 통하여 연기와 고통의 문제가 사라지고, 삶 전체가 곧 화두 생활이 됩니다.

그 생활은 본래 찾으려는 마음이 쉬어져야 하며, 고집멸도(苦集滅道)와 정견 · 정사 · 정어 · 정업 · 정명 · 정념 · 정정진 · 정정 즉 팔정도가 이루어지면 화두 타파의 길이 순조로워집니다. 깨달음과 직관을 통해 사물과 진리를 있는 그대로 보는 마음의 눈, 마음을 깨우치는 특별한 지혜의 눈이 있어야 법[眞理, 實相]을 볼 수 있습니다.

법은 누구에게나 존재하며, 삼라만상에 법 아닌 것이 없습니다. 그러나 인간은 본래 자유롭지만, 번뇌에 얽매어 고통을 벗어나지 못합니다. 진정한 행복을 위해서는 화두를 참구해 분별을 버리고 대자유인이 되어야 합니다.

3월 4일

**화두를 결택해 깊이 참구하면
분별을 넘어 단단한 경지에 이르러,
천지와 하나인 본성을 깨닫습니다.**

대표적인 화두로는 ① 시심마(是甚麽) - '이것이 무엇인가?' ② 만법귀일 일귀하처(萬法歸一 一歸何處) '만 가지 법이 하나로 돌아가니, 그 하나는 어디로 돌아가는가?' ③ 무(無) '개에게도 불성이 있습니까? 무(無)' ④ 부모미생전 본래면목(父母未生前 本來面目) '부모에게 나기 전 본래의 참된 모습은 무엇인가?' ⑤ 간시걸(乾屎橛) '마른 똥 막대기' 등이 있습니다.

위의 화두를 결택해 화두가 깊어지면, 마음은 취사(取捨)를 넘어서 타성일편(打成一片) 은산철벽(銀山鐵壁) 같은 견고한 경지에 이르고, 천지일여(天地一如)의 분별없는 본성을 깨닫게 됩니다. 부처님께서 "내가 깨달은 연기법은 과거와 미래 모두 영원하며, 공간도 없다."라고 하신 것처럼 모든 존재는 공성(空性)에 근거합니다.

마음은 본래 허공 같고 꿈과 같아 실체가 없으므로, 화두 하나만 있으면 됩니다. 말이 없는 가운데 말을 깨닫고, 모양이 없는 가운데 모양을 깨달아 어디서든 핵심을 찾고 근원을 만날 수 있습니다. 불성은 마음 밖에 별도로 있는 것이 아니며, 한 번 깨치면 끝없이 활용할 수 있는 보물창고와 같습니다. 모든 힘은 본래 밝고 텅 빈 자리에서 나오므로, 억지로 구하려 들면 오히려 분별과 망상에 빠지게 됩니다.

3월 5일

'이뭣꼬?'
라는 화두를 끊임없이 참구하면,
말이나 경전(經典) 없이도 본래 마음을 보고
자신의 성품을 깨달아 부처가 됩니다.

어느 제자가, "조사가 서쪽에서 오신 뜻이 무엇입니까?"라고 물었을 때, 조주진제(趙州眞際, 778~897) 스님은 "뜰 앞의 잣나무(庭前栢樹子)"라고 대답했습니다. 이 대답은 말이나 논리로 해석할 수 없는, 직관적이고 무심한 응답입니다. 즉, 도(道)는 개념이나 말 위에 있는 것이 아닙니다.

사람들은 성품(性)과 인식(識)에 어두워서 말이나 개념 위에서 '이럴까 저럴까?' 하다가 결국 길을 잃게 됩니다. 미혹한 마음으로 도를 닦으면 소용이 없으며, 중생들은 일상의 '한 물건' 즉, 본래 자기 마음, 진면목(眞面目)을 보지 못합니다.

본분사(本分事)는 언어나 사물에 있는 것이 아님을 깨닫지 못하고, 조금이라도 알아차리려 하면 벌써 둘, 세 번째에 떨어집니다. 진정으로 도를 깨치고자 한다면 한 걸음 물러나 자기 마음으로 되돌아가야 합니다. 거친 마음을 쉬고, 지식이나 분별, 견해를 모두 내려놓아야 합니다. 이런 설명조차도 이미 너절한 말일 뿐이며, 궁극적으로는 화두 하나만 철저히 참구해야 합니다.

'이뭣꼬?' 라는 화두를 끊임없이 참구하면 말이나 경전이 없이도 본래 마음을 직접 보고, 자신의 본래 성품을 깨달아 부처가 됩니다. 깨달음을 한 번 얻으면, 마음속 보배를 자유롭게 쓰듯 언제나 활용할 수 있으며, 깨달음은 계속 참구하고 실천하는 가운데 나타납니다.

3월 6일

화두는 본래 자신에게서 나와 자신에게 돌아가며,
고요한 마음으로 자기 자리를 지킬 때
비로소 참된 '자신'을 깨닫게 됩니다.

도(道)를 깨치기 위해서는 오로지 망상을 멈추는 것이 중요합니다. 생각이 전혀 일어나지 않는 고요한 상태에 이르러야 하며, 현실을 떠난 다른 차원에서 본래 자기를 체험해야만 진정한 깨달음에 도달할 수 있습니다. 이 자리는 보려고 해도 보이지 않고, 듣고 싶어도 들리지 않으며, 알고 싶어도 알 수 없고, 말하고 싶어도 말할 수 없는 경지입니다.

이것이 바로 '선(禪)'이 가리키는 참된 경지입니다. 어떻게 깨달음을 얻을 수 있는가? 답은 단 하나, 화두(話頭)를 참구하고 또 참구하는 것입니다. 화두 수행은 누군가 대신해줄 수 없으며, 오직 자기 자신만이 할 수 있는 길입니다.

그 화두는 본래 자신에게서 나온 것이고, 결국 자신에게로 되돌아갑니다. 자기 자리인 당처(當處)를 떠나지 않으면서도 항상 고요하고 맑은 마음을 유지하면, 찾으려 해도 보이지 않지만, 분명히 '자신'임을 아는 경지에 이르게 됩니다. 이러한 상태는 생각이 끊기고, 의식의 비춤마저 사라진 '참된 본성의 경계'입니다. '깨달았다'라고 하는 수많은 사례도 결국 이 자리를 가리킵니다.

마음으로 다시 마음을 찾으려 하지 마십시오. 심의식(心意識)은 본래 자기 마음이 드러난 것이며, 경계(外境)는 자기 성품에 따라 나타난 것일 뿐입니다. 허망한 생각들은 바다 위의 파도처럼 일어났다가 사라지는 것이며, 마치 환술(幻術)처럼 실체가 없습니다.

3월 7일

깨달음은
모든 형상과 분별을 넘어
18계(界), 감각 · 경험 · 의식을 초월해 자유로운
'참나'를 직접 체험하는 경지입니다.

화두 수행은 의심(疑心)에서 시작하여 의정(疑情), 의단(疑團), 그리고 타성일편(打成一片), 은산철벽의 과정으로 화두에 몰두하여야 합니다. '의심'이란, 화두에 대한 아주 미세한 틈도 없이 오직 한 생각만을 유지하는 상태로, 마음이 완전히 화두에 달구어져 있는 집중의 경지를 말합니다.

무문혜개(無門慧開, 1183~1260) 선사는, "삼백육십 개의 골절과 팔만 사천 개의 털구멍으로 온몸을 다 들어 의심하라"라고 하였습니다. 이는 전심전력으로 화두에 몰입해야 함을 뜻합니다.

이 과정은 제트기 엔진이 공기를 단계적으로 압축하여 폭발을 일으키듯, 단계적으로 집중력과 간절함을 압축시키면, 마침내 깨달음이라는 강렬한 자각의 순간에 도달하게 됩니다. 이러한 수행의 핵심은 무념(無念)위종(爲宗)이라고 하며, 무심(無心)은 만유(萬有)의 가르침이고, 무주(無住)는 만유의 본래라는 상태로 이어집니다.

이것은 모든 존재와 현상을 초월한 경지이며, 형상이나 분별에 사로잡히지 않고 18계(界)인 육근(六根) · 육진(六塵) · 육식(六識) 즉 감각 · 경험 · 의식을 훌쩍 벗어나 자유로운 '참나'를 직접 체험하는 자리입니다.

3월 8일

화두 수행의 3단계는 의심 → 의정 → 의단의 과정입니다.

우리는 본래 그 자리에서 이미 성불(成佛)한 존재이므로, 억지로 애쓰거나 무엇을 더하려 하지 말고, 크게 쉬는 마음으로 대적정삼매(大寂靜三昧), 즉 고요하고 평등하며 항상 자유로운 상태에 머물러야 합니다.

이 상태에서는 무심(無心)을 철저히 통찰함으로써 만물(萬法)의 공(空)한 실상을 깨닫게 됩니다. 모든 것을 자연스럽게 놓아버리고, 물이 물로 스며들듯, 한 생각도 일으키지 않고, 옳고 그름, 이득과 손해 같은 분별도 따르지 말아야 합니다. 이렇게 되기 위해서는 화두 수행이 가장 효과적입니다.

화두 수행의 3단계는,

① 의심(疑心)은 화두에 대해 아주 미세한 틈도 허용하지 않고, 오직 한 생각, 일념(一念)으로 화두에 마음이 달구어진 상태입니다.

② 의정(疑情)은 의심이 자연스럽게 감정처럼 이어지며, 끊임없이 화두가 떠오르는 몰입 상태입니다. 화두가 깊이 사무치고, 저절로 계속 참구하게 되는 경지입니다. 하지만 여기서 의정이 순일하지 않으면, 화두가 흐릿해지거나 고요하기만 해서 무기(無記) 즉 선악의 분별이 없는 상태에 빠지게 되니 주의해야 합니다.

③ 의단(疑團)은 의심과 의정이 완벽하게 순수한 하나로 뭉쳐진 상태입니다. 이때 마음은 한 덩어리로 결집하며, 분별이나 방해 없이 전심전력으로 화두에 들어가는 상태가 됩니다.

3월 9일

진정한 수행과 깨달음은
외형이 아니라,
본래 자기 자리와 본성을
체득하는 데 있습니다.

'화두만 보라'는 말은, 화두의 의미를 따지거나 해석하려는 것이 아니라, 오직 그것을 붙잡고 끝까지 밀고 나가라는 뜻입니다. 안팎의 번뇌와 망상, 그리고 분별심을 모두 내려놓고 의심(疑情)을 일으켜, 그것이 완벽하게 타파될 때까지 놓지 않는 것이 참선의 핵심입니다.

의심이 작으면 깨달음도 작고, 의심이 크면 깨달음도 큽니다. 의심이 없으면 절대 깨달음은 오지 않습니다. 이처럼 화두 참구는 마치 돌이 물속 깊이 가라앉을 때 돌과 물 사이에 전혀 틈이 없듯이 집중과 간절함이 빈틈없어야 깨달음에 도달할 수 있습니다.

화두는 문(門)을 여는 도구와 같습니다. 무엇을 얻기 위해 애쓰는 것이 아니라, 있는 그대로 여여(如如)한 상태에서 욕심 없이 화두를 붙잡고 수행할 뿐입니다. 그러므로 특별한 체험이나 신비함을 기대하기보다 헐떡임 없는 마음, 모양 없는 실천이 중요합니다.

도(道)를 이루고자 하는 사람은 많지만, 욕심 없이, 집착 없이, 무심(無心)한 도인은 거의 없습니다. 진정한 수행은 외형이 아니라 모양 없는 진실한 수행과 실천이며, 깨달음은 어떤 특정한 종교나 수행 방식의 문제가 아니라 본래의 자기 자리, 본성을 체득하는 데 있습니다.

3월 10일

진정한 수행은
일상 속 모든 행동과 말,
침묵과 움직임 속에서
자비와 지혜롭게 사는 데 있습니다.

참된 수행은 머리로 따지고 계산하는 사량심, 사량계교(思量計較)을 내려놓고, 화두를 통해 자기 안에 있는 진실함을 직접 보고, 몸과 마음, 성품 속에서 자신을 스스로 깊이 통찰하는 길입니다.

화두 생활이란, '지금 여기'에서 자기 삶과 존재를 온전히 바라보는 실천입니다. 주관과 객관, 나와 너의 구분을 넘어서 무심(無心)의 경지에서 자비와 지혜가 자연스럽게 드러나는 삶을 말합니다.

진정한 수행은 당시(當時) · 당처(當處) · 당사(當事)가 자비롭고 지혜롭게 '행주좌와(行住坐臥)' 걷고, 서고, 앉고, 눕는 모든 순간과 '어묵동정(語默動靜)' 말하고, 침묵하고, 움직이고, 멈추는 모든 일상생활 속에 있습니다. 이것이 바로 평상심시도(平常心是道) 즉 평상심이 곧 도(道)라는 의미입니다.

일행삼매(一行三昧)란, 마음을 한 가지 방법으로 닦는 삼매로 일상삼매(一相三昧), 진여삼매라고도 합니다. 일상삼매의 최종 목적은 육체적 편안함이나 병 치료가 아니라 완전한 해탈과 완벽한 깨달음입니다. 하지만 그 과정에서 탐진치(貪瞋癡) 삼독(三毒)이라는 마음의 세 가지 독(毒)을 없애 불행의 근원을 제거하고, 더 맑고 지혜로운 삶을 살게 됩니다.

3월 11일

선(禪)은
지금 이 순간
화두를 붙들고 실천하여
고요한 마음에서 맑은 지혜를 드러내는 길입니다.

선(禪)은 가장 위대한 스승이지만, 지식이나 생각(알음알이)으로는 도달할 수 없습니다. 진정한 선 공부는 머리와 마음이 하나로 통하며, 생각조차 쉬는, 완전히 놓는 공부 즉 대휴헐(大休歇)입니다. 의도적인 마음인 유심(有心)과 무의식적인 마음인 무심(無心)과 같은 양극단을 모두 넘어서야 비로소 선의 참뜻에 다가갈 수 있습니다.

선 수행으로 마음이 맑아지고 청정해지면 자연스럽게 고요해지고, 그 고요함 속에서도 모든 것이 선명하게 비칩니다. 이를 '적조쌍류(寂照雙流)'라 하며, 정(定)인 고요함과 지혜(智慧)가 함께 작용하는 경지인 정혜등등(定慧等等), 곧 일심삼매(一心三昧)의 상태를 말합니다.

우리가 만나는 모든 사람과 사물 즉, 두두물물(頭頭物物)이 불성(부처의 성품)입니다. 고요함 속에 묘함이 있고, 비춤 속에 작용이 있습니다. 혼미한 마음을 뚫고 나가면 맑고 또렷한 의식이 성성(惺惺)이 드러납니다.

진정한 성인은 자기 마음의 근본, 즉 본래 성품으로 돌아간 사람입니다. 욕심내고 애쓰며 구하는 모든 것은 고통을 수반합니다. 삶에서 어떤 일을 하든지, 그 안에 한 가지 진실한 마음, 일심(一心)이 되어야 합니다. 분별과 생각이 사라질 때, 마치 비누가 닳아 없어지듯 마음의 번뇌도 사라지고, 그 자리에 맑고 밝은 지혜가 드러납니다.

3월 12일

참된 수행은
오직 화두 하나에 몰입해
'지금 이 자리'에서
본래의 맑은 마음을 회복하는 길입니다.

우리 마음은 본래 맑지만, 과거·현재·미래에 흔들리며 괴로워합니다. 이는 삼독심이 그 원인입니다. 화두 수행을 통해 욕망과 어리석음을 깨달으면 마음은 점차 담담(淡淡)해지고 욕심과 감정도 잊고 무심(無心)의 상태로 나아갑니다.

예를 들어, 화두 '뜰 앞의 잣나무'를 깊이 참구하면, 작은 씨앗이 자라서 나무가 되고, 사라지고, 다시 생겨나는 우주 자연의 순환과 연기(緣起)의 이치를 깨닫게 됩니다. 이는 색즉시공·공즉시색·진공묘유의 원리와 통합니다. 화두 수행이 어려운 이유는 마음이 외부 경계에 끌리기 때문입니다. 본래 마음으로 돌아가기만 하면 쉽고, 막힘과 소통, 본체와 작용은 떨어질 수 없는 하나입니다.

참된 수행은 이 순간, 이 자리에서 오직 화두 하나만을 붙잡는 것입니다. 그 어떤 생사의 마음, 생사심(生死心)도 없어져야 비로소 화두가 진짜로 붙들어지고, 그제야 깊은 참구(參究)가 시작됩니다. 부처님이 깨달은 연기법도 화두가 타파되어야 체험할 수 있습니다. 화두가 타파되면, 이 연기법이 머리가 아니라 삶 전체로 체득됩니다.

선명상(禪冥想)에서의 간화선(看話禪) 수행이란 머리로 이해하려는 노력을 멈추고, 오직 화두 하나로 의심하고 몰입하며, 그 속에서 직접 체험으로써 도를 깨닫는 길입니다.

3월 13일

간화선은
일상 속 모든 순간 화두를 참구하며
망상을 자각하고
본래 마음으로 돌아가는 수행입니다.

우리의 본래 마음은 공(空)하여 흔들림 없이 맑고 밝으며, 내외명철(內外明徹)로 지혜롭게 자신을 스스로 비추어 볼 수 있습니다. 그 본래 마음을 깨달으면, 어떤 것도 걸림없이 자유롭고 고요한 무념(無念)의 상태에 이르게 됩니다. 모든 번뇌와 괴로움은 마음의 잘못된 생각에서 비롯되며, 마음은 찰나에 생겼다가 사라지는 무상하고 연기적인 작용입니다.

진정한 마음은 아무것에도 얽매이지 않는 무심의 상태이며, 이를 체험하면 경계와 마음이 본래 공임을 깨닫고, 색즉시공·공즉시색의 진리가 온전히 드러납니다. 간화선은 앉는 명상에 머무르지 않고, 일상 속 모든 순간 화두를 간절히 참구하며, 망상을 자각하고 화두로 돌아옴으로써 깊은 지혜와 자유에 이르는 수행입니다.

《법화경(法華經)》〈제2방편품(方便品)〉에 따르면 부처님이 세상에 오신 네 가지 이유는, ① 개(開)는 미정을 깨뜨리고 제법의 실상을 보이게 하며, ② 시(示)는 번뇌가 사라지고 지혜와 만덕을 드러내며, ③ 오(悟)는 우주와 현상의 본체를 깨닫게 하고, ④ 입(入)은 진리의 세계로 증입하게 함으로써 깨달음에 이르게 하는 것입니다.

3월 14일

간화선은
화두를 간절히 의심하여
끝까지 밀고 나갈 때
본래자리를 체험할 수 있습니다.

모든 수행은 '지금 여기'에서 시작됩니다. 공(空)에 빠질까? 하는 두려움조차 공의 작용일 수 있으니, 그 두려움마저도 넘어서야 합니다. 한 생각이라도 일어나는 순간 이미 본래의 자리에서 멀어지게 됩니다. 마음은 본래 고정된 자리가 없는 무위(無位)이며, 생각은 언제나 조건에 따라 움직이는 유위(有位)입니다. 그러므로 늘 깨어 있으려 애써야 하며, 그 수행이 오래도록 이어지면 반드시 깨달음의 자리에 이르게 됩니다.

화두 수행에서의 '의심'은 단순한 의문이 아니라, 화두를 향한 간절한 집중과 신뢰에서 비롯된 깊은 의심입니다. 이 의심을 놓지 않고 밀고 나갈 때, 비로소 본래자리를 체험하게 됩니다.

부처님의 삼신(三身)은 ① 법신(法身)은 본래 갖춘 진여의 깨달음 그 자체 ② 보신(報身)은 보살의 서원과 실천으로 얻어진 깨달음 ③ 화신(化身)은 중생을 이끌기 위해 여러 모습으로 나타나는 부처로서 이 세신(身)은 모두 하나의 진리입니다.

참된 깨달음은 삶과 죽음의 차이를 넘어 생멸(生滅)이 멈추고 적멸(寂滅)이의 즐거움이 되는 자유를 아는 것입니다. 그것은 얻거나 제거할 것이 없으며, 그 자체로 완전하며, 말할 대상도 들을 대상도 없습니다. 마음이 집착과 혼란에서 벗어나 본래의 맑고 자유로운 상태를 체험하는 순간 무명의 구름이 흩어지고 맑은 하늘이 드러납니다.

3월 15일

간화선은
화두를 통해 말과 생각 이전의
본래자리를 깨달아,
무념의 경지에 이르고 번뇌에서 벗어나는 수행입니다.

간화선 수행은 한 번 뛰어넘어 곧바로 여래의 자리, 일초직입 여래지(一超直入 如來地)에 이르는 길로, 말과 생각 이전의 본래자리를 직접 체험하는 수행입니다. 이것이 곧 화두 삼매이며, 곧은 수행의 길, 직도(直道)입니다. 화두 생활의 핵심은 우리가 모두 본래부터 지닌 자성(自性) 즉 불성과 공성(空性)을 깨닫는 데 있습니다. 이는 모든 것이 고정되어 존재하지 않는다는 진리를 직접 체득(體得)하는 데 목적이 있습니다.

지극한 이치의 궁극처(窮極處)는 식(識) 즉 분별하는 마음을 초월한 무념의 경지에 도달합니다. 여기서는 '심행처멸(心行處滅)' 말과 생각이 끊기며, 본래 성불한 자리를 확인할 뿐, 별도로 깨달을 것이 없습니다. 만약 깨달음을 얻으려 애쓴다면, 이미 신발을 신은 위에 다시 신발을 신는 격입니다.

그러므로 진정한 화두 참구는 단지 고요히 앉아 쉬는 것이 아니라, 말 이전의 본래 마음을 철저히 참구하고, 분별심 없이 활구(活句)를 참구(參究)하는 것입니다. 이 수행을 통해 자기중심적 집착을 넘어 생각의 자취조차 사라진 자유로운 자리로 돌아가게 됩니다.

지옥·극락 등은 중생을 깨우치는 방편일 뿐이며, 불교의 궁극은 모든 것이 본래 공한 '무생(無生)'의 깨달음입니다. 이를 알면 어떤 상황에도 흔들림 없이 여여(如如)하게 살아갈 수 있습니다.

3월 16일

선(禪)은
언어에 의존하지 않고
마음을 직접 전하며,
일상에서 본래 마음을 체험하는 수행입니다.

불교에서 깨달음에 이르는 길은 크게 경전 공부와 수행 두 가지가 있습니다. 그중 선(禪)은 언어나 문자에 의존하지 않고[不立文字] 마음을 마음으로 전하며[以心傳心], 일상의 경험을 통해 본래 마음을 직접 체험하는 수행입니다. 남전보원(南泉普願, 748~835) 스님은 "평상심이 곧 도(道)"라고 했으며, 백장회해(百丈懷海, 749~814)은 장작을 패고 논밭에서 일하는 일상에서도 깨달음이 가능하다고 했습니다.

신찬(神贊, 당나라 시절) 스님은 스승 계현 법사를 깨우치게 하려는 마음으로, 벌과 창문에 비유하여 이렇게 말씀하셨습니다. "이미 빈 문(깨달음의 문)으로 들어왔으면서도 그 문으로 나가지 않고, 어리석게도 창문에 몸을 부딪치다니, 참으로 어리석구나! 백 년 동안 묵은 종이를 뚫으려 하니, 언제 밖으로 나갈 수 있겠느냐?" 즉 이미 깨달음에 들어갔음에도 허튼 데에 집착하여 진정한 깨달음에서 멀어지는 어리석음을 꾸짖는 뜻입니다.

이러한 선의 전통은 ① 불립문자(不立文字) - 문자에 의지하지 않음 ② 교외별전(敎外別傳) - 가르침 밖의 특별한 전수 ③ 직지인심(直指人心) - 곧장 사람의 마음을 가리킴 ④ 견성성불(見性成佛) - 자신의 본성을 보면 부처가 됨 등입니다.

참고로 초심자를 위한 수행 경책을 제시하면

(1) 발심을 굳건히 하라.

(2) 의지를 확고하게 일으켜라.

(3) 항상 죽음을 생각하며 마음을 다져라.

(4) 고요한 경계에 빠져 정체되지 말라.

(5) 인정에 집착하지 말라.

(6) 의심과 혼란을 깨뜨려라.

(7) 죽음을 두려워하지 말라.

(8) 절대 쉬지 말고 정진하라.

(9) 분명한 근거로 의심하며 의지를 단단히 하라.

(10) 진실하게 공부하고 엄격하게 탐구해야 깨달음이 온다.

(11) 공안(公案)을 헛되이 해석하지 말라.

(12) 이는 교리와 다르니 헛된 생각을 다스리지 말라.

(13) 부처님은 항상 진리 속에 머물렀다.

(14) 세속적인 법에 물들지 말라.

(15) 문자에 집착하지 말고 실질적인 경지를 체험하라.

(16) 따지고 분석하는 습관을 조심하며 세상과 동화되지 말라.

(17) 잘못된 생각인 사견(邪見)을 경계하라.

(18) 간절하게 공부하되 장난삼아 하지 말라.

(19) 화두가 명확해지면 일상에서의 구분이 사라진다.

(20) 잡다한 생각을 멀리하고 매 순간 의지를 일으켜라.

(21) 공(空)에 빠져 허우적대지 말고, 화두에 집중하는 한 생각을 잊지 말라.

(22) 깨달음을 기다리지 말고 끊임없이 수행하라.

(23) 공부할 때는 긴장과 바름, 세밀함과 융통성을 갖추어 활발히 임하라.

(24) 신중하게 행동하며 세상과 너무 가까워지지 말고 사물을 자세히 관찰하라.

(25) 작은 잡념조차 내지 말라.

(26) 끝까지 쉬지 말고 올바른 마음으로 초월하라.

(27) 마음이 쓸데없는 곳에 머물면 늙은 쥐가 소뿔 안에 들어간 것처럼 길을 잃는다.

(28) 예민하고 민첩한 마음을 조심하라.

(29) 믿음과 세계에 이기면 흔들림 없이 견고해진다.

(30) 잘못된 것을 알게 되면 즉시 버려라.

(31) 경계와 인연 속에서 힘을 얻어라.

(32) 먹는 생각인 식심(食心)을 공부라 여기지 말라.

(33) 성과가 없어 보여도 공부를 멈추지 말라.

(34) 한 가지 화두만을 고집하며 생긴 의정은 반드시 깨뜨려야 한다.

(35) 경전 해석에 빠져서 알음알이가 움직이지 않게 하라.

(36) 끊어지는 공부는 진정한 공부가 아니다.

(37) 공부 중에 생긴 경계를 깨달음으로 오해하지 말라.

(38) 남이 가르쳐 주기를 기다리지 말라.

(39) 논리적 사유에 빠지면 공부에 장애가 된다.

(40) 수행에 기한을 두지 말라.

(41) 선(禪)이란 달을 바로 보는 것이지, 달을 가리키는 손가락만 보는 것이 아니다.

(42) 교외별전, 불립문자, 직지인심, 견성성불 — 말과 문자를 넘어 마음을 직접 가리켜 깨닫는 것이 곧 부처가 됨이다.

(43) 모든 중생은 본래 불성을 갖추고 있다.

(44) 수행은 마음을 바로 보는 데에 있다.

(45) 일초직입여래지(一超直入如來地), 한순간에 뛰어넘어 바로 부처의

경지에 들어가라.

(46) 자신을 비추어 돌아보라.

(47) 말과 생각이 끊어진 상태인 화두 일념에 도달하라.

(48) 벙어리처럼 말하지 말고 잡담을 삼가라.

(49) 신문이나 연속극 같은 세속 언론과 가까이하지 말라.

(50) 잠을 과도하게 자거나 무분별하게 돌아다니지 말라.

(51) 선문은 무문[無門], 모든 것은 방편일 뿐, 자신의 맨살을 뜯어 부스럼 내는 고통과 같다.

(52) 수행의 목적지를 명확히 하라.

(53) 처방은 스승이, 약 복용은 수행자가 책임져야 한다.

(54) 자기 점검과 복습의 기회로 삼아라.

(55) 말로 표현하면 진리에서 어긋나고, 발붙일 곳이 별도로 있다. (臨濟)

(56) 도(道)는 닦는 것이 아니다. (마조)

(57) 연꽃은 높은 산에서는 피지 않고, 낮고 습한 진흙에서 꽃을 피운다. (維摩)

(58) 진여(眞如)는 자성에 얽매이지 않고 인연을 따라 만법을 성취한다. (붓다)

3월 17일

선(禪)은
문자나 형식에 집착하지 않고
마음의 본성을 깨달아,
곧 마음이 부처임을 아는 것이다.

중생들은 번뇌와 망상에 가려 자기 본래의 마음 즉 본성을 제대로 보지 못합니다. 이것은 마치 태양이 하늘에서 온 우주를 밝히고 있지만 구름에 가려 제대로 볼 수 없는 것과 같습니다. 화두를 참구하는 것은 이렇게 번뇌에 가려 실상을 깨닫지 못하는 중생들을 깨우치는 방법입니다.

행주좌와(行住坐臥) 어묵동정(語默動靜) 중에 화두일념하여 한결같이 성성적적(星星寂寂)하게 선정(禪定)으로 차별하지 말고 공부해야 합니다. 옛사람의 언구(言句)를 풀어서 알려고 하지 말고 오직 화두일념 하여야 합니다.

조주 스님에게 한 스님이, '한 물건도 가지고 오지 않은 때는 어떠합니까?' 이르되, '내려놓아라, 방하착(放下著)' 하라는 화두를 깊이 참구해야 합니다. 외부의 인연을 멈추고 마음의 흔들림도 사라져 마음이 단단해지면 깨달음에 이를 수 있습니다. 망상과 실상의 구분 즉 '분별' 이란 망상에서 벗어나는 순간 바로 깨달음을 뜻합니다.

선(禪)은 문자나 형식에 얽매이지 않고, 바로 마음의 본성을 깨닫는 것입니다. 즉심즉불(卽心卽佛) 즉 마음이 곧 부처, 마음 자체가 부처입니다. 한 생각이라도 정진하려는 마음을 내되, 억지로 얻으려 하거나 조급히 기다리지 말고, 버리거나 외면하려 하지도 말아야 합니다. 다만 그 마음을 꾸준히 지켜가며 깨달음을 향한 올바른 방향으로 나아가야 합니다.

3월 18일

간화선은
하나의 화두를 지극히 참구하여
의심이 깊어져 우주와 하나가 되어,
무명을 타파해 본래 성품을 깨닫는 수행입니다.

간화선은 무명(無明)을 끊고 깨달음을 얻기 위한 최고의 수행법이며, 일상에서 선정과 지혜를 실현하는 길입니다. 짧은 시간 안에 화두(話頭)를 타파하여 무명에서 벗어나는 것을 목표로 하며, 일상생활 그대로를 수행처로 삼는 것이 특징입니다. 앉고, 서고, 걷고, 말하고, 움직이고, 고요할 때 모두에서 동중(動中) 공부 즉 활동 속의 수행을 중요하게 여깁니다.

깨닫기 전에는 오직 한 화두만을 지극한 정성으로 간절히 참구(參究)해야 하며, 그래야 화두를 타파할 수 있습니다. 또한 깨달은 이후에도 깨닫기 전과 다름없이 끊임없이 정진해야 하며, 그렇게 할 때 깨달음이 삶 속에서 완전히 드러나게 됩니다.

간화선은 적정(寂靜)이나 고요함에 머무르는 묵조선(默照禪)과는 달리, 대혜종고(大慧宗杲, 1089~1163) 선사의 가르침처럼 깨달음을 실현하는 실천적 선(禪)입니다. 좌선을 강조하지 않고, 말끝에도 바로 깨닫고 일상 즉 행주좌와(行住坐臥)와 어묵동정(語默動靜)에서 깨우침을 얻는 수행입니다.

수행자는 마음을 한결같이 지켜 도심(道心)을 굳건히 해야 하며, 세속의 번뇌는 화두로 이겨내야 합니다. 수행으로 기른 힘은 일상의 혼란 속에서도 드러나야 하며, 그렇지 못하다면 참된 수행이 아닙니다.

3월 19일

달마와 혜가 대사의 가르침처럼,
외적, 내적 동요를 멈추고 화두를 참구하면
본래 자성을 깨달아
중도와 불성을 이룰 수 있습니다.

달마 대사는 밖으로는 "모든 인연을 끊고, 안으로는 마음의 들뜸을 없애 마음이 벽과 같이 움직이지 않아야 도에 들어갈 수 있다"라고 하였습니다. 2조 혜가(慧可, 487~593) 대사는 "심성의 이치를 알지 못하고 지내다가, 반연 즉 외경에 끌리는 마음을 쉬자 마음이 점점 밝아져 늘 자각하게 되었고, 그 경지는 말로 표현할 수 없다"라고 하였습니다.

화두 참구자는 내면을 돌보며 경계에 휘둘리지 않고, 본성에서 사물을 보기 때문에 자유롭고 막힘이 없으며 망념에 끌리지 않습니다. 외부 경계에 집중하면 마음이 강박해져 부러지기 쉬우나, 도(道)와 덕(德)이 익으면 부드러우면서도 충실하여 모든 것에 겸허해 집니다. 마음을 잃으면 모든 것을 잃고, 하는 일에 구멍이 생겨 도에 통달할 수 없습니다. 그러므로 항상 화두를 참구해야 마음이 치밀해지고 흐트러지지 않게 됩니다.

사람은 스스로 보배를 지니고 있으면서도 이를 알지 못해 경계에 끌리고, 남의 것을 탐하게 됩니다. 그러나 그 보배가 본래 자기에게 있음을 자각하면, 부처와 나 사이에 무엇이 다르겠습니까? 화두 일념으로 정진하고, 동정일여(動靜一如) 즉 움직임과 고요함이 하나 된 상태가 되면, 걸어도 달려도 늘 화두일념으로 살아가게 되며, 목표에 도달해도 주인공의 자리를 떠나지 않습니다.

3월 20일

불성은
중생이 본래 지닌 것이며,
번뇌만 사라지면
자비와 지혜가 자연히 드러납니다.

자기 자신을 이기는 사람은 어떤 유혹에도 흔들리지 않습니다. 불성은 중생이 본래 지닌 진여의 성품으로 만들어진 것이 아니라 다만 번뇌의 티끌에 가려져 있을 뿐입니다. 그 번뇌가 걷히면 곧바로 불성이 드러나 무상대도를 성취할 수 있습니다. 생(生)은 식(識)에서 비롯되고, 멸(滅)은 색(色)에서 사라지듯, 생각을 잊어야 본성에 도달할 수 있습니다. 그러나 생각의 번뇌가 심해지면 본성과 점점 멀어지고 마음은 혼탁해집니다.

자비와 지혜는 생각으로 얻는 것이 아니라 본래 스스로 발현되는 것으로, 화두를 통해 생각이 멈추면 자비와 지혜가 즉각 드러납니다. 모든 중생은 여래의 지혜인 불성을 지니고 있지만, 망상과 집착 때문에 그것을 깨닫지 못합니다. 망상이 사라지면 본래 성품 안에 갖추어진 자연지(自然智)와 무애지(無礙智)가 즉시 나타납니다.

역(逆)경계는 막아내기 쉬우나 순(順)경계는 순간적으로 일어나기 쉽기에, 항상 화두 생활을 습관화하여 돌이켜보아야 합니다. 방편으로 도에 들어가는 것은 옳으나, 도에 든 후에도 방편에 집착하면 병이 됩니다.

간화선의 핵심은 의심·의정·의단이 타파되어 찰나에 깨달음에 이르는 데 있습니다. 급히 깨달음을 구하지 말고 반야를 닦으며 꾸준히 닦을 것을 권합니다. 평소에 화두의 핵심을 잘 잡고 수행하면 점차 마음의 부담이 가벼워지고, 깨달음이 다가올 때 오히려 힘이 생깁니다.

3월 21일

모든 중생은
본래 진여불성을 지니며,
망념이 끊기면 불성이 드러나
견성과 무상정등정각을 성취하게 됩니다.

모든 중생은 본래 여래의 지혜인 진여불성(眞如佛性)을 갖추고 있습니다. 이 불성은 인위적으로 만들어지는 것이 아니라 태초부터 완전하게 갖추어진 본성으로, 다만 번뇌의 티끌에 가려 드러나지 않을 뿐입니다.

망념이 모두 끊어지면 그 자체가 깨달음이며, 곧 아뇩다라삼먁삼보리인 무상정등정각(無上正等正覺)의 성취입니다. 그 길은 오직 하나의 간절한 의심(疑心)에 있습니다. 이 의심은 의식이나 생각으로는 이해할 수 없는 것으로, 그것을 지극히 참구하다 보면 모든 의심이 일시에 사라지고 진여의 자리가 드러납니다.

이 불가사의한 하나는 결코 멀리 있는 것이 아니라, 이미 전 우주 가운데 밝게 드러나 있습니다. 그러나 중생은 망상과 집착으로 인해 스스로 지닌 불성을 보지 못할 뿐입니다. 인간의 경험과 오온(五蘊)인 마음 작용은 집착과 연결될 때 고통을 낳습니다. 그러나 진리를 깨닫고 집착을 내려놓으면 자유로워집니다.

오온을 벗어나야 반야삼매에 들 수 있으며, 그 안에서 무념(無念)을 체험합니다. 무념은 단순한 무사유가 아니라, 모든 법에 마음이 물들지 않고 집착하지 않는 상태 즉 아무것도 없음이 분명히 자각된 경지입니다. 이것이 깨어 있음이며, 살아 있는 진리의 작용, 상수멸정(想受滅定)입니다. 본심을 알면 그대로가 해탈이고, 해탈은 곧 반야삼매이자 무념입니다.

3월 22일

깨달음은
분별을 버리고
화두를 깊이 참구해 일상에서
언하대오(言下大悟) 즉시 깨닫는 것입니다.

보거나 듣는 경계에 끌려서 얽매이지 않는다면, 그 자체가 본래 청정한 선(禪)의 길입니다. 공부는 굳건한 마음으로 꾸준히 해야 하며, 빨리 깨달으려는 조급한 마음은 버려야 합니다. 화두 수행은 그 진실한 삶을 여는 가장 빠르고도 정확한 길입니다. 화두 생활은 마음을 알고 성품을 보는 자리, 그 자체가 팔만사천경(八萬四千經)이요, 법당입니다.

화두를 타파하려면 오직 간절한 의심이 필요하며, 그 의심이 깊어져 의정(疑情)과 의단(疑團)이 되고, 타성일편으로 지속하면 마침내 은산철벽도 무너지는 시절 인연이 도래합니다. 그때 딱 맞아떨어지는 체험, 축착개착(築著磕著)이 일어나며, 이는 눈에 불이 번쩍하거나 가슴이 확 트이는 등, 말로 표현할 수 없는 개인적이고 분명한 깨달음을 체험합니다.

깨달음은 '아는 마음'을 내려놓는 것이며, 깨닫지 못하는 이유는 생각과 깨달음을 구하는 집착 때문입니다. 간화선은 연기의 이치에 따라 말끝에서 즉시 크게 깨닫는 언하대오(言下大悟)를 특징으로 합니나.

돌이켜보면 평생 배운 것의 대부분은 육근과 육식에 머문 분별에 불과합니다. 식에 얽매여 헛된 삶을 보내서는 안 됩니다. 도가 익으면 마음이 저절로 쉬어지며, 하나를 버리고 다른 하나를 취하려는 분별심은 마치 낡은 솜옷을 입고 가시밭길을 걸으며 더욱 얽히는 것과 같습니다.

3월 23일

화두를 끊임없이 참구하면
망상이 사라지고 자성을 깨달아
본래 청정한 불성을 체득하게 됩니다.

화두 한 생각이 지속되면 삼매에 들어가는데, 참선에서는 이것을 번뇌와 망상이 사라진 '성성적적(惺惺寂寂)'의 상태라 부릅니다. '성성'은 화두에 대한 또렷한 의심이 끊임없이 이어지는 것이고, '적적'은 의식에서 망상이 사라진 고요한 상태를 의미합니다.

회광반조(廻光返照)는 자기 자신을 되돌아보는 것으로, 화두를 들고 있는 사람은 화두를 끊임없이 되돌아 비추어 보는 수행입니다. 참구(參究)는 의심을 깨뜨리기 위해 화두에 몰입하여 문제를 집중해 파악하는 과정입니다.

금강석처럼 견고한 본성인 보배 창고는 결함이 없고 늘 완전하여 원교(圓敎)라 하며, 알음알이, 분별심을 잠시라도 내면 자유를 잃게 됩니다. 만세(萬世) 만년(萬年)도 한 생각일 뿐이며, 시방도 오히려 눈 깜짝하는 사이며 모든 것은 손안에 있으므로 정신을 무리하게 쓰지 말고 태연히 안정시켜야 합니다.

참된 체득자는 남의 낚시에 걸리지 않고, 스스로 환히 비추어 가슴속에 번뇌를 남기지 않으며 초연하고 고고하게 살아갑니다. 모든 법에 집착하지 않고 밝고 청정하며 텅 빈 맑음을 유지합니다. 모든 부처님의 깊은 열반과 무여 열반(無餘涅槃)은 불성을 바로 보는 데서 성취되며, 깨달음이 곧 여래입니다.

3월 24일

깨달음은 분별을 놓고
지금 이 순간 본래자리를 깨닫고 쉬는 것이며,
별도로 찾거나 얻을 수 있는 것이 아닙니다.

깨달음은 분별에서 벗어나는 것이며, 모든 앎이 사라진 상태가 바로 적멸이고 열반입니다. '법', '마음', '도'라 불리는 것들조차도 이름뿐이며, 실체가 별도로 있는 것은 아닙니다. 삶의 모든 행위가 본래의 자리를 따를 뿐, 거기에 얽매이지 않고 집착하지 않으면 묵은 습관과 오래된 장애도 자연히 열어집니다.

달려가 구하려 하지 말고, 옛 본분 인연으로 증득(證得)하고 깨달으며, 긍정하고 쉬어가야 비로소 깊이 사무칠 수 있다고 충고(忠告)하였습니다. 잡으려 하면 잡히지 않지만, 그렇다고 버릴 수도 없는 것이며, 진리는 바로 지금 이 자리, 이 순간에 있습니다.

'나'라는 생각도 결국 생각의 그림자일 뿐이며, 생각은 또 다른 생각을 불러 끝없는 고통을 만듭니다. 찾으려 할수록 더 멀어지고, 본래 있는 것은 형상이 없으나 인연이 닿으면 자연히 드러납니다. 거울에 티끌이 없으면 밝은 빛이 드러나듯, 겉으로는 아무것도 없는 듯해도 항상 존재하며, 그 위로 생각과 번뇌가 스쳐 지나갈 뿐입니다.

달마 대사께서, "마음, 마음 마음이라지만 찾을 길 없어라. 펴지면 법계에 두루하고 움츠리면 바늘 끝도 용납지 못한다", "나는 본래 마음을 찾았을 뿐, 부처를 구한 적이 없고, 삼계(三界)의 모든 것은 공(空)하여 아무것도 없음을 분명히 하노라"라고 말씀하셨습니다.

3월 25일

부처의 성품은
마음 밖에서 얻는 것이 아니라,
그 마음 자체가 부처입니다.
생각이 끊어진 자리가 바로 부처의 성품, 마음자리입니다.

이미 본래 있는 것을 어디서 찾으려 하겠는가? 부처를 구하려면 마음만을 구해야 하며, 그 마음 자체가 부처입니다. 이미 도착했는데 왜 서두르는가? 일에 집착하지 않고 자연스레 가벼워지면 미혹되지 않습니다.

매일 인연을 따라 놓고 비우며 뜻대로 자재(自在)하여집니까? 일상생활 속에서 번뇌가 도심(道心)보다 더 수승하지 않습니까? 깨고 잠자는 양변에서 일여합니까? 옛 본분을 따르는 곳에 방일하지 않습니까?

범부(凡夫)의 분별심을 다할지언정 성현의 견해란 없는 것입니다. 다만 번뇌를 없앨 뿐 특별히 성스러운 알음알이는 없습니다. 부처의 성품은 마음 밖에서 얻는 것이 아니라 생각이 끊어진 자리가 바로 마음자리입니다. 마음자리는 있는 것도 아닌 것이 비어 있으면서도 모든 것이 거기서 생겨나는 신묘한 공[妙空]입니다.

그러므로 고요함을 배격하고 오직 깨달아야 합니다. 선(禪)은 '요사한(了事閑)'이 되어 필요 없는 것을 멈추는 것입니다. 그러므로 진리로 돌아가 분별하지 않으며 상(相)이 둘이 아님을 알아야 합니다. 이 몸은 쓰고 나면 물거품처럼 사라지고, 마음은 스스로 있으므로 마음을 찾으려 애쓰지 않아야 합니다.

3월 26일

화두 수행은
간절한 의심 속에서 자성을 깨닫는 길이며,
깨달음은 공성과 같아 얻거나 줄 수 없고,
참된 도는 본분을 깨달은 뒤 꾸준히 닦아야 합니다.

화두 수행은 화두에 대한 간절한 의심이 끊임없이 이어지는 의정(疑情)과 의단(疑團) 타성일편(打成一片)의 상태에서, 생각으로는 해결할 수 없는 꽉 막힌 은산철벽(銀山鐵壁) 상태 속에서 한 기연(起緣)을 만나 자성(自性)을 깨닫게 됩니다. 깨달음은 구할 수도 얻을 수도 없고 줄 수도 받을 수도 없는 허공과 같은 '공성(空性)'을 깨닫는 것이며, 공(空)을 분명하게 보면 세간과 출세간에 하나의 일 마친 대장부가 될 것입니다.

도를 배우는 사람이 경계만 보고 무작정 얻으려 하면 오히려 미혹하고 방황하게 됩니다. 그래서 먼저 자신의 본래자리를 깨닫는 것이 중요합니다. 도를 닦으면서 순서와 차례를 모르면 잘못된 견해에 빠져 제대로 수행할 수가 없습니다. 도에 이르는 길은 크게 두 가지, '갑자기 깨달음, 돈오(頓悟)'와 '점진적 수행, 점수(漸修)' 뿐입니다.

과거 성인들은 먼저 깨달음을 얻고, 그 후 수행을 통해 그 깨달음을 확실히 했습니다. 신통한 능력도 깨달음 후 차츰 익히면서 나타나는 것이지 즉시 나타나는 것이 아닙니다. 그래서 훌륭한 스승이나 선배를 가까이해야 합니다. 훌륭한 스승이나 선배를 가까이하는 과정은 안개와 이슬 속을 걷는 것과 같아서, 눈에 보이지 않게 조금씩 마음에 스며들며 자연스럽게 깨달음에 이르게 됩니다.

3월 27일

화두 수행은
분별심인 '알음알이'를 버리고
본래 '모르는 자리'로 돌아가는 것입니다.

화두 수행의 핵심은 분별심인 '알음알이'를 버리고, 본래의 '모르는 자리'로 돌아가는 데 있습니다. 눈 밝은 이는 수행의 문(門)에 들어서는 순간, 도(道)의 깊고 얕음을 단번에 간파하지만, 화두를 들면서도 평소의 총명함이나 분별심으로 헤아리려 한다면, 도(道)는 오히려 멀어질 뿐입니다.

'알음알이'란 무엇이며, 어디서 오고, 그것을 인식하는 자는 누구입니까? 여기에 세 가지 전도된 집착이 있습니다. ① 자신이 알았다고 여기며 말하는 것 ② 스스로 깨닫지 못했다고 여겨 미혹에 머무는 것 ③ 미혹한 상태에서 마음으로 깨달음을 기다리는 것입니다. 이 모든 것은 도(道)를 막는 분별심일 뿐입니다.

도(道)를 구하고 얻으려는 마음이 클수록 깨달음은 더욱 멀어집니다. 그러니 일어난 마음을 본래자리로 되돌려 자신을 스스로 비추는 회광반조(回光返照)가 필요합니다. 깨달음을 구하는 그 마음조차도 도를 막는 분별입니다. 진정한 자리는 알지 못하는 본래자리로, 모든 법이 그대로 여여(如如)한 여래의 허공과 같습니다.

그 자리는 남음도 모자람도 없으며, 마치 큰 허공(太虛空)처럼 텅 비고 완전합니다. 스스로 반조(反照)하여 정성(情性)이 다하면, 법계(法界)가 자연히 드러나게 됩니다.

3월 28일

**화두로 본래 허공 같은 자리에 돌아가
깊은 선정과 지혜로 자기 본성을 깨달아
미혹과 망상을 끊는 것이 진정한 깨달음입니다.**

전도(顚倒)는 곧 생사(生死)의 근본이며, 깨달음에 이르려면 세 가지를 알아야 합니다. ① 한 생각도 일어나지 않아 마음이 고요해져야 미혹을 깨뜨릴 수 있음을 ② 깨달음을 기다릴 필요가 없음을 ③ 알음알이가 장애될 것이 없음을 알아야 합니다. 그러나 알음알이(分別心)를 버리고 분별을 넘어서는 '활구(活句)'가 생사와 해탈의 근본입니다.

조주의 '무(無)'자 화두는 알음알이를 깨뜨리는 강력한 도구입니다. 유무, 도리, 의식, 말 같은 것에 집착하거나, 일없는 상태에 머무르지 말고, 화두를 들면서도 깨달음을 억지로 찾으려 하지 마십시오. 화두를 일상에서 놓지 않으면, 어느 순간 자연스럽게 깨달음이 찾아옵니다.

일상생활을 떠나 별도로 깨달음을 구하려는 마음이 있다면, 그것이 바로 깨달음의 문 앞에 다다랐다는 신호입니다. 문을 열고 안으로 들어가면 되지만, 대부분은 밖을 향해 경계를 좇아 깨달음에서 멀어집니다. 찾으면 찾을수록 깨달음은 더 멀어집니다. 문을 열고 들어가면 안과 밖이 없고, 둘 다 허공과 같습니다.

이 허공은 여래와 같으니, 자신의 보물을 버리고 무엇을 찾으려 헤매는 것입니까. 무념, 무생, 무위 등 명칭은 다르지만 깨달음의 본질은 같으며, 이는 제8식(識)인 아뢰야식(阿賴耶識)의 미세한 망상을 영원히 끊고 대무심지(大無心地)의 깊은 경지에 도달한 상태를 뜻합니다.

3월 29일

고요함 공(空)에 빠지지 말고
깨어 있을 때나 잠들 때나 항상 화두와 함께하면
깨달음을 얻을 수 있습니다.

고요함에 머물러 정체하지 말고, 밤낮 끊임없이 힘쓰며, 생사의 고비마다 항상 화두와 함께 깨어 있어야 합니다. 깨어 있을 때나 잠들 때나 한결같이 화두를 들어야 하며, 공에 빠져 고요함에 머물러서는 안 됩니다. 공에 빠지면 검은 산 아래 귀신 집에 머무는 것처럼 끝내 벗어날 길이 없습니다. 삼매나 고요한 안락에 지나치게 집착하면 적멸에 머물러 자유로운 깨달음을 얻기 어렵습니다.

항상 변하지 않고 항상 여여한 이 자리가 확실히 깨달아지면 더 이상 별도로 찾을 것이 없습니다. 6조 혜능 대사께서 "생겨나지도 않고 없어지지도 않는 것이 여래의 청정선"이라 하셨듯이, 익숙하고 편안한 고향길처럼 이 자리가 진정한 법입니다.

진정한 적멸은 생사와 죽음이 치열하게 일어나는 가운데서도 순간에 여래의 경지에 곧바로 들어가, 겉으로는 아무 움직임 없지만, 속으로는 큰 강물을 휘저어 우유를 만드는 것처럼 자유자재로 생명을 다스리며 시기에 맞게 주고 빼앗아 자신과 타인을 이롭게 할 수 있습니다.

도를 배우는 이는 모든 인연과 집착을 버리고 어떤 것도 구하지 않으며, 어느 곳에도 머무르지 말아야 합니다. 깊은 법을 들어도 마치 맑은 바람이 스쳐 지나가듯 쫓아가지 말아야 합니다. 옛 조사들은 오직 일심법만 전했고, 마음 그대로가 부처임을 단도직입적으로 가르쳤습니다.

3월 30일

부처님은
무생(無生)과 무주(無住)를 근본으로 삼아
무념(無念)의 깨달음을 이루셨습니다.

부처님은 '남이 없음[無生]'을 남으로 삼고, '머묾 없음[無住]'을 머묾으로 삼으셨습니다. 무생은 본래의 참마음을 지켜 망념이 일어나지 않는 상태로, 이 참마음을 깨달으면 곧 부처의 깨달음인 묘각(妙覺)에 이릅니다. 중생의 본래 불성은 청정하여 구름 속의 해와 같으니, 본래 마음을 잘 지켜 구름이 걷히면 자성의 지혜인 태양이 드러납니다.

만약 생사의 집착을 깨뜨리지 못하면 혼이 흩어지지 않은 죽은 사람처럼 되어, 스스로 장애와 어려움을 만드는 것입니다. 이것을 모르면 생각하고 찾게 되지만, 찾을수록 깨달음은 멀어집니다. 망념이 완전히 사라지면 그것이 무생(無生)이며, 한 생각 끊어지면 집에 도착해 여여(如如)한 상태가 됩니다.

심의식(心意識)에서 심(心)은 제8식(識)인 아뢰야식(阿賴耶識)이며, 의(意)는 제7식(識)인 말나식(末那識)이며, 식(識)은 제6식을 가리킵니다. 이들 속에 있는 미세한 망상과 굵은 망상을 완전히 없애는 것이 '무생'이며, 이를 견성과 정각이라 합니다. 이것이 원증, 돈증의 돈오 등 즉각적인 깨달음의 경지입니다. 만약 식심(識心)이 완전히 적멸하여 조금도 흔들림이 없으면 '무상정각'이라 부릅니다. 여기서 식심은 모든 망상을 뜻하며, 중생의 식심이 완전히 사라지면 정각에 이르는데, 이를 무생(無生) 또는 무심(無心)이라고도 합니다.

3월 31일

참된 수행은
믿음과 결단으로
생사의 집착을 끊고,
진리를 바로 보는 데서 시작됩니다.

참된 수행을 위해서는 믿는 마음, 신심(信心)이 가장 중요합니다. 스승을 믿고 자신을 믿는 만큼 수행에 대한 확신이 깊어지며, 바르게 실천할 수 있습니다. 진정으로 고요함을 구한다면, 생사의 집착을 끊는 결단 즉 한 번 죽을 각오로 실천하는 용기가 필요합니다.

이 길은 위로는 기대어 설 지붕도 없고, 아래로는 디딜 땅도 없는 외롭고 철저한 수행의 길입니다. 해와 달이 떠 있어도 본성을 깨닫지 못하는 것은 마치 돌을 문 개와 주인이 함께 어리석은 것과 같습니다. 즉 깨달음을 바깥에서만 찾기 때문입니다. 진리는 멀리 있지 않으며, 오직 마음 안에서 바로 보아야 합니다.

만약 마음에서 힘이 나는 것을 알았다면 그 힘을 결코 놓지 말고 지켜야 합니다. 고요히 앉을 때는 오직 한 개의 향을 피우고, 조용히 앉아 집중하는 것이 중요합니다. 그때 혼침(昏沈) 즉 졸음에 빠지지 말고, 도거(悼擧) 즉 흥분이나 들뜸도 경계해야 합니다. 오직 구자무불성(狗子無佛性) '개에게는 불성이 없다'라는 화두만을 붙들고 참구하십시오.

이것이 바로 진짜 공부입니다. 병아리가 알을 깰 때, 병아리는 안에서 쪼고 어미 닭은 밖에서 쪼며 동시에 작용하는 것을 '줄탁동시(啐啄同時)'라 합니다. 이처럼 수행자의 깨달음은 스승과 제자가 함께 지혜를 모아 전심전력으로 나아갈 때 이루어질 수 있습니다.

4월

간화선 입문

화두를 들어라!

'이뭣꼬?'
무엇이 이 마음을 알아채고,
성품을 본다고 하는가?

'이뭣꼬?'
하고 묻는 바로 이 놈!
이 놈이 무엇인가?

무엇인가?
대체 뭣이란 말인가?

4월 1일

'나'라는 생각이 사라진 자리에서
본래면목이 드러나니,
일상에서 항상 화두를 들고 되돌아보아야 합니다.

'나, 아(我)'란 '생각하는 나'입니다. 생각이 사라지면 그 '나'도 사라지고, 그 자리에 본래면목(本來面目)이 드러납니다. 이것이 바로 화두가 타파되는 순간입니다. 일상 속에서 화두를 자주 들고 되돌아보는 것이 수행의 근본입니다.

옛 성인은 말씀했습니다.

"차라리 큰 파계를 저지를지언정, 삿된 무리에 물들지 말라"라고 고요함에 집착하면 오히려 집착에 빠지게 되니, 그럴 땐 화두를 돌이켜 보고[廻光返照], 생각을 내려놓아야[識情放下] 합니다. 자기 안의 주인공이 가장 귀한 보배이니, 항상 소중히 여기며 살아가야 합니다.

참된 화두 참구는, 대장장이가 순금을 만들기 위해 천 번, 만 번 담금질하듯 이루어져야 합니다. 간화선 수행도 이와 같아, 천만 생각이라도 '일념(一念)' 한 생각으로 화두를 참구해야 합니다. '한 마음이 일어나지 않으면, 만 가지 법도 본래 허물이 없다' 그러니 겉모습에 머물지 말고, 이치[理]를 따라 꾸준히 삼십 년을 참구하라. 그래도 소식(消息)이 없다면 나의 목을 베어가라, 이것이 곧 선사의 각오입니다.

참된 수행자는 본색도류(本色道流), 썩은 물속에서 계책을 세우지 않으며, 명예와 자취를 버리고 도에만 순숙(純熟)한 노납(老衲)이 되어야 합니다. 그리고 자신이 깨달은 바를 실천하며, 항상 여여(如如)한 마음을 잃지 말아야 합니다.

4월 2일

부처와 중생은 본래 같지만,
부처는 깨달아 자유롭고,
중생은 미혹에 빠져 있으며,
깨달음은 진리를 보고 생각을 놓을 때 옵니다.

부처와 중생은 본래 다르지 않습니다. 단지 부처는 깨달아서 마음이 원융한 반면, 중생은 미혹되고 번뇌에 물들어 있을 뿐입니다. 그래서 역대 조사들은 "직지인심, 견성성불(直指人心 見性成佛)" 즉 "마음을 곧바로 가리켜 성품을 보아 부처가 된다"라는 가르침을 강조하였습니다. 이는 머뭇거림 없이 바로 진리를 드러내고 실천하라는 뜻입니다.

내 생각이 미세하게나마 남아 있으면 그만큼 깨달음이 멀었다는 의미입니다. 화두가 타파되지 않는 이유는 근성이 날카롭고 알음알이가 많기 때문이며, 오히려 근성이 둔한 사람은 잡된 지식이 없기에 더 쉽게 깨달음에 이를 수 있습니다.

지극한 이치는 말로 표현할 수 없으며, 자성(自性)은 티끌 같은 경계를 떠난 미묘한 해탈문(解脫門)입니다. 마음의 광명은 본래 자재(自在)하여 허공의 꽃이나 바깥 사물에 걸리지 않습니다. 스스로 둔하다고 생각하는 사람은 이미 둔함을 넘어선 상태입니다. 오히려 '둔하다'는 번뇌를 짓는 것은 허공 위에 허공 꽃을 더해 집착하는 것과 같습니다.

이 때문에 영산회상에서 가섭이 꽃을 들자마자 미소 지은 것이 본보기입니다. 머뭇거리고 의심하며 앞뒤를 헤아리면 진리를 통달할 수 없습니다. 내 안에 부족함이 없을 때 모든 집착이 놓아지고, 중도(中道)는 진아(眞我)를 떠난 적이 없습니다. 오직 진아만이 존재할 뿐입니다.

4월 3일

화두 생활은
어떤 경계에도 흔들림 없이
편안하고 한가로운 공(空)과 같아,
본래 신령하고 맑은 해탈의 자리를 얻게 됩니다.

화두 생활은 '공(空)'과 같습니다. 공은 앞뒤, 위아래, 동서남북, 중앙을 가리지 않으며 항상 그 자리에서 편안하고 한가로운 '여여(如如)'한 상태에 있습니다. 발로 차고 손으로 때리고 채로 쳐도 흔들림 없이, 머물거나 대항하지 않고 항상 여여합니다. 오직 본래 신령하고 밝고 맑은 큰 해탈만이 과거와 현재, 미래를 통틀어 생생히 영원히 살아 움직입니다. 그러므로 묵묵함을 지극한 이치로 삼는 것은 잘못된 것입니다.

조주 선사의 무(無)자 화두는 생사에 대한 의심을 타파하는 무기로, 일상의 행주좌와(行住坐臥) 속에서 참구해야 합니다. 선문(禪門)에서는 홀연히 벗어나 스스로 깨달아야 하며, 다른 이가 대신할 수 없다고 했습니다. 한 생각에 계합하면 걸림이 없고, 지견과 세간의 지혜와 총명은 오히려 부스럼이 되어 상처를 낼 뿐입니다.

식정(識精)을 버릴 수 있다면 스스로 즐겁게 수행할 수 있습니다. 만약 버리지 못했다면, 의심이 남아 있는 그 자리를 지극정성으로 참구하며 결국 스스로 식정을 내려놓을 때, 문득 깨달음을 얻을 것입니다. 모든 것을 마음에 평온히 지니고 부딪히는 대로 척척 맞아떨어지며, 날마다 작용해도 전혀 걸림이 없어야 합니다. 사물의 형체를 따라 담담하고 진실하며 고요한 이 상태가 바로 본지풍광(本地風光)입니다.

4월 4일

**불법(佛法)은
본래 하나로 청정한 부처의 성품이니,
일상에서 헤아림과 알음알이를 버리고
일상의 삶 속에서 화두를 참구하여야 합니다.**

불법은 지극히 오묘하며, 일상에서 어떻게 마음을 쓰고 어떻게 참구해야 하는지가 중요합니다. 불법은 둘이 아니며, 본래 부처이고 자재하고 안락하며 해탈이고 청정하다는 사실을 스스로 알아야 합니다. 그래서 헤아리지 말고, 알음알이를 짓지 말며, 일상의 삶 속에서 화두를 참구(參究)해야 합니다.

6조 혜능(慧能) 대사는 《육조단경》에서 언하대오(言下大悟) 즉 말끝에 바로 깨달음을 강조하며, 머무는 바 없는 마음을 내어 그대로 쓰는 것을 설하셨습니다. 그가 말한 불이중도(不二中道)란, 어느 한쪽에도 치우치지 않고 양변을 함께 아우르는 둘 아닌 중도 즉 색즉시공(色卽是空) 공즉시색(空卽是色)의 이치를 말합니다. 이것이 바로 불법이 가리키는 길이며, 절대 진실을 있는 그대로 드러내는 것입니다.

모든 것은 연기(緣起)된 것이므로 본래 공(空)이며, 불이중도는 생각을 끊고 공의 실상을 드러냅니다. 또한 때와 장소에 구애받지 않고, 불이중도(不二中道) 견성성불(見性成佛) 곧바로 마음이 곧 부처인 '즉심즉불(卽心卽佛)' 임을 설하였으며, 좌선이나 선정에 의지하지 않고, 불이중도(不二中道)의 자리에 들어 문득 깨달음에 이르는 길을 강조했습니다.

4월 5일

진리는
말이나 생각으로는 알 수 없고,
분별이 사라질 때
참된 깨달음이 드러납니다.

파도가 일면 바닷속이 보이지 않듯, 한 생각이 일어나면 마음에 파도가 일어나 모든 것을 맑고 밝게 볼 수 없게 됩니다. 프랑스의 수학자이자 철학자인 블레즈 파스칼(Blaise Pascal, 1623~1662)은 "세상의 모든 불행은 홀로 조용히 자신의 방에 앉아 있지 못하는 데서 비롯된다"라고 말했습니다. 시끄러운 환경 속에서 피할 수 없는 상황을 만나더라도 항상 마음을 점검해야 하며, 비록 공부에 힘을 부치지 못하더라도 그 피할 수 없는 자리가 곧 공부를 마치는 자리임을 알아야 합니다.

반야와 삼매는 본래 진심(眞心) 안에 자족하므로, 밖에서 별도로 얻는 것이 아닙니다. 아직 둘이 아님의 자리를 깨치지 못했다면, 각자 지닌 화두를 참구하여 자신의 본래자리를 분명히 알아차려야 합니다. 경전의 가르침은 달을 가리키는 손가락일 뿐이며, 조사(祖師)의 말씀이란 깨진 기와 조각으로 문을 두드리는 소리와 같을 뿐입니다.

진리는 언어나 생각의 분별로 닿을 수 없으며, 분별이 사라질 때 비로소 참된 깨달음의 자리가 드러납니다. 이 자리는 외부로는 알 수 없지만, 내면의 신의(神意)가 자연히 작용할 때 즉시 이루어집니다. 이때 타인의 격식에 의지하지 않고 단도직입해야 힘을 얻습니다. 더 이상 속지 말고 이제까지 의지해온 것을 내려놓고, 본분을 체득하면 부처와 중생의 본래자리는 같습니다.

4월 6일

법에는
주고 받음이 없고,
차별 속에 평등이 있으며,
마음은 적멸하여 항복할 대상도 없습니다.

불법(佛法)은 일상생활 즉 걷고 서고 앉고 눕는 모든 행위와 차 마시고 밥 먹는 일상, 말로 묻고 대답하는 모든 작용 속에 깃들어 있습니다. 부처와 중생은 본래 다르지 않으나, 부처는 깨달아 마음이 원융하고, 중생은 번뇌와 망상에 물들어 미혹하기에 차이가 드러날 뿐입니다.

이를 가리켜 '직지인심 견성성불(直指人心 見性成佛)'이라 하며, 마음을 곧바로 가리켜 성품을 보아 부처가 된다고 합니다. 법에는 주고받을 것이 없으며, 차별 속에 곧 평등이 있고, 마음과 마음은 적멸하여 항복시킬 마음조차 없습니다.

마음을 일으켜 생각을 움직이면 도에 어긋나게 됩니다. 수행에서 가장 경계해야 할 것은, 스스로 점검(點檢)하고 판단하려는 분별심입니다. 분별을 내려놓으면 마음은 저절로 비워지고 밝아져 자연스럽게 모든 것을 비추게 됩니다. 다만 마음을 기준 삼아 분별하고 계산하는 '사량계교(思量計較)'하면, 결국 자신의 마음속 보배를 헤아리는 일은 모두 헛된 꿈이 되고 맙니다.

피할 수 없는 상황에서는 마음을 따지려 하지 말아야 하며, 그 마음조차 잊을 수 있을 때 모든 것이 환히 드러나게 됩니다. 그렇게 식심(識心, 아는 마음)을 완전히 내려놓을 수 있다면, 마침내 손뼉 치며 크게 웃을 그날이 올 것입니다.

4월 7일

결제와 해제란
본래 없었던 것을 푼다는 뜻일 뿐,
처음부터 묶인 것도 푼 것도 없는 자리입니다.

결제(結制) 해제(解制)라 하지만, 누가 묶었으며 누가 푸는 것인가? 이 일은 본래자리에서 보면 애초에 묶인 것도, 풀 것도 없는 일입니다. 오늘의 해제란 어떤 '있는 것'을 마무리하는 것이 아니라, 본래 '없는 것'을 마치는 것입니다. 본래 없었던 것을 푼다는 것이 곧 해제이며, 이 일은 처음부터 아무것도 없었던 것입니다.

먼저 마음자리에서 마음을 관찰하고, 지혜 속의 지혜를 추구하며, 그 추구 자체를 참구해 보아야 합니다. 무기(無己)를 벗어나 자기를 해탈하며, 참과 거짓을 평등하게 보아야 합니다. 법의 근본 바탕을 통과한 뒤에는 무위무사(無爲無事)의 삶을 사랑하고, 공(空)의 음덕(陰德)을 널리 행하여, 마침내 운우(雲雨) 즉 하늘의 자비로운 작용을 받게 됩니다.

또한, 믿음은 지혜의 공덕을 자라게 하며, 여래의 경지에 이르게 합니다. 반면 마음이란 6근(根)인 안이비설신의(眼耳鼻舌身意)와 4대(大)인 지수화풍(地水火風)이 화합(和合)하여 인연의 기운이 헛되이 쌓이고 모여 인연(因緣)상이 생기는 것입니다.

만약 세간과 출세간의 넓고 깊은 도량을 이루고자 한다면, 흔들림 없는 생철주조(生鐵鑄造)처럼 단단하게 자신을 단련해야 합니다. 이 길은 인정(人情)으로는 전해질 수 없으며, 스스로 살피고 발심하여 실천해야만 나아갈 수 있습니다. 다른 사람의 말에 의존해 판단한다면, 영겁의 시간이 지나도 진정한 깨달음과 평안을 얻지 못할 것입니다.

4월 8일

마음은 끊임없이 움직이고 변하지만,
선의 근본 자리는 항상 편안하고 고요하며,
그 자리는 직접 체득해야만 알 수 있습니다.

중생은 스스로 자기를 미혹하여 경계에 집착하고, 작은 욕망에도 마음이 흔들려 고통을 겪습니다. 그러나 모든 감각과 대상은 본래 마음에서 비롯된 망상일 뿐입니다. 이를 깨달아 환상을 끊으면 끝없는 허공처럼 청정한 마음을 얻게 됩니다.

마음은 원숭이처럼 조급하고, 파리처럼 불결한 곳을 탐하며, 바람처럼 만족을 모릅니다. 또 시작 없는 습관은 두레박처럼 끊임없이 되풀이 됩니다. 이를 바로 보아 타파하면 '나'도 '남'도 없는 지혜를 얻게 됩니다.

마음은 움직임을 멈추고 그 자리로 돌아가도 다시 움직임이 일어나니, 이는 흐르는 강물, 등불과 바람, 구름처럼 순간순간 변화합니다. 그러나 가든 앉든 선(禪)의 근본 자리는 항상 편안합니다. 깨달음은 남에게 드러낼 수 없고 이치를 직접 체득하지 않으면 통달할 수 없습니다. 이 법은 마음과 지혜의 길이 끊겨 헤아리고 의론(意論)할 수 없기 때문에 비유로도 온전히 설명할 수 없습니다.

다만 빛을 돌이켜 비추어 보면, 이 생각이 어디에서 왔는지, 행동의 모습과 의도가 무엇인지 분명히 알 수 있으며, 마음과 뜻을 따라 모자람이나 넘침 없이 자연스럽게 알게 됩니다. 이와 같은 정(定)의 상태에 이르면, 공부가 깊어져 활쏘기처럼 저절로 적중하게 될 것입니다.

4월 9일

깨달음이란
자기 근본의 주인공임을 자각하여
마음을 쉬고 집착과 분별을 버려
과거 · 현재 · 미래를 초월한 고요한 자리입니다.

깨달음은 별도로 있는 것이 아니라 자기 근본의 주인공임을 확인하는 것입니다. 마음을 쉬고 마음 쉬기를 완성한 후에는 선악이나 역경과 순경을 모두 생각하지 말아야 합니다.

공연히 생각을 일으켜 과거의 법에 집착하지 말고, 미래의 일에도 탐욕과 집착을 버리며, 현재에도 머무르지 않으면 과거 · 현재 · 미래 삼세가 모두 비어 고요함에 이를 수 있습니다. 이 한 생각을 넘어 헤아림이 미치지 못하는 경지에 닿으면 비로소 삼세를 통달하게 됩니다.

통달한 경지는 모든 것을 용납하지 않기 때문에 헤아리거나 비교할 수 없고 증명도 불가능합니다. 평생 문장과 명예, 권력은 무의미하며, 무상(無常)의 생명이 빠르게 지나가니 공부에 더욱 매진해야 합니다. 순간의 생각 일어남은 병이지만, 끊어지지 않는 꾸준함은 약이니, 생각이 일어나는 것을 두려워하지 말고 오히려 알아차림이 늦어지는 것을 두려워해야 합니다.

처음에는 힘이 듭니다. 힘이 덜어지면 가벼워집니다. 결국 덜어지는 것조차 없습니다. 돌이켜 보십시오. 그 돌이켜 보는 그 놈을 보십시오. 돌이켜 보는 그 놈은 생사에 얽매이지 않습니다.

4월 10일

마음을 되돌아보면 실체가 없고,
우리가 안다고 여기는 것
또한 인연 따라 생긴 연기적 허상에 불과합니다.

대혜종고(大慧宗杲, 1089~1163)의 《서장(書狀)》에 따르면, 화두 참구는 반드시 깨달음을 근본으로 삼아야 합니다. 세속의 인연을 끊고 아침저녁으로 오직 화두에 집중하며, 결심했으면 끝까지 지켜야 합니다.

'이는 누구인가?' '근성이 못났음을 아는 이는 누구인가?' '입문할 곳을 찾는 이는 누구인가?'와 같은 물음을 거듭하여 참된 주인공을 찾는 것이 핵심입니다. 참된 주인공을 믿으면 온갖 망상에 흔들리지 않습니다.

선종은 문득 깨닫는 것을 근본으로 하지만, 그 뜻은 매우 깊고 어려워 상근기(上根機)와 뛰어난 지혜를 지닌 사람이라야 한번 듣고도 천 가지를 깨달아 대총지(大總持)의 경지에 이를 수 있습니다. 대부분은 근기가 미약하고 지혜가 부족하므로, 옛 선지식들도 말하기를 "마음을 바르게 안정하지 않고 생각을 고요히 하지 않으면, 이 길에 들어와도 결국 아득해질 뿐이다"라고 하였습니다. 생각을 일으키는 마음을 되돌아보아야 합니다. 과연 그 안에 많은 일이 실제로 존재하는가?

이 경지에 이르면 아무것도 존재하지 않았다는 사실을 알게 됩니다. 견해는 여전히 경계에 머물러 있어 '믿음'으로는 맞지만, 이를 '본래의 참모습'이라 하기는 옳지 않습니다. 우리가 안다고 여기는 것은 사실 스스로 만든 인연에 따른 생각 즉 연기적인 것일 뿐입니다.

4월 11일

마음을 끊임없이 궁구하고 헤아리다 보면
번뇌가 본래 없었음을 깨닫고,
모든 분별과 감정이 사라진 자리로 돌아가게 됩니다.

일상생활 속에서도 마음이 여여(如如)하고 평안해야 하며, 어떤 상황에서도 상에 머물지 말아야 합니다. 설령 상을 취하더라도 미움·집착·좋아함을 내지 말고, 취사나 이익·손해·성취·붕괴 같은 분별도 일으킬 필요가 없습니다. 모든 경계가 곧 공임을 알아 그 속에서도 여여하게 머물 수 있어야 합니다.

번뇌가 일어날 때는, 그 번뇌를 깊이 관(觀)해서 다음과 같이 묻고 따져야 합니다. 이 번뇌는 과연 어디에서부터 일어나는가? 그 일어나는 근원을 찾지 못한다면, 지금 이 번뇌는 어디에서 오는가?

정말 번뇌가 있는 것인가, 없는 것인가? 허망한 것인가, 아니면 실체가 있는 것인가? 이와 같이 끊임없이 자신을 살펴보고 궁구해 나가야 합니다.

마음을 궁구하고 또 궁구해 가다 보면, 마침내 마음이 머물 곳이 없어지게 됩니다. 헤아리고자 한다면 그저 끝까지 헤아리십시오. 끊임없이 헤아리고 분석(分析)하면, 무의식 깊은 곳에 스며든 은혜와 사랑의 습기조차 모두 떨어져 나가고, 마침내는 얼음이 녹아 물이 되듯, 번뇌가 본래 나에게 없었음을 알게 됩니다. 그 경지에는 더 이상 헤아릴 것도 없고, 근심도 걱정도 기쁨도 없습니다. 그 모든 감정과 분별이 사라진 자리로 돌아가게 됩니다.

4월 12일

마음이 머물 곳 없고 분별할 수 없는 자리로 몰아가야 은산철벽에 이르고, 공·무아와 연기(緣起)의 진리를 깨닫게 됩니다.

마음은 갈 곳이 없고 또 머물 곳이 없기에 분별할 수 없는 경지로 몰아넣어야 은산철벽(銀山鐵壁)과 같은 견고한 경지에 이를 수 있습니다. 둘이 아닌 도리에 합일하면 천지인(天地人)이 하나가 되고, 그것이 바로 공(空)과 무아(無我)입니다.

스스로 조복하여 역순의 경계에 지배받지 않으면 유심과 무심의 상애가 없으며 마음이란 대상이 없습니다. 모든 것이 상호 의존하므로 공하며, 공하기에 연기(緣起)의 진리를 깨닫게 됩니다.

당나라의 우두법융(牛頭法融 594~657) 스님은, "마음을 적절히 무심으로 사용해야 하며, 잘못된 말은 명상을 어렵게 하지만 곧은 말은 복잡하지 않다. 무심한 자리와 유심한 자리는 다르지 않다"라고 가르쳤습니다.

당나라 고승 용아거둔(龍牙居遁, 835~923)은 "이번 생에서 쉬지 못하면 언제 쉴 것인가? 쉬는 것은 바로 이번 생에서 이루어져야 하며, 마음이 쉬는 것은 망상이 끊어질 때 가능하다. 망상이 사라져 마음이 쉬면 그것이 진정한 쉼이다. 오는 자에게도 무심하며 가는 자도 그리워하지 않는 마음이라면, 사람의 마음과 도는 서로 어긋남이 없을 것이다"라고 가르쳤습니다.

4월 13일

모든 의심은
하나의 화두에서 비롯되며,
화두가 한순간에 타파되면
의심도 사라집니다.

천 가지 만 가지 의심도 결국은 오직 하나의 화두에 대한 의심일 뿐입니다. 화두 위에서 이 의심이 타파되면 모든 의심이 한꺼번에 사라지지만, 화두를 타파하지 못하면 간절히 참구(參究)해야 합니다. 화두를 버리고 문자나 경전, 고인의 공안, 혹은 일상의 번뇌 속에서 별도로 의심을 일으킨다면, 그것은 모두 마군(魔軍)의 방해일 뿐입니다.

마음이 시끄러울 때는 오직 '개에게도 불성이 있는가?' 라는 무자(無字) 화두만을 붙잡고 의심해야 합니다. 이 무자를 타파하면, 부처님과 조사, 선지식의 모든 말씀이 한순간에 타파되어 더 이상 남에게 묻지 않게 됩니다.

반대로 계속해서 '부처님의 말씀은 어떠한가, 조사의 말씀은 어떠한가' 라고 남에게 묻기만 한다면, 영원히 깨달음에 이를 수 없습니다. 본지풍광(本地風光)의 경지에 이르려면, 온갖 일과 만물을 마음 깊이 평온하게 간직하되, 매일의 삶 속에서 자유롭게 작용하면서도 어떤 걸림도 없어야 합니다. 만나는 모든 인연마다 척척 들어맞고 안정되어야 하며, 인연 따라 움직이되 전혀 얽매이지 말아야 합니다.

사물에 따라 형상을 드러내되, 그 마음은 담담하고 진실하며 고요해야 합니다. 눈꺼풀이 내려오는 그 순간, 확실히 얻은 경지가 있으니, 이것이 바로 '꽉 붙들어 주인이 된다' 는 뜻입니다.

4월 14일

생사의 문제는
가장 중대하니
모든 분별을 넘어서 본질을 꿰뚫어 깨달아야 하며,
그렇지 않으면 죽음 앞에서 허망함만 남을 뿐입니다.

'생사(生死)' 삶과 죽음의 문제는 무엇보다도 크고 중대한 것이므로, 알음알이를 세우지 말고 그 모든 것을 넘어서야 합니다. 깨달은 자는 털끝만큼의 기멸(起滅, 생성과 소멸)이나 윤회의 흔적도 남기지 않습니다. 지금 깨어나지 않는다면, 납월삼십일(臘月三十日), 인생의 끝자락에서 어떻게 하겠습니까?

'부처란 무엇인가'라는 물음에 '간시궐(幹屎厥), 마른 똥 막대기'라 답한 뜻을 꿰뚫지 못한다면, 깨닫지 못한 채 죽음을 맞는 것입니다. 그러므로 바로 지금, 본질을 꿰뚫고 생사에서 벗어나야 합니다.

원오심요(圓悟心要)에서, 묘각대사(宗覺大師)께서는 수행할 때 맑고 집중된 정신과 평정한 상태를 유지할 것을 강조하셨습니다. 영리한 수행자는 헛된 생각과 분별을 버리고 화두를 직관하여 본질을 꿰뚫어 봅니다. 도를 배우려면 올바른 스승을 만나 그 가르침에 의지해야 하며, 몸과 마음을 완전히 내려놓고 망상을 잊은 채 참구에 몰입해야 합니다.

그렇게 깨달음을 통해 본래 걸림 없는 자신의 본분사(本分事)를 밝혀야 합니다. 몸과 마음을 청정하게 유지하고, 내면은 텅 비워 한가롭고 여유로운 상태를 지켜야 합니다. 밖으로는 견문을 넓혀서 사물을 분명히 보고, 조용히 지혜의 날카로운 칼날을 움직여 정욕과 집착을 끊어야 합니다. 또한 회광반조(回光返照)하여 자신을 깊이 들여다보아야 합니다.

4월 15일

문자나 지식에 머무르지 말고, 의정(疑情)을 깊이 참구하여 생사심을 끊고 참된 깨달음을 얻어야 합니다.

많이 배운 사람일수록 오히려 무지(無明)가 깊고, 벼슬이 높을수록 아집(我執)이 강(强)하며, 평생 쌓은 지식도 실제 이해타산(利害打算) 앞에서는 무용지물이 되기 쉽습니다. 이는 어릴 때부터 부귀영화를 추구한 그릇된 동기 때문이니, '내가 얻은 부귀는 어디서 왔으며 어디로 가는가?' 를 되돌아보아야 합니다.

그 답을 모른 채 살아간다면 마음은 혼미해집니다. 바로 그 답답한 자리에서 화두를 들어야 하며, 기량이 다 할 때 문득 밝아져 깨달음이 열릴 수 있습니다. 세상은 업(業)에 따라 수많은 갈래로 흘러가지만, 우리는 비록 극락이나 지옥에 가더라도 그 사실을 알지 못합니다.

문자나 경전 지식에 집착해 그것을 끌어와 증명하거나, 널리 해석하고 주석을 달려 하지 마십시오. 아무리 해석이 명확하고 논리가 맞더라도, 그것은 결국 허깨비 같은 집을 짓는 것과 다름없습니다.

진정한 해탈은 의정(疑情)을 꿰뚫는 데 있으며, 의정을 타파하지 않으면 생사의 고통이 계속되고, 의정을 타파하면 생사에 대한 집착이 끊어지며, 나아가 부처에 대한 집착도 '법집(法執)' 법에 대한 견해도 사라지게 됩니다. 마침내 의심이 깊어져 모든 소식 즉 분별심, 사량심이 끊어지는 순간, 평생 잊지 못할 참된 기쁨이 찾아오게 됩니다.

4월 16일

일상 속 모든 순간에도
오직
'이것이 무엇인가?(是甚麼)' 라는
이 하나의 의심이 전부입니다.

밖으로 향해 별도로 의심을 만들지 마십시오. '마른 똥 막대기' 같은 화두 하나를 철저히 참구해 의심을 타파하면, 수많은 의심(疑心)이 한꺼번에 사라질 것입니다. 생사의 고해를 건너 열반의 세계에 이르는 실천 수행법인 육바라밀(六波羅蜜)은 멀리 있는 것이 아니라 본래자리에서 나오는 사비와 지혜이며, 생사 · 열반 · 해탈은 결국 하나입니다. 천 가지 만 가지 의심도 결국 하나의 화두에서 비롯된 의심입니다.

그러므로 화두에서 그 의심을 뚫고 나가야 하며, 타파하지 못하더라도 끝까지 화두와 씨름하며 정진해야 합니다. 만약 화두를 버리고, 문자, 경전 해석, 고인의 공안, 일상 번뇌 속에서 별도로 의심을 일으킨다면, 그것은 모두 마군(魔軍)의 방해일 뿐입니다.

참구할 때 알아채려 하지 말고, 지식으로 헤아리려 하지 마십시오. 오직 헤아릴 수 없는 곳을 향해 깊이 의심만 하십시오. 그러면 마음이 머무를 곳이 없어지고, 마치 늙은 쥐가 소뿔 속에 갇혀 움직이지 못하듯, 문득 '끊어지는 자리'가 드러나게 될 것입니다. 그래서 우리는 단지, 손을 들고, 밥을 먹고 옷을 입는 순간에도 오직 하나의 화두를 붙잡고 살아야 합니다.

'이것이 무엇인가?[是甚麼]' 라는 이 하나의 의심이 전부입니다.

4월 17일

열반은 생멸을 초월한 적멸의 즐거움이며,
몸과 세속의 쾌락에 집착하는 미혹을 버릴 때
비로소 참된 자유에 이르게 됩니다.

열반의 즐거움[常樂]을 몸으로 받는 것이라 여긴다면, 그것은 생사에 집착하고 세속의 쾌락을 탐하는 미혹입니다. 태어나기를 좋아하고 죽기를 싫어하여, 생각 생각에 옮겨서, 꿈과 환상과 허무와 거짓을 알지 못하여 그릇된 업으로 윤회를 받게 됩니다.

이로 인해 본래의 청정한 열반인 상락아정(常樂我淨)을 거꾸로 이해하고, 괴로움을 즐거움으로 삼아 종일토록 그것을 쫓아다니는 어리석은 삶을 살게 되는 것입니다.

뛰어난 수행자는 취사선택이 없으며, 자아와 바깥 경계를 분별하지 않고 모든 것이 하나의 우주요 평등하다는 사실을 깨닫습니다. 또한 범부와 성인, 생사와 열반 같은 양변(兩邊)과 이원론(二元論)을 뛰어넘어, 자유롭게 살리고 죽이는 자재하는 살활자재(殺活自在) 속에서 항상 진실한 적멸의 즐거움 즉 참된 열반을 누립니다.

참된 수행자는 매일 집착을 덜어내고, 의심을 끊고 완전히 쉬어버린 지점에 도달하며, 이런 자가 바로 안목을 갖춘 진정한 참 학자입니다. 이들은 어느 순간 몸과 말과 마음이 자연스럽게 드러나 세속과는 다른 경지를 나타내며, 매일 새롭게 변현(變現)합니다. 이 도리는 이치를 따져 헤아리는 것이 아니라, 곧장 깨달아 알아차리고, 그에 따라 삶의 체제와 행동이 자연스럽게 하나로 어우러져야 합니다.

4월 18일

수행 중
공(空)에 빠질까 두려워하거나
깨달음을 바라는 마음을 갖는 것은
곧 삿된 길입니다.

간화선(看話禪)은 불교의 선 수행법 중 하나로, 화두(話頭)를 들고 수행하는 참선법입니다. 이는 일상 속 모든 순간에 선을 참구(參究)하는 일용선(日用禪)이라 할 수 있습니다. 이른바 '공부'란 세속의 번뇌에 물든 마음을 화두로 돌이켜 의심하여, 분별심이 작용하지 않기를, 마치 흙이나 나무로 만든 인형과 같게 하는 것입니다. 마음이 혼미하여 코끝조차 분간할 수 없음을 깨닫는 순간이 바로, 문득 찾아오는 좋은 소식입니다.

수행 중에는 '공(空)'에 빠질까 두려워하지 말고, 또한 앞일을 걱정하거나 결과를 계산하며 '언제 깨달음을 얻을까' 하고 바라는 마음을 가져서는 안 됩니다. 만약 이러한 집착이나 기대가 마음속에 자리 잡게 되면, 이는 곧 삿된 길, 사도(邪道)입니다.

이 법은 헤아리거나 분별해서 알 수 있는 것이 아닙니다. 만약 그것을 따져 헤아리려 든다면, 오히려 재앙이 생길 것입니다. 헤아리고 분별하며 끝내 알지 못하는 그 사람은 누구입니까? 이 물음 앞에서 더 이상 머리를 돌려 생각을 굴리지 마십시오.

뛰어난 근기를 가진 사람이라면 무시겁(無始劫) 이래로 쌓여온 온갖 망상과 집착을 단번에 벗어버리고, 바로 그 자리에서 진리를 꿰뚫어 봅니다. 만약 자성의 참된 반야(般若) 지혜를 지금 이 순간, 분명히 발견한다면 찰나의 순간에 모든 망념이 사라질 것입니다.

4월 19일

오랜 수행으로 근기가 익고 마음이 고요해지면
즉시 깨달아
모든 문제를 스스로 해결할 수 있습니다.

모든 부처와 역대 조사들은 어떠한 법도 사람들에게 직접 전해준 적이 없으며, 다만 스스로 믿고 긍정하며 보고 깨닫도록 이끌었을 뿐입니다. 만약 남의 말만 따르고 받아들인다면 오히려 사람을 그르칠까 두렵습니다. 이 진리는 말의 형상, 마음이 대상에 집착하는 형상, 문자의 형상을 완전히 벗어난 것입니다.

오랜 수행으로 근기가 깊어지고 마음이 고요해지면 화두를 드는 순간 곧바로 깨달음을 얻습니다. 외부에 의지하지 않고 자신의 발밑에서 문제를 정확히 알아차리게 됩니다. 모든 망념이 사라지면 진여 본성이 드러나고, 이는 단박에 깨달음을 얻는 돈오(頓悟)의 경지에 이릅니다.

일상에서 성내고 기뻐하며, 헤아리고 분별하고, 혼침하거나 도거하는 모든 사람이 바로 이런 부류의 수행자입니다. 이들은 세간과 출세간의 일을 이룰 수 있으나, 믿음이 완전하지 않을 뿐입니다. 만약 믿음이 완전하다면 이 말씀을 의지하여 삼매에 들어가십시오. 홀연히 삼매에서 깨어나 스스로의 본래 숨을 내려놓으면 문득 깨달음이 옵니다.

열반의 즐거움은 순간적으로 생기거나 사라지는 것이 아닙니다. 도가 크지 않으면 공덕이 오래 가지 못하고, 공덕이 대대로 이어지는 것은 도가 크기 때문입니다. 큰 도의 본질은 혼돈 이전이나 황홀한 세계에 있지 않으며, 또한 감추어져 사람들이 알아차리지 못하도록 하는 것도 아닙니다.

4월 20일

무념이란
모든 경계에 집착 없이 흔들림 없는
바른 마음으로,
이것 없이는 보리와 해탈을 이룰 수 없습니다.

장수와 행복의 길은 마음공부에서 시작됩니다. 그것은 몸과 마음을 함께 돌보는 데서 오며, 그 핵심에는 마음공부가 있습니다. 마음의 자성을 성찰하고 깨달으면 자비롭고 밝은 작용이 드러나 모든 시간과 공간에 두루 미칩니다. 하지만 이 자성은 본래 고정된 실체가 없는 것, 본무자성(本無自性)입니다.

마음을 바로 보면 의심이 사라지고, 깨달음은 바로 지금 이 순간에 드러납니다. 몸 즉 색신(色身, 육체)은 사대(四大, 땅, 물, 불, 바람)로 이루어져 결국 흩어지며, 생멸(生滅)이 완전히 멸하면, 그것이 참된 평안과 즐거움 곧 적멸위락(寂滅爲樂)입니다.

의문이 타파되면 의심 자체가 사라집니다. 죽으면 어디로 가나? 찰라에 생상(生相)이 없으며 멸상(滅相)도 없습니다. 육신 떠나서 별도로 법신이 있다는 것은 망상입니다. 색신을 떠나면 법신도 없고, 참된 만족은 자연과 하나 됨 속에 있습니다. 무상은 날카롭고 신속하여, 백 년의 시간조차 번개처럼 짧아 결국 죽음이 찾아옵니다.

무념이란 모든 상황에서 마음이 집착하지 않고, 생각이나 바람이 없는 상태로, 어떤 경계나 현상을 마주해도 흔들림이 없는 바른 마음입니다. 이 무념을 떠나서는 보리, 해탈, 열반, 적멸, 선정, 견성을 이룰 수 없습니다.

4월 21일

화두 '이거 하나'만 통하면 됩니다.
참된 깨달음은
모든 분별과 개념을 초월하여,
말할 수도, 알 수도, 가리킬 수도 없는 자리입니다.

'이거 하나'만 통하면 됩니다. 무상(無常)은 매우 빠르게 다가옵니다. "마른 똥 막대기"라는 선사의 말처럼, 의미도 없고, 재미도 없고, 답답함만 느껴질 때, 바로 그 순간이 '좋은 소식' 즉 깨달음의 실마리일 수 있습니다.

화두를 들 때는 알아맞히려 하지 말고, 일 없는 궤짝 속에 머물러 있지 말며 들 때 문득 있다가 들지 않을 때 문득 없게 하지 마십시오. 마음을 의지해 깨달음을 기다리는 한, 영원히 깨달을 수 없습니다.

화두를 의심하되, '언제 깨달을까?'라는 생각조차 내려놓으십시오. 깨달음은 정해진 시절(時節)없이, 조용히 다가오며 사람들을 놀라게 하지도 대중을 동요시키지도 않습니다. 결국, 이거 하나만 통하면 됩니다. 더 이상 어떤 말도 필요 없습니다. 자기가 여기 한 번 통해 버리면 됩니다.

고요해서 저절로 부처와 조사를 의심하지 않으며, 생사를 의심하지 않을 것입니다. 의심하지 않는 경지에 이른 것이 곧 부처의 경지입니다.

참된 깨달음은 말로 표현할 수 없는 자리입니다. 부처의 경지에는 깨달음도 없고 미혹도 없으며, 삶도 죽음도 있음도 없음도 없습니다. 열반도 반야도 부처도 중생도 없고, 그 어떤 말도 그 말을 하는 사람도 그 말을 받아들이는 이도 받아들이지 않는 이도 심지어 그것을 안다고 하는 사람조차 없으며, 그 모든 말을 말하는 이도 없습니다.

4월 22일

깨달음은
모든 차별을 초월해
생사의 흐름을 끊고
본래 성품을 스스로 깨닫는 것입니다.

모름지기 깨달음은 스스로 보고, 스스로 믿고, 스스로 깨닫는 것입니다. 말로 하는 것은 결국 근거가 없습니다. 깨닫지 못했으면서 깨달았다고 하거나, 반야를 비방하며 거짓을 말하며, 지혜의 생명을 끊는 사람을 거만한 사람이라 했습니다. 힘을 이루는 근본은 몸을 닦는 것이고, 몸을 닦는 근본은 마음을 바르게 하는 것이며, 마음을 바르게 하여 화두 수행을 통해 깨달음에 이릅니다.

깨달음에는 늙음과 젊음, 어리석음과 지혜, 계급과 단계의 구분이 없습니다. 이 종지(宗旨)는 매우 오묘하여 얻기 어렵지만, 한번 얻으면 영원한 것인데, 어찌 밖에서 구할 것이 있겠습니까? 진실한 마음으로 생사의 흐름을 끊고, 본래의 바른 성품을 깨달아야 합니다. 그 깨달음은 모든 작용 속에서 자연스레 흘러나옵니다. 결국 깨달음은 스스로 증득하고 스스로 깨닫는 것입니다.

일상생활에서 화두를 잊지 말고 철저히 챙겨야 합니다. 모든 인연을 쉬고, 마음속에서 번뇌하는 생각이 없어야 천만 가지가 풍족하다고 할 수 있습니다. 가슴에 막힌 장애물을 제거한 후에는 부귀공명에 끌리지 않게 됩니다. 대부분의 사람은 하루의 시간 중에 부림을 당하지만, 깨달은 이는 하루의 시간을 부리며 생활합니다. 이것이 법의 이치입니다.

4월 23일

확철대오는
번뇌와 망념이 사라지고
본래 성품을 깨달아 무심의 정(定)에 이르러
즉시 부처가 되는 것입니다.

도(道)는 오직 참구에 있습니다. 이와 같은 것을 이와 같다고 한 그 말조차도, 결국 다만 이와 같을 뿐입니다. 설령 쇠바퀴가 정수리 위를 구른다 해도 정혜(定慧)가 원만히 밝으면 그 본성을 잃지 않습니다. 깊은 원력과 결연한 의지 없이는 젊은 나이에 부귀에 흔들리지 않고 도를 깨닫기 어렵습니다. 도는 스스로 드러나므로 바쁠수록 멀어지고, 오직 참구(參究)만이 길입니다.

수행을 통해 쌓인 번뇌와 온갖 생각, 자각이 모두 사라지면, 어둠 속에서 문득 환히 빛나는 깨달음이 일어납니다. 이때의 의심은 완전히 녹아내리고, 가슴이 확 트이며 밝아짐이 마치 해와 달처럼 또렷합니다. 이렇게 망념이 일어나지 않는 상태가 선(禪)이며, 바른 자세로 앉아 본성을 환하게 꿰뚫어 보는 것이 정(定)입니다.

여기서 말하는 본성이란 별도로 일어남이 없는 '무생심(無生心)' 즉 본래 생겨나지 않는 마음을 뜻합니다. 참된 정(定)이란 외부의 어떤 경계에 부딪혀도 마음이 흔들리지 않는 무심(無心)의 상태입니다. 이러한 정(定)을 참으로 체득하면 비록 범부(凡夫, 보통 사람)라 하더라도 즉시 부처의 지위에 이르게 됩니다. 망념이 완전히 사라지고, 본성을 깨달아 무심함을 체득하면 부처가 될 수밖에 없습니다.

4월 24일

도는
스스로 보고 깨달으며,
믿는 것입니다.
누구도 대신해 줄 수 없는 자기 체험의 길입니다.

마음을 닦지 못하는 이유는 몸에 대한 집착 때문입니다. 모든 법(諸法)을 여의어야 공(空)을 깨달을 수 있으며, 보시, 지계, 인욕 또한 공의 지혜[般若]에 이르기 위한 과정입니다. 잡된 생각과 티끌을 제거하면 그것이 곧 깨달음이며, 생각이 끊어진 본래자리가 참된 각(覺)의 자리입니다.

선(禪)이란 거울과 거울이 마주하는 것과 같아 본래의 깨달음인 본각(本覺)이 드러나는 것입니다. 도는 스스로 보고, 스스로 깨달으며, 스스로 믿는 것입니다. 참된 깨달음은 자기 체험을 통해 얻는 것입니다. 일상에서 도가 이루어지면 마치 손바닥을 뒤집는 것처럼 분명하고 간단합니다.

공자(孔子 기원전 551~479)께서 "아침에 도를 들으면, 저녁에 죽어도 좋다"라고 하신 말씀처럼, 도가 한순간 밝아지면 삶과 죽음도 더 이상 문제가 되지 않습니다. 옛 사람들은 큰 법을 위해 목숨과 고통을 아끼지 않고, 깊은 종지를 보배처럼 소중히 지켰습니다. 그러므로 고요함에 빠지지 말고, '상자거각(常自擧覺)' 항상 스스로를 살펴서 알아야 합니다.

마음은 본래 항상 그대로 드러나 있는데, 우리가 보지 못하는 것은 망상 때문입니다. 밖에서 찾아 헤맬 것이 아니라, 늘 그 자리에 여여(如如)하게 분명하게 드러나 있는 마음을 바로 보아야 합니다. 결국 말과 생각은 모두 헛된 것이며, 도가 진실로 이루어지는 자리는 생각 이전의 자리입니다.

4월 25일

화두를 깊이 참구해
마음이 머무르지 않음을 깨달으면,
본성을 바로 보아 성불의 길에 이릅니다.

마음에 집착할 것이 없어 평온하고 고요하게 홀로 움직이며, 스스로 실제 경지에 이르러야만 모든 속박에서 벗어나 만물과 중생 모두에게 참된 자유를 얻을 수 있습니다.

비바시불(毘婆尸佛)이 말했듯이, 몸은 형상이 없는 환술(幻術)과 같아 본래 심식(心識)이 없고 죄와 복도 모두 공(空)하여 머물 곳이 없으니, 깨달음에는 나이, 지혜, 계급, 단계의 구분이 없습니다. 그러므로 반드시 일상에서 화두를 잊지 말고 철저히 챙겨야 하며, 의심을 깊이 파고드는 수행인 참구(參究)를 통해 화두 의심이 꽉 뭉쳐 더 나아가지도 물러서지도 못한 은산철벽(銀山鐵壁)을 뚫어야 진정한 깨달음이 열립니다.

모든 사람은 하루의 시간에 부림을 당하지만 깨달은 이는 하루의 시간을 주인처럼 사용합니다. 여래원각(如來圓覺)의 경지를 깨닫는 일은 반딧불로 수미산을 태우는 것처럼 매우 어렵습니다. 양자가 말하길 배움은 본성을 닦는 것이며, 본성이 곧 도(道)라고 했습니다.

부처님도 본성이 위없는 도라 하셨듯, 수행하여 부처를 찾으려 해도 참됨이 어디에 있는지 알기 어렵습니다. 몸 안에 스스로 참됨이 있으면 그것이 성불의 씨앗입니다. 마음이 어느 곳에도 머무르지 않음을 분명히 알면 본심(本心)과 본성(本性)을 명확히 보고 무생법인(無生法忍)을 증득하는 길이 됩니다.

4월 26일

종지를 깨달으면
세간과 출세간이 사라지고,
모든 현상을 꿰뚫어 고통에도 흔들리지 않는
자유와 평온을 얻습니다.

진여에 대한 깨달음은 반드시 돈오(頓悟) 즉 직접적이고 즉각적인 깨우침이어야 하며, 거기에 어떠한 분별이나 생각도 끼어들어서는 안 됩니다. 이 깨달음은 공적(空寂)한 마음의 성품, 곧 원상(圓相)이 스스로 자각하는 것이며, 그 자각의 실제 근거는 본래 내재해 있는 각성된 성품인 본연각성(本然覺性)입니다.

이를 통해 진여를 알게 되고, 그 자리에 머물 수 있는 능력이 생깁니다. 옳은 일을 하는 것은 마음을 바로 보고 본성을 따르는 것이며, 반대로 마음을 어지럽히는 것은 본성을 거스르는 것입니다.

이 종지(宗旨)를 철저히 통달하게 되면, 세간(世間)과 출세간(出世間)의 구분이 본래 없음을 분명히 깨닫게 됩니다. 모든 현상을 처음부터 끝까지 꿰뚫어 보며, 몸과 목숨조차 내려놓을 수 있는 담대한 안목이 열리고, 천차만별의 어떤 경계 앞에서도 흔들림 없이 평온합니다.

설령 칼바람 같은 고통을 만나더라도 꿈쩍도 하지 않으며, 독약을 마시는 상황조차도 한없이 여유롭고 자유롭습니다. 이러한 경지는 시간의 앞뒤조차 끊어진 자리이므로, 망설이지 말고 곧바로 향상의 문을 열어야 할 때입니다.

4월 27일

진정한 깨달음은
집착과 분별 없이
완전히 자유로운 상태에서 이루어집니다.

모든 작용은 본래 구족(具足)된 성품이 연(緣)을 만나서 일어난 것일 뿐입니다. 백장회해(百丈懷海: 749~814) 스님께서 "불성(佛性)의 뜻을 알고자 한다면 시절인연(時節因緣)을 보라"라고 하신 것도 이 때문입니다.

그런데 요즘에는 참선하는 납자(衲子)들 중 많은 이들이 그 종지(宗旨, 수행의 근본 목적)를 바로 세우지 않고 그저 말귀, 언구(言句)만을 붙잡아 판별하려 합니다. 이로 인해 사람들과 친소를 따지고, 얻고 잃음을 분별하며, 뜨는 물거품 같은 견해를 진리인 양 여겨 자랑합니다. 그 과정에서 온갖 이론과 해석을 늘어놓지만 결국 알음알이에 빠져 진정한 본체(正體)를 놓치고 있으니, 참으로 안타까운 일입니다.

나는 '내게 견처(見處, 깨달음의 관점)가 있다' '오묘한 이해를 얻었다'고 말하지 않습니다. 왜냐하면 그 속에 실낱만큼이라도 '주관이다' '객관이다' 하는 분별의 가시가 섞이면, 곧 무게가 더해져 마음이 맑고 밝지 못해지기 때문입니다. 그래서 그런 생각조차 인정할 수 없습니다.

석가모니 부처님은 연등불에게 무법(無法)으로 수기를 받았고, 혜능 스님은 "본래 한 물건도 없다"라는 말로 의발을 전수했습니다. 깨달음에는 아무런 흔적도 남지 않습니다. 이렇게 진정한 깨달음은 어떤 것에 집착하거나 좋고 나쁨을 나누지 않고, 지나간 일이나 흔적에도 얽매이지 않는 완전히 자유로운 상태에서 이루어집니다.

4월 28일

참된 수행은
무심의 자리에서
자성을 깨닫는 것이며,
그곳은 모든 분별을 초월한 본래의 참모습입니다.

참된 수행은 종일토록 '쇄쇄낙락(灑灑樂樂)' 철저하고 시원하며, 성현조차 함께하지 않는 무심(無心)의 경지에서 자연스럽게 순숙(純熟)해지는 것입니다. 이때는 더 이상 배울 것도 없고, 어떤 억지나 노력 없이도 천만 사람이 붙잡으려 해도 붙잡을 수 없는 진정한 도인의 경지에 이르게 됩니다.

조주 스님은 납승(衲僧)을 보면 '가까이 오라' 하고 불러놓고는 가까이 오면 '그냥 가라' 라고 하였습니다. 이 간단한 일 속에서 약간이라도 눈치채면 십분 성취한 것이지만, 분별하면 그저 지견(知見)만 자라날 뿐입니다. 그러니 행주좌와(行住坐臥), 어묵동정(語默動靜) 가운데서도 항상 화두를 참구하십시오. 본래 찾고자 하는 그 마음 자체가 바로 진심(眞心)인데, 어찌 다시 그것을 별도로 찾으려 하십니까? 그저 무심할 뿐입니다.

생각하는 마음이 없고, 생각하되 생각이 없는 무념의 자리는 나지도 않고, 사라지지도 않으며, 실재도 허상도 아니고, 이름과 형상을 초월한 본래의 참된 면목입니다. 식심견성(識心見性)해서 마음이 어느 곳에도 머물지 않으면, 비로소 무생무념(無生無念)을 체득합니다.

이때는 제8식인 아뢰야식의 미세한 망념까지 완전히 사라지면, 무심·무생·무념의 궁극적 경지 즉 최상의 부처 지위에 이르게 됩니다.

4월 29일

깨달음은
무심 · 무념의 본래면목을 확실히 증득하고,
지해(知解)를 털어내고
곧바로 본질을 꿰뚫어야 합니다.

모든 인연을 내려놓고 번뇌 없는 일상을 살면 세상의 모든 복을 이미 갖춘 셈입니다. 내외가 고요히 비어 한 생각도 일어나지 않는 깊은 자리에서 근본을 깨달으면 마음은 허공처럼 넓고 끝이 없으며, 이를 본래면목(本來面目), 본지풍광(本地風光)이라 합니다. 이후 집착이 사라지고 부귀공명(富貴功名)에 끌리지 않으며, 자비롭고 지혜롭게 무심(無心)의 삶을 사는 것입니다.

깨달음의 문제는 무심(無心) · 무념(無念)의 본래면목을 확실히 증득하는데 있습니다. 스스로의 지해(知解)를 모두 털어내고, 온전한 틀로 곧바로 꿰뚫어야 하며, 인연 따라 묻고 대답할 때마다 한 번에 단도직입해야 합니다. 그러나 이후에는 부지런히 노력하여 마음을 쉬게 하여 더없이 깊고 오묘한 곳에 크게 쉬어 완전히 안온한 경지에 도달해야 합니다. 이 무심과 무념의 참된 종취(宗趣)는 날카로운 사람만이 실제로 깨달을 수 있습니다.

여래원각(如來圓覺)의 경지를 알음알이로 이해하려는 것은 반딧불 하나로 수미산을 태우려는 것과 같은 어리석음입니다. 견문각지(見聞覺知), 색성미촉(色聲味觸) 같은 모든 분별을 마치 활활 타오르는 용광로에 눈송이를 떨어뜨리듯 즉시 맑고 깨끗하게 씻어내야 합니다. 그 자리는 비로소 크게 쉬어 진정한 안신입명(安心立命)하는 자리입니다.

4월 30일

참된 깨달음은
형상과 분별을 떠난 자리에서
화두를 통해 직접 체험하는 공(空)의 경지입니다.

참된 깨달음은 모양도 느낌도 생각도 없는 자리에서 직접 체험하는 것입니다. 마음을 깨닫는 데에는 어떤 형상도 없으며, 분별없이 즉시 밝아지는 것이므로 공(空)이라 부릅니다. 지식으로 아는 것이 아니라, 분별할 수 없는 체험, 곧 깨달음입니다.

마음을 깨닫는 데에는 특정한 방법이 없기 때문에 화두(話頭)가 등장하게 되었으며, 화두에 온전히 집중해 일념(一念)으로 체험에 이르러야 합니다. 생각으로는 알 수 없고, 체험하지 않고는 결코 도달할 수 없습니다. 화두는 생각을 제거하는 무기입니다.

경전에만 의지하는 것은 소승(小乘), 법을 배우는 것은 중승(中乘), 법에 따라 실천하는 것이 대승(大乘)이며, 모든 법에 통달함이 바로 최상승(最上乘)입니다. 결국 한 물건도 없고, 깨달음 역시 아무것도 없는 공한 자리입니다. 무엇을 마주하더라도 '아무것도 없음'을 직접 체험하는 것이 곧 공(空), 열반(涅槃), 적멸(寂滅), 해탈(解脫)의 경지입니다.

5월

좌선의 기본자세

좌선의 기본은 조신(調身) · 조식(調息) · 조심(調心)이다.

① 몸 · 손 · 눈을 가지런히 하고,
결가부좌(結跏趺坐)가 어렵다면
반가부좌(半跏趺坐)로 무게의 중심을 단전(丹田)에 둔다.
② 들숨을 길고 강하게 날숨을 짧고 약하게 하여
기운을 단전에 모은다.
③ 망념(妄念)을 정념(正念)으로 돌려
고요하면서도 밝게 한다.

5월 1일

이 도리는 오직
'근본 하나'를 붙잡고
일상 속에서 화두를 끊임없이 참구하면,
반드시 깨달음과 자유에 이를 수 있습니다.

만물과 만사의 근본은 결국 이 하나뿐입니다. 만일 이 근본을 밝히지 못하고, 잠시라도 의심하거나 망설인다면 분명히 경계(外物)에 휘둘리게 될 것입니다. 그렇게 되면 남의 뜻에 휘둘리면 자유를 잃고, 결국에는 스스로도 자유롭지 못할 것입니다.

지극한 도(道)는 간단하고도 쉬운 것이니, 오직 경계를 물리치느냐, 아니면 거기에 끌려가느냐에 달려 있습니다. 수행의 핵심은 생각을 일으키지 않는 가운데 오직 화두(話頭)를 참구(參究)하는 데 있습니다.

옛 사람도 말하기를, "인연에 따라 날마다 차별된 경계를 만나고 부딪히지만, 그 가운데 불법 아닌 것이 없었다"라고 하였습니다. 일상 속에서도 '구자불성(狗子佛性) 개에게도 불성이 있는가?'라는 화두를 참구함으로써 감정의 티끌을 없앴다고 하였습니다. 만약 이처럼 꾸준히 공부한다면, 어찌 마침내 깨닫지 못함을 걱정하겠습니까?

중생은 전도(顚倒)되어 자기를 미혹하고 사물(事物)을 좇아갑니다. 하지만 사물은 본래 자성이 없으며, 경계도 차별이 없습니다. 다만, 스스로 미혹된 자만이 외물을 좇고 분별을 일으켜 경계를 만들어낼 뿐입니다. 그러므로 화두를 들 때에는 여러 가지 기교나 기량을 부릴 필요가 없습니다. 오직 일상생활 속에서 끊어짐 없이 화두를 들고, 기쁘고 성나고 슬프고 즐거운 경계 속에서도 분별을 일으키지 않아야 합니다.

5월 2일

깨달음을 얻은 이후에도
끊임없는 수행으로
무심의 경지에 이르고,
결국 중생을 돕는 것이 수행의 완성입니다.

이미 도(道)의 종지(宗旨)를 체득한 이후에는 그 깨달음을 면면히 간직하고 끊임없이 이어가며 '성태(聖胎)'를 기르는 공부가 필요합니다. 비록 나쁜 인연이나 험한 경계를 만나더라도, 바른 지견(知見)에서 나오는 선정의 힘으로 그것들을 원융하게 받아들이고 하나로 통합할 수 있다면 설령 생사의 큰 변고가 닥치더라도 마음은 흔들리지 않을 것입니다. 이렇게 오랜 수행 끝에 집착과 구속이 없는 큰 해탈에 이르면 수행의 길을 온전히 마친 자가 될 것입니다.

그 경지는 마치 꿈에서 문득 깨어나는 것과 같고, 또한 구름이 걷히며 태양이 드러나는 것과 같은 밝음입니다. 이러한 삶은 일 속에서 일 없음인 사중무사(事中無事)을 통달하는 것이며, 색(色)을 보고 소리를 들을 때에도 마음이 거기에 끌리지 않는 무심(無心)의 상태입니다. 모든 곳에서 무심하게 되면 온갖 차별 경계가 스스로 사라집니다.

경계가 사라질 때 생각 없이 즉시 알아차리는 것이 즉각적 깨달음이며, 번뇌와 망상이 없는 마음이 바로 깨달음의 본성 자리입니다. 그러한 경지는 이른바 '촉목개시(觸目皆是)' 즉 눈에 닿는 모든 것이 그대로 진리이며, 그 진리를 걸림없이 자유롭게 운용할 수 있습니다.

5월 3일

화두 생활은 당면한 탐욕 · 성냄 · 어리석음을 계향 · 정향 · 혜향으로 바꾸는 수행입니다.

화두 생활은 당시(當時) · 당처(當處) · 당사(當事)의 탐욕 · 성냄 · 어리석음을 계향(戒香) · 정향(定香) · 혜향(慧香)으로 바꾸는 수행입니다. 계향은 계율과 공덕으로 존경심을 일으키는 향기이며, 정향은 자기 자리에서 마음의 안정을 이루는 향기이며, 혜향은 지혜의 향기입니다.

본각(本覺)은 진여(眞如)로 누구에게나 본래 갖추어진 참된 깨달음이며, 시각(始覺)은 그 깨달음을 깨닫기 시작하는 단계이고, 불각(不覺)은 진여가 미혹에 가려진 상태입니다. 이 진여는 본래자리와 합일되어 수행과 실천으로 나아갑니다. 수행은 간단하고 소박해야 하며, 제행무상(諸行無常), 제법무아(諸法無我)를 깨닫고, 열반적정(涅槃寂靜)으로 나아가는 삶입니다.

열반은 상락아정(常樂我淨) 네 덕목을 갖춰야 하는데, ① 상(常)은 변하지 않는 영원함 ② 낙(樂)은 번뇌 없는 참된 기쁨 ③ 아(我)는 진정한 자아 ④ 정(淨)은 청정한 마음을 의미합니다. 이 경지는 본래무일물(本來無一物)이며, 불거불래(不去不來)요, 진공묘유(眞空妙有)입니다.

5월 4일

모든 존재와 마음은
본래 진여이며,
번뇌를 전환하여 본성을 체험하면
열반과 깨달음에 이를 수 있습니다.

색즉시공(色卽是空)이란 곧 마음 자체를 뜻합니다. 우주 만물이 이와 같으니, 이것이 곧 즉심(卽心)이며, 생명력 넘치는 마음이 분별할 수 없는 법신불(法身佛)입니다. 마음이 스스로 확신하여 증명할 때가 바로 진여자성(眞如自性)을 체험하는 순간입니다.

이 마음을 모른다면 이 도를 쉽게 전수할 수 없습니다. 각(覺)의 세계는 실천의 세계이며, 경계(境界)의 세계는 바로 현재의 삶입니다. 현재의 삶은 촉목개시(觸目皆是) 즉 사대(四大)와 오온(五蘊)의 세계이자 각(覺), 공(空), 정토(淨土), 상락아정(常樂我淨), 그리고 천상천하유아독존(天上天下唯我獨尊)의 세계입니다.

또한 6식(識), 7식(識), 8식(識)의 마음 작용이 바닥에, 제9식인 백정식(白淨識)이 드러납니다. 이것은 무명의 미혹을 끊고 깨달음으로 전환된 식으로, 8식과 별도로 존재하는 것이 아니라 8식 자체가 전환된 상태입니다. 제9식(識)은 때 묻지 않아 '무구식(無垢識)' 또는 '진여식(眞如識)'이라 부르며, 이것이 바로 의(意)의 성불 경지입니다.

열반은 한순간도 떠남이 없습니다. 늘 즐거운 상락(常樂)입니다. 산하대지와 천지만물이 모두 이미 그 자체로 상락열반(常樂涅槃)이기에 별도로 분리할 것이 없습니다.

5월 5일

참된 원상(圓相)은 시공과 주객을 초월한 중도의 자리로, 모든 법이 하나로 통하는 시방공간입니다.

진여(眞如)는 뚜렷하고 확실하며 스스로 증명하지만, 겉으로 드러나지 않습니다. 바로 지금, 눈앞의 뚜렷한 한 생각을 힘써 관찰하고 공부해야 합니다. 총명하지 못함을 걱정하고, 깨닫지 못한 것을 후회합니다. 이것은 아는 것이 아니라 체험하지 못한 데서 비롯된 것입니다. 그렇게 업식(業識)에 따라 습관적으로 행동하는 가운데 본래의 자유롭고 쾌활한 마음을 잊어버리게 된 것입니다.

사견(邪見)을 가진 사람들은 크게 세 가지로 나뉩니다.

① 감각과 지식을 곧 자기와 진리로 착각하는 사람 ② 겉으로 이치를 말하지만 마음속 업식과 육근에 집착하는 사람 ③ 고요함에 집착하며 잘못된 안락을 추구하는 사람 이 외의 사견들도 다양하게 존재합니다.

참된 원상(圓相)은 시공(時空)을 초월하여 주객(主客)을 벗어난 중도(中道)의 자리이며, 모든 법이 하나로 통하는 시방공간(十方空間) 그 자체입니다. 본래의 진여묘심(眞如妙心)을 통달하면 고금의 시간이 끊이지 않고 이어지며, 고요하고 움직임 없으니 만 년이 한 생각이고, 한 생각이 곧 만 년입니다. 마음 자리에 털끝만큼도 흩어짐이 없어, 한번 깨치면 영원히 그 자리에 머무릅니다. 이 마음은 참으로 오묘하여 변하거나 달라짐이 없으니, 이것을 두고 사람 마음을 곧바로 가리켜 '견성성불(見性成佛)'한다고 합니다.

5월 6일

자기를 아는 바로 그 자리가
깨달음의 시작이며,
참된 수행은 높은 지식이나 능변이 아니라
자기를 돌이켜보는 정직한 마음에서 비롯됩니다.

공부에 들어갈 때는 혼미하고 둔한 자질을 빌려서 들어가되, 혼둔(混鈍)한 줄 아는 것을 돌이켜 비추어 보는 것이 중요합니다. 근성이 미련하다 하여도 꾸준히 정진하면 결국은 깨달음과 초월의 자리에 이를 수 있습니다. 오히려 자신의 미련함을 아는 자는 진정으로 미련한 이가 아니며, 그렇다면 더 이상 어디를 향해 깨달음을 구할 필요가 있겠습니까?

도를 배우려면 오히려 이 '미련함'을 빌려야만 참된 도의 길로 들어설 수 있습니다. 평소에 식견(識見)이 많고, 스스로 깨닫고자 하는 마음이 앞설수록 그것이 장애가 되어 오히려 바른 식견이 드러나지 않습니다. 그러나 이 장애 또한 외부에서 온 것이 아니라 바로 자기 안에 있으며, 특별한 문제가 아닙니다. 결국 주인공은, 바로 이 미련함을 자각하는 자일 뿐입니다.

그래서 '주인공아' 하고 스스로에게 부르면, '예'라고 응답하고, '깨어 있으라' 하면 '예' '남에게 속지 말라' 하면 또 '예, 예' 하며 자기 안의 본래 주인공에게 자각을 촉구해야 합니다. 예로부터 이러한 수행방식이 전해 내려오고 있습니다. 그러니 나(我)을 향해 '이것이 무엇인가?' 하고 바로 붙잡아 보십시오. 그리고 그 붙잡는 주체도 다름 아닌, 바로 이 미련함을 자각하고 있는 자입니다.

5월 7일

망상을 쉬고 꿈과 깨어있음이 하나임을 참구하면 세간 속에서도 본래의 자리를 깨닫게 됩니다.

'멈추어라! 멈추어라! 망상을 쉬어라! 망상을 쉬어라!' 온갖 망상이 끊어지려 할 때 비로소, 깸과 잠이 하나인 경지에 저절로 이르게 됩니다. 방거사(龐居士) 열반송(涅槃頌)에 "다만 있는 바를 비우려고 할지언정, 없는 것을 채우려 하지 말라"라는 말처럼, 꿈에서 깨어나지 못하면 존재의 본질을 초월하지 못합니다.

지극한 경지는 세간에 있으면서 세간을 떠나는 것입니다. '꿈과 깨어있음이 하나임을 참구하라' 모든 현실은 꿈과 같고, 꿈이 곧 현실이며, 깨어있음과 꿈은 둘이 아닌 하나입니다. 이 '꿈 없음'이 곧 깨달음의 의미이며, 간절한 화두 참구의 끝에는 '본래 그러함'을 확인하는 것입니다.

도(道)를 배우는 이들이 진실을 알지 못하는 까닭은, 이전부터 익숙한 '분별심'만을 의지하기 때문입니다. 이 분별심은 무량겁의 생사를 윤회하게 한 근본이며, 어리석은 이들은 이것을 본래의 나로 착각합니다. 그러니 '이것이 무엇인가?'라는 물음은 이러나 저러나 모두 소용이 없는 것입니다. 넓고 큰 허공을 새가 날아가도 그림자나 자취가 없듯, 이 마음도 자취가 없습니다.

중생의 근기에 따라 ① 정정취(正定聚)는 반드시 깨달음에 이를 것이 결정된 자 ② 사정취(邪定聚)는 올바른 깨달음을 얻지 못할 것이 결정된 자 ③ 부정취(不定聚)는 인연에 따라 깨달을 수도 아닐 수도 있는 자입니다.

5월 8일

망상에 집착하거나 억지로 없애려 하지 말고, 마음을 다스리며 화두를 꾸준히 참구하면 자연스럽게 본래자리에 머무르게 됩니다.

〈원오심요(圓悟心要)의 선인(禪人)에게 주는 글〉에서 항상 허망한 생각을 일으키지 말고, 모든 망상을 억지로 없애려 하지도 말며, 망상에 머물러 통달하려 애쓰지 말라고 했습니다.

조주 선사의 말처럼, "마지막 한 구절을 한 구절을 다 뚫어버리면 유언과 무언, 향상과 향하, 권실(權實)과 말고 펴고 주고 빼앗음을 간파할 필요조차 없다"라고 하였는데, '뉘라서 조주의 이 소식을 알랴. 모름지기 우리 집안의 씨앗이라야만 비로소 알리라'고 했습니다.

이와 같이 깨달음의 유무에 연연하지 말고, 마음을 급하거나 느리게 하지 말며, 거문고 줄을 조율하듯 적절히 다스려야 합니다. 마음이야말로 가장 귀중하므로 조급하게 무언가를 구하지 말고 일체처(一切處) 일체시(一切時)가 허깨비임을 간파하고, 다만 일상의 현실에 자족할지언정 달리 수승(殊勝)한 경계를 구하지 말아야 합니다.

마음을 억지로 일으키거나 생각을 부추기지 말고, 허망함을 바라보며 조급함 없이 자연스럽게 본래자리에 머물러야 합니다. 이것이 진정한 길임을 명심해야 합니다. 하루하루 지나가는 시간이 황금과 같으니 헛되이 보내지 말고, 젊은 시절 한없는 지혜를 구하는 것은 오탁의 세상에서 가장 영리한 행위입니다. 일상 속에서 선명상과 화두 참구를 호흡과 함께 꾸준히 실천하면 평생 가장 귀하고 아름다운 동반자가 될 것입니다.

5월 9일

알음알이, 분별과 지식으로
깨달음을 얻으려 하지 말고,
오직 화두만을 잡고 참구하여야 합니다.

물 한 잔을 마시는 순간조차 '이 순간 이것은 무엇인가?'라는 한 생각이 떠오르면, 곧 이전의 자리가 확인됩니다. 그저 물을 마시고, 앞뒤도 없고 편안해지는 그 자리, 본심은 텅 비고 경계도 사라진, 현재의 공허한 이 순간이 바로 진아(眞我)입니다. 더는 생각할 필요가 없기에, 이 순간이 바로 시공(時空)을 초월한 놀이터입니다. 찰나의 무심(無心) 연속이 곧 오늘입니다.

한 생각이라도 깨달음을 얻기 위해 애쓰면, 마치 자기 집에 있으면서도 다른 사람에게 길을 물어서 집이 어디인지 알아내려는 것과 같습니다. 단지 '생사'라는 두 글자를 뾰족한 코 위에 붙여 두고, 때때로 화두를 붙잡으십시오. 잡아 오고 또 잡아 가면 생소한 곳은 저절로 익숙해지고 익숙한 곳은 저절로 생소해질 것입니다.

알음알이로 이해하려 하지 말고 오직 화두만을 잡고 참구하라는 것입니다. 일언일구(一言一句) 아래에 바로 끊어서 깨닫고 둘러 가지 않는 것이 중요합니다. 설령 바로 끊어냈다고 말해도 이미 굽은 것이고, 깨달았다고 말하는 순간 이미 어긋난 것입니다.

하물며 경전과 가르침을 인용해서 이치와 일을 설명하여 구경(究竟)의 진리를 얻으려 한다면, 이는 더욱 본래자리에서 멀어질 뿐입니다. 결국, 말하더라도 그것은 너의 마음이요, 말하지 못하더라도 역시 너의 마음뿐임을 알아야 합니다.

'이것이 무엇인가?'
라는 화두를 참구하는 간화선은
주인공이 스스로에게 던지는 근본적인 물음입니다.

자성의 공(空)을 관(觀)하여 무념이면 곧 한 생각[一念]이 되고, 한 생각이 곧 일체지이며, 이것이 바로 반야바라밀(般若波羅蜜), 곧 여래선(如來禪)입니다. 조사선(祖師禪)은 달마께서 "곧 마음이 부처다"라고, 남전(南泉)은 "평상심이 도다"라고 했으며, 혜능은 "문자에 의지하지 않고[不立文字], 교외별전(教外別傳)이라 하며, 직지인심(直指人心)하고, 본성을 봐서 성불하라"라고 가르쳤습니다.

법을 구할 때에는 본성을 보고 진리를 깨닫는 것이 중요합니다. 분별과 이해(알음알이)를 내려놓고, 마음의 작용을 끊어서 가슴을 맑게 해야 합니다. 어리석은 척하며 잘잘못을 따지지 말고, 맞거나 거슬리는 관점이 있다면 과감히 끊어야 합니다.

'이것이 무엇인가?' 라는 화두를 참구하는 것이 바로 간화선입니다. 주인공이 주인공에게 묻는 질문입니다. 마음을 헤아려 생각하면 결국 십만 팔천 리(里)보다 더 멀어질 것입니다.

불이(不二)의 법은 생각하지 않고, 비교하지 않으며, 마음을 헤아리지 않는 것입니다만, 그 자체가 곧바로 옳다고 할 수는 없습니다. 왜냐하면 중생에게는 그런 상태조차 번뇌와 망상으로 나타날 수 있기 때문입니다. 결국, 불이(不二)는 생각을 멈추는 데 있지 않고 본래 마음이 모든 것을 주재함을 깨닫는 데 있습니다.

5월 11일

'이뭣꼬?'
간절히 묻는 바로 그 놈이 무엇인지
간절히 참구해야 합니다.

화두를 들어라! '이뭣꼬?' '무엇이 이 마음을 알아채고, 성품을 본다고 하는가?' 간절하게, 간절하게, '이뭣꼬?' 하고 묻는 바로 이 놈! 이 놈이 무엇인가? 무엇인가? 대체 뭣이란 말인가?

온갖 도리를 배우는 사람들이 생각을 따라 유전(流轉)하는 이유는 참된 마음을 제대로 알아채지 못했기 때문입니다. 참마음이란 생각이 일어날 때도 그에 따라 생겨나지 않고, 생각이 사라질 때도 그에 따라 고요해지지 않습니다. 그 마음은 가지도 않고, 오지도 않으며, 안정되지도 않고, 어지럽지도 않습니다.

마음은 인위적이거나 형태가 없지만 살아있는 물고기처럼 항상 살아 움직이고 있으며, 그 본질은 붙잡거나 감각으로 알 수 없습니다. 모든 것은 본래 진여로 드러나 있어서 무엇을 보든 성품을 보게 되며, 마음이 맑아지면 일상의 실천 속에 그대로 나타나고, 깨달음은 바로 지금 이 순간에 현현합니다.

6근(根)인 눈 · 귀 · 코 · 혀 · 몸 · 뜻이 6진(塵)인 바깥 대상을 만나서 알아차림이 생기더라도, 욕심 · 성냄 · 어리석음에 물들지 않으면 그 자리가 바로 본래 청정한 중도(中道)의 세계입니다. 눈에 보이는 모든 것이 곧 진아(眞我)이며, 여래(如來)는 모든 양극단을 떠난 중도를 정등각(正等覺)했습니다. 이 중도가 곧 지혜의 완성인 반야바라밀입니다.

5월 12일

화두 참구는
오직 화두 하나에 매달려
의심을 깊이 참구하여 시절인연이 되면
화두가 타파되어 깨달음이 옵니다.

간화선(看話禪)은 고요함과 시끄러움을 초월하는 수행이며, 본성의 자리는 고요와 시끄러움 모두 자연 그대로 받아들여서 시끄러운 가운데서도 화두가 순일(純一)하게 지속되며, 공부가 끊어지지 않는 것입니다. '될까?' '안 될까?' 망설이는 순간, 이미 망상에 끌려갑니다.

법을 구할 때에는 본성을 보고 진리를 깨닫는 것이 중요합니다. 분별과 이해(알음알이)를 내려놓고, 마음의 작용을 끊어 가슴을 맑게 해야 합니다. 어리석은 척하며 잘잘못을 따지지 말고, 맞거나 거슬리는 관점이 있다면 과감히 끊어야 합니다.

모든 법은 연기(緣起)로 인해 공(空)하며, 본래 분별이 없습니다. 일체유심조(一切唯心造)라 하듯이, 모든 것은 마음에서 비롯된 것이며, 산은 산이고 물은 물일 뿐입니다. 모든 현상은 공성(空性)으로 통하며, 한 마음이 일어나지 않으면 만법에도 아무 문제가 없습니다.

화두 참구에서 가장 중요한 것은 바보처럼 믿고, 인정사정없이 오직 화두 하나에 목숨 걸고 매달리는 것입니다. 때가 되면 의심이 깊어져 '의정(疑情)'이 생기고, 더 익으면 '의단(疑團)'이 형성되며, 그 의심이 타성일편(打成一片)이 되어 은산철벽(銀山鐵壁) 같은 벽에 이르렀을 때, 시절인연이 되면 화두가 타파되어 깨달음의 순간이 옵니다.

5월 13일

수행자는
경계에 흔들리지 않는 마음으로,
삼세를 초월한 무심의 자리에서 고요히 머물러야 합니다.

알아차림은 마음의 활동이며, 곧 우주 그 자체입니다. 경계는 본래 공적(空寂)하므로 깨뜨릴 필요 없이 그냥 두면 됩니다. 빛과 소리에 끌려가지 말고, 꿈과 현실이 모두 허깨비임을 알면 거기서 벗어날 수 있습니다. 제도할 중생도 본래 없고, 죽음은 다만 자아가 사라지는 일일 뿐입니다.

알거나 깨달은 바도 본래 없으며, 귀결처는 본래 정위(定位)에 있습니다. 그 자리에서 화두가 일념으로 되지 않으면, 결국 알음알이인 분별지(分別智)의 연속에 불과합니다. 그러나 알음알이가 끊어지고 아무것도 얻을 것이 없을 때, 도리어 그 자리에 우주 전체가 한꺼번에 드러납니다.

과거, 현재, 미래인 삼세가 모두 텅 비었음을 통달해야 합니다. 역경(逆境)과 순경(順境) 가운데 특히 순경계에서 더욱 조심해야 하며, 결국 역경과 순경이 둘이 아님을 체득해야 합니다. 세간과 출세간을 나누는 것은 스스로 만든 모순일 뿐이며, 건강할 때 삼매(三昧)를 체득하는 것이 지혜로운 삶입니다.

고요한 곳이든 시끄러운 곳이든, 일상의 인연이 맺어지는 자리에서 사량과 분별이 일어나는 그 자리에서 참구해야 합니다. 그래야 홀연히 안목이 열립니다. 이른바, 사람은 무심히 도(道)와 하나가 되고, 도는 무심히 사람과 하나가 됩니다. 법(法)은 분별에 따라 생겨나고, 분별에 따라 사라지므로, 모든 분별법을 소멸하면 더 이상 법도 생기고 사라짐이 없습니다.

5월 14일

수행자는 모든 경계가 실체 없는
찰나의 인연임을 바로 보아 집착하지 않을 때,
비로소 도리와 하나된 자유로운 마음을 얻습니다.

수행자는 때와 장소에 맞게 지혜롭게 대응하면 자연스럽게 도리(道理)와 하나가 됩니다. 역경은 다루기 쉬우나, 순경은 집착하기 쉬워 오히려 다루기 어렵습니다. 지혜가 없으면 경계에 휘말리고, 방편을 잃으면 무명을 착각해 더욱 빠져들게 됩니다.

세속의 법을 출세간의 법으로 오인하는 것과 같습니다. 이러한 착각에서 벗어나려면 어떤 경계든 일어나고 사라지는 것에 실체가 없음을 알아야 하며, 그때 비로소 경계에 물들지 않는 자유로운 마음이 드러납니다.

화두를 오래도록 순수하고 편안해지면 점점 가벼워져, 결국에는 화두가 흔적 없이 사라지고 칠통(漆桶)을 타파하게 됩니다. 이 자리가 바로 철두철미(徹頭徹尾)한 깨달음이며, 삼매가 현전(現前)하는 경지입니다. 도는 씨앗 속에 있으므로, 화두에 불씨를 붙이고 잘 살려야 꽃이 피고 열매를 맺습니다.

붉은 복숭아는 삼월이면 꽃피고 국화는 구월이 오면 꽃피고, 복숭아도 국화도 땅에 뿌리 있으니 시절을 만나면 스스로 꽃을 피운다고 했습니다. 모든 것은 때와 조건이 맞으면 자연스럽게 이루어집니다. 그러므로 화두를 생명처럼 여기고 끊임없이 참구해야 진정한 도(道)의 길이 열릴 것입니다.

5월 15일

**수행은 조급하거나 느슨하지 않고,
생각을 억누르거나 따라가지 않으며
담담히 바라보는 자세가 필요합니다.**

소리나 빛 같은 감각에 끌리지 않고, 화두 하나에 마음을 고정하여 참구하면 점차 나와 대상이 하나 되는 물아일념(物我一念)의 경지에 이르게 됩니다. 마음을 내려놓고 비워서, 모든 일이 오고 가는 대로 맡기되, 고요한 마음으로 그 흐름의 근원을 자각하는 것이 수행의 핵심입니다.

깨달음을 증득했다고 해도 그것은 말로 드러낼 수 없고, 이치를 말하자면 직접 증득하지 않으면 통달하지 못합니다. 설령 스스로 깨달았더라도, 그것을 붙잡아 남에게 보여줄 수는 없습니다. 다만 같이 증득한 사람끼리는 말하지 않아도 묵묵히 마음이 통하게 됩니다.

방하착(放下著)은 마음속 탐욕과 집착을 버려 무소유를 실천하고 진정한 자기 회복에 이르는 수행입니다. 이것은 허심(虛心)의 공부이며, 반문문자성(反聞聞自性)으로, 자기 마음의 본성을 참구하는 길입니다. 공부가 익숙해지면 막으려 하지 않아도 자연히 조화롭게 다스려지고, 그렇지 못하다면 고삐를 꽉 잡고 순하게 다스리며 점차 익숙하게 만들어야 합니다.

그러므로 수행은 조급해서도 안 되고 느슨해서도 안 되며, 조급함, 혼침, 산란은 모두 방해가 됩니다. 생각을 억누르거나 붙드는 것도 그르며, 마치 허공을 향해 칼을 던질 때 맞고 안 맞음을 따지지 않듯, 생각을 따라가지 않고 담담히 바라보는 자세가 필요합니다.

5월 16일

모든 생멸은
분별심에서 비롯되며,
알음알이를 내려놓고 화두를 오래 참구하면
본래 성품을 바로 보게 됩니다.

일어나고 사라지는 모든 법(法)은 분별심에 의해 생겨나고 사라지며, 분별심이 소멸하면 그 법들도 더는 생멸하지 않습니다. 분노·공포·근심·걱정처럼 좋고 싫음을 따지는 망심(妄心)을 완전히 내려놓는 것이 참된 방하착(放下着)입니다. 짠맛이나 단맛을 맛보는 것은 이미 훈습(薰習)이 되어 마음이 오염된 것이며, 희로애락이 일어나기 전의 고요한 상태가 바로 중도(中道)입니다.

감정이 이미 일어났다면 그것은 제6식으로 떨어진 것이며, 더 이상 정심(定心)이라 할 수 없습니다. 지옥과 천당도 결국 자기 본래 성품 자리에서 비롯된 것임을 깨닫는 것이 바로 화두 수행의 궁극적인 목적입니다. 화두에 대한 믿음이 깊어지는 곳에 이르러야 비로소 부처도 되고 조사도 되는 바탕이 마련되며, 그 믿음을 따라 오랫동안 화두를 놓지 않고 참구하면 마침내 스스로 타파(打破)되는 경지에 이르게 됩니다.

단, 그 자리는 한 생각만 일어나도 곧 어긋나 버립니다. 도는 헤아릴 수 없으며, 삼매도 말이나 생각으로 이해할 수 없습니다. 화두 수행을 꾸준히 반복하면 번뇌와 망상이 사라지고, 마음이 자연스레 삼매와 하나 되는 경지에 이르게 됩니다.

5월 17일

수행자는
조급함과 느슨함을 경계하고
마음의 근원을 끊임없이 참구하면,
분별을 벗어나 진여불성의 경지에 이르게 됩니다.

수행자는 조급함과 느슨함을 잘 조절하여 삿된 견해에 빠지지 않아야, 비로소 일대사 인연(一大事因緣)을 궁구할 수 있습니다. 이미 마음을 내어 수행을 시작했다면 조급하게 하지 말 것, 조급하면 오히려 더디게 되고, 느슨하게도 하지 말 것, 느슨하면 게을러지고 번뇌가 스며듭니다.

'이 마음은 어디서 흘러나오는가?'를 끈질기게 엿보고 참구하다 보면, 처음엔 낯설던 그 자리가 점차 익숙해지고, 반대로 익숙하던 분별의 세계는 낯설어집니다. 우리가 평소에 익숙하게 여기는 곳이란, 오온(五蘊)·육입(六入)·십이처(十二處)·십팔계(十八界)·무명(無明)·업(業)·식(識) 등으로 끊임없이 비교하고 분별하는 마음의 작용이며, 이는 야생마처럼 한순간도 쉬지 않고 생사에 유랑하게 만드는 뿌리입니다.

이 분별심은 사람을 생사에 유랑하게 하고, 옳지 못한 행동을 하게 만드는 근본 원인입니다. 이 마음의 분별심이 완전히 생소해지면, 그동안 익숙했던 분별심과 집착의 작용이 사라지고, 보리열반(菩提涅槃)과 진여불성(眞如佛性)이 문득 앞에 나타날 것입니다. 그러므로 모든 인연을 잊고 화두를 참구하면 적멸의 자리에서 지혜와 자비가 자유롭게 흘러나오게 됩니다. 이때 너와 내가 둘이 아님을 깨닫고, 바로 그 마음이 곧 부처임을 분명히 보게 되면 모든 일이 평등하고 자기라는 집착도 사라지게 됩니다.

5월 18일

본래자리는
텅 비고 밝으며
회광반조로 무자 화두를 놓치지 않으면
분별을 벗어나
깨달음에 이르게 됩니다.

텅 비고 한없이 밝아서 신령하게 통하는 모양 없고 보이지 않는 하나의 본래자리가 있으니, 이 자리는 안과 밖의 구분도 없으며, 작용할 때는 안의 그림자나 밖의 티끌조차 보이지 않습니다. 그러나 사대(四大)와 오온(五蘊)이 인연을 만나면, 생사(生死)의 흐름 속에서 탐진치(貪瞋癡)가 일어나, 본래의 신령한 본지풍광이 흔적 없이 사라집니다.

이럴 때는 외부 경계에 끌려가지 말고, 회광반조(回光返照)하여 한 생각도 일어나지 않는 본래자리를 확인하면, 오고 감에 걸림이 없는 자유를 얻고, 그 자유로움 안에서 대자비심으로 모든 중생을 널리 이롭게 하게 됩니다. 이것이 곧 즉심즉불(卽心卽佛) 즉 이 마음이 곧 부처입니다.

그러나 찰나라도 분별심이 일어나면 곧 망상의 올가미에 걸려 옴짝달싹 못할 것입니다. 따라서 8식이 작용하지 않음을 깨닫고 무자 화두를 참구하면, 마음은 텅 비고 걸림 없는 자유 속에서 상락아정(常樂我淨)의 경지에 이르게 됩니다. 결국 우리가 갖는 수많은 의심이나 혼란은 결국 무자 화두 하나를 제대로 깨닫지 못해서 생기는 것입니다.

외부 집착과 '나'라는 생각에 얽매이지 않으면, 사물과 나의 경계가 사라지고 하나가 됩니다. 그렇게 되면 하루 종일 무엇을 하든 마음이 흔들리지 않고 깊고 고요한 자유 속에서 머물 수 있습니다.

5월 19일

화두 수행자는
탐진치를 놓아 버리고
근본을 철저히 비추어 법과 마음이 하나 되면
생멸이 없는 무심의 경지에 이르게 됩니다.

화두 수행자는 하루 종일 자신의 근본을 화두로 비추어 살펴야 합니다. 법과 법은 서로 어우러져 머무름이 없고, 마음과 마음도 원융하여 항복할 마음이 없으며, 둘이 아닌 하나이기에 탐진치(貪瞋癡)를 놓아버려야 합니다.

이렇게 대상을 집착 없이 살피면 마음이 자연스럽게 밝아지고, 모든 것과 평등하게 연결된 자유로운 상태에 이릅니다. 화두를 순수하게 참구하여 시절인연이 닿으면, 집착과 의지 없이 본래 청정함 속에서 스스로 본성을 드러내어 생멸이 없는 무심(無心)의 경지에 이르게 됩니다.

순간적으로 번쩍이는 깨달음 속에서 아무것에도 집착하지 않을 때, 비로소 우주 전체의 공성(空性)을 깨닫게 됩니다. 고요한 가운데 망상을 일으키지 않고, 어떤 일을 궁구할 때도 잡념 없이 집중해야 하며, 일상에서는 외부 경계에 끌리지 않고, 대상과 마주할 때 자유자재해야 합니다. 허공에는 형상이 없듯이, 나의 본래 성품도 모양이 없습니다.

그 성품을 돌이켜 관찰해 한 물건도 볼 만한 것이 없으면 그것이 바로 팔정도(八正道)에서 정견(正見)인 바른 견해이며, 알 만한 것이 없음을 요달(了達)하면 그것이 진여(眞如)입니다. 나아가 본원(本源)의 청정한 근원과 깨달음의 원만한 밝음을 본다면, 그것이 곧 견성성불(見性成佛) 즉 성품을 보고 부처가 되는 것입니다.

5월 20일

도(道)를 배우는 것은
역경과 순경 속에서도
항상 한결같은 마음을 지키고,
외부의 경계에 흔들리지 않는 데 있습니다.

도(道)를 배우는 것은 결국 역경과 순경 속에서도 마음을 일여하게 유지하는 데 있으며, 역순 경계 앞에서 고뇌한다면 평소에 그 경계를 수용하여 마음을 제대로 쓰지 않았다는 뜻입니다. 그러므로 한가하든 분주하든 언제나 일여(一如)한 마음을 지니고, 경계에 끌려 흔들리지 않도록 하여야 합니다.

4조(祖) 도신(道信, 580~651) 스님이 말하기를, "경계에는 본래 좋고 나쁨이 없고, 분별하는 마음에서만 그렇게 나타나니, 만약 마음이 억지로 분별하지 않으면, 허망한 감정이 어디에서 일어나겠는가? 허망한 감정이 일어나지 않으면, 진실한 마음이 두루 알려지게 된다"라고 했습니다.

화두를 끊임없이 들다 보면 화두가 저절로 들릴 정도가 되어 힘이 생기며, 촉목개시(觸目開示)와 동시에 화두와 본성이 하나가 됩니다.

고덕이 "텅 빈 가운데 밝은 태양이 본래 있었는데 밥통 속에서 밥 찾는 어리석음이여! 너무나 익숙하면서 누가 밥을 찾는지 모르고 밥을 누가 먹는지 모르네"라고 했습니다. 그러니 한가한 때가 도리어 분주한 때이니, 도의 자리가 있음을 믿고, 언제 어디서든 그 자리를 놓지 말아야 합니다.

5월 21일

화두를 참구할 때
의심과 확신을 믿음으로 삼고
깨달음을 의지하면,
마음과 경계가 사라져 '없음' 조차도 없습니다.

화두를 참구할 때는 의심(疑心), 확신(疑定), 의문 덩어리(疑團)를 믿음의 근본으로 삼고, 깨달음의 작용(作用)으로 삼는 것을 반드시 믿어야 합니다. 믿음이 한 시간이면 의정도 한 시간이고, 의단이 한 시간이면 깨달음도 한 시간입니다.

속마음과 바깥 경계가 모두 사라져 '없음' 마저도 또한 없어야 합니다. 포행이나 일상 속 어디서나 '이뭣꼬?' 라는 화두를 놓지 않고 늘 챙기면 생활 속에서 화두와 하나 되어 본성을 놓치지 않고 항상 알아차리게 됩니다.

깨달음을 얻은 뒤에는 화두가 필요 없으며, 다음 생을 연결하는 재생연결식((再生連結識)을 볼 수 있으면 방하착(放下著)의 경지에 이르게 된 것입니다. 생사(生死)의 순간에도 알아차려 악도에 떨어지지 않고 자비롭고 지혜롭게 됩니다.

체득한 후에는 일상에서 본성을 놓치지 않기 때문에 잘못된 행동과 생각, 말을 하지 않으며, 항상 자비롭고 지혜롭게 생활하게 됩니다. 그러므로 앞생각이 일어나지 않는 것이 마음이고, 뒷생각이 사라지지 않는 것이 곧 부처입니다.

일체의 모든 모습이 곧 마음이며, 모든 형상을 초월한 것이 부처입니다. 마음 자체가 곧 지혜이고, 부처 자체가 곧 선정입니다. 선정(禪定)과 지혜(智慧)를 균등히 지니면, 의중(意中)이 청정(淸淨)할 것입니다.

5월 22일

**지금 이 순간의 일상에서 분별없이
모든 것과 조화를 이루는 것이
곧 도(道)이며,
대도(大道)란
바로 자기 자신을 완전히 버리는 것입니다.**

유식(唯識)의 네 가지 지혜인 유식사지(唯識四智)는 대원경지(大圓鏡智), 평등성지(平等性智), 묘관찰지(妙觀察智), 성소작지(成所作智)입니다. 이는 본래 마음의 광명으로, 몸과 지혜가 원융하여 걸림이 없으면 사물에 자유롭게 감응하여 형상에 따르게 됩니다. 또한 나를 이루는 삼신(三身)인 청정법신(淸淨法身), 원만보신(圓滿報身), 천백억화신(千百億化身)은 본래 나의 본체입니다.

지금 이 자리, 이 순간의 일상에서 특별한 것이 없으며, 다만 나 스스로가 모든 것과 조화를 이룰 뿐입니다. 걷고 머물고 앉고 눕고 말하고 침묵하고 움직이고 고요한 모든 순간마다 이 도를 보고 쓰려면, 어느 하나 취하거나 버리지 말고, 어느 곳에서도 분별하여 떼어놓지 말아야 합니다. 대도(大道)가 무엇인가? 바로 '그대 자신'을 완전히 버리는 것이다.

진리는 말로 표현할 수 없고, 마음으로 헤아릴 수도 없어, 본래 자유자재(自由自在)하여 별도로 닦거나 깨달을 것이 없습니다. 그러나 현실에서는 어쩔 수 없이 화두를 참구하는 수행이 필요하며, 은산철벽 같은 장벽을 통과하여 삼매의 단계에 이르러야 합니다. 의단이 끊임없이 지속되고, 유무(有無)의 양극단을 초월하여, 반드시 은산철벽을 꿰뚫어 통과해야 말과 행동이 일치하는 진정한 깨달음에 도달할 수 있습니다.

5월 23일

깨달음은 자기 집으로 돌아가는 것이며, 모든 법은 하나의 진여(眞如)로 통합니다.

의심을 끊임없이 깊이 참구하여 안과 밖이 하나가 되고, 그 마음이 하루 종일 새어 나가지 않도록 지극정성으로 밀고 나아가면, 마침내 죽기 살기로 다해 익어감에 따라 자연스럽게 깨달음을 증득(證得)하게 됩니다. 진리는 곧 법이며, 그 법은 물 흐르듯 흘러 모든 것을 장엄(莊嚴)합니다.

각자가 스스로 체득해야 하며, 분별이 없으면 허망한 집착의 경계를 벗어나 본래의 자성이 허공처럼 스스로 드러나 항상 그러함을 알게 됩니다. 마음이 안으로 깊이 들어가면 바깥 경계는 의지할 곳이 없어지고, 안의 마음도 더 이상 작용할 바가 없으므로 번뇌가 사라집니다. 그 작용 속에서 드러나는 미세한 움직임을 깨달으면 마음은 더 이상 할 바가 없어집니다.

경계에는 의지할 곳이 없으면 번뇌도 없고, 안팎의 분별이 사라지면 본래 맑은 적멸의 자성이 드러납니다. 보고 듣는 경계에 떨어지지 말고 오직 화두만을 참구해야 하며, 밖으로 모든 인연을 끊고 안으로 마음의 들뜸이 없어져 마음이 벽처럼 고요해져야 비로소 도에 들어갈 수 있습니다.

달을 본 뒤에는 달을 가리킨 손가락을 더는 보지 않듯, 수단에 집착하지 말고 본질을 보아야 합니다. 깨달음이란 결국 자기 집에서 자기 집으로 돌아가는 것이며, 우주의 모든 법은 하나의 진여로 통하는 일진법계(一眞法界)일 뿐입니다.

5월 24일

마음의 집착이 끊어지면
모든 일이 밝게 드러나고,
애쓰지 않아도 저절로 알게 됩니다.

화두를 지극히 참구하지 않고 깨달음을 기다리거나, 그 자리에서 깨닫거나 앎을 짓지 말아야 합니다. '있다'거나 '없다'는 알음알이를 짓지 말고, 진실로 '없다'는 생각에 머물러서 헤아리지도 말아야 합니다. 아무 일도 없는 궤짝 속에 틀어박혀 있듯 무위에 빠져 있지도 말고, 번갯불이나 부싯돌처럼 순간적인 깨달음만을 좇아서도 안 됩니다.

마음 쓸 곳이 없고, 마음이 갈 곳이 없을 때, 공(空)에 떨어질까 두려워하지 마십시오. 바로 그때 문득, 홀연히 끊어지는 체험을 맞이하게 될 것입니다. 단 하나의 '무(無)'자를 굳게 붙잡고, 일상의 인연을 만나는 그 자리에서 잡고 잡아서 끊어지지 않게 하십시오. 고덕이 말하기를 "지극한 이치를 궁구하는 것은 깨달음을 원칙으로 삼는다"라고 했습니다.

세간의 기술도 깨달음 없이는 오묘한 경지에 이르지 못하거늘, 하물며 생사를 벗어나려는 수행자가 말로만 고요함을 말하며 쉽게 깨달으려 해서는 안 됩니다. 지극한 이치를 구하려면 깨달음을 근본으로 삼고, 조급함을 버린 채 간절히 화두를 참구해야 합니다.

마음 작용이 끊어지면 본래의 고향에 이르게 되고, 그 자리에서는 자연히 화두(話頭)인 공안(公案)을 깨달아 분별이 사라집니다. 이러한 경지에 이르면 일부러 드러내려 해도 그럴 수 없으며, 애쓰지 않아도 스스로 알게 됩니다.

5월 25일

화두 수행은
일상의 자연스러운 흐름 속에서
모든 생명이 각기 다른 모습으로
본래의 밝은 빛을 드러내는 것입니다.

화두를 지극정성으로 정신을 통일하여 들을 때는 귀로 듣지 말고, 마음으로 듣고, 듣는 그놈 즉 마음 이전의 자리로 들어야 합니다. 마음은 형상이 없고 적멸하여 공(空)이므로 모든 것이 사라지면 둥글고 밝은 본성인 원명(圓明)이 온전히 드러납니다.

남양혜충(南陽慧忠, 675~775) 국사(國師)께서 말씀하시길, "법에 얻은 것이 있다고 하면, 여우 울음소리다"라고 하셨습니다. 진실한 깨달음은 푸른 하늘에 밝은 해와 같아, 한 번 체득하면 문득 보게 됩니다. 이것은 진실로 스스로 보아 얻은 것이기 때문에 삿된 무리가 제멋대로 할 수 없으며, 따라서 전수할 수도 없는 것입니다.

직접 체득한 반야의 경지에서는 헛된 공부가 없습니다. 만약 화두를 직접 전수받아 지니고 있다면, 금생에 깨닫지 못하더라도 그 씨앗이 깊이 심겨 임종할 때 악취(惡趣)에 떨어지지 않고, 다음 생에도 자신을 미혹하게 하지 않을 것입니다. 화두 수행은 특별한 대상을 필요로 하지 않는 자연스러운 일상생활 그 자체입니다.

새로 세울 법도 없으니 모든 것이 융화되어 흐릅니다. 흙탕물이 맑은 물이 되듯, 초파리를 비롯한 모든 생명은 절대적 가치를 지니고 있어 각각이 부처요 미륵이며 문수와 보현과 같습니다. 서로 다른 모습 속에서도 본래의 크고 밝은 빛[大光明]을 언제 어디서나 스스로 드러냅니다.

진여묘심(眞如妙心)을
곧바로 꿰뚫어 증득하면
한 번의 깨달음이
영원한 깨달음이 되어 변함이 없으니,
이를 견성성불 즉 본성을 보아 부처라 합니다.

알음알이를 버리고 모든 것과 하나 된 마음으로 화두를 참구해야 합니다. 깨달음은 법 자체에 있는 것이 아니라, 그것을 실천하고 아는 사람에게 달려 있습니다. '이것이 있는가? 이것이 없는가? 이것이 다른가?' 하고 치열하게 의심하다 보면, 어느 순간 온갖 생각이 홀연히 끊어질 것입니다.

그러한 때에 이르면, 더 이상 누구에게도 묻지 않게 될 것입니다. 생각이 일어나면 상대가 생기고, 마음이 공(空)하면 모든 법도 공해집니다. 마음이 비워지면 어떤 대상과도 자재롭게 어울리며, 둥근 거울 같은 마음은 오고 감 속에서도 항상 평온하고 흔들림이 없습니다.

본래의 진여묘심(眞如妙心)을 곧바로 꿰뚫어 증득하면 과거와 현재를 아우르는 자리에 이르게 되며, 고요하고 움직임이 없어 만 년이 한 생각 같고 한 생각이 만년과 같습니다. 이처럼 체득한 마음자리에서는 털끝만큼의 흐트러짐도 없기에, 한 번 깨치면 영원히 깨친 것이 되어 자나 깨나 변함이 없습니다. 이것이 바로 사람의 마음을 곧바로 가리켜 견성성불(見性成佛), 즉 본성을 보아 부처가 된다고 하는 이유입니다.

5월 27일

화두를 지극히 참구하면
모든 생각이 멈추고,
시절인연이 도래하면 한 순간에 번뇌가 사라지고
무념의 경지에 이르게 됩니다.

'이뭣꼬?'는 생활 속에서 순간순간 일어나는 '지금 여기'의 본질을 묻는 깨달음의 질문입니다. 일어나면서 일어나는 이것은 무엇인가? 걷고 서고 앉고 말하고 먹고 쉬고 일하고 잠자는 모든 행위 속에서 지금 이 순간 '이것이 무엇인가?' '이뭣꼬?' 오늘 이 시간, 지금 이 자리에서 '이뭣꼬?'라고 스스로 묻고 돌아봄으로써 자신의 참된 본성을 체험하려는 이것이 수행의 근본 자세입니다.

의심, 의정, 의단, 타성일편, 은산철벽, 동정일여, 몽중일여, 오매일여(寤寐一如)와 같은 깨달음의 순간들이 인연 따라 일어납니다. 많은 생각이 끊임없이 일어나면 참된 진리를 만날 수 없습니다. 여러 생각을 억지로 멈추려 할수록 오히려 더 멈추지 않습니다. 오직 한마음으로 온갖 생각을 그치려 하면 저절로 그치게 됩니다.

이 한마음을 이루는 길은 지극정성으로 화두를 참구하는 것뿐입니다. 화두에 깊이 의심하고 의심하며, 의심이 의정과 의단으로 형성되어 타성일편, 은산철벽에서 시절인연을 만나면 본래 있던 심지에서 천하를 밝히는 빛이 반드시 터져 나옵니다. 이것이 화두가 타파되는 순간이니, 한 생각에 온갖 번뇌가 사라지는 일념돈탕진(一念頓蕩盡)입니다. 이것이 무념의 경지입니다.

5월 28일

번뇌가 사라져 본래 고요한 마음자리에 이르면, 완전한 깨달음을 얻어 무위무사의 궁극적 휴헐지(休歇地)에 이르게 됩니다.

사회가 단순·개인화되며 외로움 등 문제는 늘고 있습니다. 이런 문제를 이해하지 못하면서 억지로 설명하려 하면 남을 혼란스럽게 할 뿐 아니라 자신의 본분과 가르침도 잃게 될 것입니다. 홀로 하는 삶, 혼자 밥 먹고 술 마시며 노는 데 필요한 무형의 친구가 바로 화두입니다. 인정에 얽매이지 말고 사량분별에 빠지지 않아야 하며, '이뭣꼬?'라는 화두가 인생의 길잡이기 됩니다.

선명상(禪冥想)은 화두를 간절히 참구하여 장애를 타파하는 수행법입니다. 화두가 정해지면, 그 화두에 대해 간절히 의심하며 의심, 의정, 의단의 단계를 거쳐 타성일편, 은산철벽에 이르러야 됩니다. 그리고 화두가 타파되면 나와 우주가 하나로 통일되어 만물과 아무런 걸림이 없는 대자유를 얻게 됩니다. 이것이 나와 우주의 합일을 이루는 유일한 깨달음의 길입니다.

번뇌가 홀연히 사라져야 비로소 본래의 고요하고 한가한 마음자리에 이릅니다. 그 자리가 나의 본래 마음자리입니다. 이 자리를 통과하면 만생만사(萬生萬事)가 쉬어 몸과 마음이 편안하면서 한가합니다.

이 자리를 한 번 깨치면 영원히 변하지 않지만, 미세한 한 생각이라도 일어나면 자기의 본성이 흔들려 모든 일이 어지러워집니다. 활연히 철저하게 깨달은 뒤에는 그 흔적조차 없어져야 무위무사(無爲無事)의 궁극적 휴헐지(休歇地)에 이르게 됩니다.

5월 29일

무심의 경지를 체득하면
얽매임 없이 평안하지만,
미세한 생각이 하나라도 있으면
본래의 자리를 잃게 됩니다.

대혜종고(大慧宗杲, 1089~1163)가 저술한 서장의 핵심은 마음 깨달음과 점검하는 법, 바르게 마음을 쓰는 법을 제시하는 데 있습니다. 묵조선의 죽은 사구(死句)를 버리고, 간화선의 활구(活句) 수행을 강조하며, 특히 '무자(無字)' 화두를 철저히 참구할 것을 강조했습니다. 좌선(坐禪) 제일주의를 견지하면서 단상이견(斷常二見)에 빠지는 것을 강하게 비판했습니다.

또한 몸속에는 지위나 형상이 없는 참된 존재인 무위진인(無位眞人)이 항상 드나들고 있지만, 이를 자각하지 못한 수행자는 반드시 체득해야 합니다. 우리의 마음은 6근과 4대가 안팎으로 모여 인연 따라 형성된 허망한 작용일 뿐이며, 지수화풍의 네 가지 요소와 색성향미촉법의 여섯 감각 대상이 흩어지면 그 마음조차도 찾을 수 없게 됩니다.

참된 공부를 하려는 사람은 실답게, 분명하게 화두참구해야 합니다. 시비(是非)를 끊고 번뇌와 망상을 버리며, 지식과 견해를 초월한 뒤에야 비로소 진정한 수행의 길에 들어설 수 있습니다. 온갖 생각이 모두 없어진 무심의 경지를 체득하면 아무런 얽매임 즉 함이 없고, 할 일이 없으며 한가롭고 고요할 뿐입니다.

그렇게 완전히 쉬면 많은 사람들 속에서도 깊은 산골에 있는 듯 마음과 몸이 평안해집니다. 그러나 미세한 한 생각이라도 일어나면 본래의 자리를 잃게 되니, 경계할 뿐입니다.

5월 30일

진정한 깨달음은 분별 없는 지혜로 도에 들어 무생무위 본성과 합일해서 구경(究竟) 휴헐지(休歇地)에 이르는 것입니다.

수행자가 불도 수행의 여러 단계를 초월하여 일초직입여래지(一超直入如來地)를 이루면, 직지인심(直指人心)하여 견성성불(見性成佛)에 이를 수 있습니다. 부처님의 가르침은 자기 자각을 돕기 위한 것으로, 이를 통해 대해탈의 묘용을 얻습니다. 깨달은 후 철저히 증득(證得)하는 과정인 보임(保任)을 하여 원만한 경지에 이르고, 여여(如如)한 상태에서 언제 어디서나 자유롭게 자재해탈(自在解脫)에 이릅니다.

그리고 일상생활 속에서 마음을 점검하고 깨달음을 지키며 마음 쓰는 법을 실천하는 것이 중요합니다. 분별은 생각이고, 분별없는 경계가 지혜입니다. 생각에 의지하면 번뇌에 물들지만, 지혜에 의지하면 깨끗해집니다. 본래는 한 물건도 없으므로 번뇌에 물들면 생사윤회에 빠지고, 마음이 깨끗해지면 부처와 중생의 구별이 사라집니다.

마음과 경계가 모두 고요해진 뒤에야 도에 들 수 있고, 도에 든 후에는 깨달음을 증득해야 하나, 그 증득마저도 진정한 깨달음은 아니며, 무생무위 본성에 합일해야 참된 깨달음입니다. 완전히 깨달아 깨달음의 흔적조차 남지 않을 때 무생무위하여 한가하고 궁극의 휴식처, 곧 구경(究竟) 휴헐지(休歇地)에 이르게 됩니다. 큰 도를 체득하면 어떤 어려움도 흔들리지 않고 평정하게 대처할 수 있습니다.

5월 31일

화두 참구는
삶과 죽음을 꿰뚫고
자기의 본성을 직접 깨달아
참된 자유를 얻는 길입니다.

결제(結制)하고 해제(解制)를 한다 하지만, 실상 누가 묶었고 누가 풀었단 말인가? 앉고 일어나고 보고 듣고 기쁘고 슬픈 모든 감정과 걱정은 외부 경계를 따라 움직이는 마음의 작용일 뿐입니다. 그 마음을 깊이 살펴보면 일어남과 사라짐조차도 참된 마음의 자연스러운 작용임을 알 수 있습니다. 윤회는 애욕에서 비롯되며, 생명의 태어남은 태생(胎生)·난생(卵生)·습생(濕生)·화생(化生)인 사생(四生)의 네 가지 모습으로 나타납니다. 그 근본에는 무명(無明)이 있고, 무명의 씨앗은 애욕에서 비롯됩니다.

죽음을 떠올릴 때 비로소 인생의 무상함을 자각하게 되며, '나는 누구인가? 어디서 와서 어디로 가는가?' 라는 이런 의문으로 수행의 끈을 이어갑니다. 찰나의 순간이라도 '나' 를 참구하지 않으면, 무아(無我)의 세계에 들지 못한 채 죽음을 맞이할 것입니다. 이러한 의문을 타파하기 위한 수행법이 바로 화두 참구입니다.

화두 수행은 단순한 명상이나 생각이 아니며, 의심·의정·의단·타성일편·은산철벽의 단계를 거쳐 결국 한 생각이 툭 터지는 큰 깨달음으로 나아가는 길입니다. 단도직입적으로 깨닫고자 한다면 한 걸음 물러나 번뇌와 알음알이를 쉬고, 화두 하나를 의심하며 오직 그것만을 믿고 밀고 나가야 합니다. 화두 참구는 삶과 죽음을 꿰뚫고 자기의 본성을 직접 깨달아 참된 자유를 얻는 길입니다.

6 월

참선자의 마음가짐

화두 생활인은
대신심(大信心) 대분심(大憤心) 대의심(大疑心)을 바탕으로
행주좌와(行住坐臥) 어묵동정(語默動靜) 속에서도
끊임없이 화두를 참구하며
수행을 이어가야 합니다.

6월 1일

부처의 법신은 허공과 같아 구할 것이 없으며
분별심이 사라진 마음이 곧 부처요,
부처가 곧 그 마음입니다.

시심마(是甚麼) 화두 '나에게 한 물건이 있으니 머리도 없고 꼬리도 없고 이름도 없고 앞뒤도 없다. 밝기로는 태양보다 밝고, 어둡기로는 칠흑보다 더하니, 대중은 이것을 알겠는가?' 무자 화두 '개에게도 불성이 있습니까?' 하니, '없느니라[無]' 이는 선(禪)불교 화두 참구를 통해 언어와 개념을 뛰어넘어 진리를 자각하게 하는 가르침입니다.

모든 형상과 개념, 감정과 시간, 수행과 법이 실체 없음을 알아차려서 집착을 놓을 때 참된 공적(空寂)의 진리가 드러남을 말합니다. 그러나 이 진리는 말·행위·형상으로 전할 수 없고, 오직 자각과 체험으로만 깨달을 수 있는 궁극의 도(道)입니다.

참된 본성은 텅 비어 흔적 없고 고요하나, 본래 밝고 신령하여 시방허공을 꿰뚫고 온 법계를 감싸 안습니다. 그러나 그것은 있음도 아님도 아니며, 공에 의지해 공이 되지만 공과 하나가 아니고, 색에 의지해 색이 되지만 색과 같지 않습니다. 이 본성은 범부 속에도 스며들고, 성인과도 함께합니다.

부처의 참된 법신은 허공과 같아 별도로 구할 것이 없습니다. 분별이 사라진 고요한 마음이 곧 부처요, 부처가 곧 그 마음입니다. 결국 무심(無心)이 도(道)입니다. 구하려는 마음이 있으면 그로 인해 괴로움이 따릅니다. 그러므로 자기 마음을 바로 알면 너와 내가 없으며 본래 부처입니다.

6월 2일

수행자는
한순간에 깨달음을 이루고
노년에는 화두에 정진하며 자비와 지혜로
건강하고 정직한 삶을 살아야 합니다.

《원오선사심요(圓悟禪師心要)》와 《벽암록(碧巖錄)》의 저자 원오극근(圓悟克勤, 1063~1135) 선사가, 당시 법을 묻는 선승들과 사부대중, 제자들에게 보낸 편지들을 모아 엮은 서간집입니다. 그는 병을 겪은 뒤 문자 공부를 반성하고 5조 법연(法演, 1024~1104) 선사에게 수행과 인가를 받았습니다. 여러 왕의 신임을 얻고 공안 참구를 체계화했으며, 대혜종고(大慧宗杲, 1089~1163) 등 제자를 배출해 임제선을 확립하는 데 기여했습니다.

공안 참구의 체계는 오조 법연 선사에게서 시작되었으며, '무' 자 공안을 포함한 여러 공안을 통해 즉각적 깨달음을 중시했습니다. 반면 대혜종고 선사에 이르러서는 '무(無)' 자 공안 하나만을 끝까지 참구하여 안심입명처(安心立命處)를 찾는 것을 강조하였습니다. 여러 공안이 제시되었으나, 한 공안에 집중해 결판내는 간화선 방식은 대혜종고 선사 때 확립되었습니다.

그러므로 수행자는 깨달았다는 흔적을 남기지 말고 한순간에 통달해야 합니다. 노년에는 번뇌와 망상을 내려놓고 여여하게 일상과 수행을 하며, 화두 공부에 몸과 마음을 다해 정진하여야 합니다. 또한 자비와 지혜를 베풀고 밝고 맑게 웃으며, 운동과 걷기로 건강을 챙기고, 남을 속이지도 속지도 않는 것이 참된 지혜입니다.

6월 3일

지극한 경지에 이르면
분별이 사라진 고요한 자리에서
평상심이 곧 도임을 깨닫게 됩니다.

지극한 경지에 이르면 더 이상 깊거나 오묘할 것도 없습니다. 크게 놓아 버리고 크게 쉬어버린 자리, 먼지 하나 움직이지 않는 고요함 속에서 그저 한가로이 머물 뿐입니다. 그 자리는 범인도 성인도 가늠할 수 없으며, 오직 한가한 고요만이 있을 뿐입니다.

무심한 자리에 이르면 모든 망념과 습기는 사라지고, 지식과 분별도 완전히 놓여져 더 이상 어떤 일도 일어날 수 없습니다. 그래서 '평상심이 곧 도'라고 한 것입니다.

그래서 과거칠불 중 첫 번째 부처인 비바시불(毘婆尸佛)께서, "몸은 형체 없는 곳에서 생겨난 것이니, 마치 환술이 온갖 형상을 만들어내는 것과 같으니, 환술로 만들어진 존재에게는 본래 마음이 없으니, 죄와 복도 모두 공하여 머무를 곳이 없네"라고 말하였습니다.

마음을 놓고 불필요한 생각과 욕심을 비우면 마음속 작은 동요까지 잠잠해집니다. 반대로 욕심이나 기대를 좇으면 진정한 깨달음과는 멀어지게 됩니다. 하루를 마치고 마음이 고요해진 저녁, 자연 속 생명들의 자유로운 모습에서 무아와 무집착을 깨닫고, 그 깨달음이 중생을 돕는 자비와 지혜로 이어짐을 아는 것이 바로 참된 수행과 깨달음입니다.

6월 4일

지극한 경지에선
얻을 것이 없고,
모든 법이 원융하고 고요하여 움직임이 없으니,
이것이 진실한 무심도인(無心道人)입니다.

몸은 물거품과 같고, 마음은 바람과 같다는 것을 깨달으면 선과 악, 죄와 복이 본래 없음을 알 수 있습니다. 마음은 인연 따라 일어나고, 몸은 4대인 지수화풍(地水火風)이 모여 형성된 것이기에, 그 인연이 사라지면 본래 무일물(無一物)이요 불거불래(不去不來)입니다. 즉 본래 아무것도 없고, 오고 감도 없습니다.

달마 스님은 양나라를 떠나 위나라로 가서 낙초자비(落草慈悲, 넓은 자비)로 사람을 찾으며, 소림사 바위 굴에서 홀로 9년간 좌선하였습니다. 깊은 눈 속에서 한 사람을 만나 마지막에 "무엇을 얻었느냐" 고 묻자, 그 사람이 세 번 절하고 말없이 돌아갔고, 이에 "골수를 얻었다"라는 말이 전해지게 되었습니다.

6근(根)이 6진(塵)을 만나 6식(識)을 인연으로 삼아 지수화풍(地水火風)인 4대(大)와 색수상행식(色受想行識)인 5온(蘊), 12처(處), 18계(界)가 본래 공(空)하니, 법과 법은 무법이며, 마음과 마음은 적멸입니다. 그러나 털끝만큼이라도 벗어나면 언어와 의식의 6근과 6진에 떨어져 방편의 그물에서 벗어나지 못하고 끝없는 의심에 빠집니다. 지극히 참되고 평상한 곳에 이르면 티끌만큼도 얻을 것이 없고, 어디를 가든 자유롭고 편안할 뿐입니다. 법의 성품은 원융하여 두 가지의 상이 없고, 모든 법은 본래 고요하여 움직임이 없습니다. 이것이 진실한 무심 도인입니다.

6월 5일

지극한 정성으로 화두를 참구하면
어느 순간 갑작스러운 깨달음이 천지가 요동치는 듯
강렬하게 다가와 온몸과 가슴에 깊이 새겨집니다.

공부를 마치고 나면 법은 무주(無住)요, 마음은 적멸하여 항복 받을 것이 없습니다. 일상생활은 물론 꿈속에서도 화두가 끊임없이 한결같이 이어지는 상태를 '몽중일여(夢中一如)'라 하며, 이는 꿈속에서도 화두가 지속되는 것을 뜻합니다.

선문에서는 깨달음이 홀연히 스스로 이루어져야 하며, 다른 사람이 대신해 줄 수 없다고 했습니다. 눈먼 봉사처럼 아무것도 모르는 바보 같은 사람이 하루아침에 홀연히 단박에 깨치는 것이며, 억지로 되는 것이 아닙니다. 오직 물러나 번뇌를 버리고 정진하는 수행에 힘써야 합니다.

지극한 정성으로 화두를 참구하다 보면 자신도 모르는 사이에 갑작스러운 깨달음의 순간을 경험하게 되며, 이는 마치 천지가 요동치는 듯한 강렬한 체험입니다. 한번 그런 체험을 하면 잊으려 해도 잊을 수 없을 만큼 온몸으로 확실히 깨닫게 되어 가슴 깊이 남습니다. 본래 우리는 태어날 때부터 밝고 맑게 알아차리는 능력을 지녔으며, 중국의 방거사는 천상천하 어디서든 막힘이 없었습니다.

모든 것을 보는 대로 간파하고 어떠한 기미까지도 모든 선(禪)으로 간파하였습니다. 그는 많은 금을 강물에 버리고 세속의 장식을 벗어던진 채 무간도의 삶을 살면서 조리를 만들고 짚신을 팔았으며, 낮에는 거리에서 누웠지만, 사람을 만날 때는 어떤 상황에서도 최상의 책략을 자유자재로 구사하였습니다.

6월 6일

진정한 깨달음은
지식이 아닌
마음의 틀을 벗어나 무심한 상태에 이르는 것이며,
활구(活句)를 참구할 때 이루어집니다.

증득(證得)은 시험의 정답과 달리, 체한 것이 내려가 시원해진 느낌입니다. 깨달은 사람은 마음 기틀을 모두 끊어버리고, 스스로가 비추는 주체라는 의식마저 잊어버린 상태입니다. 그에게는 알음알이도 전혀 없고, 다만 무심한 경지만을 지킬 뿐이기 때문에 마군이나 외도가 아무리 몰래 엿보려 해도 그 경지를 알아차릴 수 없습니다.

본분 종사는 '활구(活句)'를 참구했을 뿐, '사구(死句)'를 참구하지는 않았습니다. 활구에서 깨달음을 얻으면 영원토록 그 깨달음을 잊지 않지만, 사구에서 얻은 깨달음은 자신조차 구제할 수 없습니다.

임제의현(臨濟義玄: ? ~867) 스님도 '취모검(吹毛劍)'을 한 번 휘두른 뒤에는 곧 칼을 갈아 두라고 했습니다. 이러한 경지는 오온(五蘊)이나 십팔계(十八界)와 같은 분별과 지식의 범주를 넘어서며, 실제의 경지에 이르면 허공같이 자유롭고 태양처럼 밝습니다.

연기의 본성을 깨달아 참된 자리에 이르면 노력도 필요 없이 편안해지고, 그 고요함은 누구도 헤아릴 수 없으며, 생각나는 대로 말하고, 발길 닿는 대로 가는 삶 속에는 더 이상 의심할 것이 없습니다. 본래의 주인공은 모양이 없으나, 모든 것과 조화롭게 어울리며 한없이 자유롭고 평화롭습니다. 그 경지는 억겁이 지나도 변치 않으며, 무심하고 자유로운 삶이 곧 대해탈의 일상입니다.

6월 7일

화두 수행으로
마음을 비우면
일념이 끊긴 순간 깊은 환희를 체험하며,
이는 본래자리에서 참모습을 깨닫습니다.

화두 생활이 '이뭣꼬?'라는 의문이라면, 화두란 한 생각이 일어나는 그 찰나와 그 자리를 주의 깊게 보고 알아차리는 것입니다. 화두에 익숙해지면 말과 행동이 일어나기 전에 그 본래자리를 보게 됩니다. 목이나 입을 사용하지 않고도 말해야 하는 것이 바로 선(禪)이며, 목과 입을 쓰면 그것은 기술에 불과해집니다.

화두 수행을 오랫동안 꾸준히 하면 반드시 믿고 나아갈 확고한 자리가 생깁니다. 이 도는 깨달음에서 비롯되고, 법은 보고 듣는 분별을 초월합니다. 일상에서도 생각이나 견해를 일으키지 말고, 마음을 내려놓고 가슴을 말끔히 비워야 합니다.

진심으로 구하고자 하는 마음만 있다면, 그 길은 결코 우리를 속이지 않습니다. 일념이 사라지고 과거와 미래가 끊긴 찰나에 환희심이 일어나는 그 순간이 깊고 오묘한 경지이며, 이것이 바로 본래의 참모습을 깨닫고 본래자리인 본지풍광(本地風光)를 직접 체험하는 것이라 할 수 있습니다.

이 깨달음은 사람마다 마음 깊은 곳에서 확실히 일어나, 순간순간 모든 일에 자연스럽게 영향을 미칩니다. 언제 어디서나 끊임없이 작용하여 가장 어두운 곳조차 밝히지만, 사람들은 그것이 늘 작용하고 있다는 사실을 전혀 깨닫지 못합니다.

6월 8일

일물일상(一物一相)은
나지도 멸하지도 않으며,
이름과 형상이 없는 진여의 본체로,
무한한 공간에 두루 가득 차 있습니다.

여기에 한 물건이 있으니, 본래부터 밝고 신령하여 나지도 않고 멸하지도 않으며, 이름 붙일 수도 없고 형상으로 그릴 수도 없습니다. 일물일상(一物一相)은 진여의 본체를 가리키는 말로, 이를 마음, 진리, 성품 또는 도(道)라고도 하지만, 어떤 말로 표현해도 완전하지 않습니다.

이것은 무한한 공간에 두루 가득 차 있습니다. 법의 본성은 둥글고 두루하며 상이 없고 원만하여, 본래 움직임도 없고 고요하여 이름도 모양도 없습니다. 이 모든 법의 경지는 일체를 온전히 깨닫지 않으면 알 수 없습니다.

참된 성품은 지극히 깊고 미묘하여, 스스로의 자성을 따르지 않으면 알 수 없습니다. 의상조사 〈법성게(義湘祖師 法性偈)〉에서 하나가 곧 일체요, 일체가 곧 하나이니, 하나의 작은 티끌 안에 전체가 담겨있고, 모든 티끌 속에도 전체가 포용되어 있습니다. 한없이 많은 생각이 바로 한 생각이며, 한 생각이 곧바로 한없는 생각입니다.

과거와 미래, 구세와 십세가 모두 한 생각이니, 어지러운 것 같지만 처음 생각할 때가 바로 변하지 않는 정각(正覺)입니다. 일어나고 사라짐조차 끄집어낼 수 없는 그 자리는 열반과 같고, 이치와 현상이 확연히 분별이 없습니다. 열 부처와 보현보살의 큰 인연은 바다와 같은 깊은 삼매를 이루기에, 부처님의 출현은 지극히 자연스러운 일입니다.

6월 9일

원상은
시공간을 초월한 무한한 본질로
구별 없고 보여줄 수 없으며, 분별이 사라지고
시절인연이 되면 체득하게 됩니다.

원상은 과거와 현재를 넘어 무한한 공간에 가득하며, 내외와 시작과 끝이 없고 크고 작음, 높고 낮음 같은 구별이 없습니다. 진실과 거짓, 밝음과 어두움, 희고 검음도 없으며, 도무지 무어라 말할 수 없는 것이라, 어쩔 수 없이 중도의 일원상으로 나타낸 것입니다.

이 원상은 보여줄 수 없고 직접 체험해야 알 수 있으며, 시절인연이 맞으면 체득하게 됩니다. 그때 분별식이 사라지고 경계 자체가 '색즉시공 공즉시색'의 진리로 드러납니다. 둘이 하나 되어 연기적으로 돌아가면서 공한 본심을 알면 그대로가 해탈이며, 해탈하면 바로 반야삼매(般若三昧)이며 무념입니다. 이 하나만 통하면 됩니다. 이것이 전부입니다. 어떤 말도 필요없고 할 일도 없습니다. 스스로 이 경지를 한 번 통과하면 모든 것이 자연스럽게 딱 맞아 축착합착(築著磕著)입니다.

언제 어디서나 찰라 지간에 만약 털끝이나 겨자씨만큼이라도 주관과 객관, 나와 남을 구분하면 깨달음은 즉시 막혀 멀어집니다. 〈증도가(證道歌)〉에서는 "무명의 참 성품이 곧 부처의 성품이며, 허깨비 같은 부질없는 몸이 바로 법신이다"라는 말처럼, 허깨비 같은 몸 안에서 법신을 깨닫는 순간, 밥숟갈을 드는 순간에도 부질없는 몸 그대로가 빛나며 깊이 깨달아질 것입니다.

6월 10일

본분 종사는 활구만을 참구하여 찰나에 크게 통달하고, 무심하고 집착 없는 경지에 이릅니다.

본분종사(本分宗師)는 살아 있는 의문인 활구(活句)만을 참구했을 뿐, 죽은 이치인 사구(死句)는 참구하지 않았습니다. 활구에서 깨달으면 영원히 잊히지 않지만, 사구에서의 깨달음은 자기 자신조차 구제하지 못합니다.

털끝만큼의 알음알이조차 허용하지 않기에, 오직 찰나의 순간에 크게 통달해 무심하고 집착 없는 자리에 계합해야 합니다. 모든 존재는 본성이 없는 것이 본성이며, 그렇기에 그 본성을 찾을 수 없습니다. 화두 수행은 이 연기(緣起)의 이치를 통달하기 위한 수행이며, 궁극적으로는 깨달음에 이르는 길입니다.

마음은 거울의 바탕이고, 성품은 거울에 비치는 빛과 같습니다. 이 성품은 본래 청정한 것임을 체험해야 오염되지 않습니다. 한 생각도 일어나지 않는, 앞뒤가 완전히 끊긴 깊은 경지에 이르면, 마치 통 밑이 쑥 빠져 버린 것처럼, '나'라는 집착이 사라지고 텅 빈 자유의 경계에 도달하게 됩니다. 사람과 친해지는 것은 쉬워도 자신의 주인공과 친해지는 것은 어렵습니다.

서로 만나기 이전, 생각이 움직이기 이전의 상태에서 단박에 알아차렸다면, 그대로 두고 더 이상 손대지 말아야 합니다. 그 자리를 억지로 해석하거나, 어떤 생각이나 형상을 지어내서는 안 됩니다. 통달한 이는 맑고 시원하며, 가볍고 분명하게 살아갈 뿐, 번잡하게 끌려다니지 않습니다.

6월 11일

본성은 텅 비고 신령하며 고요히 비추어, 지금 이 자리에서 몸과 마음을 떠난 적이 없습니다.

한 생각이 일어나는 순간, 곧 도리에서 어긋납니다. 진리는 늘 함께 있지만, 서로 마주해도 드러나지 않습니다. 예로부터 이 도리를 깊고 오래도록 공부해왔으나, 그 본래적인 진리는 말이나 글과 같은 언어로 전하거나 이해할 수 있는 것이 아닙니다. 허공은 항상 충분히 자유로워 아무 방해가 없는데, 옳고 그름을 따지는 것은 물속에서 물을 찾는 것과 같습니다.

천 가지 변화와 세속·불법은 본래 다르지 않으며, 거울 속 그림자처럼 비추는 것과 그림자는 처음부터 하나입니다. 바로 이것이 '대정(大定)'입니다. 겨자씨처럼 작은 것 안에 수미산처럼 큰 것을 담을 수 있고, 온 우주를 불태우는 겁화조차도 뱃속에 거뜬히 빨아들이기를 마치 손바닥을 뒤집는 것처럼 자연스럽습니다.

이 모든 것이 가능한 이유는, 본성은 속이 텅 비었으면서도 신령스럽고, 고요하면서도 비추기 때문입니다. 문제는 무명 속에서 견해를 세우고 옳고 그름을 따지는 것이며, 그러면 더 이상 어찌할 수 없습니다. 이미 이 정체를 확인하고 나면, 이 무명의 부질없는 몸 밖에 별도로 드러낼 진리가 없습니다. 일체 만물은 본래자리를 떠난 적이 없으니, 온 마음으로 안을 살피면 밖이란 별도로 없습니다. 언제 어디서든, 지금 이 자리에서 몸과 마음을 떠난 것이 없기 때문입니다. 번뇌 또한 여래의 씨앗이 되므로, 몸의 실상과 부처도 이같이 관조해야 합니다.

6월 12일

자기 본래의 성품을 분명히 깨닫고
분별없이 머물러 무심히 일상에 임하면,
부처도 마음도 찾지 않는 평온한 삶이 이루어집니다.

본래의 여여(如如)하고 오묘한 성품을 확실히 깨닫고, 조금도 주관과 객관으로 나누지 말고 있는 그대로 머물러야 합니다. 한 생각도 일어나지 않는 깊고 오묘한 경지에서 활연히 크게 알아차려서 본래면목인 자기의 본성을 철저하게 깨달아 무심하고 자연스럽게 모든 일에 임하는 것이 보임(保任)입니다. 이때 부처도 마음도 다시 찾지 않고, 자연스럽고 평온한 일상이 되어야 합니다.

수행자는 실천에 힘쓰고 절개를 세워 물러서지 말며, 타인의 말에 귀 기울여 착한 행실을 쌓아야 합니다. 일상에서 모든 일들을 하면서도, 오가거나 앉고 서는 모든 순간에 끊임없이 화두를 참구해야 합니다. 그리하여 이치와 뜻에 대한 집착이 끊어지고, 아무런 맛도 느끼지 못해 마음이 답답해질 때가 바로 자신의 몸과 목숨을 내던져 깨달음을 구할 순간임을 알아야 합니다.

유무(有無), 선악(善惡), 깨달음과 어리석음, 속박(束縛)과 해탈(解脫)등이 둘이 아닌 것이 불이중도(不二中道)입니다. 유무의 중간에는 색과 형상, 이름과 지혜조차 없음을 관(觀)하면 이것이 중도(中道)이며, 제법실상관(諸法實相觀)입니다. 알음알이를 버리고 참된 깨달음에 이르면, 옛 수행자들과 같은 경지에 들어 세간과 출세간을 완전히 뛰어넘게 됩니다.

6월 13일

화두를 참구할 때는
오직 간절한 의심만을 지녀야 하며,
분별심이 틈을 만들면
수행은 마군의 침입을 받게 됩니다.

《선가귀감(禪家龜鑑)》에서는 "화두를 참구할 때는 거기서 무언가를 알아맞히려 하지 말고, 생각으로 따지거나 깨달음을 기다리지도 말아야 합니다. 생각이 미치지 못하는 지점까지 밀고 나가면, 마음이 더는 갈 곳이 없어 큰 쥐가 쇠뿔 속에 갇히듯 막히게 됩니다. 이럴까 저럴까 분별하고 따지는 것이 식정이며, 생사를 따라 떠도는 것, 두려워하고 방황하는 것 역시 식정의 작용입니다. 이 병통을 알지 못한 채 그 안에서 빠졌다 나왔다 하며 헤맬 뿐입니다"라고 하였습니다.

화두를 들 때는 오직 '무슨 뜻일까' 하는 간절한 의심만을 지녀야 하며, 그렇게 간절히 밀고 나가면 어떠한 병통도 생기지 않습니다. 하지만 생각으로 따지기 시작하면 온갖 병이 생기고, 이는 벽에 틈이 생기면 바람이 들고, 마음에 틈이 생기면 마군이 침입하는 것과 같다고 하여, 분별심이 화두 참구를 방해하는 가장 큰 원인이라 했습니다.

화두를 참구(參究)하는 데 열 가지 병은, ① 분별로써 헤아리는 것 ② 눈썹을 오르내리고 눈을 깜박거리는 것 ③ 말길에서 살림살이를 찾는 것 ④ 글에서 끌어다 증거 삼으려는 것 ⑤ 들어 일으키는 것에 알아맞히려는 것 ⑥ 모든 것 날려버리고 일없는 것에 안주하는 것 ⑦ 있는 것과 없다는 것으로 아는 것 ⑧ 참으로 없다는 것으로 아는 것 ⑨ 도리가 그러하거니 하는 알음알이 ⑩ 조급하게 깨치기를 기다리는 것 등입니다.

6월 14일

무심을 넘어 무위 무작을 행하는 것이
깨달음 이후의 참된 보임이며,
이를 통해
자유로운 해탈과 삼매에 이릅니다.

화두 생활은 가장 쉽고 편안한 삶인 반면, 망상과 알음알이가 가득한 삶은 괴롭고 고통스럽습니다. 시끄럽고 복잡한 가운데서도 화두가 맑고 고요하면, 친구도 재물도 행복도 아름다움도 없어도 우주를 다 얻은 듯한 대자유를 누리게 됩니다.

괴로움과 슬픔이 일어날 때는 그 마음을 거울처럼 되돌아보십시오. 바로 그 자리가 화두와 부처가 함께하는 자리이며, 그 자리로 무조건 들어가면 됩니다. 화두는 항상 본성의 근본 뿌리에서 시작되어 맑고 고요합니다. 그러므로 본성에 있는 것만으로 만족하며, 별도로 무엇을 구하지 않습니다. 모든 것의 본성은 허공처럼 광대하고 무한히 열려 있습니다. 본성에 있음을 자각하면 더 이상의 어떤 마음도 필요 없으며, 그 상태를 확신할 뿐입니다.

마음을 본래 상태로 두고, 집착이나 판단 없이 그대로 있으면, 좋고 나쁨에 흔들리지 않고 자연스럽게 올바른 상태를 유지하게 됩니다. 무심과 무념의 가장 높은 참된 경지를 넘어 무위(無爲) 무작(無作)을 행하는 것이 부처와 조사가 전한 깨달음 이후의 참된 보임(保任)입니다. 깨달음 후 수행은 무심을 이루고 자유로운 해탈과 삼매에 이르는 길입니다.

6월 15일

깨달음에 이르면
마음이 자유로워져
일상에서 오직 자신의 마음만을 사용하게 됩니다.

구자불성(狗子佛性), '개에게도 불성이 있습니까?' 라는 질문에 '없다' 라고 답한 것은, 불가사의한 깨달음이 결국 한 조각 마음 밭일 뿐임을 말한 것입니다. 특히 수행과 덕성을 쌓아 어느 자리에서든 근원에 닿는 경험을 하면, 금강 보검을 쥐고 생사 고통을 다스리는 순간들이 모두 이 오묘한 경지에서 나옵니다. 말과 뜻을 넘어선 도리는 아무리 멀리 떨어져 있어도 결국 몸소 체험하는 것일 뿐이니, 부디 그런 경지에 이르기를 바랍니다.

태어남은 죽음을 준비하기 위함이며, 현재 순간을 충실히 살며, 하루 내내 화두에 마음을 두어 적멸에서 깨달음을 얻는 데 삶의 의미가 있습니다. 깨달음은 이분법이 없으나, 경지에 이르지 못하는 것은 참구의 깊이와 정성에 차이가 있기 때문입니다. 진정 묘한 경지에 이른 이는 자신의 마음을 알아차리고 여여(如如)하게 관조(觀照)하며, 본래 성불임을 분명히 깨닫습니다.

진정한 깨달음에 이르면, 여실하게 자재하고 안락하며 해탈과 청정을 체득하여 일상에서 오직 자신의 마음만을 사용하게 됩니다. 자신의 마음 변화를 알아차려 그대로 쓸 뿐, 옳고 그름을 묻거나 마음으로 따지지 않으면 모든 것이 천진하고 밝고 미묘하며, 낱낱이 연꽃이 물에 젖지 않는 것과 같습니다.

번뇌를 알아차리는 것은
분별이지만,
번뇌가 본래 없음을 자각하는 것이
능소를 여읜 중도이자 진정한 열반입니다.

화두를 참구할 때 정신을 또렷이 집중하여 의정(疑情)을 이어가는 상태를 성성(惺惺)이라 하며, 번뇌와 망상이 일어나거나 사라지지 않고, 분별의 두 끝(양변)을 여읜 상태를 적적(寂寂)이라 합니다. '정정(靜靜)'이란 고요함이 지속되는 상태로, 이 고요함이 계속되면 깨달음에 이르게 됩니다. 또한 맑고 청정한 고요함이 지속되면 마음은 여여(如如)해지고 광명이 통달하게 됩니다.

번뇌를 알아차리고 화두로 비추는 것은 여전히 주체와 객체가 나뉜 양변의 상태입니다. 그러나 번뇌가 본래 일어나지 않았음을 자각하는 것은 '능소(能所)' 주체와 객체가 사라진 중도(中道)이며, 곧 열반입니다. 번뇌를 끊으려는 것 또한 분별이지만, 번뇌조차 일어나지 않는 상태가 진정한 무분별(無分別)의 경지입니다.

일상에서 본래 마음을 자각하면 그 중심에는 고요하고 완전한 '원적(圓寂)'의 성품이 있음을 알게 됩니다. 짧은 인생이라도 화두 참선을 꾸준히 실천하고 법을 전하는 것이 삶의 참된 의미이며, 진정한 행복과 인연을 이루는 길입니다.

6월 17일

**한 생각도 일어나지 않는 멸진정은
한 생각도 없이 마음을 고요히 하여
무심 상태에 머무르는 화두 삼매입니다.**

오랜 세월 깊이 이 도리를 공부해왔으니, 어찌 말로 다 표현할 수 있겠습니까? 그러나 종지(宗旨)를 뛰어넘는 격외(格外)의 도리는 크게 통달한 이만이 간직할 수 있습니다.

살리고 죽이고 거짓말하는 등 한 생각이 일어나는 그 자리를 자세히 보면, 그것은 지난밤 꿈과 같고, 본래 텅 비고 고요하여, 성성적적(惺惺寂寂)하고 맑고 밝아, 생멸이 끊어진 적멸의 즐거움인 적멸위락(寂滅爲樂)입니다.

한 생각도 일어나지 않는 상태가 바로 완전히 끊어진 멸진정(滅盡定)입니다. 성자들은 모든 심상(心相)을 없애 해탈과 열반에 이르기 위해 이 선정(禪定)을 닦았습니다. 멸진정은 오온(五蘊) 중 수(受)와 상(想)에 의해 일어나는 마음의 모든 작용을 멈추게 하는 선정으로, 무상정(無想定)과 같이 마음과 마음 작용을 소멸시켜 무심(無心)의 상태에 머무르게 합니다.

이것이 곧 화두 삼매이며, 한 생각이 일어나면 즉시 알아차리고 깨달아야 합니다. 이 일은 여러 단계를 세우지 않고 단번에 뛰어넘어 홀로 증득(證得)하는 것입니다.

6월 18일

도를 배우려면
강철 같은 굳은 의지로
시작과 동시에 결단내야만
비로소 본래자리에 이를 수 있습니다.

어떤 경계나 악연을 만나더라도 본래 한 물건도 없으니, 찰라 지간에 그 자리에서 즉시 끊어야 자연스럽게 소멸됩니다. 마치 쇠바퀴를 머리 위에서 굴린다 해도 정혜(定慧)가 원명(圓明)하여 변함이 없으니 결국 잃지 않는 것과 같습니다.

《남명천화상송증도가(南明泉和尙 頌證道歌)》에, "도를 닦으려면 무쇠처럼 강인한 사람이어야 하니, 시작하는 마음에서 바로 결판을 내야 한다. 곧바로 무상보리로 나아가려면 일체의 시비에 상관하지 말라"라고 한 것과 같이, 도를 배우려면 반드시 강철 같은 굳은 의지를 가져야 하며, 시작한 마음으로 곧바로 결판내야 비로소 본래자리에 이를 수 있습니다.

본래자리에서의 구경(究竟)이란, 무상(無相)하고 반드시 일어나는 사리사물의 궁극적 경지를 철저히 규명한 것을 뜻합니다. 거울이 사리사물을 있는 그대로 비추고, 오고 감에 무심(無心)·무주(無住)·무상(無相)한 것처럼, 구경은 철저한 체득과 달성으로 상대를 초월한 최고의 경지입니다. 구경각(究竟覺)은 무명이 사라지고 깨달음의 본체가 드러나는 상태로, 우리 마음의 다양한 작용을 밝히고 그 근원을 깨닫는 것입니다.

6월 19일

내면이 고요하고 반응이 끊기면
무심의 경지를 철저히 깨닫게 되어,
어떤 일이 닥쳐와도 흔들리지 않습니다.

마음이 고요하면 만사의 생멸을 정확히 관찰하여 잘못을 미리 막을 수 있습니다. 청정한 지혜는 성성적적(惺惺寂寂)한 고요하고 또렷한 화두 수행에서 나옵니다. 실제 경지를 체험한 이는 너그럽고 원만하며, 조금도 집착하지 않게 됩니다.

도를 깨달은 사람은 고고하고 우뚝하여 어떤 법에도 흔들리지 않습니다. 마치 티끌 하나 건드리지 않고 움직이며, 풀 한 포기 흔들리지 않고 숲속에 들어가고, 물결을 일으키지 않고 물에 들어가는 것과 같습니다. 내면이 텅 비고 고요해지며, 외부 대상에 대한 반응이 끊기면 자연스럽게 무심의 경지를 철저히 깨닫게 됩니다.

이렇게 평상심이 바로 도이기에 어디로 나아가려 하면 어긋납니다. 마음의 본래 작용을 체득하지 못하면 구경각 즉 깨달음에 이를 수 없습니다. 구경멸(究竟滅)은 모든 심상을 완전히 멸하여 다시 마음이 일어나지 않는 상태를 뜻합니다. 구경법신(究竟法身)은 법성을 완전히 깨달아 얻는 궁극의 진리 몸입니다.

마음의 진리인 심법은 본래 고요하고 참된 열반 상태입니다. 상불경보살의 행과 인욕선인의 가르침을 따르며, 역대 부처님의 37조도품과 4섭법을 굳건히 실천할 때 큰 작용이 목전에 나타나게 되면 시끄러움과 고요함이 하나가 됩니다. 활쏘기를 오래 연습해야 비로소 적중하듯, 깨달음은 순간이지만 수행은 긴 시간이 필요합니다.

6월 20일

본성은
본래 청정하고 천진하므로,
깨달은 이는
오직 자신의 마음을 밝히는 데 힘쓸 뿐입니다.

본성은 본래 청정하고 천진한 마음이므로, 이를 지키는 것이 최고의 수행이며 참된 정진입니다. 자기 본심을 바로 지키면 곧 해탈에 이를 수 있고, 모든 것은 자기 성품 안에서 이루어지는 것이지 바깥에서 구하는 것이 아닙니다. 세상과 나는 둘이 아닌 하나이며, 우리는 빈손으로 왔다가 빈손으로 가는 존재입니다. 밭과 씨앗은 하나이면서도 본래 자성이 없으며[無自性], 인연 따라 생겨나는 연기법일 뿐입니다.

산하대지와 만물 또한 허상과 같아서, '구모토각(龜毛兎角)' 토끼의 뿔이나 거북의 털처럼 실체 없는 것들입니다. 깨달은 이는 오직 자기 마음을 밝히는 데에만 힘쓸 뿐입니다. 오직 마음만을 전할 뿐 문자에 의지하지 않습니다. 이는 외형이나 명예·이익을 구하지 말고 오직 생사의 문제를 철저히 해결하는 데 힘써야 함을 말합니다.

마음을 알고 성품을 보면 안팎이 철저히 밝아지며, 이는 단박에 전해지는 법입니다. 이 경지는 생각이 끊어진 맑고 밝은 마음의 상태로, 고요함 속에서도 지혜가 또렷하게 하나로 통합니다. 서방정토는 별도로 있는 것이 아니며, 수행은 오직 오염되지 않는 것이고, 부처란 곧 깨달음입니다.

6월 21일

참된 도인은
깨달음이 완전하면
자유롭고 흔들림이 없으며,
평온하게 무위 상태에 머뭅니다.

체득의 길은 모든 성인조차 전할 수 없으며, 참구의 방법은 가르칠 수 있어도 그 결과인 깨달음의 열매는 전할 수 없습니다. 그 전할 수 없는 바를 스스로 체득한다면, 이는 본바탕에 도달한 것입니다. 이 경지를 곧바로 가리킨다면, 더 이상 마음을 쓸 곳도, 몸을 의지할 자리도 없는 참된 자리에 선 것입니다.

바깥 경계만 따르는 것은 아지랑이를 물로 착각한 목마른 사슴과 같고, 마음을 붙잡으려는 것은 물에 비친 달을 잡으려는 원숭이와 같습니다. 외경과 내심은 비록 다르지만 모두 집착이라는 병통이 되므로, 본래 자성이 없는 연기법을 깨달아 양변을 벗어난 불이(不二)의 중도적 삶을 살아야 합니다.

손가락이 달을 가리키듯, 방편과 속박을 버리고 본질에 집중할 수 있는 근기만이 참된 깨달음에 이릅니다. 이때 회광반조로 깊은 적멸에 계합하여야 번뇌가 사라지고, 자연히 향상인과 함께하며 말하지 않아도 깨닫게 됩니다. 한 번 근본을 확실히 깨달은 후에는 자유롭게 모든 상황을 통달하여 큰 포용과 밝은 깨달음을 얻게 됩니다.

깨달음이 완전하면 큰 안락을 얻어 모든 장애 없이 자유로우며, 행위가 맑고 청정해 어떤 구속에도 흔들리지 않습니다. 말에는 분별이 없고 변함없이 항상 평온하며, 무위의 상태에 머물러 무지한 듯 하지만 바른 길에 들어선 참된 도인입니다.

6월 22일

참된 도(道)란
분별과 집착을 버리고
평상심 속 무심히 살아가며,
일체를 공(空)으로 보아 스스로 해탈에 이르는 것입니다.

오온(五蘊)은 본래 공(空)하여 실체가 없고, 사대(四大) 또한 무너지는 것이니, '나'라고 할 만한 것도 없습니다. 참된 마음은 본래 가고 오는 법이 없으므로 머무는 바가 없습니다.

그러나 만일 총명함을 앞세워 지견(知見)을 내세우고, '너다' '나다', '이겼다' '졌다'라고 분별한다면 도(道)에서 더욱 멀어질 뿐입니다. 이곳에서는 날카롭고 통쾌하게 모든 분별을 끊어내는 결단이 필요합니다. 또한 한마음과 경계는 둘이 아니며 본래 하나입니다. 다만 스스로 무심(無心)해지면 법계(法界)와 하나가 되니, 이것이 참으로 중요한 것입니다.

평상심시도(平常心是道)는 평범한 마음이 곧 도(道)라는 뜻으로, 도는 특별한 것이 아니라 일상 속의 번뇌 없는 마음, 자연스럽고 무심한 상태를 말합니다. 일상 하나하나에 몰두할 수 있는 마음이 바로 수행이며 도의 궁극입니다. 우리나라에서도 수행과 깨달음의 중심을 이 평상심에 두고 있습니다. 또한, 진여의 본체는 본래 청정하고 밝으며, 시공을 초월한 무한한 존재로 말로 형용할 수 없습니다.

모든 집착을 내려놓고 생명까지 놓을 수 있다면, 그 자리가 곧 참된 자유와 쉼의 자리입니다. 이 경지는 담담하고 고요하여 부처와 조사조차도 알 수 없고, 외도와 마군도 붙잡을 수 없습니다. 이처럼 스스로 끊임없는 대해탈문(大解脫門)에 머무는 것입니다.

6월 23일

4대는 지수화풍(地水火風)이며,
5온은 색수상행식(色受想行識)이고,
12처는 여섯 감각 기관과 대상이며
18계는 12처에 여섯 의식을 더한 것입니다.

4대는 지 · 수 · 화 · 풍이며, 5온은 색 · 수 · 상 · 행 · 식입니다. 12처는 안과 근 · 이와 근 · 비와 근 · 설과 근 · 신과 근 · 의와 근 · 색 · 성 · 향 · 미 · 촉 · 법이요. 18계는 12처와 안식 · 이식 · 비식 · 설식 · 신식 · 의식입니다.

부처님이 갖춘 18불공법(十八不共法) 중 십력(十力)은 ① 처비처지력, 옳고 그름을 분별하는 힘 ② 업이숙지력, 업과 과보의 관계를 아는 힘 ③ 정려해탈등지지력, 선정을 완전히 아는 힘 ④ 근상하지력, 일체중생이 갖춘 모든 선근의 우열과 차별을 여실히 아는 힘 ⑤ 종종승해지력, 중생의 다양한 욕구를 아는 힘 ⑥ 종종계지력, 모든 존재의 본성을 아는 힘 ⑦ 변취행지력, 중생의 인연과 향하는 방향을 아는 힘. ⑧ 숙주수념지력, 전생을 기억하는 힘 ⑨ 사생지력, 생사윤회를 아는 힘 ⑩ 누진지력, 열반과 그에 이르는 길을 완전히 아는 힘 등이고 부처님의 18가지 고유한 특성, 십팔불공법(十八不共法)은 ①~③ 신 · 구 · 의(身 · 口·意)의 삼업(三業)에 대해 과실이 없는 것 ④ 중생에 대한 평등심 ⑤ 선정에 의한 마음의 안정 ⑥ 모두를 품는 포용심 ⑧~⑪ 중생제도(衆生濟度)의 원 · 정진 · 염력 · 선정 · 지혜의 다섯 가지 점에 대해 감퇴함이 없는 것 ⑫ 해탈에서 되돌아오지 않는 것 ⑬~⑮ 중생제도를 위해 지혜의 힘으로 신 · 구 · 의의 삼업을 나타내는 것 ⑯~⑱ 과거, 현재, 미래의 모든 일을 막힘 없이 아는 지혜 등입니다.

6월 24일

본성은 늘 그 자리에 있으나 망상 때문에 보이지 않을 뿐, 그 속에 진실한 마음 '이것 하나'가 있습니다.

37조도품(三十七助道品)은 깨달음을 얻기 위한 수행의 실천법으로, 4념처, 4정근, 4신족, 5근, 5력, 7각지, 8정도를 말하며, 본래 청정한 자성은 이 자비와 지혜의 실천을 통해 일상 속 인연을 자유롭게 펼치고 중생을 구제하는 것으로, 곧 보불은덕(報佛恩德)입니다.

마음이 경계에 끌리면 그림자와 꿈 같은 미혹에 빠집니다. 보고 듣고 생각하고 움직이고 아는 것마저 끊어지면 은산철벽과 같아집니다. 이처럼 화두 수행은 밖으로 달아나는 마음을 완전히 끊고, 그 철벽 앞에서 한 걸음 내딛어 자신의 참마음을 깨닫는 것입니다.

참마음을 깨닫는 것은 시간과 공간을 초월한 본래의 본성 자리를 체험하는 것입니다. 이는 부모와 자식의 상봉과 같아, 돌아가신 조상도 지금 이 자리에서 함께하는 것입니다. 영리한 사람들은 한순간에 바로 깨달음을 얻습니다. 마치 강을 사이에 두고 부채를 한번 흔드는 단순한 행동처럼, 특별한 이유나 복잡한 과정없이 홀연히 깨닫는 것입니다.

우리의 본성은 원래 드러나 있지만, 잡된 생각(망상) 때문에 가려져 보이지 않는 것입니다. 그러니 밖에서 억지로 찾으려 하지 말고, 그 망상을 내려놓으면 스스로 드러납니다. 찾은즉 찾을 것은 없으며, 본성은 늘 한결같이 그 자리에 여여(如如)하게 있습니다. 그 속에 언제나 '이것 하나' 본래의 진실한 마음, 본성이 존재합니다.

6월 25일

불법은
미묘하고 둘이 없어 변함없으니
망상을 버리고 무심에 들면 곧 깨달음에 이릅니다.

화두는 번뇌와 망상, 미혹에 가려진 분별심과 허상에서 벗어나 본래 청정한 마음을 바로 찾는 수행입니다. 화두는 마음의 근원을 거슬러 올라가 본질을 탐구하는 것입니다. 단순히 경계에 휩쓸리는 것은 외부를 따라가는 것에 불과합니다.

마음의 본래 자리는 내 안에 있으면서 모든 것을 비추는 밝음과 형상이 끊어진 어둠을 함께 지닌 신비한 자리입니다. 그것은 말로 이름 붙일 수도 없고 글로 표현할 수도 없지만, 우리가 보고 듣고 말하고 행하는 매 순간에 살아 움직이며 작용하고 있습니다.

본성은 형상이 없지만 인연을 만나면 드러납니다. '이뭣꼬? 시심마(是甚麼)'라는 화두로 그 본질을 묻는 것이 수행의 시작입니다. 행복은 외부에서 오는 것이 아니라 본성에서 자연스럽게 우러나오는 것입니다. 당시(當時) 바로 지금, 당처(當處) 바로 이곳, 당사(當事) 바로 자기 자신에서 '이뭣꼬?'를 깨닫는 것이 최고의 행복입니다.

깨치면 곧 부처와 조사들의 가르침을 통달합니다. 이는 오직 당사자 스스로 마음에 두루 간직하고 실천하는 데 달려 있습니다. 불법은 지극히 미묘하고 둘이 없어, 가고 오더라도 변함이 없습니다. 묘한 자리에 이르지 못한 것은 망상이 남아 있기 때문이며, 무심의 경지에 들면 곧 깨달음입니다. 본래자리는 맑고 밝아 시간과 공간을 넘어섭니다. 집착을 놓으면 그곳이 참된 쉼이지만, 말과 형상으로는 표현할 수 없습니다.

6월 26일

깨달음은
분별과 집착을 버리고
본분을 깨달아 참된 자성에 머무르는 것입니다.

참된 경지에 이르면 모든 행위가 밝고 맑은 현실에 자연스럽게 맞닿게 됩니다. 부처는 몸을 보지 않아도 부처를 알 수 있지만, 만약 진실로 깨달으면 부처와 나 자신이 둘이 아님을 알게 됩니다. 지혜로운 이는 죄의 본성이 공함을 알아 생사에 얽매이지 않고 두려움도 없습니다.

머무는 바 없이 마음을 내고 머무는 바 없이 마음을 사용합니다. 일체 함이 있는 법은 꿈, 물거품, 이슬, 번개와 같아 설명할 선(禪)이나 전수할 도(道)도 없습니다. 비록 아무 맛도 없고 험난하게 느껴져도 이상히 여기지 말고, 단박에 깨달으면 비단옷 입고 고향에 돌아온 듯한 환희와 자유를 얻게 됩니다.

그렇지만 조금이라도 마음을 내어 생각하거나 알아차리는 순간 이미 본분을 벗어난 것이고, 마음에 티끌만큼이라도 남아 있으면 곧 미혹에 휘둘리게 됩니다. 따라서 철저히 모든 분별과 생각을 벗어나는 것이 중요합니다.

모든 성취와 파괴는 오직 '그 본분'에 의해 이루어지며, 수많은 공덕과 오묘한 장엄, 세간을 초월한 희귀한 일들이 모두 본분에서 비롯됩니다. 일체 사물을 움직이는 주체는 '그 본분' 뿐이며, 사물은 '그 본분'을 움직일 수 없음을 알아야 합니다.

6월 27일

법과 마음은
머무름없이 융합하며,
마음이 텅 비어 한 생각도 없을 때
비로소 본성이 드러나 생사를 초월합니다.

법과 법은 융합하여 머무름이 없고, 마음도 적멸하여 항복할 대상이 없으며, 망상은 본래 없고 허상일 뿐입니다. 부처가 별을 보고 깨달았지만, 깨달음 자체도 본래 없으며, 마음의 본체는 텅 비어 있어서 얻거나 버릴 것이 없을 때 비로소 생사를 초월할 수 있습니다.

한 생각이 일어나면 본성을 보는 데 방해가 되고, 생각이 또 다른 생각을 낳아 망상이 확산될 뿐입니다. 한 생각이 일념만 되면 일념마저도 사라지고, 그 찰나에 본성을 볼 수 있습니다. 모든 부처와 조사들이 밝힌 것은 바로 이 오묘한 마음으로, 이를 깨닫고 한 생각도 일으키지 않으면 본성이 처음부터 끝까지 있는 그대로 드러납니다.

설봉 스님의 "이것이 무엇이냐?", 운문 스님의 "수미산이다", 동산 스님의 "삼서근이다", 조주 스님의 "차나 마시게", 암두의 "허허", 투자의 "악", 임제의 "할", 덕산의 "몽둥이로 때렸다" 등은 각기 선사들의 독특한 수행 방식과 깨달음의 전통(宗風)을 보여주며, 모든 사물 속에서 본래의 본성을 드러낸 표현입니다.

그들은 깨달음을 곧바로 직시하는 '차폐(遮蔽)'의 방편을 강조하며, 격식에 얽매이지 않고 현묘하게 중생을 이끌었고, 인연과 집착에 빠지지 않도록 하였습니다. 그래서 상근기들은 듣자마자 바로 들어 보이고 행했던 것입니다.

6월 28일

모든 견해를 버리고 본성의 이치를 깨달아야 진리의 경지에 이르고, 만물을 바로 세울 수 있습니다.

위산영우(潙山靈祐, 771~853)의 제자인 영운지근(靈雲志勤)은 "삼십 년 동안 칼을 찾던 나그네여, 꽃피고 잎 지는 것 몇 번이나 보았던가? 복사꽃 핀 것을 한번 보고 난 후로, 여태껏 다시는 더 의심하지 않네"라고 하였습니다.

대학에서는 "사물이 바른 후에 아는 것이 지극해지고, 아는 것이 지극해진 후에 뜻이 성실해질 수 있고, 뜻이 성실한 후에 마음이 바르게 되고, 마음이 바르게 된 후에 몸이 닦여지고, 몸이 닦여진 후에 집이 가지런히 다스려지고, 집이 가지런히 다스려진 후에 나라가 다스려지고, 나라가 다스려진 후에 천하가 평화롭게 됩니다.

덕은 근본이요 재물은 말단입니다. 몸은 말단이고 마음이 근본입니다. 몸을 근본으로 여기면 선후가 전도된 것입니다. 근본이 안이고 말단이 밖입니다. 수신(修身)까지는 근본이고 제가치국평천하(齊家治國平天下)는 말단입니다"라고 하였습니다.

위와 같이 한결같은 진리의 경지에 도달해야 만사 만별을 세울 수 있으며, 그 경지에 이르면 어떤 모습에도 집착하지 않고 무심조차도 의식하지 않게 됩니다. 그러므로 이전의 모든 견해를 버리고 본성의 이치를 명확히 깨달아야 합니다. 머무름이 있으면 모든 것이 굳어 변할 수 없기에, 변화와 흐름이 사라지게 됩니다. 해와 달이 멈추면 밤낮이 사라지고 사계절이 머무르면 세월의 흐름이 멈추듯, 머무름 없는 것만이 끊임없이 변하며 무궁한 진리로 나아가는 이치입니다.

6월 29일

큰 깨달음을 얻은 이는
본질을 꿰뚫고
집착을 버려 본래 면목을 확인하여
자연스럽고 평화로운 해탈에 이릅니다.

연기공(緣起空)은 무념무아(無念無我)의 상태로, 불가사의하며 둘이 아닌 중도인 불이중도(不二中道)입니다. 그것은 모든 것이 인위적 노력 없이 자연스럽게 이루어짐을 분명히 자각하는 순간이 있습니다. 이는 무게도 실체도 없지만, 분명히 존재하고 살아 있음을 알게 됩니다.

범부의 마음을 돌이켜 성인의 경지에 이르면 작위나 머무름이 없이 자연스럽고, 오묘한 작용 속에서 모든 것과 하나 되어 큰 해탈을 얻게 됩니다. 크게 통달한 이는 한 번 듣고도 본질을 꿰뚫어 종풍을 이어갈 수 있지만, 어리석은 이는 본질을 놓치니, 훌륭한 스승과 인연을 맺는 것이 중요합니다.

모든 집착을 내려놓고 하나를 깨달아 일체를 꿰뚫으면 본래의 면목과 본래자리의 진면목을 확인하게 됩니다. 그리하여 이후에는 모든 행이 자연스럽고 완전하여 마음의 노력이 필요 없으며, 바람 따라 물 흐르듯 자유롭고 평화로운 해탈에 이르게 됩니다. 재물과 이익에 집착하면 병과 불행을 부르고, 남을 해치려는 마음은 결국 자신에게 돌아옵니다.

어진 사람은 사랑과 미움에 치우치지 않는 것이 참된 인(仁)입니다. 지욱(智旭, 1599~1655) 스님은 "사랑과 미움 모두를 조절할 수 있는 능력 또한 인간의 본성 속에 갖추어져 있다"고 했습니다. 그러므로 감정을 다스리는 능력도 본성에 있어, 이를 발휘하면 평화로운 마음을 얻게 됩니다.

6월 30일

큰 뜻을 품은 사람은 기존의 알음알이를 버리고,
끊임없이 마음을 비우고
생각이 없는 무심이 되어야 합니다.

생각을 벗어나는 체험이 있어야 진정한 깨달음의 인연이 옵니다. 6근(根)인 눈·귀·코·혀·몸·뜻은 외부 현상을 인식하고 마음을 작동시키는 기관입니다. 이 6근과 4대(大)인 지수화풍이 합쳐져 형성된 인연의 작용 속에 쌓인 허망한 마음은 본래 실체 없는 거짓된 이름일 뿐입니다.

4대와 6진(塵)인 색성향미촉법은 외부 세계의 인연으로, 각각 눈으로 보는 빛깔, 귀로 듣는 소리, 코로 맡는 냄새, 혀로 맛보는 맛, 몸으로 느끼는 감촉, 마음이 집착하는 법을 뜻합니다. 이 티끌들이 흩어져 사라지면 인연에 의한 마음도 볼 수 없게 되고, 몸과 마음이 허깨비임을 깨달아 그림자가 사라지면, 끝없는 허공처럼 본래 청정한 본성을 체득하게 됩니다.

참된 경지에 이르면 헛된 공부가 없고, 고요하고 담담하여 부처와 마군, 외도마저 붙잡을 수 없으며, 이는 머무름 없는 대자유의 경지인 대해탈에 머무르게 됩니다. 본성은 시간 속에서도 변하지 않듯, 외부 상황에 지나치게 집착하거나 걱정할 필요가 없습니다. 도를 깨달은 사람은 게으르지 말고 부지런히 실천해야 합니다.

큰 뜻을 품은 사람이 결정코 이 일에 들어가려 한다면 지금까지의 지해(知解)와 총명으로 이해하고 알았던 것을 몽땅 버리고, 마치 어리석은 이처럼 마음을 텅 비우고 모르는 상태에서 끊임없이 쉬며 나아가야 합니다. 바로 생각이 없는 무심이 되어야 합니다.

7월

화두수행

모든 것이 돌아가는 '하나'를 찾기 위해
'이 뭣꼬?' 하는 간절한 의문으로 수행하면
의심(疑心) → 의정(疑情) → 의단(疑團) → 은산철벽,
타성일편(銀山鐵壁, 打成一片) → 무아(無我)의 현전(現前)으로
점점 깊은 깨달음의 세계로 나아가게 됩니다.

7월 1일

'바로 이것'을 깨닫는 즉시
불조의 말씀을 완전히 통달하게 되며,
이 깨달음은
오직 당사자가 실천함에 달려 있습니다.

바쁘고 마음이 산만할 때는 하나의 화두에 집중하세요. 마음이 맑아지고 지혜로워집니다. 무더운 날에도 화두를 간절히 참구하면 더위와 답답함이 사라지고 '이것이 무엇인가?' 하는 본질을 깨닫게 됩니다. 이럴 때일수록 더욱 꾸준히 참구하시기 바랍니다.

5조 홍인(弘忍, 601~674) 스님께서는, "한 무더기의 수미산을 의지하듯 하라"라고 하셨습니다. 처음에는 아무 맛도 없는 생철(生鐵)같은 화두를 학인들에게 주어 끊임없이 물게 하여, 결국 깊은 경지에 이르게 하고 모든 악견과 헛된 집착을 떨쳐내도록 하셨습니다.

조주 스님이 '차를 마시게' 하고, 비마 스님이 나무집게를 들었으며, 설봉 스님이 나무 공을 굴렸고, 화산 스님이 북을 두드릴 줄 알았던 것과 구지 스님의 한 손가락, 덕산 스님의 방(棒), 임제 스님의 할 모두가 철저히 기존의 알음알이를 완전히 끊어버리는 행위였습니다.

목전의 '바로 이것'은 부싯돌의 불이나 번갯불과 같으니, 만약 '바로 이것'을 밝히지 못해도 의심하지 마십시오. 이는 향상일로(向上一路)의 경지로, 그 경계가 있음을 아는 사람만이 알 수 있습니다. 깨달으면 곧 모든 힘을 내려놓아 불조의 말씀을 완벽히 통달하게 됩니다.

7월 2일

참된 선지식은
향상의 인연을 철저히 꿰뚫어
언어, 형상, 분별을 떠난 흔들림 없는 경지에 이르며,
행동과 이해가 일치한 사람입니다.

예로부터 내려오는 종승(宗乘)의 가르침은 곧바로 깨달음을 증득하는 길이었습니다. 스승과 제자는 마음이 계합하여 깨달음의 일에 결코 소홀함이 없었습니다. 2조 혜가(慧可)는 스승인 달마 앞에서 팔을 자르고, 6조 혜능은 돌을 짊어지며 디딜방아를 밟는 등, 스스로 20~30년에 걸친 고행의 수행을 실천해 왔습니다.

수행자의 근기를 철저히 살펴 그에 맞는 지도를 하였고, 마치 백천 번 단련하여 순금을 만들어내듯 정진하였습니다. 옛 선지식들의 삶을 보면, 오색(五色)으로 빛나는 다이아몬드처럼 빈틈없이 올바르게 수행하였음을 알 수 있습니다. 행(行)과 해(解) 즉 수행과 깨달음이 일치한 자만이 진정한 조사(祖師)라 불릴 수 있었습니다.

참된 수행자는 안으로는 그 행실이 얼음이나 옥처럼 맑고 청결하며, 밖으로는 방편에 능통하여 중생을 원만하게 이끌었습니다. 그 모습은 마치 방죽의 맑은 물처럼, 서로 잘 돌이켜 남을 이롭게 하는 삶이었습니다.

참문(參聞)의 자리에서는 본분의 일에 따라 하나하나 점검하며 물었고, 상대가 알아차릴 때 비로소 알맞은 방법으로 탁마(琢磨)해 주었습니다. 화를 내거나 두려워하거나 지나치게 좋아하거나 근심이 있으면 바른 것을 얻을 수 없습니다. 번뇌에 흔들리지 않는 고요한 마음이 있어야 바른 깨달음에 이를 수 있습니다.

7월 3일

화두와 함께 하루를 시작하면
삶은 근본에서 흘러가며,
모든 일은 명료하고 단순하게 이루어집니다.

새벽, 침대에서 일어나면서 '이뭣꼬?' 라는 화두가 자연스레 이어집니까? 가부좌를 틀고 앉아, 죽비 세 타로 정좌를 시작합니다. '이뭣꼬? 이것이 무엇인가?' 호흡은 단전에서 시작해 백회를 돌아 다시 단전으로 부드럽게 이어지며, 몸과 마음이 편안해집니다.

알 수 없는 만 가지 법이 하나로 모여드는데, 그 하나가 바로 '이뭣꼬?' 라는 의심입니다. 그 의심이 점점 압축되고, 더욱 간절해져 마침내 터질 듯 일어나는 물음 '이것이 무엇인가? 이뭣꼬?' 하지만 이제, 아쉽게도 죽비 소리에 하루의 일과를 시작할 시간이 되어 자리를 일어섭니다.

이렇게 화두와 함께 하루를 시작하면, 모든 일은 근본에서 비롯되어 화두 일념으로 삶이 흘러가게 됩니다. 화두의 삶은 곧 근본 자리에 머무는 삶이며, 그 자리에 있을 때 시작하는 일들은 모두 근본에서 출발하게 됩니다. 그리하면 하고자 하는 일은 자연히 명료하고 분명해지며, 단순하고 간결하게 해결되어 어떠한 망설임도 남지 않습니다.

그러므로 본지풍광 즉 본래 면목을 바로 보고 어디에도 얽매이지 않으며 철저히 벗어나야 합니다. 앞뒤가 끊긴 듯, 한 타래 실을 단숨에 자르듯 명확히 깨달아 흔들림 없는 경지에 이르러야 합니다. 겁화가 세상을 태워도 본래자리는 변함없으니, 믿음으로 굳게 붙잡고 스스로 주체가 되어야 합니다.

7월 4일

본래의 법에는 법도 없고
법 아닌 것도 없으며,
하나의 법안에 차별이 없습니다.

가섭(迦葉)이 아난에게 말했습니다. 법이라 불리는 본래의 법은 법도 없고, 법이 아닌 것도 없으니 어찌 하나의 법안에 법과 법 아닌 것이 별도로 있겠습니까? 부처는 배우는 것이 아니라, 다만 모름을 깨닫고 놓아야만 스스로 보고 스스로 깨닫는 것입니다. 죽음을 걱정하기보다 삶을 바로 보십시오. 삶이란 본질적으로 '없는 것'이며, 이것이 곧 선(禪)입니다.

노래방에서 각자가 노래를 부르듯, 사람도 각자의 경계에 빠져 헤맵니다. 자신이 경계에 몰입하면 진정한 자기 자신을 언제 찾을 수 있겠습니까? 자기 본래자리를 찾으려면 노래를 부르는 주인공 즉 자기를 찾아서 만나야 합니다. '이뭣꼬?'는 바로 자기가 자기를 찾는 질문입니다. 이는 자증(自證, 스스로 증명함), 자오(自悟, 스스로 깨달음), 자재(自在, 스스로 앎), 휴헐(休歇, 쉬고 또 쉼)의 과정입니다.

거울에 비친 얼굴은 그림자에 불과하듯, 겉모습에 집착하지 않아야 합니다. 이렇게 여러 가지 오묘한 작용을 처음부터 끝까지 종횡으로 꿰뚫어 불성을 분명히 깨달아야 합니다. 오랜 시간 끊임없이 수행하여 한 번 체득하면 그 깨달음이 영원히 이어지고, 실천 또한 순숙해집니다. 이는 분명히 요점을 살펴 얻은 바이며, 이를 믿고 꾸준히 실천한다면 남을 해치지 않을 것입니다.

7월 5일

진정한 깨달음은
심의식을 넘어서
무생심(無生心)에 즉각 들어갈 때,
비로소 본래의 참된 자기를 깨닫게 됩니다.

간화선은 화두에 대한 의심이 끊이지 않고 지속되어야 하며, 의심이 잠시 이어지다 끊어진다면 이는 억지로 만든 인위적 화작(話作)에 불과합니다. 특히 간화선에서는 활구화두(活句話頭)를 중요하게 여기는데, 이는 화두가 또렷하고 생생하게 살아 있어, 의심이 가장 밀도 있게 집중될 수 있는 상태를 뜻합니다. 또한 간화선은 수행을 위해 일부러 조용한 산속이나 특별한 자세(結跏趺坐)를 고집하지 않으며, 일상에서도 수행이 가능한 실천적 방법입니다.

화두 참구는 판단하지 않고, 끊임없이 오랫동안 진리를 찾는 수행입니다. '좋다'는 생각조차도 어디서 일어나는지 살펴야 하며, 화두 '이뭣꼬?'는 바로 그 마음의 근원을 캐묻는 것입니다. 공부는 자기 자신을 깊이 돌아보는 것이며, 깨달음에 이르면 모든 허무와 의심이 사라집니다. 일념불생(一念不生)이면 만법무구(萬法無咎) 즉 만 가지에 허물이 없습니다. 참된 도인은 꾸밈없는 순박함에 힘쓸 뿐, 지식이나 견해[智見]를 내지 않고 곧바로 알아차립니다.

마조도일(馬祖導一, 709~788) 스님은 "그대가 한입에 서강(西江)의 물을 모두 마신 뒤에야, 비로소 그대에게 말해 주리라"라고 말했습니다. 진정한 깨달음은 심의식(心意識)을 벗어나, 무생심(無生心)에 단박에 들어갈 때, 비로소 본래의 자심(自心) 즉 본래의 참된 자기를 바로 보게 됩니다.

7월 6일

큰 도는
멀리 있거나 혼란스럽지 않고,
오래 수행하여 근기가 익으면
화두를 드는 순간 바로 깨닫게 됩니다.

참다운 의심이란, 끊어지지 않고 또렷하게 계속되는 의심이며, 만약 잠깐 의심하고 의심이 없다면, 진심으로 의심이 일어난 것이 아닙니다, 그러면 혼침(昏沈)과 산란심이 생기게 됩니다. 잠이 올 때는 잠의 경계를 알아차리며 정신을 차리고 바르게 앉아 화두를 다시 들어야 합니다.

만약 혼침이 심해지면 일어나서 포행하며 화두를 소리 내어 한두 번 반복하세요. 정신이 맑아지고 화두가 생생해지면 다시 정좌하여 오래도록 끊임없이 참구를 이어가십시오. 억지로 마음을 쓰지 않아도 화두가 자연히 떠오르고 현전할 때, 몸과 마음과 경계가 이전과 달라지고, 꿈속에서도 화두가 들릴 정도면 깨달음이 가까운 것입니다.

깨달음을 기다리거나 구하지 말고, 움직임 속에서도 고요함 속에서도 끊어짐 없이 꾸준히 이어가는 것이 중요합니다. 평소에 항상 화두를 들어 또렷또렷하게 집중하는 공부를 해야, 다른 길로 흔들리지 않고 바로 본래의 진리, 본지풍광에 계합(契合)할 수 있습니다. 오래오래 꾸준히 하면 반드시 깨달음에 이를 것입니다.

이 큰 도의 본체는 멀리 있거나 황홀하지도 않고, 혼란스럽지도 않으며, 깊이 감춰져 있지도 않습니다. 깨달음의 지극한 밝음은 밝음 그 자체가 아니고, 지극한 오묘함도 오묘함 그 자체가 아닙니다. 그러나 오랜 수행으로 근기가 익으면, 화두 들자마자 깨닫게 됩니다.

7월 7일

화두 수행은
분별과 집착,
조급함을 버리고 자연스럽게
화두에 머무르는 마음가짐이 핵심입니다.

모든 분별과 집착, 조급함을 내려놓는다는 것은 마음속에서 끊임없이 일어나는 생각과 판단을 잠시 멈추고, 어떠한 평가나 기대 없이 있는 그대로의 상태를 받아들이는 것입니다. 화두를 볼 때는 '어떤 답을 찾아야 한다'거나 '이래야 한다'라는 강박에서 벗어나, 그저 자연스럽게 화두에 머무르며 의심과 깨달음 사이를 쉼 없이 이어가는 태도가 중요합니다.

이런 마음가짐은 마치 흐르는 물처럼 경계에 얽매이지 않고, 순간순간 변하는 마음을 억지로 붙잡거나 밀어내지 않으며, 어떤 결과도 바라지 않는 열린 자세를 의미합니다. 그렇게 함으로써 본래의 참된 자아(自我)와 직접 만나고, 화두가 생생하게 살아 움직이며 깊은 깨달음에 이르게 됩니다.

화두를 들 때 버려야 할 것은, ① 깨달음을 구하거나 기다리지 말라 ② 공(空)에 떨어질까 두려워하지 말라 ③ 알음알이로 이해하지 말라 ④ 생각이 올라오면 생각에 따라가지 말라 ⑤ 말이나 문자에 현혹되지 말라 ⑥ 일없는 곳에 빠지지 말라 ⑦ 억지로 조용한 곳을 찾지 말라 ⑧ 망상을 급하게 억지로 지우려고 애쓰지 말라 ⑨ 이익과 손해를 계산하지 말라 ⑩ 선, 공부, 정진한다는 '나'에 대한 집착, 아상(我相)을 버려라 등입니다. 즉 모든 분별과 집착, 조급함을 내려놓고 오직 화두에 자연스럽게 머무르는 마음가짐이 필요합니다.

7월 8일

지극한 도(道)는
어려움 없으니
이것저것 가리지 않기만 하면 됩니다.

부처님께서 다자탑 앞에서 법좌를 반으로 나누어 앉으시며 이미 깊은 법을 은밀히 전하셨습니다. 백운경한(白雲景閑, 1299~1375) 스님은 "신선의 비결은 부자간에도 전하지 못한다"라고 하셨듯, 진정한 깨달음은 쉽게 전해지지 않습니다. 미완성인 자신을 완성하기 위해서는, 꾸준한 화두 생활을 통해 스스로 아직 미완성임을 깨닫고 정진해 나가는 것이 중요합니다.

몸과 마음의 대자유를 이루기 위해서는 '이뭣꼬?' 하는 화두에 강한 의심의 압력을 가하며 깊이 참구해야 합니다. 본분작가(本分作家)는 남의 낚시에 걸리거나 타인의 올가미에 빠지지 않고, 오직 스스로 마음을 밝히어 추호의 흔적도 없이 초연하고 당당합니다. 여러 무리에 섞이지 않고, 어떤 성인과도 어울리지 않으며, 청정하고 밝은 자세로 홀로 당당히 서 있습니다.

부처님 말씀처럼 "기이하고 기이하구나! 일체중생이 모두 여래와 같은 지혜와 덕상을 지녔으나, 분별 망상 때문에 깨닫지 못한다"라고 했습니다. 이는 화두를 오래 참구해 은산철벽을 넘어 깨닫는 것뿐만 아니라, 본래 성불의 바탕 위에서는 순간적으로도 깨침이 가능함을 뜻합니다.

참된 경지에 이르면 모든 행동이 헛되지 않으며, "지극한 도는 어려움 없으니 이것저것 가리지 않기만 하면 된다"라는 말이 진실임을 알게 됩니다. 조금이라도 가리면 그것은 이미 번뇌와 망상이 일어난 것입니다.

7월 9일

한번 쉬어 일체를 쉬고
하나를 알아 모두를 알아서,
본래의 참모습인 본지풍광을 통달하여야 합니다.

복잡하고 치열한 현대 사회에서 인공지능(AI)과 감성이 결합하면 시대에 맞는 다양한 첨단 상품들이 개발될 수 있습니다. 그중에서도 특별히 만사를 간단하고 간소하게 해결할 수 있는 핵심 과제가 있으니, 바로 '이뭣꼬?' 화두입니다.

'이뭣꼬?' 화두는 분별이 더 이상 일어날 수 없는 지점까지 깊이 의심하는 것입니다. 오지도 가지도 못하는, 아무것도 알 수 없고 사방이 꽉 막힌 그곳에서 도대체 어찌할 수 없는 '이뭣꼬?'라는 난제를 의심과 집착, 습관적인 생각의 벽인 은산철벽 끝에서 홀연히 마주할 때, 세계인이 가장 좋아하는 혁신적인 제품이 탄생할 수 있을 것입니다.

윤회의 근본은 마음속에 저장된 '나'라는 한 생각입니다. 이 한 생각이 일어나기 전에, 전제(全提)라는 숙제를 세우고, 단제(單提)인 '이뭣꼬?' 화두를 간절히 참구해야 합니다. 만 가지 법이 하나로 돌아가는 것은 오직 화두 한 생각이 오래도록 지속될 때 가능합니다. 만 가지 법은 반드시 해결해야 할 숙제입니다.

한번 쉬어 일체를 쉬고 하나를 알아 모두를 알아서, 본래의 참모습인 본지풍광을 통달하여야 합니다. 그 후에는 어떤 상황에서도 모든 것이 있는 그대로이며, 세상사 모두가 일행 삼매가 되어 항상 평화롭고 명쾌합니다. 이것이 바로 작용 없는 도(道)이며, 지극히 크고 안온한 해탈이라 할 수 있습니다.

7월 10일

완전히 비워야
실제의 경지에 이르고,
허공처럼 넓고 태양처럼 밝은 경지에서
모든 것이 자연스럽게 이루어집니다.

어느 스님이 물었습니다. "어떤 것이 부처가 나오는 곳입니까?" 이에 한 스님이 말하였습니다. "동산이 물 위로 간다" 그러자 또 다른 스님이 말했습니다. "그렇지 않습니다. 따뜻한 바람이 남쪽에서 불어오니, 집 안에 서늘한 기운이 감돕니다" 그 말을 듣고 문득, 앞생각도 끊어지고 뒷생각도 끊어졌다 했습니다. 알지 못하는 숙제를 풀어야 합니다.

오직 화두 하나에 대한 간절한 참구로, 의심이 산산이 깨질 때 자연스럽게 해결됩니다. 이해하려는 마음을 완전히 놓고, 한 생각으로 깊이 화두를 참구하면 분별과 알음알이가 사라지고 삼매에 들게 됩니다. 완전한 자유를 얻으려면, 자신이 가진 지혜나 생각조차 내려놓고, 모든 잡념과 마음속 상념을 흔적 없이 비워야 합니다.

지금까지의 쌓은 지식과 분별을 모두 버리고, 마치 만 길 절벽에서 손을 놓듯 목숨까지도 내려놓아야 합니다. 그렇게 완전히 비워야 비로소 실제의 경지에 이르게 됩니다. 그곳은 허공처럼 넓고, 태양처럼 밝아 더 이상 인위적인 노력도, 의심도 필요 없습니다. 모든 것이 스스로 원만히 이루어지며, 말하고 움직이는 모든 것이 자연 그대로입니다.

7월 11일

본래자리는
완전한 구경무심의 경지이며,
여래의 바른 안목을 갖춘
무위무작의 부처 지위입니다.

같은 길을 걷고 같은 깨달음을 증득한 사람을 만나면 설명하지 않아도 서로 마음이 통하게 됩니다. 화두를 거듭 참구하다 보면 시간이 흐르는 것도 잊은 채, 마음이 문득 갈 곳을 잃어버리고, 알지 못하는 순간에 대상과 하나가 되어 흔적조차 찾을 수 없는 깨달음을 경험하게 됩니다.

가고 오고 앉고 서는 일상에서 간절하고 진실하게 '이뭣꼬?'라는 화두를 근본 뿌리인 자기 자신에게 일깨워 주십시오. 그 일깨움이 익숙해지면 더 이상 생각이나 말로 따질 수 없게 되고, 마음이 답답하여 쇠말뚝을 물어뜯는 듯한 괴로움이 찾아와도 절대 물러서지 마십시오. 바로 그때가 도리어 좋은 소식이 올 때입니다.

생사를 큰일이라 여기지만, 진실로 철저히 벗어나면 그 크고 작음이 없어집니다. 그 이유는 두려움이 없기 때문입니다. 진실로 알고 깨달아 마음이 흔들리지 않고 고요하며, 만물이 생겨나고 변화하는 속에서도 탁 트인 명확함을 유지하여 처음과 끝이 평등해서 얻음과 잃음이 없습니다.

오직 자기 마음에 바른 견해가 지속되면 번뇌와 망상이 들어오지 않아 그곳이 바로 견성의 본래자리입니다. 이는 어떤 상황에서도 흔들리지 않으며, 흔들려도 물들지 않는 상태입니다. 물들지 않음은 완전한 구경무심의 경지이며, 여래의 바른 안목을 갖춘 무위무작의 부처 지위에 해당합니다.

7월 12일

본지풍광은
화두 '이뭣꼬?'를 간절히 참구하여
번뇌와 망상을 일도양단하고,
바로 자신에게 드러난 신령한 큰 빛입니다.

본지풍광(本地風光)이란 각자가 자신의 의발(衣鉢) 아래에서 텅 비어 신령스럽게 통하는 한 덩어리의 큰 빛입니다. 미세한 티끌 하나가 온 우주이며, 온 우주가 하나의 자기입니다. 주관과 객관, 너와 나를 떠나 모두 하나로 집중되어 안정된 상태입니다. 이 상태는 오직 번뇌와 망상을 일도양단하고, 화두 '이뭣꼬?'를 간절하고 진실하게 이어 나간 결과입니다.

화두 참구는 차별 없는 하나의 본성을 만나는 것이며, 너와 나, 자연과 내가 하나로 통일된 상태입니다. 한 생각도 일어나지 않는 그 자리에서 마음은 확실히 깨달아지고, 텅 비어 신령스럽게 고요히 비추어 안과 밖이 하나의 진실로 드러납니다. 이 마음을 완전히 깨친 뒤에는 선행을 수행하되, 취하고 버림이 없어야 합니다. 이것이 여래의 밀어(秘密)이며, 가섭이 숨기지 않은 진리입니다.

마음을 자유롭고 평등하게 유지하여 나와 남이 없으면 사랑과 미움도 사라지고, 취함과 버림이 없으면 모든 헛된 인연에서 완전히 벗어나 찰나마다 맑아진 마음으로 중생을 이롭게 할 수 있습니다. 이것이 만약 말이나 경계에 머문다면, 영리하고 총명한 이들이 세속적인 식별로 이 법을 다루는 것과 다름없어 깨달음과 성품에 대한 논의는 하늘에 기차가 달리는 것처럼 헛된 망상에 불과합니다. 그러므로 본분의 화두 참구를 정확히 실천해야 합니다.

7월 13일

내 안의 보배는
본래 청정하고
지혜로워 닦을 필요가 없으며,
다만 오염되지 않으면 됩니다.

무연(無緣)이란 분별 없이 마음이 일어남을 그저 지켜보는 것이며, 생활 속 변화는 있으나 변화의 주체는 없다는 뜻입니다. 우주법계가 움직인다는 것은 마음자리 하나에 삼라만상이 펼쳐지는 것과 같습니다. 마음은 인연에 따라 순간순간 일어났다가 사라지며, 일어날 때는 존재하는 듯하지만, 사라진 후에는 흔적조차 남지 않습니다.

'머무는 바 없이 마음을 사용하라' 함은 마음은 형태 없이 오직 작용만 있어 눈에 보이지 않습니다. 법계가 곧 마음이며, 마음이 곧 생명입니다. 마음을 쉬고 쉬어 마음이 없는 상태에 이르면 모든 존재가 마음으로 나타납니다. 몸과 마음, 인식의 대상과 주관이 마음자리에서 하나가 된다는 말입니다.

마음을 쉬고 쉬어 빈 마음이 될 때, 그것이 곧 공(空), 연기(緣起), 무아(無我), 법계(法界)입니다. 수행자의 여의주는 마음자리에서 나타나는 보주로서, 삼신인 법신·보신·화신의 여의주(如意珠)입니다. 내 안의 보배는 본래 청정하고 지혜로워 닦을 필요가 없으며, 다만 오염되지 않으면 됩니다. 이는 연기적인 성질이며, 본래성불(本來成佛)을 모르고 참구하기 때문에 어려운 것입니다. 이것이 바로 '확인'되어 나타나는 게 본지풍광(本地風光)입니다.

7월 14일

깨달음 후에는
무위무사하고 무심무념하며,
차별 없는 깊은 대해탈의 경지에 이릅니다.

생각함은 진여의 본성을 뜻하며, 진여는 무념의 본체입니다. 이 마음에 지견이 생기면 수많은 법에서 멀어지게 됩니다. 근기가 빠르고 영리한 사람은 일상에서 즉시 알아차려 무심한 경지에 단박에 이르며, 텅 비고 한가로우며 고요하여 습기를 문제 삼지 않습니다. 조금도 닦거나 배운다는 마음을 일으키지 않고, 모양 없는 빛 속에서 항상 자유롭습니다.

'이뭣꼬?'를 외출하는 주인공아, 말이나 생각으로만 의심하지 말고 내면 깊은 곳에서 알 수 없는 '이뭣꼬?'를 분명히 만나야 합니다. 그 주인공은 형태도 없고 보이지도 않으며 붙잡아 꺼내 보여줄 수도 없는 존재이기 때문입니다.

깃발과 바람을 다투지만, 사실 깃발도 바람도 움직이는 것이 아니라 모두 마음이 만든 것일 뿐입니다. 움켜쥐었다 폈다 잡았다 놓았다 하는 이 모두가 본분에 따라 면면적적(綿綿寂寂)하여 영산(靈山)에서 홀로 전해지고 소실봉(少室峯)에서 은밀히 내려온 법입니다. 이 전법은 세상에서 뛰어난 이를 필요로 합니다. 그들은 티끌 바람에 풀잎이 움직이는 것을 증명하며, 맑고 선명한 눈빛으로 푸른 하늘을 꿰뚫습니다.

깨달음 후에는 무위무사하고 무심무념하며, 차별 없는 깊은 대해탈의 경지에 이릅니다. 배움이 완전히 끊어져 할 일이 없는 한가한 도인은 어떤 걸림도 없는 진정한 자유인입니다.

7월 15일

수행자는
사견에 집착하지 말고,
옛 조사 수행을 본받아
마지막 무심지를 실제로 체득해야 합니다.

달마 스님이 소림사 토굴에서 9년간 벽을 바라보며 참선할 때, 혜가 조사만이 그 뜻을 깨달았습니다. 이를 교외별전이라 하는데, 참된 깨달음은 오직 참구하고 법문을 청해 명확히 꿰뚫어야 하며, 단순한 알음알이로는 자신과 남을 속일 뿐입니다. 이 도리는 남에게 드러내거나 보여줄 수 없고, 꿈속과 같은 경지라서 취하거나 버릴 수도 없습니다.

이 깨달음은 세속의 거칠고 얄팍한 식견으로는 헤아릴 수 없습니다. 항상 스스로 깨어서 화두를 드는 것이 중요하며, 오래 참구하면 반드시 깨달음의 경지에 이르게 됩니다.

지옥과 극락은 마음이며 호흡 지간입니다. 호흡과 마음이 흔들리면 모든 것이 끊어집니다. 천만 가지 혁신과 구조조정의 궁극적 마무리는 마음에 달려 있습니다. 마음이 갈 곳이 없으면 고요하되 밝게 빛납니다. 그러므로 전체가 하나이면서 하나도 없는 것이 바로 공(空)입니다.

공의 체득은 화두 참구를 통해 의심, 의정, 의단, 타성일편, 은산철벽 삼매의 경지에서 이룰 수 있습니다. 본성은 본래 맑고 밝아 물들지 않으나, 육근과 육경이 짝지어 집착이 생기면 모든 경계에 얽매여 허망한 생각을 일으켜 생사의 번뇌 속에 빠져 헤어나지 못함을 깨달아야 합니다. 수행자는 자신의 사견에 집착하지 말고, 옛 조사들의 수행을 본받아 마지막 무심지의 경지를 실질적으로 체득해야 합니다.

7월 16일

화두를 쉬지 않고 참구하여
망상과 마음이 끊어지면,
어둠 속에 태양이 터지듯
깨달음이 찾아옵니다.

'이 일은 무엇 때문에 종사들이 이쪽저쪽을 사람에게 많이 제시합니까?' 라고 물었다. 이 말을 살펴보면, 본래의 근본에 따라 분별한다면 어찌 불필요한 설명이 있겠는가? 다만, 중생을 위한 방편을 펼쳐 들어갈 길을 찾는 것이 중요하므로, 애써 나누어 설명하긴 했지만, 그 뜻은 본래 두 가지가 아닌 하나입니다.

얽히고 설킨 마음들은 의단(疑團)이 독로(獨路)한 가운데 오가지도 못하고 결국 홀연히 사라질 것입니다. 이 경지에 이르면 모든 의문과 숙제가 스스로 명쾌하게 드러날 것입니다.

한 학인(學人)이, "제가 어떻게 수행해 나아가야 할지 가르쳐 주십시오"라고 물으니, 스승이 "뒤로 물러나 자기 자신에게로 나아가라. 그러면 하나도 잃지 않게 될 것이다"라고 답하였습니다. 그러자 그 말에서 크게 깨달았습니다. 본래의 참된 자리에 상응하게 되면, 자연히 스스로 깨달아 완전히 편안하고 자유로운 경지에 이르게 될 것입니다. 그런데 이처럼 본질적인 깨달음을 어찌 종이 위에 말로 설명할 수 있겠습니까?

꾸준히 화두를 참구하여 자나 깨나 끊어지지 않게 해야 마침내 망상도 사라지고 마음마저 끊어진 깊은 경지에 도달하게 됩니다. 마치 캄캄한 한밤중에 찬란한 태양이 떠올라 하늘을 산산이 깨뜨리는 듯한 순간이 도래할 것입니다.

7월 17일

**마음에 지견이 생기면
진리에서 멀어지므로,
한 생각 일지 않는 고요한 자리에서
내면을 비추어 마음을 깨달아야 합니다.**

화두 자리는 본래 청정하므로 정도(正道)가 발생하며, 화두 이전의 자리는 형상도 생각도 머무름도 없이 본래 텅 비어 있습니다. 모든 진리의 이치에는 '나'라는 실체가 없고, 삶과 죽음조차도 본래 고요할 뿐입니다.

《금강경》에 정통한 덕산선감(德山宣鑑, 780~865) 스님이 오대산으로 가던 중, 한 할머니에게 '점심을 먹을 떡을 달라'라고 하자, 그 할머니에게 '과거·현재·미래심 중 어디에 점을 찍겠는가'라는 질문을 받았으나 답하지 못했습니다. 이렇게 마음에 지견이 생기면 진리에서 멀어집니다. 그는 종이 위 공부만으로는 진리에 닿을 수 없음을 통감하고, 배고픈 몸을 이끌고 절에 도착해 금강경 초고를 모두 불태웠습니다.

그러므로 지혜로운 이는 생각 없는 자리에서 마음을 돌이켜 깨달음을 귀하게 여깁니다. 잠시라도 생각을 일으키면 곧 본래 마음을 어둡게 만들 것입니다. 무념을 주(主)로 삼고 무상을 체(體)로 삼으며 무주를 본(本)으로 삼는 시절이 도래해야 합니다. 지극한 정성으로 화두 삼매에 든 뒤에는 마음속에서 화두를 결코 놓쳐서는 안 됩니다.

오매일여(寤寐一如)가 된 후에 확철대오(確徹大悟)하여 남음이 없으며, 비로소 자신의 본성을 환히 볼 수 있습니다. 그때는 기쁜 생각을 일으키지 말고 반드시 눈 밝은 스승 즉 본분종사를 찾아가서 의심을 완전히 해결하여야 합니다.

7월 18일

지극한 도는
마음을 쉬는 데 있으며,
마음을 쉬면 모든 인연이 쉬어버립니다.

모든 고통은 분별과 집착에서 비롯되므로, 분별과 집착을 벗어나는 길을 찾아서 대자유를 얻어야 합니다.

이제 화두 수행을 통해 '팔정도(八正道)' 여덟 가지 바른길을 살펴보면, ① 정견(正見, 바른 견해), 만사를 보는 이것 ② 정사(正思惟, 바른 생각), 보고 듣고 생각하는 이것 ③ 정어(正語, 바른 말), 보고 듣고 생각하고 말하는 이것 ④ 정업(正業, 바른 행위), 보고 듣고 생각하고 말하고 행동하는 이것 ⑤ 정명(正命, 바른 직업과 생활수단), 보고 듣고 생각하고 말하고 행동하며 일상 직업 생활하는 것 ⑥ 정정진(正精進, 바른 노력), 일하고 있는 것이 누구인가? 용기와 이상을 가지고 바르게 노력하는 것 ⑦ 정념(正念, 바른 마음챙김), 올바른 팔정도(八正道)로 매사를 항상 활발하게 하는 것 ⑧ 정정(正定, 바른 선정), 올바른 선정으로 마음의 대자유와 자비 지혜를 회향하는 것 '이뭣꼬?' 라고 하는 것입니다.

지극한 도는 마음을 쉬는 데 있습니다. 마음을 쉬고 나면 모든 인연이 쉬어버립니다. 온전히 쉬면, 문득 허공처럼 확 열린 아무것도 없는 경지에 이르게 되며, 이때가 바로 진정한 해탈입니다. 그 안에는 어떤 어려움도 존재하지 않습니다. 공부 중이든 쉬든 하나 된 상태에서 부딪혀도 깨지지 않고 흩어져도 잃지 않는다면, 그것이 완전무결한 경지입니다.

7월 19일

이 공부는
마음을 쉬게 하는 것이 목적이며,
마음이 쉬고 모든 인연도 쉬면
허공처럼 걸림 없는 경지를 체험하게 됩니다.

마음이 생기면 곧 좋고 싫음이 일어나기 때문에, 지극한 도(道)의 길로 나아가기는 어렵습니다. 이 공부는 오직 마음을 쉬는 데 그 목적이 있으므로, 마음이 쉬면 모든 인연 또한 쉬게 됩니다. 마치 태허(太虛)의 허공처럼 완전히 열려 아무런 걸림이 없는 경지가 찾아오고, 찰나에 그것이 확연히 다가오는 체험을 하게 될 것입니다.

그러므로 숨결 사이사이에 돌이켜 자신의 마음을 돌아보는 힘을 길러야 외부 유혹과 마음의 동요 없이 고요하게 머물 수 있습니다. 생각이 일어나지 않는 고요한 자리에서, 이 마음을 바로 꿰뚫어 깨닫는 것, 오직 그것만을 가장 소중하게 여겨야 합니다.

참된 수행자는 형식이나 외적 규범에 얽매이지 않으며, 사람들의 판단이나 사회적 기대와 상관없이 본래의 참된 길을 따릅니다. 마음속의 분별과 망상에서 벗어나, 생각과 욕심으로부터 자유로워질 때, 그는 더 이상 어떤 갈망에도 얽매이지 않고, 그 상태 자체가 완전한 자유이며 해탈의 경지가 됩니다.

이 모든 것은 여여한 진여 자성이 그대로 드러나 있으며, 아무것도 하지 않아도 맑고 밝은 마음이 항상 함께합니다. 방황하던 마음이 본래 자리로 돌아오면, 있는 그대로 고요하고 평화롭습니다.

7월 20일

**수행은 간단하게 시작하고,
화두와 함께 호흡을 일정하게 유지하며,
힘을 주거나 삼매를 억지로 기다릴 필요는 없습니다.**

마음공부를 하는 사람은 허송세월하지 않으려면, 먼저 수행의 길을 정확히 선택하고 바른 방법으로 정진해야 합니다. 마음속 생각이 일어나고 사라지는 것이 바로 생사이며, 수행자는 그 사이 사이 온 힘을 다해 화두에 집중해야 합니다. 가장 중요한 공부는 앉으나 서나 끊임없이 '이 뭣꼬?'라는 화두를 간절하게 참구하는 것입니다.

돌이 물속으로 가라앉을 때 돌과 물 사이에 틈이 없듯, 화두와 마음 사이에도 빈틈이 없도록 집중해야 합니다. 수행은 간단하고 간소하며 간편하게 시작되어야 하며, 화두와 함께 호흡의 속도를 일정하게 유지하는 것이 좋습니다. 무리하게 힘을 주지 말고, 삼매가 나타나기를 애써 기다릴 필요도 없습니다.

마음을 붙잡고 깨닫거나 쉬려 애쓰지 않아야 번뇌와 망상이 일어나지 않으니, 알음알이를 짓지 말아야 합니다. 유심·무심, 유언·무언의 양극을 모두 놓아버려야 하며, 알음알이를 내려놓을 때 진공묘지(眞空妙智)가 되어 별도로 얻을 것이 없게 됩니다.

영가현각(永嘉玄覺, 665~713) 〈증도가(證道歌)〉에 "분골쇄신해도 은혜를 다 갚을 수 없으니, 한마디 말로 백억 법문을 뛰어넘는다"라고 하셨습니다. 그러므로 깨달음은 특별한 상태나 신비로운 체험이 아니라, 한 가지 본질적 진리를 통달하는 것입니다. 그러므로 고요하거나 뛰어난 경험만으로는 깨달음이 아닙니다.

7월 21일

화두는 번뇌를 끄는 소방수이자, 소음을 막는 방음벽이며, 적을 무찌르는 총알이자 일도양단의 칼과 같습니다.

시끄러운 곳이나 고요한 곳에서 화두가 성성(惺惺)하려면 화두가 물 흐르듯 흘러가야 합니다. 화두는 말로 하는 것이 아니라, 불처럼 올라오는 번뇌와 망상을 꺼주는 소방수이며, 소음을 막는 방음벽이자, 전쟁터에서 적을 무찌르는 총알이며, 일도양단의 칼과 같습니다.

먼저 화두의 뜻을 깊이 이해하고 확실히 믿으며 수행에 들어간 이후에는 생각 없는 상태로 화두와 하나 되어 외부의 모든 이치를 잊고 내면의 본래 마음을 찾으면, 자연스레 지극한 이치를 깨닫게 될 것입니다. 바로 이 '이뭣꼬?' 하는 물음이 핵심입니다.

마음은 본래 깨끗하고 고요하며, 중생도 성인과 같은 본성을 지녔지만 범부는 헛된 망념에 가려 그 본성을 드러내지 못합니다. 망념을 없애고 진정한 본성을 드러내기 위해서는 마음을 집중하여 화두를 정성껏 들어야 합니다. 또한 바깥 경계와 내면의 마음을 고요히 쉬어 벽이나 돌처럼 무심한 상태가 되어야 비로소 큰 도에 들 수 있습니다.

이 종지를 깨닫는 핵심은 의식과 마음을 쉬어 마치 마른 나무나 썩은 기둥처럼 차갑고 쓸쓸한 상태에서, 근(根)과 진(塵)이 서로 짝하지 않고 동(動)과 정(靜)이 분리되어 텅 비게 하는 데 있습니다. 이는 곧 '사람은 무심하게 도에 합치하고, 도는 무심하게 사람에게 합치한다.' 라는 뜻입니다. 오래도록 이렇게 수행한다면 본분사를 다하지 못할까 걱정할 일이 없을 것입니다.

7월 22일

마음이 완전히 맑아지는 순간,
그 밝고 자유로운 느낌 자체가 이미 '부처의 마음'이며,
바로 본래의 나 즉 즉불즉심입니다.

마음은 본래 별도로 찾는 자리가 있는 것이 아니라, 애초부터 항상 있는 것입니다. 그러나 사람들은 추측과 상상으로 마음이라는 별도의 자리가 있다고 착각하여 잘못 찾아 헤맵니다. 마음이 완전히 열리고 맑아진 찰나의 순간, 그 자유롭고 밝은 느낌 자체가 이미 '부처의 마음'입니다.

멀리서 찾을 필요 없이, 그게 바로 본래의 나 즉 즉불즉심(卽佛卽心)입니다. 본래 마음은 소리, 빛, 냄새, 맛, 생각, 촉감, 욕심, 색(色)으로 알 수 없습니다. 마음의 진실은 노력해서 얻는 게 아니라, 화두를 깊이 참구하여 모든 생각과 습관이 멈추고 마음이 온전히 쉬어 있을 때 저절로 드러나는 것입니다.

화두는 하나만 간절하고 정성껏 깊이 참구해야 하며, 여러 화두를 들면 번뇌와 망상이 더욱 심해집니다. 한 화두에 집중해 마음이 깨끗해지면 본래의 참된 모습을 드러내어 곧바로 여래의 경지에 이르게 됩니다. 마음은 잠깐이라도 생각을 일으키면 본래의 마음을 어지럽게 합니다.

세간법과 출세간법을 모두 벗어나 홀로 활발하고 자유로워져야 합니다. '나'라는 생각을 내려놓고, 모든 집착을 끊어 완전히 자유로워져야 합니다. 그때 모든 것이 자연스럽고 평온해져 분별이 사라집니다. 그리하여 마음이 맑아져 나와 세상이 다르지 않게 느껴지고, 그 속에 변함없는 진실 하나만 남게 됩니다.

7월 23일

깨달음은
외부에서 오는 것이 아니라
본래 자기 안에 있으며,
미세한 업식을 벗어날 때 참된 깨달음이 드러납니다.

화두는 간절히 참구하는 것이지, 생각으로 따지는 것이 아닙니다. 화두는 번다한 지식과 알음알이를 내려놓고, 본성을 체험하기 위한 하나의 방편입니다. 일상에서 잡념이 어지러울 때 '이뭣꼬?' 화두에 몰입하면, 찰나에 맑고 밝은 본래의 순수한 감정이 드러나 여여(如如)해집니다.

맛도 없고 재미도 없는 화두를 더욱 간절히 참구하다 보면, 결국 오지도 가지도 못하는 은산철벽을 만나게 되어, 삼매의 경지에서 찰나에 문답을 깨닫게 됩니다.

모든 인연은 본래 일정한 형상이 없으며, 오직 화두를 통해 본래자리로 돌아갈 수 있습니다. 미세한 업식을 벗어날 때 비로소 참된 깨달음이 드러나며, 화두는 수행자에게 반드시 통과해야 할 최우선 과제입니다. 이 깨달음은 밖에서 오는 것이 아니라 본래 자기 안에 있는 것입니다. '개에게도 불성이 있습니까?' 라는 물음에 '없다' 라고 답한 조주의 무자(無字) 화두가 그 대표적인 예입니다.

한 덩이 마음의 밭을 믿고(心田地) 삼매에 들 수만 있다면, 하나를 깨쳐 일체를 깨닫고, 하나를 밝혀 일체를 밝히게 됩니다. 그리하여 모든 행위가 즉시 현전하게 되고, 마침내 대해탈(大解脫)을 이루어 금강같이 견고한 바른 법신이 됩니다. 이 마음을 먼저 깨달은 뒤에야 모든 선행이 형식에 그치지 않고 참되게 이루어집니다.

7월 24일

본래 사람의 성품은 깨끗하므로
허망한 생각을 내려놓으면
본래 청정한 자성이 드러납니다.

허물을 살피며 착한 일을 꾸준히 닦아야 합니다. 악을 짓지 않고 착한 일을 정성껏 행하면 생사윤회에 떨어지지 않습니다. 마음은 눈으로 보는 것이 아니며, 그것을 잡으려 하거나 관찰하려는 생각 자체가 헛된 것입니다.

본래 사람의 성품은 깨끗하므로 허망한 생각을 내려놓으면 청정한 자성이 드러납니다. 화두 수행의 마지막 단계는 본래의 지혜와 신비로운 마음이 늘 깨어 있는 상태입니다. 그 상태에서는 평범한 일상조차 특별하고 의미 있게 느껴집니다.

지옥과 천당은 모두 본래 마음에서 비롯됩니다. 이 마음을 평등하게 유지하면 나와 남을 구분하지 않고, 좋아함과 싫어함, 손해와 이익을 따지지 않으며, 오랜 세월 수행하면 어떠한 경계에도 흔들리지 않게 됩니다. 말이 끊기고 마음이 텅 비어 있어도, 순간순간 인연이 일어나면 그 힘은 우주를 흔들 만큼 큽니다.

앉거나 서 있을 때 항상 연기(緣起), 무아(無我), 공(空)의 중도현실(中道現實)을 꿰뚫어 보는 사람이 이 시대의 진정한 주인공입니다. 만약 이와 같다면, 설령 모든 불조(佛祖)가 땅을 흔들고 빛을 내며, 구름과 비처럼 방(棒)과 할(喝)을 행하고, 우레가 울리고 번개가 쳐도, 그 어떤 것에도 전혀 두려워할 필요가 없습니다.

7월 25일

일상과 수행 모두 화두가 되며,
한 번뿐인 이 순간을 놓치지 않고
지극한 정성으로 꾸준히 참구해야 합니다.

화두 '이뭣꼬?'는 생각과 분별을 멈추게 하며 잘못된 습관과 병을 없애줍니다. 간절히 수행하면 흔적조차 없는 적멸의 무심경지에 이르고, 생사의 순간에도 두려움 없이 태연해집니다. 일상생활과 공부 모두 화두가 되며, 일기일회(一期一會)의 마음으로 한순간도 놓치지 않고 지극한 정성으로 꾸준히 참구해야 합니다.

"집착이 없으면 그것이 바로 해탈이요.
구함이 있으면 또 다시 그물에 걸리리라.
나와 너라는 두 마음을 품는다면,
대면하고서도 참다운 얼굴을 보지 못 하리라.

생사(生死)를 깨달으면 본체(本體)가 공(空)한데
너와 내가 어느 곳에 붙으랴.
분별하는 허망한 생각이 없으면
번뇌가 어느 곳에서 일어나랴."

보조국사 지눌(普照國師 知訥, 1158~1210)의 시구처럼 잠잠한 마음으로 고요히 앉아 집착을 버리고 철저히 참구하면, 끝없이 자신의 보배 창고에서 진실이 쏟아져 나옵니다. 사견에 빠지지 말고 활구를 꾸준히 참구하라는 가르침입니다.

7월 26일

본래 마음이
곧 부처임을 깨달아 집착을 버리고,
자비로운 마음으로 선행을 실천하며
중생을 이롭게 해야 합니다.

마음, 심(心)은 말이나 생각이 일어나기 전, 세상과 처음 마주하는 그 자리입니다. 우리의 마음은 몸 안에서 생각하고 느끼며, 판단하고 행동을 이끌어 갑니다. 마음은 어떤 규칙에도 얽매이지 않으며, 많은 사람을 만나도 한곳에 머물지 않습니다.

또한 가장 미세한 틈새까지 스며들어 모든 것을 포용합니다. 먼저 자신의 본래 모습을 깨닫고, 마음이 곧 부처임을 알아차릴 때, 쓸데없는 집착을 내려놓고 마음을 맑게 유지할 수 있습니다. 그 상태에서 선한 일을 행하고, 따뜻한 마음으로 다른 이들을 돕는 것, 그것이 곧 깨달음의 삶을 실천하는 길입니다.

모든 일이 평등해지고 '나, 아(我)'라는 집착이 사라지면, 세상 모든 것이 평등해집니다. 그때 오묘한 지혜가 밝게 드러나 본질과 하나로 통하게 되며, 선한 행위 또한 자연스럽게 빛을 발합니다. 그러므로 마음을 깨닫는 데 집중한다면 절대 속지 않습니다.

깨달음을 향해 나아갈 뿐, 그 길이 더디다고 하여 걱정하지 마십시오. 모든 것은 마음에서 비롯되고, 또한 마음 밖에 있지 않습니다. 마음을 바로 보면 이미 부처요, 그 자리에서 평등과 지혜가 함께 빛납니다.

7월 27일

분별을 멈추면
진여 자성은 그대로 여여하며,
그 자리가 바로 여래의 참된 본성입니다.

고요하든 시끄럽든, 어떤 상황에서도 마음은 한결같이 한 구절의 화두를 깊이 참구해야 합니다. 고요할 때는 편안하지만 시끄러운 상황에서 마음이 흔들린다면, 아직 평정심을 얻지 못한 것입니다. 시끄러운 곳에서도 내면을 다스려 늘 본래의 마음자리를 지키는 것이 중요합니다. 그래서 화두일념(話頭一念)이 매우 소중합니다. 화두와 완전히 하나가 될 때까지 한결같은 마음으로 몰입해야 합니다.

진정 근원으로 돌아가면 모든 허상은 사라지고, 번뇌와 보리(菩提)가 둘이 아니게 됩니다. 그때 깨달음은 별도로 있는 것이 아닙니다. 분별을 멈추면 진여자성(眞如自性)은 그대로 여여(如如)하며, 형상도 없고, 공(空)도 아니며, 또한 공이 아님도 아닌, 여래의 참된 본성입니다. 진여자성을 본다는 개념조차 없어지며, 거기에 대해 무엇을 할 수도 없습니다. 이처럼 중도(中道)는 취할 수도 버릴 수도 없는 무위법입니다.

이러한 뜻은 낙보원안(樂普元安, 834~898) 화상의 〈부구가(浮漚歌)〉에서, "거품과 물의 성품이 다르지 않음을 모른 채, 그 변화를 따라서 다르다고 여기는구나. 처음에는 빗방울에서 거품이 생겼는데, 바람이 거품을 쳐서 다시 물로 돌아가는구나. 거품이 물에서 생기는 줄만 알았지, 물이 거품에서 생기는 줄 어찌 알았으랴. 오온은 공하며 거품은 진실이 아님을 안다면, 본래의 참됨을 밝게 볼 수 있으리라"라고 했습니다.

7월 28일

지금 이 자리에서 바로 알아차려,
지혜로 생사의 근원을 통달하고
언어와 문자에 얽매이지 말아야 합니다.

모든 생각을 온전히 내려놓아야 비로소 생멸의 이치를 밝히고, 참된 깨달음에 들어갔다고 할 수 있습니다. 고요함이나 시끄러움에 마음이 흔들리지 않으려면, 화두를 철저히 깨친 뒤 오랜 습기가 사라져 생각조차 일어나지 않아야 합니다.

불조(佛祖)의 오묘한 도에 계합(契合)하려면, 지혜로운 상근기(上根機)는 알음알이를 잊고 몸소 참구하여, 어떠한 방편이나 경계에도 떨어지지 않아야 합니다. 지금 이 자리에서 마음을 비우고 바로 알아차려, 밝은 지혜로 생사의 근원을 통달하고, 언어나 문자에 머물지 말아야 합니다.

마음에 한 생각도 일어나지 않고, 앞뒤의 분별이 끊어진 자리에서 한 구절을 통해 즉시 알아차려야 합니다. 그때는 알음알이를 벗어나고 의혹이 없어야 합니다.

옛날 현칙(玄則) 스님이 청림(青林) 스님께 "무엇이 부처입니까?"라고 묻자, 청림 스님은 "병정 동자가 불을 구하러 온다"라고 답했습니다. 병정은 곧 불 자체인데, 다시 불을 구한다는 것은 본래 내가 부처이면서도 부처를 밖에서 찾는 어리석음을 드러낸 것입니다.

이 말뜻을 깨달은 현칙 스님은 회광반조하여 다시는 그릇된 지견을 내지 않았습니다. 어둠 속에서 등불을 얻은 듯, 가난한 이가 보배를 찾은 것과 같은 이치이니, 어찌 그것이 작은 일이겠습니까? 진실하게 믿고 실천한다면, 그 공덕은 천만 억겁 동안 길이 이어질 것입니다.

7월 29일

밖으로 구하지 않고
안으로 본심을 관(觀)하면
번뇌가 곧 보리로 바뀌고,
분별을 멈출 때 진여자성이 변함없이 드러납니다.

화두 수행이란, 다만 화두를 스스로 끊임없이 일깨워주는 일입니다. 궁금한 마음이 꺾이지 않는 한, 삶의 자리는 여전히 복잡하고 흐릿합니다. 그러나 그 궁금한 마음이 완전히 부서지면, 모든 생각의 일어남과 사라짐이 끊어집니다.

사량(思量) 즉 이리저리 헤아리는 분별심과 총명한 마음이 더 이상 일어나지 않습니다. 그러한 마음마저 사라지고, 일체의 움직임과 흔적이 고요히 멈출 때, 비로소 일상은 있는 그대로 밝고 명쾌하게 드러납니다.

도(道)는 본래 말이 없으나, 말을 통해 드러납니다. 아무리 많은 도리를 깨달아도, 도는 결코 말 위에 있지 않습니다. 말을 좇아 억지로 이해하려 하지 않고, 근본을 깨닫는다면 마음은 자유로워집니다. 이것이 곧 '그냥 그대로' 자유롭고, 나, 아(我)가 없는 중도의 삶입니다.

익숙한 것은 내려놓아 가볍게 하고, 서툰 것은 정성껏 다듬어 익히는 과정을 오래하면, 큰 기틀[大機]과 큰 쓰임[大用]을 자연히 얻게 됩니다. 그러므로 밖을 구하지 말고 안으로 향하여 본심을 보면, 번뇌가 보리로 바뀌고,

번뇌 속에 보리가 함께 있어 깨달음은 별도로 존재하지 않습니다. 분별을 멈출 때, 진여 자성은 변함없이 드러나며, 그 자리에서 본래 마음과 여래의 참된 성품이 여여하게 드러납니다.

7월 30일

본래 마음자리를 가리는
번뇌와 망상을 내려놓을 때
비로소 참된 자기를 만날 수 있습니다.

본래 우리의 마음자리를 가리는 번뇌와 망상을 내려놓아야 비로소 참된 자기를 만날 수 있습니다. 그동안 우리는 일생을 뜬구름을 잡으려 하며, 결국 뜬구름과 함께 떠나는 어리석음을 이어왔습니다. 오늘에야 비로소 헤어짐의 공도리(空道理)를 만나게 되었습니다. 이제 만나겠습니까?

생각할 수 없는 자리에서 일부러 의식적으로 생각하면, 마음은 갈 곳을 잃고, 쥐가 덫에 갇힌 듯 꼼짝할 수 없게 될 것입니다. 생활 속에서 복잡한 일이 생기면 '이뭣꼬?' 라는 화두를 간절히 참구하십시오.

잡념이 사라지고 마음이 맑아질 것입니다. 화두는 반드시 확실히 걸어야 번뇌에 빠지지 않습니다. 과거와 미래에 머무는 것은 망상이며, 고통을 밖에서 해결하려는 것은 본성을 깨닫지 못했기 때문입니다. 그러므로 고통의 원인을 찾고, 자기를 찾아내는 화두를 끝까지 참구해야 합니다.

노자(老子) 《도덕경(道德經)》에, "학문은 쌓이면 늘어나지만, 도는 닦으면 날로 줄어든다. 줄이고 또 줄이면 인위적인 행함이 사라지고, 인위적인 행함이 없으면 하지 못할 것이 없게 됩니다. 천하를 얻음에도 일이 없으므로 하며, 일을 만들어서는 천하를 얻지 못한다"라고 하셨습니다.

삶이 곧 수행이며, 생활이 참선입니다. 마음을 고요히 하면 본래 그릇도 담을 것도 없습니다. 지극한 정성으로 화두를 참구하면, 겉모습은 중생이지만, 본성은 부처임을 알게 됩니다.

7월 31일

마음을 종지로 삼고,
선(禪)은 생각이 아니며,
도(道)는 노력과 무관하니,
'공부한다' 라는 마음조차 내려놓아야 자유롭습니다.

화두는 오직 끊임없이 살펴보는 데 있으며, 특별한 재주가 필요하지 않습니다. 걷고 앉고, 말하고 침묵할 때도 끊어지지 않게 하십시오. 기쁘고 슬프며, 화나고 싫어도 분별하지 마십시오. 간절히 화두를 붙들고 바라보면, 모든 이치가 끊어지고, 맛과 재미도 사라지며, 답답하고 막막한 순간이 찾아옵니다. 그때가 바로 깨달음의 문턱입니다.

부처님께서도 고(苦)의 원인이 곧 진리라 말씀하셨듯, 고통이 내면으로 향할 때 깨달음으로 나아갈 수 있습니다. 반드시 기억할 것은, 이와 같은 경계를 만나도 절대 물러서지 말고, 오히려 더욱 힘껏 밀고 나가야 한다는 점입니다.

그렇게 밀고 또 밀어붙이면, 마침내 마음은 갈 곳을 잃고 하나의 덩어리가 됩니다. 이 덩어리가 터지는 순간, 비로소 진정한 깨달음 즉 소식을 받게 됩니다. 도를 배우고자 한다면 먼저 스승이 필요합니다. 그 스승 가운데 가장 뛰어난 스승이 바로 '선(禪)과 명상(冥想) 일기' 입니다.

마음을 종지(宗旨)로 삼으면, 종지에 통함으로써 말에도 통하게 됩니다. 선(禪)은 생각이 아니며, 도(道)는 노력과 무관합니다. 가는 털끝만큼이라도 '공부한다' 라는 마음을 내지 않을 때, 형상 없는 빛 속에서 늘 자유로울 수 있습니다. 선도(禪道)란 결국 마음을 밝혀 근본에 이르게 하는 데 그 뜻이 있습니다.

8월

화두타파

나에게
한 권의 경이 있으나
그것은
종이나 먹으로 이루어진 것이 아니니.
펴도 한 글자 없지만
늘 크고
밝은 광명을 드러내고 있도다.

8월 1일

참된 도에 통달하면
허공처럼 텅 비고 탁 트여,
옳고 그름조차 따질 수 없는 경지에 이릅니다.

언제 어디서나 평안하고 행복할 수 있는 것은 인간이 본래 지닌 본성입니다. 부처와 조사의 오묘한 도는 지름길일 뿐, 오직 사람의 마음을 바로 가리켜 견성성불(見性成佛)에 이르게 합니다. 도는 안다거나 모른다는 개념에 속하지 않습니다. 안다고 하면 망념일 뿐이고, 모른다고 하면 어둠일 뿐입니다. 만일 참된 도에 통달하면, 허공처럼 텅 비고 탁 트여, 옳고 그름조차 따질 수 없는 경지에 이릅니다.

화두 생활에서는 마음 밖에 실다운 나, 아(我)도, 실다운 법도 없습니다. 깨달음을 얻으려면 세심하고 치밀한 마음으로, 한결같은 일편단심으로, 화두를 참구해 타성일편(打成一片)을 이루어야 합니다. 지나치게 영리하면 알음알이에 빠져 오히려 정신이 혼란해질 수 있습니다.

한편, 무기(無記)란 의식에 아무런 기록이 없는 상태로, 멍하거나 비몽사몽 몽롱하거나 술 취한 듯한 상태를 말합니다. 이러한 상태는 수행에 도움이 되지 않기에 철저히 경계해야 합니다.

그러므로 마음에 아무 일도 일으키지 않아야 합니다. 마음에 일이 없으면 텅 비어, 신령하고 고요하게 관조할 수 있습니다. 털끝만큼이라도 본말을 따지는 것은 자신을 속이는 일입니다. 도는 무심을 소중히 여기고, 선은 마음속 생각을 완전히 잊을 때 비로소 회광반조할 수 있습니다.

8월 2일

모든 법은 본래 생멸이 없으며, 지금 이 순간 밝은 본성에서 일어나는 보고 듣고 말하는 '이것'이 바로 진실입니다.

어떠한 괴로움이나 고통도 결국 마음에서 비롯되며, 이를 벗어나는 비결 역시 자기 마음 안에 있습니다. 이 마음의 근원은 본래 텅 비어 고요하고, 밝고 오묘하여, 처음부터 털끝 만큼의 막힘도 없습니다.

부처와 조사는 이러한 마음을 마음으로 전해왔고, 모두가 철저히 깨달아 해탈하였기에, 마치 두 거울이 서로를 비추듯 언어나 형상에 걸리지 않았습니다.

부처님과 조사들이 이 세상에 나투신 뜻은 다른 데 있지 않습니다. 무연자비(無緣慈悲)와 동체대비(同體大悲)를 몸소 보여주고, 모든 격식과 분별을 뛰어넘어 즉시 진리를 깨닫게 하려는 것이었습니다. 모든 법은 본래 생멸이 없고, 고요하고 밝은 본성은 늘 드러나 있습니다.

지금 이 순간, 그 본성 자리에서 일어나는 보고 듣고 말하는 '이것'이 바로 진실입니다. 그러므로 불법을 별도로 배우려 하기보다, 마음을 내려 놓고[放下著] 무심한 마음을 지니십시오.

총명한 이는 순간에 깨닫고, 둔한 이도 정성을 다하면 때가 되어 반드시 깨달음의 인연이 찾아옵니다. 세상의 복잡함 속에서도 깨달음은 곳곳에 있습니다. 본래 마음은 텅 비고 고요하며 밝고 오묘합니다. 돈법이기에 그 자리에서 바로 깨닫는 것이며, 단계가 필요하지 않습니다. 그 순간, 그 자리에서 바로 '그대'가 부처입니다.

8월 3일

참된 수행은
시비와 득실을 끊고,
번뇌와 지견을 버린 뒤,
지극한 정성으로 화두를 참구하는 데 있습니다.

연기(緣起), 공(空), 무아(無我), 중도(中道)의 실상을 간파하면, 늘 가을 하늘처럼 맑고 밝은 본래 면목의 삶이 머무름 없이 자연스럽게 펼쳐집니다. 이 경지에 이르기 위해서는 번뇌와 망상을 제거해야 합니다. 그 가운데 가장 빠르고 지혜로운 길은 화두를 참구(參究)하여 화두를 타파(打破)하는 것입니다.

그러나 우리는 망상으로 인해 본래 청정한 자리를 스스로 흐리게 하고, 근본을 잊은 채 지엽적인 것만 좇으며 생사윤회를 반복합니다. 이에서 벗어나려면, 분별과 사유를 끊고, 감정과 의식을 초월하여 자유자재한 경지에 이르러야 합니다.

불은 나무에서 나와 나무를 태우듯, 지혜는 감정(情)에서 일어나 감정을 소멸시켜야 합니다. 이는 가르침[敎]이 문자나 언어에 의존하지 않고, 직접 마음에서 마음으로 전하는 심인(心印)의 길임을 말합니다. 자기 성품이 곧 하느님이며 아미타불이고, 자기 마음이 곧 천당이며 극락정토이므로 마음 밖의 형상(相)에 집착하지 말아야 합니다.

결단코 참된 수행을 이루려면 분명하고 철저하게 시비를 끊고, 득실을 떠나며, 번뇌와 그릇된 지견을 버린 뒤 지극한 정성으로 화두를 참구해야 합니다.

8월 4일

참된 성품은 아상을 버리고,
무아와 공의 중도에 머물러
본래 청정한 자성을 깨달아
자연과 하나가 됩니다.

모든 괴로움은 결국 내가 만들어 낸 것입니다. 오온이 본래 빈 허공임을 관조하고, 깊은 반야의 지혜로 수행하면 모든 고통과 재앙에서 벗어날 뿐 아니라, 마침내 무생(無生)의 경지를 증득하게 됩니다. 참된 성품은 아상(我相)을 버리고 무아(無我)와 공(空)의 중도에 머물러 본래 청정한 자성을 깨닫고 자연과 만물이 하나 되는 것입니다.

탁월한 통찰과 덕행으로 불조(佛祖)를 능가할 기량을 갖추고 속박을 벗어나야 합니다. 큰 근기를 지닌 이는 자기 자리에서 스스로 깨닫습니다. 화두 수행은 오직 한 생각으로 간절히 참구하는 데 있습니다.

화두를 참구할 때는, 고양이가 쥐를 잡듯, 늙은 과부가 전쟁터에 나간 외동자식을 생각하듯 간절해야 합니다. 이처럼 허물이 없으면 마음이 흔들리지 않고 고요해지며, 항상 편안하고, 자비와 지혜가 자연스럽게 베풀어집니다.

고덕이 말씀하시기를, "네가 견해로 헤아리는 것이 다하여 일시에 모두 없어져 버리면, 자연히 깨달으리라", "나는 벌써 너에게 다 설명해 주었다. 가거라", "여러분이 아는 것은 내가 모조리 알지만, 내가 아는 것은 여러분이 모른다"라는 말은 항상 편안함 속에서, 자비와 지혜를 자연스럽게 베푸는 참되고 진실한 가르침입니다.

8월 5일

본분의 자리에서 자신의 근본을 깨닫고 의지하여,
늘 깨어 일상생활 속에서 우주와 하나가 되어야 합니다.

본래 밝게 드러난 본분의 자리에서, 우선 자신의 근본을 밝히고, 본분에 의지하여 늘 깨어 일상생활 속에서, 우주와 하나가 되어야 합니다. 잘못된 깨달음에 대한 들뜬 집착이 사라지면, 본래의 바른 견해가 뚜렷하고 깊어집니다.

큰 진리에 의지할지언정 눈앞의 작은 것을 의지하지 않습니다. 그러므로 화두에 의지하여 화두가 간절하면 헤아릴 틈이 없어집니다. 답답하고 어찌할 바를 모를 때 오히려 화두가 힘을 받습니다.

임제 스님은 황벽 스님에게 세 차례 매를 맞고 대우 스님께 물었습니다. "저에게 허물이 있습니까, 없습니까?" 대우 스님은 "황벽 스님은 그토록 간절히 노파심을 가졌는데, 너는 다시 와서 허물을 찾느냐"라고 답했습니다. 이 말에 임제 스님은 갑자기 깨달아 말했습니다. "원래 황벽의 불법도 별것 아니었구나!"라는 깨침 속에서 참선하는 이들은 자신을 깊이 돌이켜보아야 하며, '두레박줄이 짧으면 깊은 샘에 이르지 못한다'라는 말을 새겨야 합니다.

《대법안선사인승간경송(大法眼因僧看經頌)》에서는 "지금 사람이 옛 가르침을 보는데, 마음속의 소란스러움을 면하지 못하였구나. 마음속의 소란스러움을 벗어나려면 그저 옛 가르침만 보아야 하네"라고 마음의 소란을 멈추고 깨달음을 얻기 위해 본래 가르침에 집중해야 함을 강조했습니다.

8월 6일

'이뭣꼬?'
화두를 참구하면 생사심이 끊어져
모든 존재가 허공에 피는 꽃처럼 덧없음을 깨달으면,
마침내 고향 같은 평안한 경지에 이르게 됩니다.

석공 스님은 활을 쏘고, 비마 스님은 나무집게를 들며, 구지일지(俱胝一指) 스님은 한 손가락을 들어 보였고, 무업 스님은 "망상 피우지 말라"라고 하였습니다. 화산 스님은 "북을 칠 줄 안다", 설봉 스님은 나무공을 굴리고, 조주 스님은 "차나 마시게[喫茶去]", 현사 스님은 "빗나갔군"이라고 했습니다.

이처럼 각자 다른 방식으로 깨달음을 드러냈지만, 그 뜻을 모른 채 겉모양만 따라가면 참된 이치를 알 수 없습니다. 그러나 조계의 바른길을 따르면 선사의 뜻과 허실을 꿰뚫어 볼 수 있습니다.

이 가르침인 일대사인연(一大事因緣)을 알아차려서, 망상과 견해를 끊고 업식(業識)을 쉬어야 합니다. 그래야 비로소 크게 해탈의 문이 열리고, 자신의 생사 대사를 깨달아, 처음 발심했던 본래의 뜻에 보답할 수 있습니다. 끊임없이 '이뭣꼬?'를 참구하면 생사심이 사라져 고향과 같은 평안한 경지에 이르고, 모든 존재는 허공의 꽃처럼 덧없음을 알게 됩니다.

6근, 4대, 5온, 12처, 18계는 본래 실체가 없는 것으로, 허공에 피고 지는 꽃처럼 덧없이 일어났다 사라지는 것임을 알아야 합니다. 부처와 조사들이 증득한 고요한 금강 같은 본성을 이어받아야 하며, 분별이 사라지는 경지에 이르러도 그것이 깨달음의 극치는 아닙니다.

8월 7일

**도는
간단하고 간소하며 간편해야 하며,
무엇보다 간절히 화두를 참구하는 것이 핵심입니다.**

도(道)에 합치(合致)하려면 고요함을 즐기고 겉치레를 버리며, 깊은 신심과 가르침을 진심으로 따르는 것이 중요하며, 과시나 희귀한 행위는 도움이 되지 않습니다. 도는 간단하고 간소하며 간편해야 하며, 무엇보다 간절하게 화두를 참구하는 것이 핵심입니다.

이 길을 가려면 화두 외의 모든 행위를 내려놓고, 항상 편안하고 고요하게 마음을 맑고 밝게 관조해야 합니다. 또한 나물 음식으로 오랜 재계를 하며, 향상의 종승(宗乘)을 참구하고, 선지식을 널리 참례하면서 한결같은 지성으로 화두를 참구해야 합니다.

지극한 도는 단순하고 쉬우면서도 깊고 오묘하여, 처음부터 등급이나 사다리를 세우지 않고, 곧장 만 길 절벽 위에 서는 것과 같으니, 이것이 바로 본분소식(本分消息)이라 할 것입니다.

이는 조계의 가풍과 달리, 임제와 덕산 스님의 기상은 뼈를 발라내듯 날카롭고, 용과 호랑이처럼 힘차게 천지를 흔들며 사람을 이끌되, 결코 진흙탕에 빠뜨리지 않습니다. 평상심이 곧 도이기에, 어떤 방향으로든 나아가려는 마음이 있다면 바로 어긋납니다. 지견을 털끝만큼이라도 세우지 말고, 처음부터 철저히 다 놓아버려야 하며, 맑고 밝은 관조조차도 끊어진 자리, 마치 만 길 절벽에 선 듯한 경지에 서야 합니다. 그 순간, 손가락 튕기는 사이에 무생법인(無生法忍)을 증득하게 되고, 바로 그 자리에 선 채로 과보의 바다를 뛰어넘는 해탈의 경지에 이릅니다.

8월 8일

의심이 일어나면
억누르지 말고
'이뭣꼬?'를 참구하며,
의정이 의단으로 깊어질 때
그 속에서 벗어나려고 해야 합니다.

옛 성인들은 지극한 진리를 굳게 믿으면, 재빠른 매처럼 바람을 타고 자유롭게 날아 장벽 없이 벗어날 수 있었습니다. 그들은 의심이 일어날 때 억누르지 말고 '이뭣꼬?'를 참구하며, 끊이지 않는 의심, 의정이 하나의 덩어리로 뭉쳐 매이는 상태인 의단(疑團)에 깊이 들어가 그 속에서 벗어나려 애써야 한다고 했습니다.

진정한 깨달음은 흔적이 없으며, 아뢰야(阿賴耶) 무기 무념이 떨어진 상태에서 진여무념(眞如無念) 근본무념(根本無念)을 이룰 수 있습니다. 이 경지를 어렵게 생각하지 말고, 오직 지극한 정성으로 화두 참구를 꾸준히 반복하여, 화두와 하나 되는데 온 힘을 기울여야만 합니다. 이렇게 하면 생멸이 멸하고 적멸의 즐거움[生滅滅已 寂滅爲樂]만 있는, 바로 대원경지(大圓鏡智)에 도달할 수 있습니다.

이 경지에 이르려면 한 번 죽었다가 살아난 각오로 화두와 끊임없이 씨름해야 하며, 계속 노력하다 보면 스스로 수행 방법에 대한 지혜가 생겨납니다. 이것은 내가 직접 부딪치기 전까지는 의미가 없고, 결국 스스로 체험하고 깨달아야 결과를 얻을 수 있습니다.

8월 9일

수행을 거듭하면 뜻이 분명해지고,
설통(說通)과 종통(宗通)을 갖추어
열반과 생사가 하나 된 청정한 경지에 이르게 됩니다.

화두를 끊임없이 참구하고 나아가면, 결국 분별할 수 없는 경지에 이르게 됩니다. 백길 장대 끝에서 움직이지 않는 사람은 비록 깨달음을 얻었더라도 참된 경지에 이르지 못한 것이니, 백길 장대 끝에서 반드시 한 걸음 더 나아가야 시방세계가 곧 온몸임을 깨닫게 됩니다.

처음에는 견해나 말에 이끌려 형식에 맞추려 하지만, 수행을 거듭해 바탕이 쌓이면 뜻이 분명해지고, 설통(說通) 즉 불법을 자유자재로 설명하고 이해하는 능력과 종통(宗通) 즉 참된 자리를 체험한 경지를 갖추어 열반과 생사가 하나 되어 몸과 마음이 함께 청정한 경지에 이르게 됩니다.

방편 지혜가 밝아지면 고삐를 벗은 듯 자유롭게 살아가며, 도에 통달한 큰 근기는 '부처다. 법이다' 하는 견해마저 버리고 성현의 경계조차 초월합니다. 참된 수행자는 미래세도 한순간처럼 여기며 여유롭게 쉬어 갑니다.

'목전에 드러난 바로 이것은 부싯돌 불이나 번뜩이는 번갯불과 같으니, 만약 밝히지 못했다면 의심하지 말라. 이는 향상인(向上人)의 경계로, 그런 경계가 있음을 아는 이만이 그것을 알 수 있다.'라는 말처럼 지금은 알 수 없더라도 지극정성으로 화두 참구를 계속하면, 시절 인연이 도래하면 분명히 드러나게 됩니다.

8월 10일

진정한 깨달음은 무심으로 집착을 버리고, 세상의 인연과 형식에 흔들리지 않는 마음입니다.

태어나 지금까지 늘 함께하며 일하고 먹는 '이것이' 무엇인가? 내게 한 물건이 있으니, 과연 어떤 모습이고 어디에 있는가? 찾으려 해도 찾을 수 없으니, '이뭣꼬?' 라고 묻습니다. 앉고 일어나고 보고 말하는 '이것이 무엇인가?' 비가 오든 눈이 오든 젖지 않고, 추위나 더위에도 전혀 신경 쓰지 않고, 가슴이 텅 비어 과거와 현재를 모두 품으며, 풀 한 줄기를 집어 던지고 밟거나 만들기도 합니다.

그러나 본래부터 취함도 버림도 없으며, 오직 생기 넘치고 당당하게 인연에 따라 반응할 뿐입니다. 옛사람들은 티끌이나 바람에 풀 끝이 보이기만 하면 즉시 알아차리고 그 자리에서 잘라 버렸습니다. 그런데도 서로 오해 속에 선문답을 주고받으며 격식을 만들어 사람들을 혼란에 빠뜨리는 일이 있어서는 안 됩니다. 이는 눈 뜨고 침상에 오줌 싸는 격임을 분명히 알아야 하며, 눈 밝은 사람은 결코 그런 짓을 하지 않습니다.

용아거둔(龍牙居遁, 835~923) 화상의 게송에, "한번 무심을 얻으면 그대로 도의 뜻이니, 몸이 수고롭지 않고 인연에 흔들리지 않네. 깨달았으나 깨닫지 못한 듯 무심하면 마음이 편해지네"라고 했습니다. 즉 진정한 깨달음은 무심으로 집착을 버리고 세상의 인연과 형식에 흔들리지 않는 마음입니다.

8월 11일

진정한 깨달음은
말로 다 표현할 수 없으며,
겉으로 드러나는 말과 생각은 본질을
온전히 담아내지 못합니다.

법문을 청할 때는 영리한 근기가 기봉(起峯) 위에서 즉시 깨달아야 하며, 처음부터 걸림 없이 깊은 믿음으로 오랜 세월 꾸준히 수행해야 자기 자리에 앉아 공부할 수 있습니다. 온전히 쉬어 입술 위에 곰팡이 피듯, 옛 사당의 향로처럼 되어야 합니다.

눈뜨는 순간부터 근본 자리에서 화두를 놓지 않고, 하늘이 무너져도 끝없이 화두를 지속해야 합니다. 다자탑 앞에서 법좌를 반으로 나누고, 총령 서쪽 언덕에서 한 짝 신을 홀로 든 일화가 이를 말합니다.

진정한 깨달음은 말로 다 표현할 수 없으며, 겉으로 드러나는 말과 생각은 본질을 온전히 담아내지 못합니다. 고덕(古德) 스님들의 대화에서 이를 알 수 있습니다. "네가 모든 견해를 멈추고 모두 없어지면 자연히 깨달을 것이다", "나는 이미 네게 다 설명했다. 가거라" 자리에 앉아 참구하며 한 점의 틈 없는 도리를 깨달았으나, 방장실에 들어가 떠오르는 대로 말하자 "무슨 횡설수설이냐"라고 꾸짖으셨습니다.

이에 곧 마음으로 복종하며, 참으로 눈 밝은 분이 마음을 꿰뚫어 보았음을 깨달았습니다. 그러므로 일상에서 화두를 들고 시작하면 마음이 명쾌해집니다. 번뇌와 망상을 일으키지 말고, 항상 화두를 들며 삼매에 들어 평온함을 지키십시오.

8월 12일

내 마음은 본래 부처님 안에 있으니,
부처님이 내 마음속에
별도로 나타나길 바랄 필요가 없습니다.

'종일 행해도 일찍이 행한 적 없고, 종일 쓰면서도 일찍이 쓴 적 없다'라는 말처럼, 번뇌 밖에 별도로 큰 인연이 있을 리 없습니다. 큰 보배 더미 위에서 광명을 비추며 천지를 밝히는 사실을 모르고, 밖에서 구하려 애쓰는 것은 헛된 고생일 뿐입니다.

큰 근기가 있다면 옛 어른들의 말씀이나 화두를 굳이 들을 필요 없습니다. 다만 아침에 마음을 바로 하고 모든 행위를 세심히 살피면, 한 번 깨달아 모든 인연이 옳음을 알게 되어 굳이 놓으려 애쓸 필요가 없습니다.

그래서 서하(西河) 스님은 형식과 경계를 초월하려 했고, 양기 스님은 어려운 고통을 견디며 강인하게 수행했습니다. 선불장에 들어와 깨달음의 문을 열고자 한다면, 때로는 단단히 붙잡았다 풀었다 하면서도 굳건한 의지로 그 큰 임무를 감당해야 합니다. 내 마음은 본래 부처님 안에 있으니, 부처가 내 마음속에 별도로 나타나길 바랄 필요가 없습니다.

《법화경》에 따르면, 불자가 이 경지에 머무르면 곧 부처님의 수용(受用)이 되어, 걷고 앉고 누울 때도 항상 그 자리에 머무르게 됩니다. 모르는 것을 의심하라고 했을 뿐, 의심하려고 화두를 드는 것은 아닙니다. 연기성(緣起性)은 '나'가 없는 무아를 뜻하며, 모든 것은 인연에 따라 일어나므로 독립된 실체는 없습니다.

8월 13일

본성을 깨닫기 위해서는 화두를 한순간도 놓지 않고, 지극한 정성으로 의심과 의구심, 습관적 생각을 한길로 집중하여 몰아붙여야 합니다.

숙세의 인연에서 벗어나지 못하면 곧 허물에 빠지게 되니, 깊은 연못에 임한 듯 살얼음판을 밟는 마음가짐으로 백척간두(百尺竿頭)에 이르렀어도 안주하지 말고 끊임없이 정진하고 도전을 계속해야 합니다. 그러면 진실한 본성은 본래 청정하며, 보고 듣고 느끼고 말하는 모든 현상이며, 본성 그대로 드러납니다. 이 본성은 잠시도 떠나지 않고 항상 함께 있지만, 우리는 자주 느끼지 못하고 깨닫지 못한 채 살아갑니다.

이 본성을 깨닫기 위해서는 화두 의심을 한순간도 놓지 않고, 지극한 정성으로 의심과 의구심, 습관적 생각을 한 길로 집중하여 몰아붙여야 합니다. 어느 순간 직접 체험에 이르며, 그 체험 이후부터 모든 활동이 본성임을 확인해 청정하고 밝아집니다.

번뇌가 사라지면 근심의 불도 꺼지고, 애욕의 강도 마르게 됩니다. 선정과 지혜라는 향기로운 바람에 이끌려 공(空)의 문을 좋아하며, 모든 일이 여여(如如)하게 이루어집니다. 세속과 명리를 버리고 일행삼매를 여유롭고 자연스럽게 이어가며, 크게 한 번 죽었다 살아나면, 아뢰야(阿賴耶) 무기까지 사라져 삶과 죽음이 하나가 됩니다. 밝음과 어둠이 동시에 존재하는 '차조동시(遮照同時)'의 경지에 이르러, 모든 일이 자유자재하며 조금도 걸림 없이 종횡무진 대자유를 누리게 됩니다.

8월 14일

진정한 본성이란
참된 나를 스스로 되찾는 것이며,
깨닫기 전엔 어렵게 느껴지지만 체험하고 나면
세수하다 코 만지듯 쉬운 일임을 알게 됩니다.

생각의 꿈에서 깨어나는 것이 바로 '각(覺)' 깨달음이요, 이것이 곧 돈오법(頓悟法)입니다. 진리[法]의 깨달음에는 오직 하나의 진실만 있을 뿐, 알음알이조차 받아들일 수 없거늘, 하물며 모른다는 생각은 더더욱 있을 수 없습니다. 온종일 마음에 얽매이는 바가 없을 뿐 아니라, 애초에 주관과 객관, 나와 남이라는 분별을 간직하지 않으니, 불법이니 뭐니 하는 이름이 무슨 상관이 있겠습니까?

진정한 본성이란 참된 나를 스스로 깨닫고 되찾는 것입니다. 시절 인연이 무르익으면 연기(緣起)·공(空)·무아(無我)·중도(中道)의 진리를 스스로 실증하게 됩니다. 깨닫기 전엔 어렵게 느껴지지만, 막상 체험하면 세수하다 코 만지듯 쉬운 일임을 알게 됩니다. 그 깨달음은 찰나에 스스로 얻는 것이며, 나에게 멀리 있다고 착각했을 뿐입니다.

마음에 공허함이 깊어지면 광명이 드러나고, 그 광명은 마음을 청정하고 원만하게 비추며, 혼미 없는 밝은 지혜, 이것이 곧 실증된 깨달음입니다. 그러나 사람들은 흔히 세속에 바쁘다는 이유로 수행을 미룹니다. 이미 세속 속에 있다면, 그 번뇌를 수행의 재료로 삼아야 합니다. 번뇌가 일어날 때 그것을 놓아 버리고 그대로 수행으로 삼는다면, 굳이 세속을 떠나지 않아도 깨달음에 이를 수 있습니다.

8월 15일

'지금 이 순간'
마음의 평안은 이미 내 안에 있으나,
중생은 이를 알아차리지 못해 밖에서 찾으려 합니다.

조주(趙州) 스님은 입멸할 때 한 자루의 불자를 봉하여 진부대왕(鎭府大王)에게 보내며, "이것은 노승이 평생 써도 다 쓰지 못한 것입니다"라고 하였습니다. 스님의 깊고 원대한 식견을 헤아려보면, 어찌 세상 사람들이 모양에 집착하고 말과 언어에 얽매이는 데 갇히도록 내버려 두었겠습니까.

화두 생활은 안개 속을 걸으며 젖는 것과 같아서, 끊임없이 되돌아보고 그 자리에서 진실하고 간절해야 하며, 깊은 욕망과 어리석음으로 일어나는 망상도 고요히 화두로 진정시켜야 합니다. 화두 집중에서 오는 무념, 무주, 무상, 무심, 무위, 무사의 경계는 총명하고 영리하며 지혜와 지식이 많아도 세속에 머문 이는 이해할 수 없습니다.

달마 스님께서 서쪽에서 오실 때 이 법을 가져온 것이 아니라, 오직 각자의 본성만을 곧바로 지적하여, 스스로 분명하고 철저히 깨닫게 함으로써 수많은 잘못된 깨달음과 지식, 망상과 계교에 물들지 않도록 하였습니다.

'지금 이 순간' 마음의 평안은 이미 내 안에 있지만, 중생은 밖에서 찾으려 합니다. 행복하지 못한 것은 내가 하는 일을 알아차리지 못하기 때문입니다. 행복의 길은 마음과 현상의 관계를 이해하고 고통의 원인을 찾는 데 있습니다. 마음과 현실이 다른 이유는 번뇌와 망상이 일어나기 때문이며, 그 원인과 자리를 확인하면 망상은 사라집니다.

8월 16일

화두가 깊이 사무치면
일체에 집착하지 않고,
주관과 객관, 나와 남을 구별하지 않습니다.

마음을 쉰다는 것은 생각이 끊기고 분별을 벗어난 본래의 청정한 상태입니다. 그러나 대상이 나타나면 마음은 작용하지만, 그 경계에 끌려가지 않는 상태를 무심이라 합니다. 이러한 경지에 이르면 화두가 온몸에 스며들어 삼매의 경지를 체득하게 됩니다.

체득의 경지는 마음을 알고 성품을 꿰뚫어 보는 상태입니다. 마음의 내면과 경계가 밝게 드러나 걸림이 없으며, 이러한 상태는 즉각 이루어집니다. 이 경지는 생각과 분별이 없고 고요한 빛이 깃드는 상태로, 크게 죽었다 다시 살아난 후 아뢰야의 무기까지 완벽히 소멸하여, 영겁이 지나도 변치 않고 영원히 빛납니다.

이 근원을 깨달아 들어갈 때는 화두에 대한 의심, 의정, 의단, 그리고 타성일편, 은산철벽에 이르기까지 지극한 정성으로 화두를 참구해야 합니다. 화두에 깊이 사무치면 일체에 연연하지 않으며, 주관과 객관, 나와 남을 따지지 않게 됩니다. 상대가 생기면 한 생각이 일어나고, 그 생각은 너와 나의 분별을 낳아 마음을 어지럽힙니다. 그러나 사물과 경계는 하나의 지혜로 연결되어 둘이 아닙니다.

마음에 부정이 없으면 이 자리가 곧 극락정토입니다. 이는 티끌 없는 본래 청정한 지혜가 드러난 것이며, 화두 타파가 깨달음의 증거입니다. 화두 생활은 부족함과 불안을 바로 보고 바로 세우는 일입니다. 목마른 사람이 사막에서 물을 찾듯, 간절히 끊임없이 화두를 참구해야 합니다.

8월 17일

일상의 모든 일어남과 사라짐은 마음 밖에서 오는 것이 없으므로, 밖으로 구하려는 생각을 버려야 합니다.

본래 우리의 마음은 가거나 오지 않으며, 늙거나 병들거나 죽지 않는 영원불멸한 우주의 소중한 보배입니다. 그러나 마음이 자기 안에 있음을 모르기에 화두 수행으로 이를 깨달아야 합니다.

일상의 모든 일어남과 사라짐은 마음 밖에서 오는 것이 없습니다. 마음을 텅 비워 범부니, 성인이니 하는 망령된 분별을 버리고, 밖으로 구하려는 집착도 없어야 합니다.

화두를 참구하려면 반드시 진실하게 수행하고, 참된 스승을 만나야 합니다. 번뇌와 망상의 구덩이에 빠지지 말고 즉시 깨달아야 합니다. 화두 수행자의 담담하고 진실한 마음은 어떤 성인도 마음대로 할 수 없습니다.

한 덩어리의 적나라한 마음으로 공겁 너머까지 철저히 벗어나면, 도인조차 하나의 허물일 뿐이며, 더 이상 남을 따라 무엇을 찾으려 하지 않게 됩니다. 처음 화두를 참구할 때는 돌이 물속에 잠길 때처럼, 돌과 물 사이에 전혀 간격이 없는 상태처럼 집중해야 합니다.

8월 18일

마음이 마음을 모름도 마음이요,
마음이 마음을 앎도 마음이며,
이것이 '마음이 곧 부처'임을 뜻합니다.

정말 긴요한 것은 계산하는 마음[機心]을 버리고 지견(知見)을 죽이며, 세간의 지혜와 분별, 총명함을 벗어나야 합니다. 모든 집착을 내려놓아 마른 나무처럼 된 상태에서 단번에 깨달아 호흡이 멈춘 듯한 삼매에 들면, 생사와 번뇌의 마음이 고요히 사라져 만 년이 한 생각처럼 됩니다. 마음이 마음을 모름도 마음이요, 마음이 마음을 앎도 마음이며, 이것이 곧 '마음이 곧 부처'임을 뜻합니다.

육조 혜능 스님은 신주의 땔감 장수로, 글도 읽지 못했지만 5조 홍인 스님을 뵙고 한순간에 가슴이 열리며 완전히 깨달았습니다. 이처럼 깨달음은 지혜의 높고 낮음과 무관하게 누구에게나 본래 갖추어진 것입니다. 매일 그윽한 마음으로 참구해야 하며, 이 큰 인연은 오직 자기 자신에게서만 얻을 수 있음을 알아야 합니다.

오직 날카로운 근기로 본분사를 맡아 꾸준히 나아가는 데 있으니, 백·천 번 단련해 순금이 되듯 망상을 줄이고 줄여 도심(道心)을 점차 키워야 합니다. 예로부터 크게 깨달은 이들은 지극한 화두만을 철저히 믿고 의심하여, 재빠른 새매처럼 온종일 장애와 막힘이 없었습니다. 무엇보다 참된 자리에 머물러 기대 없는 무위무사(無爲無事)의 해탈에 이르면, 각자의 본분사를 분명히 깨달을 수 있습니다.

8월 19일

한 번 깊이 체험하여 근원까지 깨달으면
집착이 사라져 마음이 자유로워지고,
모든 경계가 멈추어 무심의 경지에 이르게 됩니다.

한 번 깊이 체험하여 근원까지 깨달으면 모든 집착과 번뇌를 내려놓아 마음이 가볍고 자유로워집니다. 꾸준히 수행하면 이론과 기연, 경계가 멈추어 무심의 경지에 이릅니다. 그곳이 진정한 안락의 경계입니다.

물결, 파도, 거품, 안개, 구름 등 모든 사물이 다르면서도 같으니, 우리의 마음도 그러합니다. 화두 수행은 전체를 두루 깨달아야 하며, 티끌 같은 속세를 벗어나 중생을 이롭게 하려면, 여러 번 깊이 깨달아 의심 없이 평온한 경지에 이르고, 그리하여 큰 지혜와 큰 능력[大機大用]을 얻어야 합니다.

이 공부는 은밀한 작용 속에서 매일 수많은 인연과 세속 번뇌가 어지럽게 일어나도 이에 휘둘리지 않아야 하며, 오히려 번뇌를 다스리며 활발히 움직여도 흔들리지 않아야 합니다. 자기 자신에게는 자세하고 진실하며, 다른 사람에게 치우침이 없어야 합니다. 속세의 흐름에 휩쓸리면 곧 허물에 빠지게 됩니다.

달마가 인도에서 오실 때 이 법을 가져온 것은 각자 본래 지닌 성품을 곧바로 지적하여, 많은 잘못된 깨달음과 지식, 망상과 속임수에 물들지 않도록 하기 위함이었습니다. 오묘한 마음을 깨닫고 나서 수행할 것 없는 수행을 하고, 깨달을 것 없는 깨달음을 증득해야 합니다. 밖에서 구할 것이 없고, 오직 내면을 돌이켜 본래 마음을 확인하고 쓰면 날마다 평온해질 것입니다.

8월 20일

화두 수행은
번뇌라는 숙제가 있을 때 비로소 작용하며,
그 숙제가 풀릴 때 본래자리에 도달합니다.

정념만이 참된 깨달음을 지켜가는 길입니다. 고요함과 시끄러움에 차별을 두지 말고 오직 하나의 화두만 참구해야 합니다. '나'라는 것도 결국 상대가 있어야 생기는 것입니다. 화두 수행은 화두가 있어야 가능하며, 화두는 번뇌라는 상대적 숙제가 있을 때 비로소 작용합니다. 그 숙제가 풀릴 때 제자리 즉 본래자리에 도달하게 됩니다.

그 모습은 굳이 표현하자면 원상(圓相)이라 할 수 있습니다. 고요하고 텅 빈 응연한 경지에 이르러도 특별한 것이 아닙니다. 꿈과 깨어 있음이 한결같아야 하며, 기묘한 말이나 뛰어난 기연과 경계조차도 모두 평등하게 받아들여 득실 없이 모두가 나의 쓰임이 되어야 합니다.

이처럼 오랜 시간 갈고 닦으면, 생사의 순간도 훌쩍 벗어나고 세속의 명예와 이익조차 바람에 날리는 먼지처럼 여겨지며, 꿈·허깨비·헛꽃 같은 세상을 가볍게 건너게 됩니다. 이것이 어찌 티끌 세계를 벗어난 아라한이 아니겠습니까? 선명상(禪冥想)은 선정과 지혜를 달리 표현한 말로, 시대와 현실에 맞게 새롭게 제시된 수행 방식입니다.

매일 그윽한 마음으로 참구해야 하며, 이 큰 인연은 타인에게서 얻을 수 없으므로, 날카로운 근기로 본분사를 짊어지고 간절히 수행해야 합니다. 백천 번을 단련해 순금이 되듯 날마다 망상과 번뇌를 벗어나 도를 키우는 선명상은 괴로움을 행복과 지혜로 바꾸는 실천적 마음 운동입니다.

8월 21일

**괴로움과 즐거움은 연기적 관계로서
영원하지 않은 상대적 상태이며,
연기 실상은 공(空)과 무아의 세계입니다.**

꿈과 깨어남이 하나인데, 우리의 삶은 자업자득으로 고통의 인연을 스스로 만듭니다. 화두 수행은 우주의 진리가 공(空)함을 깨닫고 마음을 자각하는 데서 시작합니다. 공의 이치는 연기와 불가분한 관계이므로, 우주와 인생을 철저히 관조해야 합니다. 인생의 종지는 시간과 공간을 벗어나 시공을 떠나 공으로 돌아가는 연기와 무아입니다.

혜충국사(慧忠國師)가 본정선사(本淨禪師)에 "일체 미묘한 법문을 볼 때 그대의 마음은 어떠한가?" 본정선사가 답하길 "한 생각도 좋아하는 마음이 없습니다" 혜충국사가 이르기를 "바로 그것이 너의 본분일지니, 참구하는 자가 이 경지에 이르면 깨끗해져 남에게 속지 않는다" 그러나 나는 이렇게 말하겠습니다. "참으로 본분의 소식에 맞는 것이다"라는 사견에 빠지지 말고, 활구를 세심히 살펴 공부해야 하며, 사량계교(思量計較)는 이 공부에서 가장 해롭습니다.

세상 모든 일이 환상(幻想)인 허깨비와 같으니, 지극한 정성으로 참다운 참구를 해야 합니다. 모든 괴로움과 즐거움은 연기적 관계로, 영원하지 않은 상대적 상태입니다. 연기(緣起) 실상(實相)은 공(空)과 무아(無我)이며, 마음의 현상을 이해하려면 선과 명상으로 체험해야 합니다.

8월 22일

화두는
무형의 본질을 묻는 질문으로,
화두를 간절히 의심하고, 그 의심을 깨뜨려야 합니다.

괴로움이 왜? 생기는지, 어떻게 깨닫고 그 깨달음을 지키며 참된 성품을 보호할 수 있을지 반드시 확인해야 합니다. 화두 수행은 알 수 없는 화두를 참구하여 그 의심을 타파해야 하며, 반드시 삼매를 통과해야 합니다. 화두는 머리도 꼬리도, 이름도 앞뒤도 없는 무형의 본질을 묻는 질문입니다.

'이것이 무엇인가?' 하는 화두나 수많은 화두 중 하나를 간절히 선택해 끝없이 의심하고, 그 의심을 깨뜨려야 합니다. 찰나지간(刹那之間) 단박에 빛을 돌이켜 자신의 본래자리를 분명히 관조하고 완전하게 깨달으면, 천변만화 속에서도 변함없는 법신을 통달한 것입니다.

그러므로 일상 모든 행위가 자유로워 어떠한 장애도 없으며, 한번 깨달으면 영원히 깨달아 마치 통 밑이 뚫린 듯 활짝 열려 모든 법과 망상에 얽매임이 없습니다. 스스로 체득한 깨달음에 만족하며, 더 뛰어난 견해를 달리 구하지 말아야 합니다. 속히 결과를 구하려는 마음을 버리고, 오직 반야의 세계로 들어가는 수행에 전념해야 합니다.

이를 통과해야 참나를 깨닫고 진리를 알게 되며, 세상이 미치지 못하는 법칙 속에서 살아 있는 진리가 드러납니다. 조주 스님은 "남방에 있던 30년 동안 죽과 밥을 먹는 두 때를 제외하고는 그때마다 마음을 굳건히 잡고 수행에 힘썼다"라고 하였고, 옛 스님들도 이 일에 소홀하지 않고 정성을 다해 닦아 마침내 분명한 경지에 이르렀습니다.

8월 23일

한순간도 헛되지 않으며
세속과 불법은 하나이니,
모든 순간을 꿰뚫어 무심한 경계에 계합해야 합니다.

스스로 깨달음을 이루려는 뜻을 세우고, 번뇌와 망상에서 벗어나야 합니다. 남에게 의존하지 말고 '모른다'라는 의심으로 화두를 참구해야 합니다. 머리로 이해하는 것은 망상이며, 생각이 완전히 끊어진 시원한 체험을 얻어야 합니다. 그래야 삶과 죽음의 굴레에서 벗어날 수 있습니다. 분별을 완전히 끊는 것이 무아의 체험이자 참된 깨달음입니다.

내가 나를 보려 할 필요 없이 '나를 볼 수 없다'라는 사실을 체득하면 됩니다. 하지만 깨달음에 머무르면 형식에 빠지므로, 단칼에 분별을 끊어야 합니다. 버릴수록 밝고 맑아져 본래자리와 하나가 됩니다.

한순간, 한 말, 한 경계도 헛되지 않으니 세속과 불법은 하나입니다. 모든 순간을 꿰뚫어 무심한 경계에 계합해야 합니다. 수행은 어린아이를 기르듯 단박하고 정성스럽게 해야 하며, 티끌 속에 있어도 물들지 않고 청정한 곳에도 머무르지 않습니다. 화두 수행자는 잠과 말, 책, TV, 경전 등 모든 것을 절제하고 오직 화두 하나에 집중해 자기를 찾아야 합니다.

오늘날 진정한 깨달음을 원한다면 날카롭고 철저하게 분발해야 합니다. 그릇된 견해와 불필요한 독서를 버리고 마음을 순수하게 해야 맑고 밝은 지혜가 열려 본래자리와 평안한 해탈에 이를 수 있습니다. 이후에는 본성에 따라 인연을 따라 살며, 묵은 업장을 녹이고 새로운 번뇌와 재앙을 짓지 않아야 합니다.

8월 24일

화두 수행은
선한 일은 더욱 선하게 하고
나쁜 일은 다시 하지 않도록 하며,
화두와 내가 하나 되는 것입니다.

스스로 깨달음을 이루겠다는 원을 세워, 남의 지시에 의존하지 말고 정성껏 화두를 참구해야 합니다. 마음이 고요하고 의심이 사라지면 모든 것을 알게 되고, '마음도 아니고 부처도 아니다'라는 말씀이나 불쾌한 경계에도 흔들리지 않게 됩니다.

화두 수행은 선한 일은 더욱 선하게 하고 나쁜 일은 다시 하지 않도록 하며, 화두와 내가 하나 되어 성성적적한 경지에 이르게 하는 것입니다. 그렇게 되면 보신불과 화신불 위에 머물며 바람에도 물에도 흔들리지 않는 상태에 이릅니다.

바른 몸을 그대로 이루어 일상에서 어떤 상황에도 취하거나 버리려는 마음 없이 자연스럽게 머물러도, 몸을 벗어날 길이 없습니다. 오래도록 스스로 살펴 격식을 벗어난 경지에 이르면 자연히 깨달음의 귀결점을 알게 될 것입니다.

괴로움을 없애는 길은 해탈이며, 해탈을 이루려면 완전한 깨달음이 필요합니다. 그 방법 중 가장 뛰어난 것은 화두를 참구하여 화두를 타파하는 것입니다. 화두 타파는 결택한 화두를 지극한 정성으로 의심하고 집중하며, 일편단심으로 참구하는 데 있습니다.

8월 25일

선은
이름과 이치를 떠나 번뇌와 망상을 잊고
무념의 상태에 이르는 것이며,
그때 비로소 회광반조의 깨달음이 열립니다.

분별이 없는 참된 체험을 하면, 직접 경험을 통해 확신이 생깁니다. 이는 식(識)의 놀이가 끊어진 상태입니다. 한 경계, 한 말, 한 침묵에도 정성을 다해 진리에 들어가면 수많은 방법이 모두 같음을 깨닫게 됩니다. 고요한 곳만 찾지 말고 시끄러운 가운데서도 공부가 여여해야 합니다. 백천 갈래로 흘러든 물이 결국 큰 바다로 모이듯, 그렇게 되면 자연스레 마음이 편안해지고 작용이 원활해져서 함이 없고 구할 것이 없는 진정한 도인의 경지에 이르게 됩니다.

화두 수행은 어둡고 고통스러웠던 과거를 끝내고, 긴 고행에서 벗어나 대자연의 자유를 누릴 수 있는 중요한 계기가 됩니다. 공부할 때는 항상 바른 생각을 지니고, 참구한다는 한 생각을 잊지 말아야 합니다. 맑고 고요함에 집착하면 진정한 깨달음을 얻을 수 없습니다. 또한 말하고 움직이며 고요한 것을 잘못 알아 불법이라고 여기면, 돌로 풀을 눌러 놓는 것과 같이 본질을 잘못 이해한 것입니다.

진정한 수행은 오직 알음알이를 벗어나서 활구(活句)만을 참구하여야 합니다. 도(道)는 무심(無心)함을 소중히 여기고, 선(禪)은 이름과 이치를 떠나, 마음속 번뇌와 망상을 완전히 잊어 생각이 끊어진 무념의 상태에 이르는 것입니다. 이 상태에서 비로소 회광반조의 깨달음이 열리게 됩니다.

8월 26일

일초직입여래지는
식(識)이 완전히 끊어진 체험으로,
모든 것이 쉬어지는 불이법이며
곧 하나의 진리인 중도에 들어가는 것입니다.

일초직입여래지(一超直入如來地)는 식(識)이 완전히 끊어진 체험으로, 모든 것이 쉬어지는 불이법, 곧 하나의 진리인 중도에 들어가는 것입니다. 이때 근진(감각과 대상)이 완전히 끊어지고, 인연이 뒤집히는 멸진정의 경지가 나타나며, 이것이 바로 인간이 구원받는 무념의 상태요, 견성을 통해 부처가 되는 길입니다.

화두 참구란, 생각으로는 헤아릴 수 없는 화두를 깊이 살펴보는 것입니다. 그것은 어떤 방식으로도 붙잡거나 설명할 수 없으며, 잡을 수도 놓을 수도 없어 간절한 의심만이 남습니다. 한 구절 화두를 행주좌와속에서, 말하고 침묵하며 움직이고 고요한 가운데 끊임없이 참구해야 합니다. 비록 둔해 보이더라도 그 '놈'을 참구할지언정, 취하거나 버리려는 마음은 내지 말아야 합니다.

종일토록 다른 생각이나 견해를 일으키지 않고, 때에 맞게 먹고 마시면서도 모든 경계에 집착하지 않으면, 천만년이 지나도 한 치의 흔들림 없이 크고 깊은 선정에 머물게 됩니다. 화두가 타파되면, 어떤 현상이 일어나도 분별과 망상이 사라진 무아의 공한 세계를 체험하게 됩니다. 그때부터 모든 현상이 연기, 공, 무아로 보이게 되어 중도의 삶을 살게 되며, 그 결과 일상의 모든 순간은 곧 지혜와 자비의 실천이 됩니다.

8월 27일

참된 선 수행은
일상에서 지혜와 자비가 드러나야 하며,
온종일 화두와 하나 되어야 합니다.

공부할 때는 시끄러움이나 고요함에 집착하지 말아야 합니다. 이 공부는 '세수하다 코 만지기' 처럼 쉬운 것이니, 공부가 잘되지 않는다고 포기해서는 안 됩니다. 참된 선(禪) 수행은 일상에서 지혜와 자비가 드러나야 하며, 아침에 눈을 뜰 때부터 밤에 잠들기까지 온몸과 마음이 오직 화두와 하나가 되어야 합니다.

화두에 대해 끊임없는 의심을 유지하는 것이 참된 수행이며, 화두는 하나만 붙들고 이성적으로 풀려 해서는 안 됩니다. 사소한 일에 집착하지 말고, 진실한 만남 속에서 깨달음의 계기를 얻으면 지난 집착을 단번에 놓아야 합니다. 지혜[般若]의 자리에서는 오직 한 생각, 견고한 믿음만 있으면 되며, 초보냐 고수냐, 참이냐 거짓이냐를 따질 필요는 없습니다.

선명상은 복잡함을 단순하게 만드는 일상 속 명상입니다. '방하착(放下著)' 이라 하여 내려놓고 멈추는 수행은 모든 것을 맑고 밝게 비추며, 그로 인해 지혜와 자비가 자연스럽게 드러납니다.

참된 수행자는 생사의 문제를 직면하고, 지식과 분별을 내려놓아 부처와 조사의 가르침을 철저히 깨달아야 합니다. 이름을 구하지 말고 참된 도를 실천하며, 수행과 덕을 쌓아야 합니다. 하나를 체득하면 모든 것이 열리며, 비교하거나 분별하지 말고, 견해에 집착이 생기면 곧바로 내려놓아야 합니다.

8월 28일

인과(因果)로 인해서 생긴 업(業)을 없애려면
맑고 밝은 마음으로, 옳고 그름에 집착하지 말며
모든 경험이 '공(空)' 임을 알아야 합니다.

가장 중요한 수행은 안팎, 유무, 더러움과 깨끗함 같은 모든 분별을 즉시 내려놓고, 부처와 중생을 다르지 않게 보는 것입니다. 이것이 참된 안락한 경지이며, 올바른 방향을 잡았다면 순금처럼 끊임없이 단련해 큰 법기의 자질을 갖추어야 합니다.

화두가 익어가면 마음은 맑고 고요해지고, 생생한 의심은 결국 진리를 드러냅니다. 마음은 인과와 업의 근원이므로, 생각을 멀리하고 그 일어나는 자리를 바로 보면, 텅 비고 고요한 상태에서 맑고 신령한 관조가 이루어집니다.

세월이 흐르며 끊임없이 단련하고 닦으면, 종소리가 울리듯 마음이 맑아지고, 대장장이가 단련한 순금처럼 천 년 변치 않는 한결같은 마음으로 보고 듣고 느끼는 모든 것에 확신을 얻어 깨달음을 이룹니다. 모든 것은 내 업(業)에서 비롯되니, 타인의 행위에 간섭하지 말고 오로지 내 본성을 밝히며 업장을 소멸해야 합니다. 한마음이 일어날 때마다 끊임없이 놓아야 합니다.

인과(因果)로 인해서 생긴 업(業)을 없애기 위해서는 맑고 깨끗한 마음으로 나 자신과 다른 사람을 대해야 합니다. 또한 옳고 그름에 집착하지 말고, 우리가 겪는 모든 경험이 본질적으로 비어 있다는 '공(空)' 의 진리를 이해하고 받아들여야 합니다. 이렇게 하면 마음이 자유로워지고 괴로움에서 벗어날 수 있습니다.

8월 29일

지금 이 순간
화두를 간절히 참구하여
시절인연이 무르익으면
언제 어디서든 깨닫게 됩니다.

선(禪)은 듣는 즉시 깨침이며, 깊은 믿음과 오랜 수행을 통해 효험을 얻어야 합니다. 수행자는 마치 입술 위에 곰팡이가 피듯 온전히 쉬어야 하고, 옛 사당의 향로처럼 되어야 내적 평화가 옵니다. 화두 수행자는 세상을 통일할 큰 뜻을 세워야 하며, 모든 생각과 인연을 내려놓아야 합니다.

향상의 본분은 손안에 있어 바람에 풀잎 쓰러지듯 자연스럽고 여유롭습니다. 이 무엇인지 분별할 수 없고 알 수 없는 '이것' 하나만으로 모든 것이 분명해집니다. 생사심을 깨뜨리지 못하면 생각이 공부를 방해하니, 꾸준히 끊임없이 노력해야 마음이 깨끗하고 밝아집니다.

선명상은 언제 어디서나 행복과 평안을 얻고 큰 자유를 누리게 합니다. 지금 이 순간 고요한 호흡 속에서 화두를 간절히 의심하며 참구하면, 시절인연이 찾아와 찰나의 순간에 때와 장소를 가리지 않고 확실한 깨달음에 이릅니다. 우리가 찾는 행복과 평화는 외부가 아니라 이미 우리 안에 존재하는 것입니다.

8월 30일

깨달음의 경지에 들어섰다면,
올바른 길을 분별해 나아갈 때와 물러설 때를 알고,
잘못은 멈추고 번뇌는 내려놓게 됩니다.

만일 실제로 깨달아 들어간 곳이 있다면, 자신이 바른길을 가고 있는지, 아니면 잘못된 방향으로 가고 있는지를 분별할 줄 알아야 하며, 앞으로 나아갈 때와 물러설 때를 알고, 잘못이 있으면 멈추고 쉬며, 번뇌는 내려놓게 됩니다.

과거의 습관이나 속박에 얽매이지 않고, 남의 말에 의심하지 않아야 합니다. 본질에 통달하면 모든 행동에 투철하게 되고, 마음과 본성을 알아야 내면과 외면이 밝아집니다.

화두 수행자는 알음알이와 생각을 내려놓아야 모든 일이 화두와 함께 할 수 있습니다. 그래서 주변을 정리하고, 생활을 간단, 간소, 간편하게 해야 화두 수행을 할 수 있습니다. 수행은 마치 생철을 불에 달구고 두드리듯 끊임없이 도를 닦고, 다함 없는 진리의 등불을 밝히는 것입니다.

몸과 목숨을 버릴 각오로 중생을 건져내어, 그들로 하여금 집착과 속박에서 벗어나게 해야 합니다. 그리하면 부처나 조사에 대한 집착도 사라지고, 해탈의 깊은 굴레에서 벗어나 자유롭고 걸림 없는 도인이 됩니다.

8월 31일

진정한 수행자라면
시절 인연을 잘 알아차려,
때를 놓치지 않고
자연스럽게 행동할 수 있어야 합니다.

화두 수행은 일상적인 반복 속에서도 화두에 집중하여 근본의 뿌리를 간절하게 살피는 일입니다. 초보자는 번잡하고 소란한 환경보다 가능한 한 고요하고 안정된 상태에서 참구하는 것이 좋습니다. 먼저 자신을 제도한 후에는 원력을 세워 다른 이들을 제도할 것을 생각해야 합니다.

수행의 길은 쉽지 않으며, 많은 괴로움과 어려움이 따릅니다. 그 모든 고통을 참고 견디며, 끝이 보이지 않는 바다로 떠나는 배처럼 묵묵히 나가야 비로소 진리에 조금이라도 다가갔다고 할 수 있습니다.

요즘에는 똑똑한 수행자들이 많지만, 이들 중에는 빨리 깨달으려는 마음만 앞서는 경우가 많습니다. 또 어떤 이들은 지나치게 따지고 파고들다가 겨우 길이 보이면 곧바로 세상에 나가 알려지길 원하기도 합니다. 반대로, 어떤 사람들은 추천받아도 나서려 하지 않는데, 이 역시 마음이 원만하게 열리지 못한 모습입니다.

진정한 수행자라면 시절 인연을 잘 알아차려 너무 서두르지도 말고, 너무 머뭇거리지도 말고, 적절한 때를 놓치지 않고 자연스럽게 행동할 수 있어야 합니다.

9월

최종관문

백 척 장대 끝,
더는 설 곳 없는 자리,
한 걸음 내딛는 순간 허공이 길이 되고
두려움이 사라지네.

머무름을 놓으니
만물이 스스로 흐르고,
걸음 없는 걸음 속에 참된 자유 있네.

9월 1일

**화두 수행에 익숙해지고 삼매를 경험하면,
어떤 상황에서도 본성에 따라 흔들림 없이
모든 일을 잘 처리할 수 있습니다.**

참된 수행자는 잡다한 생각을 버리고, 영리한 분별만으로는 세상의 번잡함을 벗어나기 어렵다는 것을 알아야 합니다. 자신을 경계하며 마음을 맑고 고요하게 유지해 텅 빈 상태로 신중하게 바라봐야 하며, 마음이 흔들려서는 안 됩니다. 영리하고 경험 많은 수행자는 굳은 믿음과 세심한 마음으로 깊고 신령한 경지를 깨달을 수 있습니다.

세상의 재물과 명예, 권력, 지위는 모두 헛된 것이니, 연기나 바람처럼 가볍게 여기고, 뜬구름이나 메아리, 새소리처럼 받아들여야 합니다. 화두 수행에 익숙해지면 시끄러운 곳에서도 화두를 순수하게 유지할 수 있고, 한 번 화두 삼매를 경험하면 복잡한 상황에서도 본성에 의지해 모든 일을 잘 처리할 수 있습니다.

그러므로 자기 자신을 모두 내려놓아야만 진실이 햇살처럼 밝게 드러납니다. 내면에서는 꾸준하게 조용히 수행하고, 밖에서는 다투지 않는 마음을 가져야 합니다. 깨달았다고 자만하면 오히려 멀어지게 됩니다.

사실 우리는 이미 다 깨달았지만, 번뇌와 망상 때문에 그것을 잊고 살아갑니다. 한 생각만 들어도 쉽게 번뇌에 빠지곤 합니다. 그래서 큰 믿음과 깊은 의심으로 온종일 화두 하나에 집중하여야 합니다. 일념으로 화두 삼매에 들면, 바람 소리나 빗소리, 빛 등 어떤 경계에서도 깨달음을 체험하게 됩니다.

9월 2일

화두 수행은
급하거나 느슨하지 않고,
고요하고 한결같은 마음으로 집중해야 합니다.

조사께서는 서쪽에서 오셔서 단 하나의 가르침을 펼치시며, 사람들이 그 자리에서 철저히 깨달음을 얻도록 하셨습니다. 이로써 본지풍광을 분명히 증득하고 본래면목을 분명히 보게 하였습니다. 비록 모든 성인이 나온다 해도 이 진리는 털끝만큼도 움직이지 못하니, 이를 두고 '사람의 마음을 곧바로 가리켜 본성을 보아 성불하게 한다[直指人心 見性成佛]'라고 한 것입니다.

세상의 명예와 이익에서 벗어나려면, 먼저 마음의 근원을 깨달아야 합니다. 응암 담화(應庵曇華, 1103~1163)의 기록에 따르면 "숲속에서는 흰 구름을 벗 삼아 자연과 더불어 고요히 머물고, 시끄러운 시장통에서는 일행삼매(一行三昧)되어야 걸림 없는 삶이 됩니다. 옛사람들은 스스로 마음의 눈이 밝지 못하면 즉시 도가 있는 선시식을 찾아가서 바로 잡았습니다"라고 말하고 있습니다.

그러므로 지나치게 급하거나 느슨하면 마음이 흔들리고 삶이 불안해집니다. 그러므로 고요한 마음으로 한결같이 집중해 수행해야 합니다. 일상생활이 곧 깨달음이며, 큰 깨달음은 사소한 일에 집착하지 않고 욕심에 흔들리지 않습니다. 도를 깨닫는 데 걸림이 되는 어리석음과 무명의 집착을 버리고, 진리에 대한 고정된 견해마저 놓아 본래의 참된 자리를 드러내야 합니다.

9월 3일

나의 도는
본심과 정심의 하나로 통하며,
하나의 화두로 꾸준히 정진하면
마침내 그 하나를 만나게 됩니다.

고려의 태고보우(太古普愚, 1301~1382) 스님은 만법귀일일귀하처(萬法歸一一歸何處)의 화두를 타파하였다고 판단하였으나 힘이 없음을 알고는, 다시 조주종심(趙州從諶, 778~897)의 '무(無)' 자 화두에서 확철대오(擴徹大悟)하였다고 합니다. 공자께서도 "나의 도(道)는 하나로 통한다"라고 하였는데, 그 하나는 바로 '일시심마(一是甚麼)' 즉, 본심(本心)과 정심(正心)입니다. 하나의 화두로 오랫동안 정진하면 결국 '하나'를 만날 수 있습니다.

간절한 마음으로 한 생각도 일으키지 않고 즉시 올바른 깨달음을 얻어 큰 해탈에 이르러야 합니다. 진리의 문에 들어서면 번뇌 없이 청정한 마음으로 법공(法空)의 경지에 머물러야 합니다. 그저 말만 좇아 방편과 분별을 세우고, 지견을 넓혀 남을 이기려 하거나 명리를 탐하는 것은 결코 참된 도리가 아닙니다. 이미 목표를 세운 사람은 언제나 한마음으로 철저하게 진리를 탐구해야 합니다.

선종(禪宗) 5조 법연(法演, 1024~1104) 스님은 "부처님과 조사의 큰일(깨달음과 수행의 길)은 작은 근기와 부족한 지혜로는 이룰 수도, 나아갈 수도 없다. 그러나 내가 그대의 기쁨을 돕겠다"라고 하였습니다. 이는 진정한 깨달음은 쉽지 않지만, 올바른 마음으로 꾸준히 참구하며 수행해야 합니다.

9월 4일

무아를 깨치면
세상 모든 것이 곧 법이요,
모든 법은 다만 방편이기에
얻을 것도 잃을 것도 없습니다.

분명히 존재하지만, 눈으로 볼 수는 없는 그 흔적, 그것이 바로 '이것' 입니다. 아뢰야식(阿賴耶識)에서 무기무념(無記無念)이 떨어져 나간 순간, 찰나지간에 진여무념(眞如無念) 근본무념(根本無念)이 성립됩니다. 이는 집어서 보여줄 수 있는 것이 아니라, 말 그대로 무념위종(無念爲宗)입니다. 즉, 그냥 이대로가 바로 그것입니다.

이 길은 이해로 닿을 수 없고, 직접 체험해야만 알 수 있는 것입니다. 분별심이 개입되면 모든 법이 멀어지며, 일상에 드러나 있어도 볼 수 없습니다. 근기가 날카롭고 지혜가 밝아야 알아차릴 수 있으며, 의식이 떨어지면 무아의 근본만 남습니다. 한 번 체득하면 법 아닌 것이 없고, 법조차도 방편일 뿐이니 얻을 것도, 잃을 것도 없습니다.

《대학》에서는, "몸이란 마음의 형체가 밖으로 작용하는 것을 말하고, 마음이란 몸을 지탱하고 주관하는 중심입니다. 몸을 닦는다는 것은 선을 취하고 악을 버리는 것을 의미합니다. 내가 선을 따르고 악을 버리려면, 그 주체인 마음이 먼저 바르게 작용해야 하므로 몸을 바르게 하려는 사람은 반드시 먼저 마음을 바르게 해야 합니다. 그런데 마음의 본체는 바로 성(性)이며, 이 성에는 본래 악함이 없으므로 마음은 그 자체로 이미 바르지 않음이 없습니다"라고 했습니다.

9월 5일

화두 수행의 핵심은
마음을 깨닫고 본성을 보아,
구하거나 얻으려는 생각을 내려놓는 데 있습니다.

생각을 벗어나는 체험은 반드시 일어나야 합니다. '이것이 뭐지?' 하고 알고자 하던 생각이 완전히 사라지며, 말로 표현할 수 없는 시원하고 신선한, 난생처음 겪는 체험이 일어납니다. 이 체험은 그 자리에서 일어나지만, 겉으로 보이거나 나타낼 수는 없습니다.

그러나 체득은 분명하게 이루어지며, 공(空)의 체험은 스스로 때가 되면, 그때 우리는 스스로 명백하게 살아 있음을 체득하게 됩니다. 이것이 연기공이며, 연기공(緣起空)이란 무념(無念)과 무아(無我)의 상태이며, 불가사의한 불이(不二)의 중도(中道)입니다.

화두 수행의 핵심 방향은 마음을 알고 본성을 보는 데 있습니다. 번뇌 즉 그림자가 없는 무념(無念)을 종지(宗旨)로 삼고, 무엇을 구하거나 얻으려는 생각조차 내려놓아야 합니다. 지식과 현묘함을 버리고, 의도적 작용을 멈춰 배고프면 밥 먹고 목마르면 물 마시는 자연스러운 삶으로 돌아가야 합니다. 처음부터 유심이니 무심이니 하는 생각은 옳고 그름을 가릴 수 없고, 배운 지식이나 세상의 지혜에 집착하면 스스로 얽히는 것과 같아 진실을 얻을 수 없습니다.

모든 부처님은 어디서 왔느냐는 질문에 '동쪽 산이 물 위로 간다[東山水上行]'라고 대답한 것은 철저한 깨달음을 바탕으로 한 말입니다. 낙엽 한 장만 보고도 가을이 왔음을 아는 것처럼, 불필요한 말이나 지식으로 덧붙이거나 생각을 얽어 만든다면 진정한 깨달음에 이를 수 없습니다.

9월 6일

참된 마음은
형체나 무게로는 느낄 수 없지만,
분명히 살아 있고 신령하게
드러나는 깨달음의 본바탕입니다.

이것은 바로 깨달음의 본질 즉 본래의 참된 마음 즉, 본지풍광(本地風光)입니다. 형체나 무게로는 느낄 수 없지만, 분명히 살아 있고 신령하게 드러나는 깨달음의 본바탕입니다. 이 문(門)으로 들어오는 것은 진정 집안의 보배가 아니며, 진정한 보배란 본분의 큰마음과 넓은 견해로 크게 해탈하여 번뇌 없고 일없는 참된 도인일 때 비로소 집안의 보배라 할 수 있습니다.

그래서 달마의 〈관심론(觀心論)〉에서 '관(觀)'은 '볼 관'이며, 화두의 간화(看話)에서 '간(看)' 역시 '볼 간'입니다. "마음을 관찰하는 이 법은 모든 것을 다스리는 가장 간단하면서도 중요한 방법이다"라고 했고, 마음에 무엇을 두느냐에 따라 하늘과 땅만큼의 차이가 생기는 것은 당연합니다. 지금 관문을 뚫지 못하는 이유는 무엇보다 마음에 집착이 많기 때문입니다. 만약 집착을 벗어나 무심한 경지에 이르면, 모든 망령된 생각과 더러운 습기가 사라지고, 지견과 알음알이의 장애도 없어질 것입니다. 그렇다면 다시 어떤 문제가 있겠습니까?

그래서 평상심을 도(道)라 하였습니다. "마음은 모든 것의 근본이므로, 마음을 알면 만 가지 수행이 모두 갖추어진다"라고 하였습니다. 백운수단(白雲守端) 선사는 "깨달은 뒤에는 사람을 만나야 체득할 수 있다. 만나지 않으면 재롱만 부릴 뿐이다"라고 했습니다.

9월 7일

깨달음은
마음이 모든 생각에서 벗어나
허공처럼 고요한 상태로,
곧 여래의 평등한 법신입니다.

깨달음이란 마음의 본체가 생각[念]을 완전히 떠나는 것을 의미합니다. 생각을 떠난 상태[離念相]는 허공과 같으며, 이것이 바로 여래의 평등한 법신입니다. '간화(看話)'의 '간'은 '보다'라는 뜻으로, 간화는 주어진 화두를 깊이 참구하며 수행하는 방법을 말합니다.

즉, 간화선은 '화두를 보고 참구하는 선(禪)'을 의미합니다. 화두를 표적으로 깊이 생각하여 깨달음에 이르는 것이며, 의심. 의정. 의단. 타성일편 은산철벽이 되어야 합니다.

생각을 일으켜 평상(平常)하기를 기다린다면 벌써 어긋나 버립니다. 이 지점은 매우 미묘하여 쉽게 접근할 수 없는 곳입니다. 도량이 깊은 대인도 여기에서는 주저하는데, 배울 것이 남아 있는 사람은 더욱 어려울 것입니다. 따라서 죽기 살기로 강렬하게 물어뜯어 생각을 끊어버려야 합니다. 마치 숨이 끊어져 완전히 죽은 듯한 경지를 거쳐 다시 살아나야만, 비로소 허공처럼 탁 트인 깨달음을 알고 참된 수행의 길에 들어섭니다.

이 일을 깊이 깨닫고 밝게 꿰뚫어 믿고 나아가 무심하고 거침없는 경지에 이르면, 모든 알음알이가 사라지고 매사에 척척 들어맞게 됩니다. 그때부터는 자유롭게 노닐며 다시는 어떤 것에도 얽매이지 않고, 특정한 방향이나 처소조차 없는 참된 자유를 누리게 됩니다.

9월 8일

마음은 번뇌로 인해 선악이 생기지만,
번뇌가 사라지면
선악 또한 본래 없게 됩니다.

마음이 움직이고 싶으면 움직이고, 행하고 싶으면 행할 뿐인데, 다시 어찌 좋고 나쁨이나 옳고 그름이 있겠습니까? 위로는 하늘의 이치에 통하고 아래로는 사람의 마음을 깊이 꿰뚫어, 모든 것이 하나로 회통되는 이 무심(無心)의 경지에 이르는 것이 어찌 쉬운 일이겠습니까? 반드시 그에 걸맞은 사람이 되어야만 비로소 이를 이룰 수 있습니다.

한 번 체득이 이루어지고 나면, 오직 무심함을 지킬 뿐 번뇌가 일어나지 않습니다. 만약 아직 그러한 경지에 이르지 못했다면, 반드시 몸과 마음을 완전히 놓아 버리고 고요히 머물러야 하며, 털끝만큼이라도 기대거나 의지하려 해서는 안 됩니다. 이렇게 오래도록 끊임없이 살피다 보면, 마침내 천지를 덮는 큰 기운이 생겨나 어디에 부딪히든 항상 여여(如如)한 상태를 이루게 됩니다.

마음은 번뇌로 청정과 더러움으로 나뉘며, 청정한 마음은 선을, 더러운 마음은 악을 불러옵니다. 번뇌를 없애면 선악도 본래 없는 것입니다. 화두 수행은 바로 이 번뇌를 제거하는 데 있으니, 안과 밖이 온통 의단(疑團)뿐이어야 합니다. 눈으로 보아도 보이지 않고, 걸어도 가는 줄 모르며, 앉아도 앉아 있는 줄 모를 만큼 오로지 화두에 몰입해야 합니다.

의단을 아직 깨뜨리지 못했다면, 목숨이 다할 때까지 결코 쉬어서는 안 됩니다. 화두를 또렷하게 챙기되, 화두를 해석하거나 문구나 말에 걸리지 말아야 합니다.

9월 9일

참된 자성은
천지와 허공을 품을 만큼 크면서도
티끌 속에 머물러도 넘치지 않고,
고요히 하면 맑고 밝게 항상 여여합니다.

시간은 사람을 기다려 주지 않으니, 마땅히 단번에 결단을 내려 번뇌의 뿌리를 끊어야 하며, 대장부라면 반드시 자유자재한 경지에 이르러야 합니다. 본래 하나의 참된 자성이 있으니, 이는 천지와 허공조차 삼킬 만큼 크면서도, 반대로 티끌에 들어가도 그것을 다 채우지 못하며, 고요히 머무르면 곧 맑고 밝아져 여여하게 드러납니다.

이 법신은 형상이나 빛깔이 없는, 우주의 본체 진여실상(眞如實相)입니다. 화두 수행의 진실한 마음은 탐욕・분노・어리석음을 그 뿌리에서 직관하기 때문에, 그것들이 저절로 사라지게 됩니다.

마음의 근본 선함은 간절한 화두 참구를 통해 본래의 자리로 돌아가게 됩니다. 일체의 법을 보되 거기에 끌리지 않고, 일체처(一切處)에 두루하되 일체처(一切處)에 끌려가지 않음이 바로 '무념법(無念法)' 입니다. 생각 위에서 모든 경계를 여의고, 경계 위에서 마음이 흔들림 없이 항상 고요하면, 이를 두고 '무념을 세워 수행의 근본으로 삼는다' 라고 합니다.

모든 경계는 허망한 생각에서 비롯되니, 허망한 생각을 놓아버리면 경계도 더 이상 형성되지 않습니다. 즉, 한마음이 일어나면 여러 가지 현상들이 생겨나고, 마음이 사라지면 그 모든 현상도 사라지는 것입니다. 부처님의 참된 법신은 허공과 같아서 본래 형상이 없지만, 사물에 따라 다양한 모습으로 나타냅니다.

9월 10일

화두 수행은
형상을 초월한 근본 자성에서 시작되며,
얻을 수 없는 불성이 갑자기 드러나 부처가 됩니다.

법신은 허공처럼 끝이 없고 크며, 어느 곳에나 두루 가득 차 있습니다. 화두 수행은 형상을 떠난 마음자리 즉 근본 자성에서 시작되어, 얻을 수 없는 불성(佛性)이 홀연히 드러나 부처의 지위를 갖추게 합니다. 대오철저(大悟徹底)한 참된 부처는 칠통팔달(七通八達) 자유무애(自由無碍)한 도를 이룹니다.

그는 참된 행복이 샘물처럼 솟아나 말과 행동에 여유가 넘치고, 어떤 상황에서도 침착하며 형상과 경계에 휘둘리지 않고 본래 자아를 여여하게 지킵니다. 아무것도 없는 경지에는 사물도 자아도 없으며, 깨달음이나 번뇌 모두 존재하지 않습니다. 무상(無常)의 물이 무상의 몸에 닿았으니, 영묘한 묘촉(妙觸)이자 진리의 깊은 깨달음입니다.

본성에는 본래 한 물건도 깨달음도 미망도 없는 법이 있습니다. 보는 것과 보이는 것, 그리고 생각나는 상들은 허공에 피는 꽃처럼 본래 존재하지 않았습니다. 이 모든 것은 본래 깨달음의 미묘하고 밝은 본체이며, 근원으로 돌아가면 아무것도 남지 않습니다.

체득하는 순간 허공과 만나 깨달음이 드러나는 것입니다. 우적상공(盂寂相公)이 약산유엄(藥山惟儼)을 찾아가 "어떤 것이 부처님입니까?"라고 묻자, 약산이 상공을 부르자 상공이 "예"하고 대답했고, 약산이 다시 "이것이 무엇인가?"라고 묻자 상공은 그 말을 듣는 순간 크게 깨달았습니다.

9월 11일

마음의 본질은 형상이 없으며
수행을 통해 스스로 깨닫고,
진정한 지혜는 고정된 자아 없이 유연하게 작용합니다.

한 생각의 잘못은 찰나에 일어나며, 안팎의 모든 법은 식(識)에서 비롯된 허망한 것임을 알아야 합니다. 식의 본체는 본래 공하니 어찌 참된 것이겠습니까? 일반 교육에 화두 공부를 접목하면 마음을 자각하게 되어 어떤 상황에서도 차분히 대응하며 평안을 얻을 수 있습니다.

마음의 본체는 형상이 없으며, 이것이 바로 법의 본질이고, 법의 공덕도 외부에서 오는 것이 아니라 본래부터 갖추어진 것입니다. 마음은 물질이 아니기에 있다고 할 수 없고, 작용이 끝이 없기에 없다고도 할 수 없습니다.

모든 한계를 초월해, 궁극의 경지에서는 어떤 형상에도 머물지 않으니, 이것이 정진바라밀(精進波羅蜜)이며, 반야(般若)의 살아 있는 지혜는 끊임없이 변화하지만 고정된 주체는 없습니다. 체득한 이는 조용하고 한가로운 경지를 지킬 뿐, 온종일 바라는 바도 없고 어디에도 의지하지 않습니다.

모든 일에 현혹됨이 없어 늘 여여하며, 사물에 집착하거나 이용하지도 않습니다. 가고 오는 것도 없고, 본래 한 물건도 없습니다. 마치 새가 허공을 지나간 뒤 아무 흔적도 남기지 않듯, 깨달은 이는 흔적 없는 삶을 살아갑니다. 그의 삶은 보임(保任)을 통해 일행삼매 · 일상삼매 등 모든 삼매를 초월한 깨달음의 연속입니다.

9월 12일

분별을 초월한 체험은
이론이 아니라,
실제 수행을 통해
생각과 분별을 넘어 경험할 수 있습니다.

분별을 초월한 체험은 실제로 가능하며, 직접 수행해보면 확인할 수 있습니다. 과거의 기억은 단지 비춰보는 데만 쓰고, 생각이 뚝 끊어진 상태, 식(識)의 놀이에서 완전히 벗어나야 합니다.

우리는 하루하루 했던 일을 잊고, 늘 새로운 것을 해야 합니다. 화두 수행은 본래 청정한 자리에서 연꽃처럼 피어나며, 도인의 본분은 천만리 떨어진 곳에서도 털끝만큼도 막힘이 없는 자유로움에 있습니다.

조주 스님은 "부처가 있는 곳에도 머물지 말고, 없는 곳은 빨리 지나가라"라고 했고, 석실 스님은 "한결같이 가지 말라, 언젠가 다시 돌아오리라"라고 했습니다. 동산양개(洞山良价, 807~869)가 작별을 고하자, 대유(大愚) 스님이 동산 스님에게 "풀 한 포기 없는 먼 곳으로 가라"라고 했고, 대자 스님은 "나도 함께 가겠다"라고 했으며, 귀종 스님은 "추우니 길 조심하라"라고, 조산 스님은 "가도 달라질 것 없다"라고 했습니다.

이 모든 가르침은 형식과 언어를 넘어 진리를 단도직입적으로 보여줍니다. 처진 선사는 "한 조각 고요한 빛이 찬란히 빛나니, 망설이면 보지 못 하리라. 밝게 던지니 감정이 터지고, 큰일은 모든 것을 갖추어 자유롭다. 천 명의 성인도 모두 그 그림자에서 나타난 것과 같다"라고 깨달음의 본질과 자유로운 경지를 드러냈습니다.

9월 13일

마음이 일어나는 자리가
곧 문수·보현의 지혜요,
관세음의 방편입니다.

화두를 간절히, 끊임없이 참구하십시오. 앉으나 서나, 말하거나 일하더라도 화두를 놓지 말고 또렷이 살피면, 깨달음은 언제든지 열릴 수 있습니다. 분별을 버리고 본성을 밝히는 데 전념하십시오. 그 자리에서 알아차릴 수 있다면, 어디에 있든 그곳이 진리의 자리입니다.

모든 것은 오직 마음에서 비롯되니, 마음 하나만 제대로 밝히면 세상의 모든 문제가 해결됩니다. 모든 형상은 불생불멸(不生不滅)이고 적멸(寂滅)이며, 제법이 불생불멸인 마음[心]입니다. 그러므로 반드시 간절하고 간절하게 화두를 참구해야 하며, 그래야 삼매(三昧)가 현전하게 됩니다.

우리가 마주하는 모든 경험과 인연은 깨달음으로 가는 길이지만, 마음을 놓고 경계만 좇으면 전도된 꿈일 뿐입니다. 그러므로 티끌 하나를 철저히 꿰뚫으면, 온 우주가 보배 창고로 드러납니다. 바깥 경계를 통해 자신을 돌아보고, 어디서든 마음을 알아차리면 그 자리가 곧 수행의 자리입니다. 마음이 일어나는 자리가 곧 문수·보현의 지혜요, 관세음의 방편입니다.

자기 안의 지혜로 의심 없는 경지에 이르면, 불조를 초월하고 생사를 벗어나는 것도 어렵지 않습니다. 처음의 발심처럼 꾸준하고 순수하게 실천해야 무심의 도에 이르고, 자연히 깨달음이 이루어짐을 알게 됩니다. 절벽 끝에서 저절로 손을 놓듯, 어찌 그 자유와 쾌활함이 기쁘지 않겠습니까?.

9월 14일

한 생각을 철저히 꿰뚫으면,
긴 수행 없이도
본래 완전한 부처의 지혜를 즉시 증득할 수 있습니다.

반야 지혜와 가장 빠르게 상응하는 길은 간화선입니다. 부처님께서 영산회상에서 꽃을 드시자 가섭이 미소 지음으로써, 말없이 마음에서 마음으로 전하는 정법안장이 시작되었습니다. 이후 28 조사를 거쳐 달마대사가 중국에 와서, 사람의 마음을 곧바로 가리켜 깨닫게 했습니다. 한 생각을 철저히 꿰뚫으면, 삼아승지겁 같은 오랜 수행 없이도 본래 완전한 부처의 지혜를 바로 증득할 수 있습니다.

화두가 간절하면 망상이 사라지고 고통도 줄어듭니다. 번뇌가 올라올 때 즉시 알아차리고 화두로 돌이키십시오. 참된 본성은 허공과 같아 끊어지거나 변하지 않으며, 빛을 돌려 비춰보면 고요하고도 또렷한 하나의 마음만 드러납니다. 선의 문[宗門]에서는 생사를 벗고 지견을 끊으며, 성인과 범부를 초월한 깊은 도를 체득한 이가 진정한 수행자로 존중받습니다. 그러니 얕은 지식이나 기연·경계에 집착하는 자가 그 깊은 뜻을 어찌 헤아릴 수 있겠습니까?

제8 아뢰야식의 미세한 흐름조차 거짓된 무심이므로 주의해야 합니다. 이 미세함을 벗어나야만 대원경지(大圓鏡智)를 증득할 수 있으며, 그것이 참된 견성과 바른 무심입니다. 굵고 미세한 번뇌와 망상이 모두 사라지고, 구경의 무심에 도달할 때 비로소 참된 평안과 깨달음을 맛볼 수 있습니다.

9월 15일

화두를 간절히 참구하면
의심이 사라지고,
복잡한 이치를 구하지 않아도 마음이 자연히 밝아집니다.

지극한 도(道)는 어렵지 않으며, 이것저것 가리지 않는 것만으로 충분합니다. 화두를 간절히 참구하면 의심이 사라지고, 복잡한 이치를 구하지 않아도 자연히 마음이 밝아집니다. 화두에 간절히 집중해서 허망한 인연을 떠나면 마음은 저절로 맑고 밝아집니다.

밖으로는 세속의 속박과 집착을 버리고, 안으로는 성인과 범부에 대한 미혹한 생각을 버리면, 홀로 아득한 높은 경지에 이를 수 있습니다. 조금도 의지하지 않고 그 자리에서 분명히 알아차리며, 온몸으로 감당해 부처 앞에서도 흔들리지 않는데, 조사(祖師)나 종장(宗匠)의 말과 가르침도 필요 없게 됩니다. 단칼로 한 방에 끊고 다시 돌아보지 않으며, 잡다한 것에 집착하지 않고 무심할 때, 뛰어난 수행자들과 어울릴 수 있습니다.

종지에 이르려면 처음부터 높은 뜻을 세워 초월해야 합니다. 선 자리에서 성불하는 것이므로, 본분 자리에서 맹렬하고 날카롭게 잠시라도 집중하면 무생법인(無生法忍)을 곧바로 깨달을 수 있습니다. 오직 하나의 화두를 정해 지극정성으로 참구해야 합니다.

화두를 바꾸며 공부하는 것은 가장 큰 잘못이니 피해야 합니다. 한 번 실을 자르면 꾸러미 전체가 끊어지듯, 본성의 속성도 한순간에 벗어날 수 있습니다. 앞의 생각은 중생이고, 뒤의 생각은 성인입니다. 오직 하나의 화두를 정해 지극정성으로 참구해야 합니다.

9월 16일

'이 한 물건'은 있지도 없지도 않고,
진정한 '없음'도 아니며,
'한 물건'이라고도 할 수 없습니다.

화두 '시심마(是甚磨)'는 '이 한 물건이 무엇인가?' 하는 알 수 없는 의심에서 비롯됩니다. 천지 만물과 허공을 모두 아우르지만, 찾거나 볼 수 없어 끊임없이 '이것이 무엇인가?' 하고 의심하는 것입니다. 이 물건은 있는 것도 아니고 없는 것도 아니니, 없고 있는 것도 아니며 진정한 '없음'도 아니고, 또 '한 물건'이라고도 할 수 없습니다.

어떤 생각이나 의논으로도 알 수 없습니다. 오직 '이것이 무엇인가?' 하고 의심할 뿐입니다. 다른 생각이 생기면 그것이 병이 됩니다. 그래서 오직 '이것이 무엇인가?' 하는 의심만 유지해야 합니다.

'무(無)', '시심마(是甚麼)', '정전백수자(庭前柏樹子)', '부모미생전' 등 수많은 화두는 모두 같은 본질을 의심하는 것이며, 그 외의 생각은 병이 될 뿐입니다. 그대의 마음은 몸 안에 있지만 보지 못하며, 배고프면 밥을 먹고, 졸리면 자고, 춥고 더운 것을 느끼면서도 정작 마음 자체는 알지 못하고 있습니다.

깨닫는 순간 나와 우주가 하나 되어 모든 것이 사라지고, 마음은 태허공처럼 맑고 시원하며, 본래 한 물건도 없고 오고 감도 없습니다. 허공처럼 밝고 텅 비어 온 우주가 대낮처럼 드러나 있으며, 본래 무일물(無一物)입니다. 이 법은 언제나 적나라하게 드러나 있으며, 어디에도 미치지 않음이 없습니다. 늘 회광반조의 삶 속에서 스스로 드러나고, 스스로 증득하게 되는 것입니다.

9월 17일

지극한 도는
마음을 쉬게 하는 데 있으며,
마음이 쉬면 모든 인연이 멈추어
맑고 걸림 없는 해탈에 이르게 됩니다.

6근(根)인 안이비설신의(眼耳鼻舌身意)의 문턱에서 수많은 변화가 일어나지만, 본래 움직임이 없으니 이를 항상 한 본원(本源)이라 합니다. 종지(宗旨)를 밝히기 위해 부정과 긍정, 조(照)와 용(用), 그리고 삼현삼요(三玄三要) ① 체중현은 삼세가 한 생각임을 깨닫는 진공의 이치 ② 구중현은 언어를 끊고 분별이 사라진 지혜 ③ 현중현은 생사 없는 근원을 보는 활구 참선 등 세 단계로 표현합니다.

화두 수행은 진공묘유(眞空妙有)로, 도(道)는 앎이나 모름을 초월합니다. 모든 법은 꿈과 같고 망상은 본래 허공과 같으며 자성이 없습니다. 분별을 놓고 화두를 지극히 참구하면 찰나에 깨달을 수 있으며, 이때부터 진정한 공부가 시작됩니다. 마음이 일어나면 번뇌가 되살아나지만, 지극한 마음으로 화두를 타파하면 6근(根)과 6진(塵)이 찰나에 흩어지고, 신령한 빛이 우주에 가득 찬 경지에 이르게 됩니다.

그러므로 지극한 도는 마음을 쉬는 데 있으며, 마음이 쉬면 모든 인연이 멈추어 맑고 걸림 없는 해탈에 이르게 됩니다. 더 구할 것도 없이 스스로를 털고 일어나 대자유를 누리는 것입니다. 해탈하려면 자기 본심을 알아야 합니다. 지혜는 태양 같고, 혜는 달과 같지만, 망상의 구름과 집착의 티끌에 가려 빛을 잃은 것입니다. 망상이 사라지면 안팎이 저절로 밝아지고, 진여자성이 만법 속에서 자연히 드러납니다.

9월 18일

진정한 깨달음은 무심을 지키며,
그 자리에서 최초의 한 생각과 한 마디를
철저히 알아차리는 데 있습니다.

진정 체득한 사람은 무심한 경지만을 지키며, 바로 앉은 자리에서 철저히 알아차리며 말이나 생각에 얽매여 형식을 만들지 않습니다. 옛날부터 가장 중요하게 여긴 것은 최초의 한 생각과 한 마디였습니다.

한 생각이 일어나기 전, 소리가 드러나기 전 그 자리에서 끊으면, 그 순간 모든 것이 타파되며, 이것이 화두 참구의 최종결과이자, 무심의 결정판입니다. 즉, 무념위종(無念爲宗)이며 무상위체(無常爲體)며 무주위본(無住爲本)입니다.

바로 웃고 성내며 질문하는 바로 그 '나'를 찾아야 합니다. 화두 생활은 일하고 말하는 일상과 항상 함께하며 떨어질 수 없습니다. 밖으로는 세속의 속박과 집착을 버리고, 안으로는 성인과 범부라는 미혹한 생각을 내려놓아 홀로 깊고 높은 경지에 이르러야 합니다. 조금도 의지하지 않고 그 자리에서 분명히 알아차려 온몸으로 받아들이고, 부처가 와도 흔들리지 않아야 합니다.

여우 같은 의심이 사라져 마음이 밝고 맑아지면 바른 믿음이 서고, 별도로 기억하거나 애쓰지 않아도 됩니다. 그냥 자연스럽게 배고프면 밥 먹고, 졸리면 잠자는 그대로의 상태입니다. 진여(眞如)의 법계(法界)에는, '나'도 '너'도 없으니, 생각으로 자기를 찾는 것은 의미가 없습니다.

9월 19일

단단한 생철처럼 견고한 화두만이
번뇌를 넘어 자아의 근본 본성을 보고,
모양과 색깔 없는 진리로 통하는 유일한 문입니다.

화두를 볼 때는 한 번에 단칼에 끊고 다시 돌아보지 말아야 하며, 그 외(外) 잡다한 것에는 무심해야 뛰어난 무리와 상응할 수 있습니다. 영가현각(永嘉玄覺, 665~713) 스님과 단하천연(丹霞天然, 736~824) 스님은 조계에 들어서자마자 본질을 꿰뚫어 즉시 깨달음을 얻었습니다.

양좌주(亮座主) 선사는 한마디 말로 42본 경론을 깨달았고, 덕산선감(德山宣鑑, 780~865) 스님은 지촉을 불어 끄는 순간 경론의 소초를 모두 태워버렸고, 임제의현(臨濟義玄, ?~867)은 육십 방망이를 맞은 뒤에 깨달음을 얻었습니다. 이들은 모두 번뇌를 철저히 벗어났지만, 여러 차례 조사들의 방을 찾아 법문을 청한 것입니다.

그래서 본래자리에 계합하면, 찾고 버림이 없으며, 보이지 않으면서 움직이고, 움직이면서도 보이지 않아 멈추지 않습니다. 만법이 하나로 돌아가니 '하나가 어디로 가는가?'를 의심하고 의심하니 타성일편(打成一片) 은산철벽(銀山鐵壁) 백척간두진일보(百尺竿頭進一步) 본지풍광(本地風光)입니다.

수행자가 지견의 장애와 상대적 견해를 뛰어넘어, 집착과 조작 없는 진실한 종지를 초월하면 평화롭고 여여(如如)한 상태에 이르며, 모든 만남과 상황이 편안해지고, 주변의 모든 관계도 평화롭고 행복해집니다.

9월 20일

화두는
애씀이 아니라,
인연이 무르익을 때
중도의 자리에서 저절로 타파됩니다.

요즘 도를 배우는 이들은 노력은 하지만, 공안을 외우고 이론을 따지며 말에 집착해 쉴 틈이 없습니다. 이는 큰 뜻을 품지 못하고 참된 선지식을 만나지 못한 탓으로, 결국 일생을 애써도 진리를 보지 못합니다. 참된 깨달음은 말과 마음이 끊어진 무심한 경지에 이르러야 가능합니다.

덕산 스님은 "우리 종지에는 말이란 것이 없고, 또한 사람에게 줄 만한 한 가지 법도 없다"라고 하였고, 조주 스님은 "나는 '부처'라는 이 한마디를 듣기 좋아하지 않는다"라고 했습니다. 이는 말과 법을 떠나 진리를 드러낸다는 뜻입니다. 축구·야구·농구·배구·럭비·골프·탁구·테니스 등 모든 운동에서 공과 하나 되어야 점수를 얻듯, 수행에서도 화두와 내가 하나 되어야 깨달음을 얻습니다.

그러므로 육진(六塵)의 대상을 억지로 피하지 말고 있는 그대로 받아들이면, 깨달음의 조건, 시절인연이 저절로 다가옵니다. 중도는 생각의 유무를 떠난 '응무소주이생기심(應無所住而生其心)'의 자리이므로, 인연이 무르익을 때 화두가 타파되는 것이지, 애써서 되는 것이 아닙니다. 억지로 매달리지 않고 자연스럽게 나아갈 때, 무위의 찰나에 깨달음이 옵니다.

9월 21일

화두는
생사를 초월하기 위한 길이며,
지극정성으로 참구할 때 시절인연이 도래해
스스로 본래자리에서 깨닫게 됩니다.

조사들이 전한 한 가지 큰 인연은 생사를 초월하게 하기 위함입니다. 시절인연이 도래할 때까지 지극정성으로 간절히 화두를 참구해야 하며, 모름지기 지혜로운 높은 근기(根機)라면 말과 정식(情識)을 뛰어넘고 세속 인연에 마음을 두지 말아야 합니다.

본래 청정한 자리에서 바로 깨달아야 하며, 그렇게 하면 삼라만상도 감출 수 없고, 모든 성인조차 감히 비교할 수 없습니다. 마음을 가지고 있으면서 마음에 매달리고 있으니, 어찌 소식을 받을 수 있겠습니까?

화두 수행 중에는 깨달음이나 특별한 체험을 기대하지 말고, 오직 화두만을 간절히 의심하며 화두와 하나가 되어야 합니다. 인연 따라 일어나는 외적 현상은 본래의 자성(自性)과 아무 상관이 없음을 분명히 알아야 합니다.

모든 문제는 상대적인 견해에서 비롯되며, 이는 결국 집착 때문입니다. 좋아하고 싫어하는 감정도 상대에 대한 집착에서 생기며, 상대가 본래 없다는 진리를 깨닫지 못하기 때문입니다. 고요함과 시끄러움도 한 생각이 일어나는 것을 깨닫지 못하고 상대에 끌려간 결과입니다.

9월 22일

화두 생활은 간단하고 소박한 공부로,
억지로 구하지 말아야 하며,
구하려 들면 깨달음에서 멀어집니다.

6근(根)의 감각을 통해 수많은 변화가 일어나지만 본질은 흔들리지 않으니, 이를 '항상 한 본원(本源)'이라 부릅니다. 완전한 삼매 체험으로 변함없을 때 본원에 들어가서 이를 깨달으면 시작마다 명확하고 투명해집니다. 집착을 끊고 확실히 깨달아야 하며, 그렇지 않으면 어지러운 나무나 차가운 재처럼 마음이 혼란스럽고 무기력하게 됩니다.

어리석은 자는 스스로 매달리려 하지만, 참된 깨달음은 생각을 잊고 홀로 체득하는 것입니다. 몸과 마음을 바로 세워 모든 인연을 떨쳐내고, 과거나 미래에 집착하지 않고 지금의 일과 화두에 철저히 몰입해야 합니다. 화두 생활은 매우 간단하고 소박하며 편안한 공부이니, 진실한 뜻을 얻으려면 억지로 구하지 않아야 하며, 구하려 들면 오히려 깨달음에서 멀어집니다.

당사자의 근성이 본래 순수하고 고요하며 침착할 때, 그 힘은 쉽게 발휘됩니다. 찰나의 순간에 잠시 마음을 돌이켜 한 번 돌리기만 해도 곧바로 깨달음에 들어갑니다. 옛사람들은 이를 여의주나 보검이라 불렀으며, 이 보배 창고는 텅 비고 밝은, 시작 없는 근본으로 모든 움직임의 근원이 됩니다. 식음이 사라지면 밝고 정밀한 마음이 원만히 피어나며, 나의 심신과 모든 부처·중생이 원융하여 통하는 모습은 맑은 유리 속에 보배 달을 담은 것과 같습니다. 더 이상 바랄 것이 없음을 얻었기에 이를 구경(究竟)이라 합니다.

9월 23일

**모든 진리는 한 생각 속에 있는데,
이를 바깥에서 찾으려는 것이
바로 중생의 어리석음입니다.**

망상을 완전히 벗어나 한 생각도 일어나지 않는 경지에 이르면, 분별과 알음알이에 머물지 않게 됩니다. 지금 하는 일 속에서 간절히 화두를 의심하면, 결국 진리가 분명히 드러납니다. 그 경지에 이르면 세상 모든 것이 숨김없이 드러나고, 모든 것이 자기 마음에서 나오는 것을 알아차리게 됩니다.

한 번 그것을 얻으면 영원히 잃지 않으니, 사용하고 누리는데 어찌 다함이 있겠습니까? 그러나 참구하는 바탕이 견고하지 못하여 철저한 깨달음에 이르지 못할까 걱정스러울 뿐입니다. 그러니 모든 인연을 끊고, 실낱같은 의지조차 버려 몸과 목숨까지 놓아야 즉시 알아차릴 수 있습니다.

지혜로운 이는 방향에 얽매이지 않지만, 어리석은 이는 동서남북에 집착합니다. 색과 공은 본래 다르지 않으나, 깨닫지 못하면 색은 색, 공은 공이라 여기게 됩니다. 모든 진리는 한 생각 안에 있는데, 이를 밖에서 찾으려 하니 그것이 곧 중생의 어리석음입니다. 지혜로운 이는 집착이 없지만, 어리석은 이는 가진 것을 밖에서 찾습니다.

화두를 깊이 참구하지 않고 깨달음을 바라는 것은 헛된 일입니다. 연기(緣起)와 공(空)의 이치를 체득하려면 화두에 대한 의심이 온몸에 가득 차 더 이상 갈 곳이 없어야 합니다. 안과 밖이 훤히 밝은 견성(見性)은, 분별의 뿌리인 식음(識陰)이 완전히 끊어진 가장 높은 깨달음입니다.

9월 24일

도는 언어나 문자, 외부 경계를 넘어
진리에 대한 깊은 믿음과
확실한 자기 체험이 필요합니다.

생각으로 도(道)를 배우려는 것은 차표 없이 기차를 타려는 것과 같습니다. 도(道)를 체험하려면 언어나 문자, 외부 경계를 넘는 진리에 대한 깊은 믿음과 확실한 자기 체험이 필요합니다.

화두 참구는 어떤 대상을 숭배하는 것이 아니라, 일상에서의 일을 하며 화두에 대한 의심을 간절히 이어가는 수행입니다. 모든 인연을 놓아버리고 화두와 내가 하나가 되어야 하며, 마치 돌이 물속으로 가라앉을 때 물 한 방울 들어올 틈이 없는 것처럼 화두와 내가 완전히 하나가 되어야 합니다.

과거의 지식과 헛된 마음을 모두 놓아버리고, 한 생각도 남기지 말아야 합니다. 본래 청정하고 고요한 본성 속에서 주관과 객관을 잊고, 언어와 생각이 끊어진 자리에서 본래의 참모습을 분명히 보아야 합니다. 한 번 깨달으면 영원히 흔들림이 없어야 하며, 그 후에는 걷고 말하고 숨 쉬는 모든 것이 5음(陰)의 마군(魔軍) 경계에 떨어지지 않아야 합니다.

체득하고 난 뒤에는 자기를 내세우지 않고, 무심히 자연스럽게 살아갑니다. 겉으로는 바보처럼, 말없이 앉아 있는 사람처럼 보여야 참된 도인의 모습이라 할 수 있습니다. 세월이 흘러도 변하지 않으며, 늘 여여하고 고요할 뿐입니다. 이렇게 안팎이 밝아진 공부의 결과는 실로 깊고 오묘합니다.

9월 25일

참된 수행은
생사의 본질을 잊지 않고
모든 번뇌와 집착을 내려놓아,
고요하고 평화로운 상태에 이르는 것입니다.

분별과 망상을 벗어나는 것은 수행의 완성인 동시에 중생 구제의 시작입니다. 모든 불법은 앉거나 서는 자리에서 이루어지며, 움직임과 정지는 모두 선(禪)과 함께합니다. 선(禪)에서 벗어난 삶은 여전히 중생의 삶이라 할 수 있습니다. 참된 수행이란 생사의 근본을 잊지 않고, 모든 번뇌와 집착을 완전히 내려놓아 깨끗한 도인이 되어, 고요하고 평화로운 여여(如如)한 상태에 이르는 것입니다.

'모든 풀 끝에 조사의 뜻이 있고, 너른 밭 속에 큰 뜻이 있다"라는 말씀처럼, 작은 곳에도 깊은 의미가 있음을 깨달아야 합니다. 사랑과 미움, 다툼은 자비와 지혜가 완성되지 않아 번뇌에 사로잡힌 결과이며, 화두 참구가 부족하기 때문입니다. 화두 참구를 통해 '너'와 '나'가 아닌 하나가 됨을 체험하여야 합니다. 생각에 얽매이면 끊임없이 끌려다니며 고통과 탐욕, 어리석음의 굴레에서 벗어나지 못합니다.

오직 자기 성품[自性]을 깨달아야만 안과 밖을 분별할 수 있으며, 밖의 경계를 마주할 때도 내면의 주인인 자성이 스스로 허락하고 알아차리게 됩니다. 삼계는 탐욕, 성냄, 어리석음이라는 삼독으로 이루어져 윤회의 고리를 만듭니다. 깨달음은 6근(根)인 안이비설신의(眼耳鼻舌身意)의 맹렬함에 달려 있으며, 결국 자기 수행 깊이에 따라 가능합니다.

9월 26일

본래의 공은
오고 감이 없고 머무름도 없으니,
대도(大道)에는 고정된 본체가 없습니다.

양쪽은 본래 하나의 공(空)입니다. 주관은 객관이 있으므로 주관입니다. 진정한 깨달음의 눈으로 모든 견해를 여의고 망정(忘情)을 초월한 사람은 5음(陰)과 18계(界) 속에 갇히지 않아, 마치 새가 새장을 벗어나듯 자유롭게 살아갑니다.

옛 구절에, "쉬어라. 또 쉬어라. 입술에 곰팡이가 피도록 하고, 한 가닥 흰 명주실처럼 하라. 한 생각이 만년이 되도록 하고, 차고 싸늘하게 하여, 옛 사당의 향로처럼하라."라고 했습니다.

삼라만상은 모두 하나의 생각 안에 존재합니다. 말하거나 침묵할 때, 움직이거나 고요할 때도 화두를 간절히 들어 근본에서부터 시작하고 반드시 마무리해야 합니다. 구지(俱胝) 스님은 제자들과 문답할 때 한 손가락만 세웠는데, 이는 깊이 깨달아 의심 없이 병을 치료하는데 많은 약이 필요 없었기 때문입니다. 그러나 후대 사람들은 그 뜻을 모르고 단지 겉모습만 따라 하며 제대로 이해하지 못했습니다.

그러므로 지혜는 바다처럼 넓고 깊어, 괴로움과 즐거움 모두 하나의 공(空)이며 무아(無我)입니다. 집착을 놓으면 자연스럽게 본래의 자연으로 돌아가, 가을 하늘 아래 코스모스가 파도처럼 흔들리듯 춤추고, 중생들은 이리저리 뛰놀 뿐입니다. 본래의 공은 오고 감이 없고 머무름도 없으니, 대도(大道)에는 고정된 본체가 없습니다.

9월 27일

태어남이 없으면 마음도 없고,
마음이 없으면 생각도 없으며,
한 생각도 일으키지 않으면
허물도 생기지 않습니다.

무명(無明)이란 4대(大)인 지수화풍(地水火風)을 자기 몸이라 착각하고, 6진(塵)인 외부 대상의 그림자를 자신의 마음이라 여기는 잘못된 인식입니다. 지극한 정성으로 화두를 참구하면 시절인연이 도래하여, 신령한 빛이 홀로 드러나고, 육근과 육진을 훌쩍 벗어난 경지에 이르게 됩니다.

마음을 알지 못하기 때문에 무명에 가려 본래의 마음을 깨닫지 못하는 것입니다. 무명은 허망한 집착에서 비롯되어, 결국 자신의 참된 성품을 보지 못하게 만듭니다. '깃발이 움직이는 것이 아닙니다. 바람이 움직이는 것도 아닙니다. 바로 자기의 허망한 마음이 움직이는 것입니다.' 마음을 바로 알게 되면 모든 시비와 분별은 자연히 사라집니다.

참된 나를 알고 일상에서 살아가면 그릇된 결과가 없습니다. 그것은 망념은 허망하고 마음의 본성은 본래 청정하기 때문입니다. 지금 이 순간 드러나는 견문각지(見聞覺知)가 그대로 법이지만, 법은 견문각지를 떠나 있기 때문입니다. 그러므로 한 번만 철저히 꿰뚫고 나가면 어디를 가든 참된 진리를 마주하게 됩니다.

한 생각도 일어나지 않으면 아무 일도 없습니다. 태어남이 없으면 마음도 없고, 마음이 없으면 생각 또한 생겨날 수 없습니다. 마치 불이 없으면 굴뚝에서 연기가 날 수 없듯, 한 생각도 일으키지 않으면 허물도 생기지 않는 것입니다.

9월 28일

마음의 바탕에 어지러움이 없으면 고요함이요,
어리석음이 없으면 그것이 본래의 지혜입니다.

이 일이 만일 말속에 있다면 고정불변이 되이지만, 한없이 말한들 결국 끝이 없음을 어찌하겠습니까? 고요하면서도 항상 알고 있어야 하며, 알고 있으면서도 늘 고요해야 합니다. 마음의 바탕에 어지러움이 없는 것이 바로 고요함이고, 어리석음이 없는 것이 자기 본성의 지혜입니다.

찰나에 확 들어와 아무 생각 없이 뚫려 허공처럼 텅 비었으나, 그런데도 확실하고 명백하며 시원합니다. 그 자체로 완전하니 더 특별히 무엇이 필요하겠습니까? 무엇보다 그 속에서 깨달아야 합니다. 체득한 이들은 한가한 경지만 지키며, 욕구나 집착 없이 자연스럽게 모든 삼매를 초월합니다.

한 톨의 작은 알갱이 속에 온 세계가 담겨 있고, 온 천지를 두루 아우르며 시절인연에 따라 거두어들입니다. 빈틈없고 면밀하며, 고요함 속에서 동시에 관조합니다. 세월이 흐르면 하나의 덩어리가 되지만, 그럴수록 근본은 더욱 견고해지고 면밀하게 작용합니다. 본래 한 물건도 없으며 오고 감도 없습니다.

혜능이 제자에게 "여기에 한 물건이 있는데, 본래부터 한없이 밝고 신령스러우며, 태어나지도 죽지도 않고, 이름 지을 수도 없고 모양을 그릴 수도 없다. 이 한 물건이 무엇인가?"라고 하니, 하택신회(荷澤神會, 670~762)이 "모든 부처님의 근본이자 신회의 본성입니다"라고 답했습니다. 다른 견해를 일으키지 말고 오직 한 마음의 화두 참구에 집중하면, 시절인연이 도래하여 자연히 깨닫게 됩니다.

9월 29일

공부한다는 마음조차 조금도 일으키지 않아야,
형상 없는 빛 속에서 언제나 자유로울 수 있습니다.
모든 것은 본래 무심일 뿐입니다.

도(道)는 본래 말로 표현할 수 없지만, 말을 통해 도가 드러납니다. 진정으로 도를 체득한 사람은 마음을 통달하여 그 근본을 밝히지만, 본래의 근본 자리는 함이 없으므로 특별한 경지도 존재하지 않습니다.

보고 듣고 밥 먹고 똥 싸는 모든 일상이 그저 자연스러운 모습일 뿐입니다. 조롱박이 물 위에 떠 있고, 계곡물이 골짜기를 따라 흐르듯, 도는 무심을 소중히 여기고, 선은 마음을 완전히 잊어 생각이 사라질 때 비로소 회광반조할 수 있습니다.

'마음 그대로가 부처다', '마음도 부처도 아니다', '동쪽 산이 물 위로 간다'라는 이 말은 말을 빌려 표현한 것일 뿐, 모두 하나로 통하는 말입니다. 공부한다는 마음조차 조금도 일으키지 않아야, 형상 없는 빛 속에서 언제나 자유로울 수 있습니다. 모든 것은 본래 무심일 뿐입니다. 배울 것이 끊기고 아무 걱정 없는 한가롭고 고요한 이를 도인이라 부릅니다.

본심은 원만하고 오묘하며 홀로 텅 비고 고요하면서도 밝습니다. 마음에 쓸데없는 생각이나 집착을 두지 마십시오. 마음이 비어 있으면 신령하고 고요하게 관조할 수 있습니다. 만약 털끝만큼이라도 본말을 따진다면 모두 자기 자신을 속이는 것입니다. 선정과 지혜는 시절인연이 오면 저절로 분명한 깨달음이 옵니다.

9월 30일

화두를 간절 간절하게 깊이 들여다보면
고요하고 안정된 본래의 참나를 깨닫게 됩니다.

'한 물건도 가져오지 않았을 때는 어찌합니까?' '놓아버리게' '한 물건도 가져오지 않았는데 무엇을 놓아버립니까?' '보아하니 아직 놓아버리지 못했군' 라는 그 말끝에 크게 깨닫습니다. 마음과 대상이 공(空)하여 비춰보아도 미혹함이 없음을 지혜라 합니다.

화두를 깊이 들여다보면 마음이 점점 고요해지게 안정되며, 그 안에서 진짜 나, 본래의 참된 자신을 깨닫게 됩니다. 밑 빠진 대바구니로 새우와 조개를 건지듯, 매 순간 닿는 곳마다 해탈의 길이 있음을 깨닫게 됩니다. 이 일은 모든 생명체와 하늘, 인간, 조사까지 모두 포함합니다. 그러나 어둡고 미혹함으로 인해 생사윤회를 겪게 됩니다. 오직 이것을 완전히 뛰어넘어 증득하여야 생사를 벗어날 수 있습니다.

깨달음과 미혹은 다르지만, 둘 다 불가사의함은 같습니다. 직지인심(直旨人心) 견성성불(見性成佛)은 모두 본래 완전한 청정묘명(清淨妙明)의 진심을 깨달아, 허망한 망상과 생각하는 지견(知見)을 남기지 않도록 하기 위함입니다.

오온(五蘊)의 몸 안에서 회광반조(回光返照)하여 고요하고 평온한 상태에서 자기 본래의 바른 성품을 분명히 알아차리는데, 이 성품이 곧 마음이며, 이 마음이 곧 성품입니다. 한 물건도 생각도 없는 경지까지 지극정성으로 참구하다 보면, 갑자기 모든 것이 환히 드러나는 깨달음의 순간을 맞이하게 됩니다.

10월

보림수행

깨달음은
어린 새의 첫 날갯짓처럼,
처음엔 조심스럽고 불완전하지만,
일상 속 수행과 실천 속에서
스스로 날개를 펴며,
온전히 자기 것이 된다.

10월 1일

참된 자성은
분별을 초월한 자리이며,
지혜 있는 이는 이를 깨달아 본래로 돌아갑니다.

부처와 중생은 본래 한마음입니다. 하지만 본래 마음을 알지 못하고 성품을 보지 못하면, 아무리 불법을 배워도 고통에서 벗어나지 못합니다. 화두를 타파해 마음을 깨달으면, 번뇌가 사라지고 마음의 안팎이 맑고 밝아집니다. 도를 닦으려면, 간절한 마음으로 한 걸음 물러나 생사의 문제에 집중하며 참구해야 합니다.

이 몸은 덧없어 숨이 끊기면 전혀 다른 세계가 펼쳐집니다. 그러니 숨이 붙어있을 때 정진하여, 한 생각도 일어나지 않는 경지에 이르면, 마침내 홀연히 깨닫고 크나큰 기쁨을 얻게 됩니다.

세상은 허깨비인 환술(幻術)과 같고 꿈과 같습니다. 인생도 우주의 흐름 속 티끌일 뿐입니다. 허망함이 곧 현실이며, 무상이 진실입니다. 본래 마음은 이미 무명을 벗어났으니, 번뇌가 어디서 일어나는지 살펴야 합니다. 지옥과 천당도 본래 다르지 않은데, 왜 그것을 보지 못할까요? 보는 자, 살피는 자가 누구인지 되돌아보아야 합니다.

달마 대사는 서쪽에서 와서 문자나 말에 의지하지 않고, 오직 사람의 마음을 곧장 가리켰을 뿐입니다. 이 마음은 누구나 본래 갖추고 있으며, 성인과도 다르지 않습니다. 참된 자성은 육근과 육진을 벗어나, 생각과 분별을 넘은 자리입니다. 큰 지혜가 있는 이는 바로 그 자리를 깨닫고, 본래자리로 돌아갑니다.

헐(歇)! 이제 모든 분별을 멈추고 참된 마음을 보아야 합니다.

10월 2일

참된 본래면목을 보고
무심 · 무위 · 무사의 자세로 닦으면
마음이 자유로워져 도인의 경지에 이릅니다.

자나 깨나 수행하더라도 구경(究竟) 묘각(妙覺)을 실현하지 못하면, 내외(內外)가 밝은 경지에 이르지 못합니다. 자기 성품을 지혜로 비추어서 안팎이 밝아지면, 곧 자신의 마음을 아는 것이며, 이것이 곧 해탈, 반야삼매, 무념입니다. 청정법신 비로자나불(淸淨法身 毘盧遮那佛)은 망념이 사라지고 만법이 드러난 상태로, 육진 속에서도 물들지 않고 자유로운 경지입니다. 이것이 반야삼매요, 자재해탈이며, 무념의 실천입니다.

그러므로 마음이 경계에 휘둘리면 끝없는 유혹에 빠집니다. 이럴 때 화두를 놓지 말아야 하는데, 화두는 본성의 뿌리이기 때문입니다. 잠시라도 놓으면 본성을 잃고 헤맵니다. 지옥과 천당이 같음을 깨닫고, 절벽에서 몸을 던지듯 집착을 내려놓아야 합니다. 지식과 분별을 버리고 완전히 죽은 듯 되어야 참된 깨달음에 이를 수 있습니다.

본바탕에 이르면 분별이 사라지고, 한 생각도 일어나지 않는 경지에 이릅니다. 생각마다 목적을 향하고, 마음마다 근본을 붙잡아 한 생각도 일어나지 않는 앞뒤 끊긴 자리에 이르면, 마치 물통 밑이 빠지듯이 홀연히 깊은 기쁨이 일어날 것입니다. 그리하여 깊숙하고 그윽한 본지풍광(本地風光)을 밟고, 참된 본래면목을 분명히 보게 되면, 더 이상 도인의 말씀을 의심할 필요가 없습니다. 이후 무심(無心) · 무위(無爲) · 무사(無死)의 자세로 꾸준히 닦으면, 마음이 자유로워져 참된 도인의 경지에 이릅니다.

10월 3일

수행은 무상(無相)을 체(體)로 삼고,
무주(無住)를 근본으로 하며,
무념(無念)을 종으로 삼습니다.

수행은 고정된 실체가 없음. 즉, 무상(無相)을 체(體)로 삼고, 머물지 않음. 즉, 무주(無住)를 근본으로 하며, 망념이 없음. 즉, 무념(無念)을 종으로 삼습니다. 무념위종은 유무나 선악을 초월한 망상이 완전히 사라진 진여정념의 무념을 말합니다. 진여는 생각의 본체이며, 생각은 진여의 작용입니다. 자성은 생각을 일으켜 보고 듣고 느끼고 알지만, 모든 경계에 물들지 않고 자유롭습니다.

범부의 8가지 의식은 변하여 대원경지(大圓鏡智), 평등성지(平等性智), 묘관찰지(妙觀察智), 성소작지(成所作智)의 네 가지 지혜가 됩니다.

① 대원경지는 제8식인 심층 의식이 무명을 완벽히 제거해, 티끌 하나 없는 거울처럼 만물을 온전히 비추는 크고 명확한 지혜입니다.

② 평등성지는 제7식인 자의식이 변해 나와 남을 구별하지 않는 평등한 자비심으로 바뀌어, 차별 없는 지혜와 중생을 교화하는 마음을 나타냅니다. 이 지혜는 특정한 곳에 머무르지 않고 권력, 명예, 재물을 구하지 않으며, 생사 문제를 우주와 하나로 여기고 자유롭게 살아가는 도인의 모습을 보여줍니다.

③ 묘관찰지는 제6식 의식이 변해 모든 법의 실상을 깊이 관찰하고, 설법으로 중생의 의혹을 끊어 진리를 드러내는 지혜입니다.

④ 성소작지는 눈, 귀, 코, 혀, 피부 등의 전(前)5식이 변해, 5관을 통한 모든 행위를 올바르게 이끄는 지혜입니다.

10월 4일

깨닫게 되면 만법이 하나로 드러나고,
모든 행위가 '머무는 것 없음'을 보여주며,
반야의 문이 열리고 육진을 벗어나게 됩니다.

아득하고 높은 진리를 마주하면, 더 이상 마음이나 부처를 찾을 필요가 없습니다. 진리를 만나는 것은 외부에서 얻는 것이 아니며, 오직 자기 자신과의 직면을 통해 이루어집니다.

장경(長慶) 스님은 "도반과 만나 어깨를 스치고 지나는 사이에 일생 참학(參學) 하는 일을 모두 끝냈다"라고 하였으며 향엄 스님은 "대나무 부딪치는 소리"에, 영운 스님은 "복사꽃을 보았던 일"에서 깨달았습니다. 예로부터 깨달았다는 수많은 사례가 바로 이와 같으니, 마음으로 다시 마음을 찾을 필요가 없습니다.

경계를 허물면 모든 것이 하나로 통하고, 진리는 이미 내 안에 있습니다. 외부에서 찾지 말고, 자신 속에서 그것을 깨달아야 합니다. 진정 깨닫게 되면, 만법이 하나로 드러나고, 모든 행위는 '머무는 것 없음'을 보여줍니다. 근본이 밝혀지면, 반야의 문이 열리고, 육진을 벗어난 대장부의 경지에 이릅니다.

정(定)과 혜(慧)는 등불과 빛처럼 서로 의존하는 관계입니다. 등불이 있어야 빛이 있고, 등불이 없으면 빛도 없습니다. 마찬가지로, 정과 혜는 분리되지 않으며, 둘이 아닌 중도입니다. 정(定)과 혜(慧)가 하나로 합쳐지는 상태 즉, 정혜체일(定慧體一)의 부처는 정이며, 그 마음은 혜입니다. 이처럼 정혜가 함께할 때, 그것이 바로 정견이자 본래의 청정함입니다.

10월 5일

선(禪)은 체험을 통해 자기 본성을 깨닫는 수행이며,
간화선(看話禪)은 화두를 참구하여
본래 성품을 깨닫는 방법입니다.

성소작지(成所作智)는 유식사지(唯識四智) 중 하나로, 번뇌에 물든 전5식이 무루지(無漏智)로 전환되어 얻는 청정한 지혜입니다. 이 지혜는 중생을 돕기 위한 모든 변화와 행동을 완성하며, 모든 일을 성취로 이끄는 지혜입니다. 이렇게 화두 수행은 자기 성품을 떠나지 않고, 고요한 선정과 밝은 지혜를 동시에 갖추어 단번에 깨달음을 얻는 방법입니다.

반면, 경계 대상을 따르는 것은 혼란을 제거하고 이치에 맞춰 법(法)과 공(空)의 진리를 깨닫기 위한 길이지만, 이것은 더 높은 깨달음을 얻기 위한 차선책으로, 이는 일반적인 업(業)에 속합니다. 불교에서의 공(空)은 결국 마음을 의미합니다.

모든 법은 머물 것이 없는 근본에 의지하여 일체의 법을 세웁니다. 중단 없는 근본은 변하지 않고 항상 지속되며, 그 자체로 불변의 근본입니다. 이 진리를 투철하게 깨치면 만법은 모두 하나로 통하고, 어떠한 고정된 형태도 찾을 수 없습니다. 또한 지금 드러나는 모든 행위는 머무는 것 없음을 보여줍니다.

근본이 이미 밝혀졌다면, 이것은 마치 사람에게 눈이 있어 햇빛이 비치면 모든 사물을 선명하게 볼 수 있는 것과 같으니, 이처럼 반야(般若)의 이치가 아닌 것이 무엇이겠습니까? 선(禪)은 모든 사심(私心)과 망념(妄念)을 떠나서 자기의 본성을 논리나 이론이 아닌 체험으로 직접 깨닫는 것입니다.

10월 6일

화두 수행은
문자에 집착하지 않고
참뜻을 깨달아 본성으로 돌아가는 수행으로,
말과 생각이 끊어진 근본적인 자리에 돌아갑니다.

묘관찰지(妙觀察智)는 제6식(識) 의식을 전환해 얻는 청정한 지혜로, 대상을 직접 접하지 않고도 자유롭게 법을 관찰하고 설법하는 능력입니다. '묘(妙)'는 신비로운 자유자재함을, '관찰(觀察)'은 모든 법을 깊이 살피는 것을 뜻하며, 이는 분별이 아닌 항상 현존하는 진리입니다. 화두 수행은 문자에 집착하지 않고, 참뜻을 깨달아 본성으로 돌아가는 수행입니다.

화두는 말과 생각이 끊어진 자리로, 언어로는 알 수 없는 근본적인 자리를 의미합니다. 화두를 본래 자성에 돌려 근본에 계합하면, 스승 없이도 지혜가 저절로 나타나고 진리가 또렷이 드러나 대도를 이루게 됩니다. 영가 스님이 말한 "그 자리 당처를 떠나지 않고 항상 담연하다"라는 말처럼, 진리는 본래자리에서 평온히 머물 때 드러납니다. 알음알이로 찾으려 하면 그림자를 잡는 것과 같아 결코 깨달을 수 없습니다.

화두 참구는 ① 대신심(大信心) 대분심(大憤心) 대발심(大發心)으로 참구하여야 합니다 ② 알음알이로 들지 말아야 합니다 ③ 급하지도 느리지도 않아야 합니다 ④ 망상(妄想)과 함께하지 말아야 합니다 ⑤ 간절(懇切) 간절하게 들어야 합니다 ⑥ 성성적적(惺惺寂寂)하게 화두와 내가 하나가 되어야 합니다. 이렇게 화두를 참구함으로써 깨달음에 이를 수 있는 준비가 됩니다.

10월 7일

화두 참구는
본래 마음과 자성을 깨닫는 것이며,
자성을 알지 못하면 중생이지만,
자성을 깨치면 부처가 됩니다.

간화선은 송나라 오조법연과 원오극근을 거쳐 대혜종고 선사에 의해 체계화되었습니다. 화두 참구는 분별이 아닌 '모를 뿐'이라는 몰입 속에서 이루어져야 하며, 이것이 활구 참구입니다. 평등성지는 제7식인 자아의식을 전환해 자타의 평등함을 깨닫고 자비심을 일으키는 지혜로, 사물은 본래 평등하지만, 우리가 보지 못할 뿐입니다.

화두는 '모를 뿐'이라는 자기 마음에서 비롯된 것이며, 그대가 묻는 것이 곧 그대의 마음이고, 내가 대답하는 것이 나의 마음입니다. 마음을 알지 못하고 성품을 깨닫지 못하면 어떤 공부도 무의미합니다. 망념이 진여를 가리고 있으며, 망념이 사라지면 청정심이 드러납니다. 세상이 아무리 어지러워도 마음을 바로 세우면 반듯한 자아를 찾을 수 있습니다.

"만법과 짝하지 않는 사람은 누구인가?"라는 물음에는, 스스로 마음의 본래 빛을 돌아보고 깨달아야 합니다. "서강의 물을 마시면 말해 주겠다"라는 말처럼, 화두를 참구해 망상을 타파하면 8식의 미세한 의식도 사라지고 안팎이 밝아져 무생의 지혜를 체득할 수 있습니다. 핵심은 여유롭고 집중된 자세로 화두를 들고, 자성을 깨달아 본래 마음을 아는 것입니다. 자성을 보지 못하면 중생이고, 깨달으면 부처입니다.

10월 8일

마음은 항상 드러나 있지만,
깨닫지 못하면 소용없고,
성품을 깨달으면
모든 법이 꿈과 같음을 알게 됩니다.

대원경지(大圓鏡智)는 제8 아뢰야식을 전환하여 얻는 지혜로, 맑고 큰 거울처럼 삼라만상을 있는 그대로 비추는 밝고 큰 지혜입니다. 이는 유루지(有漏智)를 벗어나 얻는 무루지(無漏智)로, 불과(佛果)에서 처음 얻게 되는 지혜입니다. 마음은 항상 드러나 있지만, 이를 알지 못하면 아무리 외워도 소용없습니다. 자기 성품을 보고 깨달음을 체험하면 모든 법이 꿈과 같음을 깨닫게 됩니다.

덕산 스님이 강 건너에서 부채로 부르자 문득 깨달은 사람이 있었고, 조과 스님이 실을 뽑아 훅 불자 깨달은 사람도 있었습니다. 이러한 큰 인연들은 시절이 이르자 자연스럽게 일어난 것이지, 그 무엇이 특별히 작용한 것이 아닙니다. 깨달으면 그 자체로 끝나며, 별도로 힘을 들일 필요가 없습니다. 이는 마치 맑은 유리 속에 보배 달을 담은 것처럼, 이미 여의주를 얻은 상태이며, 그 깨달음에는 끝이 없고 다함이 없습니다.

마음을 믿고 성품을 분명히 보면, 매 순간을 온전히 살게 됩니다. 세간법과 불법은 둘이 아니며, 모두 평등하고 하나입니다. 생각이 있을 때만 있고 없을 때 없으면, 아직 망상과 분별에 머물러 있는 것입니다. 본래자리는 맑고 밝아 허공처럼 텅 비어 있지만, 그것이 곧 나의 본래자리입니다. 그곳엔 부처도 깨달은 이도 없고, 다만 여여할 뿐입니다.

10월 9일

본래 마음은
연기(緣起)로 공(空)하며,
자아와 선악이 없고,
집착하지 않는 중도(中道)입니다.

마음은 본래 더럽지도 않고 깨끗하지도 않으며, 항상 분명하게 드러나 있습니다. 조금이라도 얻을 것이 있으면 윤회하게 되므로, 생사 즉 생각이 일어나고 사라지는 것을 면하기 어렵습니다. 본래의 성품은 인연에 따라 생겨나는 '연기(緣起)'의 이치에 따라 공(空)하며, 그로 인해 '나'라는 고정된 자아도 없고[無我], 선악(善惡)의 구별도 없습니다.

따라서 마음은 더럽지도 깨끗하지도 않으며, 집착할 대상도 없고, 이 모든 것이 바로 '중도(中道)'입니다. 그러므로 우리는 마음과 생각을 빠짐없이 관조해야 합니다. 세속법(世間法)과 불법(佛法)이 둘이 아님을 깨달으면, 마음은 저절로 순수해지고 어디서든 진리를 깨닫게 될 것입니다.

홀연히 한 생각 흔적 없이 사라지니, 안팎이 훤하게 흔적이 없어져 버렸네.
평생을 이리저리 얼마나 돌고 돌았나. 날고뛰고 걸림없어 삼라만상 훤하네.

모든 생각은 자기 마음에서 일어나니, 바깥에서 찾지 말아야 합니다. 간절히 정진하다 보년 어느 찰나에 심식(心識)이 뚝 끊어지는 시원한 체험을 하게 됩니다. 이는 홀연히 삼매에 드는 순간이며, 몸과 마음이 사라지고 둥근 거울 같은 허공의 세계가 펼쳐지는 경험입니다. 그 묘한 작용은 말로 표현할 수 없지만, 마치 찰나에 태양이 온 우주를 비추는 듯하고, 해탈의 힘이 솟구치는 듯합니다.

10월 10일

마지막 구절(末後句)을 깨달으면,
말 있음과 없음, 향상과 향하,
방편과 진실 등 모든 상대적 분별을 벗어나
더 이상 분별할 필요가 없게 됩니다.

세존이 꽃을 드시자 가섭이 미소 지었고, 2조 혜가(慧可)가 절을 하자 초조(初祖)는 마음을 전했습니다. 이처럼 말이나 생각으로는 다다를 수 없는 신령한 계합은, 깊은 수행을 통해서만 깨달을 수 있습니다. 한 부분만 깨쳐도 전체를 통찰하며, 형식 없이 자유롭게 번뇌를 끊는 사람이 참된 깨달음을 얻은 자입니다.

참선의 핵심은 오직 화두를 한결같이 깊이 참구하는 데 있습니다. 억지로 애쓰거나 조작하려 하지 말고, 그저 본분을 지켜야 합니다. 깨달음은 각자의 발밑에 있으며, 본래의 참모습을 분명히 보아야 본지풍광(本地風光)을 밟을 수 있습니다. 이 마음은 형체가 없어 미묘하며, 끊임없는 업으로 인해 생사의 흐름에서 벗어나기 어렵습니다.

그러므로 화두 수행을 통해 본성을 꿰뚫어 보고, 때가 되면 자연스레 고요하고 원만한 깨달음에 이르게 됩니다. 마지막 한 구절[末後句]을 온전히 깨닫는다면, 말 있음과 말 없음, 향상과 향하, 방편과 진실, 비추는 것[照]과 작용(用), 접음과 폄, 주고 빼앗음 등에 얽매이지 않게 되어 더 이상 분별할 필요가 없습니다. 거칠고 무거운 모든 망상이 사라져 자유로운 경지에 이르면, 오매일여(一味一如)의 실제 경계가 나타납니다.

10월 11일

깨달음은 갑자기 오니 집착하지 말고,
지금 이 순간 간절한 마음으로
오직 화두 참구에 전념해야 합니다.

우주의 모든 만물은 저마다 모습을 드러내지만, 그 근본인 본성은 연기적 관계 속에서 본래 공(空)하며, 무아와 중도의 실상입니다. 물과 파도, 거품이 본질적으로 모두 물이듯, 마음과 본성도 하나의 공한 실상입니다. 허공과 같이 한 생각도 일어나지 않는 고요한 자리에 이르면 본래의 참된 세계를 깨닫게 되고, 나와 남, 옳고 그름, 생사에 대한 분별과 번뇌가 사라집니다.

이 경지는 인위적 조작 없이 무심하며, 자유롭고 원만하여 막힘이 없습니다. 일상에서 자연스럽게 도와 하나가 되어 살아가게 되며, 이를 두고 '함이 없고 하릴없는 도인'이라 합니다. 이는 본성이 이미 밝아졌기 때문에 감각이 맑고 고요해지고, 지혜와 이치, 경계와 마음이 하나로 어우러진 상태입니다.

이처럼 깨달음에 이르면 더 깊이 추구할 것도, 더 오묘하게 만들 것도 없어집니다. 이후로는 언어나 가르침에 집착하지 않고, 옛사람의 공안(公案)이나 허망한 경계에 얽매이지 않으며, 오직 스스로 살펴 본성을 밝히는 데 집중합니다. 깨달음은 어느 순간 문득 찾아오는 것이며, 애써 이루려는 마음조차 또 다른 집착과 업이 됩니다. 경계(境界)에 끌려가지 말고, 바로 '지금 이 순간' 자신의 본성을 믿고, 간절하게 화두 참구에 온 힘을 다해야 합니다.

10월 12일

지극한 정성으로
끊임없이 화두를 참구하여
한 번 깨달음을 얻은 후에는
영원히 그것을 잃지 않습니다.

깨달음이란, 분별 망상을 벗어나는 것이며, 일상에서 손익을 따질 때 업식이 작용해서 혼란이 생기지만, 화두를 놓치지 않으면 진공묘유(眞空妙有)의 바른 판단이 이루어집니다.

이러한 화두에 기반한 삶이 곧 진정한 수행이며, 옛사람들은 오직 이를 위해 살았습니다. 스승과 제자는 언제 어디서나 화두로 서로를 일깨웠고, 일상의 모든 말과 행동, 작은 몸짓 하나까지도 본래의 참된 자리에 부합되었습니다.

그렇게 화두를 깊이 참구한 후에는, 끝까지 철저히 살피고 다듬어 어떤 복잡하고 얽힌 문제에 부딪혀도 흔들리지 않고 여유로운 마음을 유지하게 됩니다. 옛 고승들은 한 번 결심하면 20년, 30년을 철저히 정진하며 깨달음을 이루었습니다. 대장부라면 그들도 해냈는데 어찌 나라고 못 하겠는가!

지극한 정성으로 끊임없이 화두를 의심하며 밀고 나가야 합니다. 뿌리가 깊고 단단히 세우면 가지와 잎도 저절로 무성해지듯이 한 번 깨달으면 영원히 그 깨달음을 잃지 않습니다. 이익과 손해, 칭찬과 비난, 즐거움과 고통, 명예와 비웃음의 여덟 바람에 흔들리지 않으니, 마음은 늘 여여하고 지혜는 바다 같으며, 정진에도 게으름이 없습니다. 홀로 있든 세상 속에 있든 자유롭고 당당합니다.

10월 13일

진정한 깨달음은 의식을 초월한 육진삼매를 지나, 성소작지 · 묘관찰지 · 평등성지 · 대원경지의 지혜마저 넘어서야 합니다.

자성(自性)은 불이중도(不二中道)의 자리로, 마음의 흔적을 남기지 않아서 드러나지 않으며, 시원함을 느끼는 바탕이 본성이지만, 사물에 반응하는 것은 의식의 작용입니다. 진정한 깨달음은 의식을 초월한 육진삼매(六塵三昧)를 지나, 성소작지 · 묘관찰지 · 평등성지 · 대원경지의 네 가지 지혜마저 넘어서고 초월해야 비로소 자기 본성에 도달할 수 있습니다.

벼락같은 대광명이 나타나 의식이 사라진 뒤, 말로 다 할 수 없는 시원함과 홀가분함으로 우주와 하나 되는 경지를 경험하며, 이후로는 걸림없이 항상 홀가분합니다. 요즘 사람들은 근기가 약하고 마음이 산만해서 선지식을 찾아가서 오랫동안 참구해도 마음에 유예(猶豫)가 남아 쉽게 깨닫지 못하는데, 이는 오랫동안 순수하게 정진하지 못했기 때문입니다. 만일 밤낮을 가리지 않고 잠과 식사도 잊은 채 도를 닦는다면, 옛사람 못지않게 깨달음을 이룰 수 있습니다.

오래도록 화두를 참구하다 보면 세상사와 내면이 하나 되어 수행의 힘이 생깁니다. 다만 올바른 방법으로 참구해야 하며, 마음에 걸리는 것이 남아 있으면 그것이 장애가 됩니다. 조급함을 버리고 편안하고 여유롭게 정진하면, 때가 무르익어 자연스럽고 시원하게 툭 열려 고요한 해탈을 얻게 됩니다.

10월 14일

도에 뜻을 세운 자는
마음을 관조해 본성을 깨닫고,
업에 묶인 자신을 깨닫고 삼독을 버리며 정진해야 합니다.

과거의 업장을 내려놓는 데는 시간이 걸리지만, 한 생각도 일으키지 않으면 그대로 깨달음에 이르고, 한 곳이 진실하면 모든 곳이 진실해집니다. 아는 것, 식(識)이 순간적으로 사라지는 체험이 일어나며, 저절로 놓아지는 상태가 되는데 이것을 무위법이라 합니다.

이 마음은 생멸도 없고, 더럽거나 깨끗하지 않으며, 오고 감도 없이 취할 것도 버릴 것도 없는 허공과 같습니다. 찰나에 자기 본성을 깨닫게 되면 안팎이 환히 밝아져 항상 고요하며, 늘 비추는 무념의 대열반을 원만히 성취하게 됩니다.

도에 뜻을 세운 사람이라면 온종일 자신을 스스로 관조하며, 오직 그 자리에만 마음을 두어야 합니다. 자신이 서 있는 큰 인연은 성인이나 범부에 따라 변하지 않으며, 6근과 6진을 벗어나 모든 사물을 초월했음을 깨달아야 합니다. 자기 자신을 몸과 마음에 가두어 스스로 제한하지 말아야 합니다. 심성이 참되고 순수하면, 사대·오온·육근·육진은 물론 모든 존재가 곧 마음 놓을 자리임을 알게 됩니다.

그 마음은 자유롭고 크고 넓어서 마치 천 개의 해가 허공 끝까지 두루 비추는 것과 같습니다. 업장은 본래 공하여 실체가 없지만, 중생은 육근·육진·육경에 얽혀 끊임없이 업을 좇아 고통받습니다. 한 번 깨달음을 얻으면 억겁의 업장도 순간에 사라지니, 어찌 탐진치(貪瞋癡) 삼독에 빠져 헤매며 수행하지 않는지를 깊이 참회하고 더욱 정진해야 합니다.

10월 15일

성품과 마음은 하나이니,
이 마음 외에 찾을 것이 없으며,
빛 · 소리 · 냄새 · 맛 등
모든 경험이 바로 자기 마음자리입니다.

아는 것은 생각에 불과하니, 아는 것이 없을 때 지혜가 밝아집니다. 집착 없이 인연을 따라 투철하게 깨닫고, 오직 순수하고 고요한 마음을 귀하게 여깁니다. 외부에 집착하지 말고 내면으로 귀결시키면 오묘한 작용이 일어납니다. 이렇게 되면 수많은 번뇌가 바라밀(波羅密)로 변해 더 이상 선지식을 찾을 필요가 없으며, 생활 속에서 모든 중생을 제도(濟度)하고 큰 업적을 이룹니다. 성품과 마음은 하나이므로, 이 마음 외에 별도로 찾을 것이 없고, 빛을 보고 소리를 듣고 냄새를 맡으며 맛을 느끼는 모든 경험이 바로 자기 마음자리입니다.

말과 생각이 끊어진 자리에서 화두와 내가 하나가 되며, 이 상태는 언제 어디서나 맑고 고요하며 흔들리지 않습니다. 비록 천변만화하더라도 본래 움직이지 않으며, 인연에 따라 나타나 일어나다가 원만히 이루어집니다. 마음이 편안하고 경계가 고요해야 깨달음에 들어갈 수 있으며, 깨달음도 깨달음이 아니고 들어감도 들어감이 아니며, 통 밑이 시원하게 뚫리듯 완전히 꿰뚫어야 비로소 생멸이 없고 한없이 자유로워 현묘한 도의 본체와 계합하게 됩니다.

크게 깨어나면 항상 고요하고 밝음과 어둠, 선정과 지혜가 함께하니 이것이 견성성불입니다. '저것이 곧 나이며, 나는 저것과 다르지 않다'라는 깨달음이야말로 여여한 이치와 하나 되는 것입니다.

10월 16일

화두를 간절히 참구하여
의심, 의정, 의단, 삼매에 이르러
그 속에서 때가 되면 무념과 무아의 깨달음이 옵니다.

만 가지 법이 하나로 돌아가니, 그 하나는 무엇인가?(萬法歸一 一歸何處) 곧, 모든 존재와 현상은 본래 하나의 근원으로 돌아갑니다. 그렇다면 그 '하나'는 과연 무엇인가? '이 무엇인고?' 라는 화두를 간절히, 끊임없이 참구하면 의심이 깊어져 의정(疑情)이 생기고, 의심이 뭉쳐 의단(疑團)이 되면 생각이 끊어진 삼매에 이르게 됩니다. 그 삼매 속에서 때가 무르익으면 마침내 무념(無念)의 공(空)한 무아(無我) 즉, 나라는 실체가 없다는 진리가 현전하게 됩니다.

깨달음은 모든 것이 사라진 밝고 공(空)한 상태로, 걸림 없고 맑으며 투명합니다. 진리는 마음에서 나오며, 본래 성품은 허공처럼 깨끗하고 특별함이 없습니다. 형상에 집착하면 허깨비에 빠진 것이니 즉시 화두로 돌아가야 참된 체험이 드러납니다.

영운지근(靈雲志勤, ?~866) 선사가 위산의 휘하에 있을 때 복숭아꽃을 보고 도를 깨닫고서 게송으로, "검을 찾아 삼십 년을 떠돌던 나그네여, 몇 차례나 낙엽 지고 가지가 돋았던가. 한번 복숭아꽃을 보고 난 후로는 지금까지 다시는 의심하지 않네" 라고 말하였고, 위산은 "인연을 따라서 깨달아 통달하게 되었으니 영원히 잃지 말라. 자신을 스스로 잘 지키고 간직하라" 라고 말하였습니다.

10월 17일

무심을 지키면
부처도 없고 중생도 없으며,
보리도 없고 번뇌도 없는 경지에 이릅니다.

지수화풍(地水火風)인 4대(大)와 6근(根)인 안이비설신의(眼耳鼻舌身意)는 삶의 본질일 뿐이며, 그 밖의 지식과 언어는 한낱 아는 것에 불과합니다. 찰나에 모든 알음알이를 내려놓으면 참되고 지극한 상태에 이르고, 일상에서 평온하며 참된 도인이 됩니다. 무심을 지키면 부처도 없고 중생도 없으며, 보리도 없고 번뇌도 없는 경지에 이릅니다.

홀연히 세상 인연에서 벗어나 배고프면 밥 먹고 목마르면 물 마시며, 시끄러운 곳에 있어도 깊은 산처럼 고요합니다. 기쁨과 슬픔에 집착하지 않고 오직 모름을 깨닫고 화두 삼매에 들어야 합니다.

지극한 도(道)는 너무 넓고 깊어 말과 생각으로는 헤아리기 매우 어렵습니다. 도를 배우려면 올바른 스승을 만나 시간에 연연하지 말고, 끊임없이 수행하며 고난을 두려워하지 말아야 합니다. 그래서 근본 성품을 깨닫기만 하면 한 글자 몰라도 우주의 진리와 통합니다.

신령한 도는 본래 밝고 완전하여 닦거나 얻을 필요 없고, 텅 비고 고요하여 모든 것에 초연합니다. 근본이 드러나면 깨달음에 어려움이 없으며, 만년이 일념이고 일념이 만년이 됩니다. 오랜 수행과 끊임없는 수련, 여러 시험을 거친 뒤에야 비로소 참된 단련에 이를 수 있습니다.

10월 18일

참된 도는 스스로 온전하며,
생사도 사라지고 참된 본성이 드러나
한번 깨치면 영원히 변함이 없습니다.

옛 사람들은 깨달음을 깊이 감추고 세상에 알리지 않으려 했지만, 부득이 나올 때는 무심히 받아들이며 자비로운 방편을 베풀었습니다. 그들은 본래 가풍을 지키며, 원인과 결과에 얽매이지 않고 깨끗하고 맑아 걸림이 없었습니다.

수행하는 사람은 여여한 깨달음으로 세간과 불법을 하나로 통합해 집착에서 벗어나고 인연과 외물에 흔들리지 말고, 시끄러운 세상 속에서도 끊임없이 노력하며 지혜롭고 자비롭게 여여(如如)하여야 합니다.

모든 진리는 마음에서 일어나므로 집착하면 멀어집니다. 도는 본래 말이 없기에 말은 허망할 뿐입니다. 본래 청정하여 느낌이 없으나, 쓸데없이 생각을 일으켜 업보를 만들어서 괴로움에 빠집니다. 철두철미하고 온전한 도는 장사가 팔을 굽히고 펼 때 다른 힘을 빌리지 않는 것과 같으며, 생사와 허깨비가 사라지고 금강의 참모습이 홀로 드러나 한번 얻으면 영원히 끊어지지 않습니다.

신안국사(神安國師)가 설봉의존(雪峰義存, 822~908) 스님을 찾아가자 설봉이 갑자기 "이것이 무엇인가?"라며 멱살을 잡았습니다. 국사는 그 말에 깨달았으나 곧 잊고 손만 흔들었습니다. 설봉이 묻자, 국사는 "무슨 도리가 있겠습니까?"라고 답했고, 설봉은 그를 어루만지며 인가하였습니다. 궁극적으로 진정한 깨달음은 붙잡거나 설명할 수 없으며 도리를 얻었다는 집착을 넘어서야 합니다.

10월 19일

깨달음은
생각을 넘어 분별과 망상이 사라진 자리에서
맑고 밝은 본래 마음이 드러난 것입니다.

구지(俱胝) 스님은 손가락을, 비마(秘魔) 스님은 나무집게를, 타지(打地) 스님은 땅을 치고, 무업(無業) 스님은 망상을 경계했습니다. 그들은 격식이나 승부에 얽매이지 않고 사람들이 스스로 쉼과 본래자리로 돌아가도록 이끌었습니다. 혼란한 생각에 휘말리지 말고 우뚝하고 정성스럽게 수행해 안온한 경지에 이르면 비로소 오묘한 진리를 깨닫게 됩니다.

깨달으면 생각을 벗어난 참된 자리를 보게 되며, 분별과 망상은 한순간에 사라지고 허공처럼 맑고 밝은 본래 마음이 드러납니다. 본래 아무것도 없는 맑고 밝은 공함이 곧 나의 참된 마음입니다.

이 순간 본래의 몸과 마음을 깨달으면 모든 습성에서 즉시 벗어날 수 있습니다. 텅 빈 듯 아무것도 없어 보여도 항상 함께하는 무엇이 있으며, 생각과 관계없이 변함없이 여여합니다. 항상 고요히 비추며, 선정과 지혜로 오랫동안 한 생각에 집중하면 이 몸 그대로 견고한 법신을 이룹니다.

깊이 참구하여 깨달음을 이루고, 마음이 맑고 한 생각도 일어나지 않으면 시절인연이 반드시 찾아옵니다. 한 생각이 일어나면 허망하지만, 한 생각도 없으면 부처가 됩니다. 잡념과 망상이 완전히 사라져 적멸에 이르는 것이 참된 불생(不生)입니다. 아름다운 화두 인생은 모든 망상을 내려놓고, 자비와 지혜로 인연에 따라 분수에 맞게 살아가며, 쉬고 또 쉬는 삶입니다.

10월 20일

영리한 이는
분별을 버리고 본심을 바로 보아,
고요히 한 덩어리를 지켜 참된 깨달음에 이릅니다.

영리한 이는 분명한 경지를 깨닫고 단단한 마음으로 인연을 허깨비인 환(幻)처럼 여기며, 나와 남의 분별과 알음알이를 버리고 곧바로 묘한 본심을 가리키는 것을 수행의 시작으로 삼습니다. 그리고 형식에 얽매이지 않고 한 덩어리로 오래도록 몸과 마음을 고요히 지켜 번뇌를 벗어날 때, 참된 깨달음에 이르게 됩니다.

생각이 없으면 지혜가 생기고, 할 일도 없으니, 마음을 깨달은 이는 걸림 없이 한가하게 할 뿐입니다. 깨닫기 전에는 많이 배우고 아는 것이 오히려 알음알이를 늘려 화두 공부에 방해가 되니, 그저 나무토막처럼 한마음으로 화두를 참구하여 근원을 만나 한 덩어리가 되어야 합니다.

법등(法燈) 스님은 거친 밭에서 모든 것을 가리지 않고 움켜쥐듯, 기틀에 맞지 않는 것이 없다고 했습니다. 뿌리 없이도 살아가고, 흙에서 떨어져도 쓰러지지 않는 이 본성은 매일 쓰면서도 깨닫기 어렵기에, 남을 따라 찾지 말라고 했습니다.

홀로 가면 곳곳에서 자기 자신을 만나게 되며, 자타가 둘이 아님을 알아야 참된 여여(如如)함에 계합할 수 있습니다. 암두(巖頭)는 "그렇게만 알고 있다면 자기 자신도 구제하지 못할 것이다"라고 하였으니, 진정한 깨달음은 오직 자기 가슴에서 우러나온 것이라야 비로소 천지를 덮을 수 있습니다.

10월 21일

세상은 오직 마음뿐이니, 마음이 있으면 중생이고 비어서 무심하면 부처입니다.

형식과 기준을 넘어, 범부도 성인도 초월한 존재는 천지를 밝히고, 과거와 미래를 비춥니다. 세상은 마음 밖에 별도로 존재하지 않으며, 오직 마음 하나뿐입니다. 마음이 있으면 중생이고, 비어서 무심하면 부처입니다. 생각이 끊긴 자리에서는 지혜와 광명이 자연스럽게 드러나니, 이것이 바로 고요하고 밝은 '적조(寂照)'의 경지입니다.

어느 날 수료 스님이 마조 스님께 불법의 핵심을 묻자, 마조는 말없이 그를 밟았습니다. 그 순간 수료 스님은 모든 법의 근원을 깨닫고 크게 웃으며 "어찌 기쁘지 않겠는가!"라고 했습니다. 이후 그는 "마조 스님에게 밟힌 뒤로 웃음을 멈춘 적이 없다"라고 하며 껄껄 웃었습니다. 진리는 말이나 이론이 아닌, 마음을 놓는 순간 직접 체험하는 것입니다.

올바른 견해란, 세상과 자신을 있는 그대로 보고, 마음의 본질을 바로 아는 것입니다. 수행자는 바른 인생관과 지혜로 화두를 간절히 참구하며, 삶이 도리에 맞는지 항상 점검해야 합니다. 모든 경계는 외부가 아닌 마음에서 일어나고, 삼매에 들면 몸과 마음이 사라져 우주와 하나가 됩니다.

그 자리에는 시간과 생각이 없고, 모든 것이 고요하고 여여하게 머뭅니다. 이 상태가 선정과 지혜가 하나 된 경지입니다. 참된 깨달음은 말이나 이론이 아니라, 시비와 득실을 넘어 근원을 꿰뚫는 청정한 눈에 있습니다. 이 맑고 말쑥한 마음이 바로 우리의 본래면목, 본지풍광입니다.

10월 22일

반야 수행자는 자비심과 서원을 세우고,
화두를 깊이 참구해 삼매에 들어 체득하여,
반야의 삶으로 중생을 제도해야 합니다.

공(空)은 본래 인연이 없으나, 형상인 색(色)과 인연이 맺어질 때 색과 마음은 하나가 됩니다. 깨달으면 본래 나는 나 자신을 온전히 볼 수 없으며, 본래 나의 세상은 없다는 것을 알게 됩니다. 어떤 행동이나 말하기 전에 올바른 생각과 마음가짐을 가져야 합니다. 바른 생각은 화두를 간절히 참구해 깨달음이 현실에 드러날 때 나타나는 마음입니다. 바른 마음가짐으로 욕심, 성냄, 어리석음을 내려놓아야 합니다.

요즘 참선하는 이들이 진정으로 수행하고 체험한다면 어려움이 없지만, 근본이 흔들리고 식견이 얕은 것이 문제입니다. 바람이 나뭇가지를 가볍게 스치듯이 수행해서는 깨달음에 이르기 어렵습니다. 그러므로 좌선 자세를 안정되게 하고 호흡이 조절되면 하복부를 편안히 하여 모든 경계를 떠올리지 말아야 하며, 번뇌가 일어나면 즉시 알아차려 사라지게 해야 합니다. 이 상태가 오래 지속되면 모든 경계가 사라져 우주와 내가 하나가 됩니다.

고요하고 무심한 거울의 본체와 빛, 적(寂)과 조(照), 진여 자성은 모두 같은 본체입니다. 반야 지혜를 수행하는 이는 간절한 자비심과 큰 서원을 세우고, 화두를 깊이 참구해 삼매에 들며, 체득 후 반야의 삶으로 중생을 제도해야 합니다. 몸과 마음을 하나로 하여 대자비심으로 중생을 구제하는 것이 수행의 완성입니다.

10월 23일

본성을 깨닫는 순간,
중생의 번뇌가 사라지고
우주와 내가 하나 되어,
자유롭고 평안한 경지에 이릅니다.

좌선은 의미와 방법을 잘 이해하고 수행하면, 몸과 마음이 편안해지고 정신이 맑고 밝아집니다. 본성을 깨닫는 순간, 중생의 번뇌가 사라지고 우주와 내가 하나 되어 자유롭고 평안한 경지에 이릅니다.

도를 배우려면 진실한 믿음을 가지고, 청정하고 올바른 말과 행동으로 아름다운 삶을 살아야 합니다. 거짓말과 험담을 피하고, 진심 어린 칭찬과 자비로운 말로 주변을 평화롭고 화목하게 만드는 것이 행복의 길입니다.

이를 바탕으로 수행이 깊어지고 도심(道心)이 높아질수록 다양한 장애[魔障]가 많아집니다. 역경(逆境)이나 순경(順境)에서 수많은 장애가 나타나지만, 본래 심(心)인 정념(正念)으로 대하면 어떤 장애도 물리칠 수 있습니다. 의심이 사라지고 맑고 밝아지며, 바른 믿음이 모든 것을 밝히니 걱정할 일이 없습니다.

의식이나 생각으로는 이를 측량하거나 이해하면 깨닫기 어렵고 오히려 멀어지게 됩니다. 본래자리에서는 나와 남이 없으니, 너와 나를 떠나 본래 심으로 돌아가면 만사가 순조로워집니다.

10월 24일

선(禪)은
곧 깨달음이며,
깨달음 없이는
선(禪)도 부처도 없습니다.

선(禪)은 깨달음입니다. 깨달음 없이는 선(禪)도 부처도 없습니다. 깨달음은 마음이자 부처입니다. 먼저 깨달아야 경전과 조사어록을 바르게 이해할 수 있습니다. 분별을 벗어난 것이 견성(見性)이며 깨달음입니다. 깨달은 도인의 말씀을 의심하지 않아야 참된 공부와 배움이 이루어집니다.

한마음(一心)으로 화두를 놓지 말고 끊임없이 살피십시오. 욕심과 분노, 어리석음을 멀리하면 몸과 마음이 자연스레 밝고 맑아져 홀가분해집니다. 이때 바로 삶과 죽음의 번뇌가 끝납니다.

도(道)를 배우는 사람들은 처음에 신심(信心)과 취향으로 세상의 번잡함을 싫어하며, 도(道)에 들어가지 못할까 걱정합니다. 그러나 스승의 가르침이나 스스로 깨달음으로 본래 지닌 진리를 밝히게 됩니다. 깨달음은 찰나에 때와 인연이 맞아야 비로소 일어나며, 인위적으로 조작하거나 과정이 있는 것이 아닙니다.

평상심으로 생활하다가 경계와 인연을 만나 자연스럽게 깨달음에 이릅니다. 중생은 번뇌와 망상에 머물려고 하여 고정된 틀에 갇히기 쉽지만, 마음이 쉬려면 망상이 일어남을 알아차려야 합니다. 한 생각이 일어나는 찰나에 그 자리를 주의 깊게 지켜 화두를 살피면, 망상이 사라지고 화두 삼매에 들어갑니다.

10월 25일

본래의 종지에 이르면
모든 지식과 분별을 놓고,
아무것도 취하지 않는 무심한 경지에 이릅니다.

이 종지(宗旨)는 매우 오묘하여 쉽게 얻기 어렵기에 반드시 마음을 다해 정진해야 합니다. 바른 화두 수행은 바른 직업과 올바른 생활을 이루게 하고, 삶을 편안하고 건강하게 이끌며 일의 효율도 높입니다.

인연이 무르익어 밝게 작용하는[照用] 지혜가 드러나면 즉 본래의 참된 종지에 이르면 온갖 지식과 분별을 단박에 버리고, 아무것도 취할 것 없는 무심한 경계에 이르게 됩니다. 그제야 진정한 부끄러움을 알고, 비로소 쉴 줄을 알게 됩니다. 평생 남의 삶을 살다가 이제야 맑고 밝으며 가벼운 삶을 만나 그저 여여할 뿐입니다.

깨달음은 생각으로 이룰 수 없음을 직시하고, 곧바로 자신의 근본 자리로 돌아가야 합니다. 이 공부는 확실히 깨달을 수 있는 길이며, 깨달음만이 가장 중요한 삶의 목표가 되어야 합니다. 화두를 타파하겠다는 결심이 있어야 도(道)를 이룰 수 있습니다.

번뇌와 망상을 뛰어넘고 시비(是非)와 득실(得失)에 물들지 않으며, 근본 심성(心性)을 꿰뚫는 바른 안목이 필요합니다. 밝은 지혜로 세속을 벗어나 중생을 제도하는 삶이 일상이 되면, 늘 대자유의 여여한 삶에서 깊은 보람을 느끼게 됩니다.

10월 26일

간절한 마음으로
자신을 돌아보고 참구하여
시절인연이 되면
확실한 깨달음의 길이 열립니다.

생사(生死)의 흐름을 끊고 공(空)의 세계를 누리려면 특별한 방법은 없습니다. 부처와 중생은 본래 평등하나, 중생은 번뇌와 망상에 가려 본성을 보지 못합니다. 제8식(識)인 아뢰야식의 근본 무명이 사라져야 본성이 드러납니다. 그러므로 어떤 어려움이 있어도 반드시 이 공부를 이루겠다는 굳은 신심이 필요합니다.

언젠가 시절인연이 오면 깨달음을 체험하니, 조급함을 버리고 평생 끈기 있게 공부하면 찰나에 깨달음의 순간을 맞이합니다. 바른 노력은 삶의 모든 면에서 선업(善業)을 증장시키며, 화두는 결국 평화와 안락을 가져다 줄 것입니다.

체득한 이는 한가한 적멸(寂滅)의 경지에 머물러서, 온종일 어떤 의욕이나 의지없이 머무를 뿐이니, 이것이야말로 참된 안락(安樂)의 법문입니다. 깨닫고 보면 본래 세상도 없었음을 알게 됩니다. 이미 생긴 선(善)은 더욱 키우고, 아직 생기지 않은 선(善)은 생기도록 하며, 이미 생긴 악(惡)은 끊고, 아직 생기지 않은 악(惡)은 생기지 않도록 힘써야 합니다.

간절한 마음으로 자신을 스스로 돌이켜 참구하고 자세히 살피다 보면, 시절인연이 오고 확실한 깨달음의 길이 열립니다. 이 공부는 누구도 대신해줄 수 없으며, 억지로도 되지 않습니다. 자신의 힘이 인연에 맞아야 가능합니다.

10월 27일

도(道)는
깨끗함도 더러움도 없고,
더하거나 뺄 수도 없으며,
알거나 모르는 것도 아닙니다.

화두의 정신력은 본인과 주변을 바르게 알고 올바르게 행동하며, 이상과 목적을 잊지 않은 채, 자신보다 상대를 존중하고 우선하는 데 있습니다. 문제 해결 능력은 오직 자기 안에 있으며, 도(道)는 별도로 있지 않고 늘 함께 있으니 밖을 보기 전에 먼저 자신을 살펴야 합니다.

도(道)는 깨끗하지도 더럽지도 어리석지도 똑똑하지도 않으며 더하거나 뺄 수도 없습니다. 또한 도는 잡을 수도 놓을 수도 없고, 아는 것도 모르는 것도 아니며, 좋은 것도 나쁜 것도 아니고, 다르지도 같지도 않습니다.

도(道)를 깨치려면 스스로 판단하지 말고 꾸준히 참구할 때, 찰나의 인연에 깨달음을 얻게 됩니다. 가섭인 금색두타(金色頭陀)는 계족산(鷄足山)에서 오랜 세월 앉아 있었고, 달마는 소림에서 9년간 면벽했으며, 6조 혜능 스님은 사회 현장에서 사냥꾼을 따라다녔고, 영우(靈祐, 771~853) 스님은 깊은 산 속 암자에서 10년을 지냈습니다.

법상(法常) 스님은 한 번 안주하자 인적이 끊겼고, 무업(無業, 782~823) 스님은 대장경을 전부 열람했으며, 옛 성인은 7일 밤낮으로 발돋움하며 부처님을 찬탄했고, 장경혜릉(長慶慧稜, 854~932) 스님은 일곱 개 방석을 뚫었습니다. 이처럼 은산철벽(銀山鐵壁) 앞에서는 아무것도 할 수 없지만, 체험을 통해 확실히 확인할 수 있습니다.

10월 28일

마음을 한결같이 지키면
무심 무념의 대원경지가 드러나
구경 묘각인 무여열반 즉, 깨달음과 성불에 이릅니다.

체득하면 무일물(無一物)임을 깨닫게 됩니다. 마음과 생각을 맑고 고요히 하여, 어지러운 환경 속에서도 꾸준히 공부하며 철저히 임해야 합니다. 있는 그대로의 자기 본래자리를 보는 것이 매우 중요합니다.

마음의 본질은 모든 것이 자연스럽게 이루어진 상태이며, 외부에서 오는 것은 없습니다. 한결같이 마음을 지키면 실제의 확고한 자리와 합일하게 되고, 무심(無心) 무념(無念)의 대원경지가 드러나면, 그것이 곧 구경 묘각인 무여열반이며 즉 깨달음이며 성불입니다.

간화선(看話禪)의 화두 타파로 깨달음을 얻으면 정신이 통일되고 자비와 바른 견해로 적절히 활용하게 됩니다. 생각을 억지로 멈추려 하지 않고, 고통과 즐거움 모두 초월한 중도(中道)의 실천이며, 이것이 본래 공(空)한 무아(無我)의 연기적 삶입니다. 자기 견해를 놓으면 소식은 찰나에 자연히 찾아오므로 어떠한 기대나 예측이 통하지 않습니다.

양 떼를 통제하는 방법은 그냥 그대로 자연의 풀밭에 풀어놓듯이, 마음을 작위(作爲) 없이 자연스럽게 맡기고, 다만 일념으로 화두를 참구해야 합니다. 그리고 공부는 혼자서 판단하지 말고, 선지식(善知識)을 절대적으로 믿고 따라야 합니다. 이후 크게 쉬고 안온한 구경무심지(究竟無心智)에 이르면, 아무 일 없고 지음 없는 대자유의 해탈 경지가 드러나며 생활이 자유자재하게 됩니다.

10월 29일

**일상에서 삼매를 유지하면
생사와 재산, 명예 등 모든 집착이 사라져
진여 본성을 깨닫고
완전한 해탈과 대자유인이 됩니다.**

화두는 온종일 자신의 참된 선지식을 직접 참구하는 것이니, 스스로 간절히 살펴보아야 합니다. 이 도(道)는 깊고 그윽하여 천지(天地)와 중생, 부처가 나뉘기 전에 담연(湛然)이 고요하여 모든 변화의 근본이 됩니다. 모든 것은 평등하고 참되며, 한 생각도 내지 않고 옳고 그름, 득실에 흔들리지 않습니다. 모든 현상은 변하고 독립된 것이 없으며, 인연으로 이루어졌음을 깨달아야 합니다.

본래 우리 안의 청정한 마음은 이미 완전한 깨달음 그 자체이므로, 그 마음 앞에서는 부처님의 말씀조차 의지할 필요 없는 미세한 그림자일 뿐입니다. 많이 배우고 듣는 것은 도(道)를 깨닫는 데 오히려 장애가 됩니다. 마음을 쉬라는 것은 활동을 멈추라는 뜻이 아니라, 온몸과 화두가 하나 되어 일념으로 삼매에 들라는 것입니다.

일상에서 삼매를 유지하면 생사와 명예, 재산 등 인연의 모든 것이 사라져 진여 본성을 깨쳐 완전한 해탈과 대자유인이 됩니다. 예측 없는 순간, 마음이 사라지는 체험을 하게 되며 우주와 내가 하나임을 깨닫게 됩니다. 이 찰나의 체험을 시절인연이라 하며, 시절인연이 오면 답답함이 사라지고 마음이 시원해지며 새 삶을 얻은 듯한 느낌을 받습니다.

10월 30일

마음의 본성은
무아의 공(空)으로
끊임없이 변화하는 가운데
참된 자유와 평안을 이루는 자아입니다.

마음의 본성은 처음부터 있음과 없음이 없으며, 티끌 같은 인연에 흔들리지 않고 찬란히 빛나 끝이 없습니다. 끊임없이 생멸(生滅)하는 가운데 실체로서의 '나'는 없고, 이는 여러 조건에 의해 형성된 것입니다.

몸과 마음이 편안하고 자유로운 참 자아(自我)를 발견하며, 고정된 '나'는 없기에 무아(無我)이고 공(空)입니다. 그러므로 깨달은 마음은 신비롭지만 분명하여 얻을 것이 없고, 얻으면 안다고 하지 않습니다. 마음은 만 가지 경계를 따라 움직이지만, 그 흐름 속에서 성품을 깨닫는다면 기쁨도 근심도 없습니다.

그러나 일상에서 어려움을 겪는 것은 본성을 잃고 외부에 집착하기 때문이며, 자유롭고 당당한 본래 모습은 내면에 있으나, 외부 경계에 빠져 참 자기를 놓친 것입니다. 좌선은 본성을 그대로 드러내는 행위입니다. 참선을 통해 삼매의 힘을 얻어 본지풍광을 체득하게 되는 것입니다.

자기 마음속의 보배를 찾지 않고 부처와 조사의 말만 익히면 남의 보배를 탐하는 꼴이 되며, 경전을 배우는 것도 남의 보배를 헤아리는 것에 불과합니다. 그러므로 내면의 보배를 찾아 자유롭고 평화로운 상태에 이르는 것이 중요합니다.

10월 31일

참된 자리에서 즉시 크게 쉬면
대적정 삼매에 이르고,
그마저 놓으면
텅 비고 평등한
무심의 자리를 깨닫게 됩니다.

마음은 초연히 의심과 형상의 밖에 머물러 비교할 만한 것이 없으며, 모든 것이 무상(無常)하고 실체가 없으므로, 세상은 원하는 대로 되지 않고 괴로움이 끊이지 않습니다. 그러나 날카로운 지혜를 가진 이들은 쉽게 깨달을 수 있으니, 굳건한 믿음으로 자신의 자리를 지키고 주인이 되어야 합니다.

재가자(在家者)가 일상에서 수행을 이루는 것은 불 속의 연꽃처럼[火中生蓮花] 매우 어렵고 쉽지 않습니다. 그러나 본래 참되고 오묘한 자기 자리에서 즉시 크게 쉬면 됩니다. 나아가 대적정 삼매에 이르러 그마저 놓기만 하면 텅 비고 평등한 무심(無心)의 자리를 깨닫고, 일체법(一切法)을 꿈이나 허깨비처럼 여기게 됩니다.

그 자리는 처음부터 본래 하나라, 의심도 그 과정일 뿐입니다. 공부한다는 생각이 일어나지 않으며 항상 가볍고 청명하여 여여(如如)합니다. 더 이상 찾거나 얻을 것이 없으니 공(空)이며 반야(般若), 무아(無我), 불이중도(不二中道)입니다. 참선은 일상에 마음을 집중해 본지풍광(本地風光)을 이루는데, 확실한 화두로 삼매에 들지 않으면 이룰 수 없습니다.

11월

중생제도

보리심(菩提心)으로 수행하는 이는
'나'를 넘어서
'모든 중생'을 향한 자비로 나아가며,
그 길 위에서 비로소 진정한 깨달음을 이룬다.

11월 1일

무변허공(無邊虛空)은 깨달음이 드러난 모습으로, 그 밝음으로 인해 마음과 대상 그리고 육식(六識) 모두가 청정해집니다.

어떠한 것도 구하려는 마음이 없어야 본래 지혜가 밝아지며, 찰나에 그 깨달음이 확연히 다가옵니다. 수행은 지식이 아닌 실천이며, 화두를 참구하고 타파해야 본래의 나를 찾을 수 있습니다. 화두를 타파하는 순간 지혜가 드러나고 자비가 함께 따라오게 됩니다. 이는 모든 것이 인연과 조건에 따라 발생하는 연기적 관계이기 때문입니다.

이 관계를 체득하면 사물과 현상을 있는 그대로 통찰하게 되며 즉 하나의 존재나 사건에 얽힌 시간적·공간적 인과관계의 연기성을 터득하게 되는 것입니다. 시간이 흐르면서 익숙했던 과거의 습관은 점차 사라지고, 지혜의 힘이 점점 확고해집니다.

그리고 법신(法身)은 본래 청정하여 어떤 것에도 물들지 않으며, 느낌도 없고 얻을 수 있는 대상도 아닙니다. 색이나 형태가 없는 진리 그 자체로, 순수하고 차별이 없으며 모든 것의 근본입니다. 그러므로 마음의 길조차 걷지 말고, 마음을 끊은 공력에도 머물지 말아야 합니다.

깨달음은 찰나의 순간에 이루어지지만, 이를 완성하는 것은 절대 쉽지 않습니다. 찰나가 곧 수행이자 깨달음이며, 일어나는 모든 일이 법의 흐름이기에 늘 하나의 일이고 평상심의 삶입니다. 무변 허공은 깨달음의 드러남이며, 깨달음이 본래 밝기 때문에 마음이 청정하게 나타납니다. 마음이 청정하면 대상도 청정해지고, 대상이 청정하면 육식(六識) 또한 청정해집니다.

11월 2일

깨달음은 본래 걸림이 없고,
마음을 깨달으면 업(業)에 묶이지 않으며,
지혜로 연기(緣起) 속 진실을 통찰하게 됩니다.

깨달음은 원인도 결과도 없으며, 본래 밝고 맑아서 걸림이 없습니다. '나'는 연기 속에 존재하기에 관계를 통해 나아갈 길이 드러납니다. 이 마음은 형상도 실체도 없으며, 허공과 같아 붙잡을 수도 없습니다.

마음을 알지 못하면 지옥과 천당이 실재처럼 느껴지지만, 깨달으면 그것들조차 꿈속의 헛말임을 알게 됩니다. 있는 그대로를 보는 것이 지혜이며, 지혜가 생기면 미래의 가능성까지 통찰할 수 있습니다. 근본 마음의 본성을 보면, 설사 업(業)을 짓더라도 그 업이 나를 구속하지 못합니다.

그러므로 도(道)는 본래 말이 없고, 법(法)도 처음부터 생긴 것이 없습니다. 한순간이라도 붙잡으려 하면 멀어질 뿐입니다. 말 이전에 체득하고, 분별을 떠나 알아차리는 것만이 참된 길입니다. 화두를 지극정성으로 참구하다 보면 막히는 자리가 본래면목입니다. 알음알이를 내려놓고, 근본 자리를 집요하게 파고들어야 삼매에 이를 수 있습니다. 배운 망상은 순간에 놓아버리고, 가슴이 확 트이도록 해야 합니다.

화두 참구는 꾸준히 일상에서 계속해야 합니다. 중단하면 리듬이 깨지고, 다시 시작할 때 혼란과 시간 낭비가 생기며 화두가 일여 하지 못합니다. 처음엔 일이냐 화두냐 혼란스럽지만, 화두가 일념이 되면 일과 화두가 하나 되어 혼란이 사라집니다.

11월 3일

마음의 본성은 공하여 움직임이 없고, 모든 움직임과 작용은 흔적 없이 나타나는 현상일 뿐입니다.

생각이 없으면 할 일도 없이 지혜가 나오며, 업도 없어 전후가 명확해집니다. 수행은 깨달음의 마음과 자비, 지혜를 터득하게 하여서 선정과 중도를 얻게 합니다. 중도의 마음은 대상을 만날 때 자비와 지혜를 발현해 모든 상황을 원만히 해결하고 평화를 가져옵니다.

우리 몸은 감정이 없는 하나의 물질에 불과하며, 분별하고 알아차리는 주체는 마음입니다. 무한한 보배인 마음을 개발하지 않고 부처와 조사의 말만 익히면, 남의 보배만 헤아리는 꼴이 됩니다. 모든 것은 마음의 작용이며, 마음 외에는 어떤 움직임도 없습니다.

마음의 본성은 공(空)하여 근본적으로 움직임이 없으며, 움직임과 작용은 마음의 현상일 뿐입니다. 온종일 움직이고 보고 듣고 해도 흔적이 없고, 말로 표현할 수도 없으며 따질 곳도 없습니다. 마음이 공함을 알고 집착하지 않으면 모든 업력(業力)에서 벗어날 수 있습니다.

달마 대사는 마음은 찾을 수 없고, 펼치면 법계처럼 넓고 움츠리면 바늘 끝만큼도 용납하지 않는다고 했습니다. 그는 오직 본래의 마음을 구했을 뿐, 따로 부처를 찾지 않았습니다. 삼계가 본래 공하여 실체가 없으니, 부처는 외부에 따로 존재하는 어떤 대상이 아니라, 본래 마음자리에 구족되어 있습니다. 결국 마음 자체가 부처이며, 이미 스스로 구족되어 있으므로 마음 밖에서 얻는 것이 아닙니다.

11월 4일

화두 참구는
간절히 몰두하되,
끝내는 '화두' 그마저도
놓을 수 있어야 합니다.

자기의 본래자리가 본래면목이자 깨달음이며 공부입니다. 달마 대사는 모든 외적 인연을 끊고 마음에 흔들림이 없어야 도에 들 수 있다고 했습니다. 청정한 지혜는 텅 비고 고요하며, 밝고 분명하게 언제나 그 자리에 있습니다. 마음은 찾을 수 없고, 세상의 이치로 구할 수 없는 것이며, 본래 아무것도 없는 도리가 심인의 핵심입니다.

생겨나고 사라지는 것이 다 멸하면 고요하고 사라짐 없는 경지가 참된 즐거움[生滅滅已 寂滅爲樂]입니다. 발밑을 살펴보고 응당 잠시도 머묾이 없어야[照顧脚下 應無小住] 합니다. 무념을 근본으로 삼으니, 열반은 고요하고 적정[無念爲宗 涅槃寂靜]합니다. 본래 한 물건도 없으니 오고 감이[本來無一物 不去不來] 없습니다. 이 자리를 알고 지키면 깨달음은 고요하고 평화롭게 자연스레 드러나는 것입니다.

망상과 지견, 사사로움을 털어내고 마음을 비워 철저히 깨달아야 하며, 머물지 않고 끊임없이 정진해 자유의 경지에 이르러야 합니다. 화두 참구는 군더더기 없이 간절히 몰두해야 하며, 신심을 가지고 나아가면 누구나 실제 경지를 체득할 수 있습니다. 끝내 그마저도 놓을 수 있어야 진정한 공부입니다.

11월 5일

깨달음의 삶은
본래자리에서 사는 것이며,
화두는 마음의 근본을 찾아 어둠을 밝히는 등불입니다.

깨달음의 삶이란, 항상 본래자리에서 살아가는 것입니다. 화두는 도의 근본인 마음을 찾아가는 보이지 않는 무기입니다. 형상 있는 몸속에서 형상 없는 화두는 어둠 속 길을 밝히는 등불입니다. 구슬이 물에 잠길 때 물과 구슬 사이에 틈이 없듯이 화두도 빈틈없이 간절하게 보아야 합니다.

근본 마음인 심의식은 본래 허공처럼 원만하지만, 분별로 인해 화두가 흐려지고 한 생각만으로도 망상이 자리하니, 고양이가 쥐 잡듯 간절히 화두를 살펴야 합니다. 우리 마음은 끊임없는 망상과 습관에 갇혀 벗어나지 못하지만, 본래 성품은 나지도 멸하지도 않고 늘 존재합니다. 그러므로 허망한 인연을 떠나 여여한 본성을 알아차려야 합니다.

이런 심의식은 자기 마음과 성품의 경계로, 허망한 생각과 망상으로 인해 생사의 바다가 생기며, 이는 업의 애착과 무지에서 비롯된 것입니다. 이 무지를 넘어서는 것이 마음 깨달음의 핵심입니다. 심의식(心意識)의 ① 심(心)은 아뢰야식으로 종자(種子)를 저장하고, 육근의 지각 작용을 가능하게 하는 가장 근원적인 심층 의식이며, ② 의(意)는 말라식으로 아뢰야식에 저장된 종자를 끌어내 인식이 이루어지도록 하고 생각과 생각이 끊임없이 일어나게 하는 마음 작용이며, ③ 식(識)은 육식으로 식별하고 판단하는 마음 작용, 인식 작용, 인식주관입니다.

11월 6일

모든 깨달음은 본래 성품에서 벗어나지 않으며, 번뇌와 망상에 가려진 본성을 회복하는 것입니다.

어떤 상황에서도 본심을 지키며 오직 화두를 참구해야 합니다. 모든 깨달음은 본래 성품에서 벗어나지 않으며, 번뇌와 망상에 가려진 본성을 회복하는 것이 수행입니다. 중생의 마음은 밖으로 흘러서 새어나가기에 유루법(有漏法)이라 하고, 부처의 마음은 새지 않아 무루법(無漏法)이라 합니다. 화두 참구자는 간결하게 주변을 정리하고, 큰 의심과 큰 분심으로 시작해 간절히 자기 마음을 되돌아봐야 합니다.

화두 의심에 털끝만큼의 차이가 있으면 하늘과 땅 사이만큼 벌어집니다. 과부가 하나밖에 없는 외자식이 전쟁터에 나가 죽었는데, 시체라도 찾아야겠다는 소망처럼 간절한 마음이 있어야 합니다. 그러므로 본래의 대신심으로 용맹정진하게 한 생각도 내지 않고 앞뒤가 끊어지면, 일순간에 이 마음을 분명히 보아 허공처럼 한없고 태양처럼 밝음을 깨닫습니다.

이 자리는 별도로 무어라 할 마음이 있는 것도 아니고, 텅 비고 오묘하여 분명하게 통하여 의지하거나 의심이 없습니다. 그러므로 휴헐휴헐(休歇休歇)입니다. 이는 온 천지가 무념 무심의 경지에 들어선 것과 같아서 '한 구절에 백억 법문을 모두 뛰어넘는다'라는 말과 같습니다. 번뇌와 망상을 내려놓고 온전히 쉬게 되는 바로 이 순간, 이 자리가 바로 극락이자 천당임을 깨닫습니다.

11월 7일

참된 자성은
마음으로 볼 수 없으며,
오고 감 그대로가
본래 청정한 참마음의 현현이자 본래면목입니다.

참된 법은 생각이 멈추고 고요해진 자리에서 드러납니다. 마음은 본래 텅 비고 순수하며, 가고 옴이 없는 신령한 도의 근원입니다. 생각과 분별로는 도를 알 수 없으니, 사량분별(思量分別)을 놓아야 합니다. 마음이 밝아지면 모든 일이 순조롭고, 미혹하면 모든 것이 어긋납니다.

화두를 볼 때는 늘 또렷하고 고요하게 깨어있어야 하며, 지혜가 깊으면 어리석음은 저절로 녹아내립니다. 도(道)는 말과 형상을 초월하며, 천지 이전부터 존재해 왔습니다. 깨달은 이는 스스로 집착을 벗고 자유롭게 살아갑니다. 진정한 깨달음은 수행의 단계를 따지지 않으며, 이 때문에 교외별전(教外別傳) 즉, 경전 밖에서 별도로 전해진다고 했습니다. 마치 염화미소나 전광석화처럼 망설임 없이 단박에 깨닫는 것입니다.

화두를 꾸준히 참구하면 반드시 깨달음에 이를 수 있습니다. 부처님이 말씀하신 "모든 모습이 모습이 아님을 보면 여래를 본다"라는 말처럼, 형상을 좇아서는 진리를 얻을 수 없습니다. 참된 자성은 마음으로 볼 수 있는 것이 아니며, 그대로 오고 가는 모든 것이 본래 청정한 참마음의 현현(顯現)입니다. 이것이 바로 본래면목, 진실한 자아입니다.

11월 8일

지극한 경지에는 '나'가 없으니 마음 그대로가 부처입니다.

하나를 깨치면 일체를 깨닫고, 마음을 밝히면 생사(生死)의 문제도 자연히 해결됩니다. 도(道)는 움직임이나 고요함에 있지 않습니다. 진정한 수행은 오직 마음을 깨닫는 데 있으며, 마음 밖의 어떤 것도 의지하지 말아야 합니다. 자기 성품이 본래 깨끗함을 스스로 보는 것이 깨달음입니다.

그 자리에서 행(幸)과 불행(不幸)을 꿰뚫어 보고, 한 생각에 끌리지 않으면 저절로 부처의 행(行)이 됩니다. 지극한 경지에는 '나'가 없습니다. 이 마음은 몸속의 보이지 않는 보배로, 무한한 힘을 지녀 모든 어려움을 해결할 수 있습니다. 결국, "마음 그대로가 부처다" 가장 평범한 말이 진리입니다.

중생과 부처는 본래 평등하며, 지옥과 천당도 다르지 않습니다. 본래 자성은 무명을 떠났기에 번뇌와 망상도 일어날 근거가 없습니다. 열반과 생사, 성냄과 탐욕 모두 허망한 분별일 뿐입니다. 육진에 물들지 않고 무생의 진리에 고요히 계합할 때, 이 마음은 본래 맑고 고요하며 경계와 하나가 되는 깨달음에 이릅니다.

깨달음에 이르면 그 깨달음조차도 허상이 되어버리고, 마치 통 밑이 빠진 듯이 단박에 꿰뚫으면 훤히 밝은 대자유에 이릅니다. 확실한 체험 없이는 모두가 아득할 뿐입니다. 진정한 깨달음은 현묘하다거나 불조(佛祖)라 할 것도 없이, 크게 작용하고 자유로운 대기대용(大機大用)의 세계일 뿐입니다.

11월 9일

바른 깨달음은
한 생각의 청정한 마음에서 시작되며
이는 오직 화두를 간절히 참구함으로써 이룰 수 있습니다.

진정한 깨달음은 단박에 인연을 깨치는 데 있으며, 겉으로는 모양에 끌리지 않고, 안으로는 마음이 어지럽지 않아야 합니다. 형상이 있어도 마음이 어지럽지 않으면 본래 청정한 것이며, 한 생각이 일어나면 경계에 휘말려 선정에서 벗어나게 됩니다. 그래서 안팎이 고요하고 어지럽지 않은 상태를 선정(禪定)이라 합니다.

바른 깨달음은 한 생각, 청정한 마음에서 시작되며, 이는 오직 화두를 간절히 참구함으로써 이룰 수 있습니다. 화두를 오랫동안 지극하게 참구하면, 어느 날 문득 홀연히 깨달음이 찾아올 수 있습니다. 앉고 서고, 걷고 일하고, 움직이고 머무는 모든 순간에 화두를 놓지 않아야 합니다.

참된 깨달음의 종지(宗旨)를 알지 못하면, 소견(所見)이 그릇되고 말만 많아져서 점점 더 얽매이게 됩니다. 인과(因果)를 무시한 '텅 빈 공' 공(空)이나 '걸림 없음'의 견해를 경계하고, 화두를 깊이 참구하여 깨달음을 이루길 바랍니다. 계(戒)의 성품은 허공 같아서 홀연히 깨달으면 석가와 같아집니다.

깨달음 후에는 일상에서 정인정과(正因正果)에 의지해 세속(世俗)의 업(業)을 물리치고, 안온한 경지에서 꾸준히 수행해야 합니다. 오랜 시간 한결같이 수행하면 이 몸 그대로 훌륭한 법신(法身)이 됩니다.

11월 10일

도는
생각이나 노력으로 이루지 못하며,
지극한 화두 참구 끝에
문득 타파되어 이루어집니다.

보조국사 지눌(普照國師 知訥, 1158~1210)의 〈진심직설(眞心直說)〉에 "마음은 모든 경계를 따라 움직이나, 그 움직임은 깊고 고요하다. 흐름에 따라 성품을 알면 기쁨도 근심도 없다"라고 했습니다. 자세하게 마음을 쓰는 가운데서 근본을 단박 깨달아야만 번뇌 세상을 벗어날 수 있으며, 한 번 얻으면 영원히 잃지 않습니다.

이 깨달음은 밖에서 찾는 것이 아니며, 이 종지(宗旨)의 오묘(悟妙)함은 즉, 자기 마음에서 구하는 것이며, 그 깊은 진리는 말이나 생각으로는 쉽게 얻기가 어렵습니다. 자기 보물은 돌보지 않고 남의 것만 탐하는 어리석은 이들은, 순금 같은 자성을 버리고 거름더미에서 죽은 벌레를 찾는 것과 같으니, 내 마음에 있는 삼독심을 버리지 않으면 도를 만날 수 없습니다.

바람이 불어서 나무를 흔들고 구름을 움직이며 먼지를 일으키는 것은 마음 본체의 묘한 작용입니다. 화두를 참구하는 참마음은 본래 고요하고 청정하지만, 한번 작동이 요동(搖動)하면 의심의 덩어리를 거듭 압축하여, 의정(疑情)을 지나 의단(疑團)으로 넘어가고, 마침내 강력한 집중력인 타성일편(打成一片)의 폭발력에 이르게 됩니다.

이 과정서 얻은 것도 아는 것도 없지만, 모든 것이 그대로 밝고 명백해지며 걸림 없는 자유를 체험하게 됩니다. 생각이나 노력으로는 도를 이룰 수 없으며, 지극한 화두 참구 끝에 문득 타파되는 순간이 찾아옵니다.

11월 11일

화두를 참구할 때는
안팎에 치우치지 않고,
마음을 편안하고 한가롭게 하여
오묘한 마음을 꿰뚫어 보아야 합니다.

선정에서 나올 때는 천천히 자연스럽게 움직이며, 선정에서 벗어난 뒤에도 화두를 놓치지 않고, 선정의 힘을 항상 잘 지켜나가야 합니다. 마음은 늘 움직임 속에서 깊은 뜻을 체험해야 하며, 어느 한쪽으로 치우치지 않고 중도의 역할을 해야 합니다. 안팎에 법이 있다고 보지 말고, 가슴속을 텅 비워 걸림이 없으면 모든 작용이 본래자리에서 저절로 발현됩니다.

본래자리가 확실히 드러나면 일체의 만사를 자유자재로 다스릴 수 있으니, 이를 대자유인(大自由人)이라 합니다. 화두 수행은 개념이나 언어, 지식이나 사유, 알음알이로 할 수 있는 것이 아닙니다. 굳센 마음으로 생사의 흐름을 끊고, 본래의 바른 성품을 바로 깨달아야 합니다.

화두를 참구할 때는 밖의 경계에 끌려가지 말고, 안으로는 조급하게 몰아가지 말아야 합니다. 마음을 편안하고 한가롭게 하여 오묘한 마음을 꿰뚫어 보아야 합니다. 화두가 한 생각이 곧 영원하고, 영원히 다시 한 생각되어 담담하고 끊어짐이 없으면 번뇌는 바람처럼 사라질 것입니다.

바람과 깃발, 그리고 마음에 대해 말하면, 움직이는 것은 바람이나 깃발이 아니라 마음입니다. 그러므로 불어오는 바람에도 끌리지 말고, 펄럭이는 깃발에도 따라가지 말아야 합니다. 오직 자기 내면에서 작용하는 보이지도 않고 붙잡을 수도 없는 그 마음의 작용을 간파해야 합니다.

11월 12일

화두 결택은
화두를 몸과 마음으로 체험하는 것으로,
결택 후에는 모든 생각을 내려놓아야 합니다.

향상(向上)의 한 구멍 즉, 한 작은 깨달음의 순간이 열리면 마음이 바르게 서고, 세상의 모든 중생과 사물, 법(法)의 본질을 올바르게 볼 수 있는 도(道)의 세계가 드러납니다. 깨달음은 화두의 결택(結擇)이 우선이며, 조금이라도 객관·주관·이성의 작용이 일어나면 화두는 멀리 달아납니다. 화두를 결택한 뒤에는 일상에서 일어나는 수많은 생각을 한꺼번에 내려놓아야[放下著] 합니다.

범부의 인연법을 넘어 도인의 세계에 들어가면, 마음은 텅 비었으나 신령하고 고요하며 두루 비추어서 걸림이 없습니다. 밖의 경계에 흔들림이 없는 것이 '앉음[坐]'이며, 안으로 본래 성품을 보아 어지럽지 않은 것이 '선(禪)'입니다. 선정에서 나올 때는 천천히 조심하여 일어나고, 나온 뒤에도 선정의 힘을 어린아이를 돌보듯 지극히 간직해야 합니다.

선정은 누구에게나 절실하며, 어느 순간에도 자신을 잃지 않고 깨어있는 삶을 살 수 있습니다. 화두 생활은 잠시도 화두를 잊지 않고 간절히 참구해야 합니다. 마음이 고요하고 맑아야 진리를 보고 지혜를 얻을 수 있으며, 모든 청정한 지혜는 선정에서 비롯됩니다.

아뢰야식의 미세한 망식을 떠나 부처의 자리를 직접 깨치면 망상은 스스로 사라집니다. 이를 원증·견성이라 합니다. 그러므로 일체의 법에 의지해 머물지 않으며, 의지할 것 조차도 머물지 않는 것입니다.

11월 13일

수행은
마음을 자유롭게 하고
집착과 생각에 얽매이지 않으며,
특별한 방법 없이 꾸준히 실천하는 것입니다.

무상(無相)은 모양을 짓지 않고, 모양을 생각하지 않는 것입니다. 그 안에는 무주(無住)와 무념(無念)이 포함됩니다. 무주는 마음이 머물지 않는 것이고, 무념은 생각에 집착하지 않는 것입니다. 이 가운데 무념을 종(宗)으로, 무상을 체(體)로, 무주를 본(本)으로 삼습니다.

옛사람들은 이 한 가지 인연을 위해 잠을 잊고, 방아를 찧는 고행도 마다하지 않았습니다. 동산(洞山)에 아홉 차례, 투자(投子) 선사에게 세 차례 찾아갔으며, 어느 순간도 허투루 지나치지 않고 서로 거량하고 닦아주었습니다. 그리하여 마침내 신풍산(新豐山)에서 깊이 계합하여 활연히 종지를 깨달았습니다.

화두의 도(道)는 홀로 증득하며 화합 속에서 본분을 지키는 것입니다. 본질은 때를 알아서 벗어나지 않는 데 있으며, 이를 무심(無心)한 도인(道人)이라 합니다. 망상은 경계에 부딪히면 곧 일어나니, 한 생각의 자리를 알아차려야 끌려다니지 않습니다. 성품은 본래 깨끗하나, 허망한 분별이 이를 가릴 뿐입니다. 수행은 마음을 자유롭게 하고, 집착과 생각에 얽매이지 않으며, 특별한 방법 없이 꾸준히 실천하는 것이 핵심입니다.

11월 14일

깨달음은
연기(緣起) · 공(空) · 무아(無我)
즉 무심(無心)의 본원(本源)으로 돌아가서
일어나고 사라짐 없는 성품을 보는 것입니다.

삼업(三業)이란 몸 · 말 · 뜻으로 지은 선악의 업을 말합니다. 수행은 삼업을 청정히 하고 홀로 단정히 앉아 화두를 참구(參究)하여, 깨달음을 얻는 것을 말합니다. 깨달음은 연기 · 공 · 무아 즉 무심의 본원으로 돌아가 일어나고 사라짐이 없는 상태를 보는 것이 곧 성품을 보는 것입니다.

화두를 참구할 때 미세망념(微細妄念)까지 사라져 번뇌가 전혀 없는 무여열반(無餘涅槃)의 경지에 이를 때, 모든 망심(妄心)이 없어져 진정한 무심을 얻습니다. 그러므로 화두를 참구하여 경계를 타파하면 즉시 무심경계(無心境界)가 나타나 모든 것이 쉬게 됩니다.

견성(見性)은 헛된 생각과 번뇌를 떨쳐 자기 본래의 참된 성품을 깨닫는 것입니다. 법성은 본래 비고 고요하여 생사에 걸림이 없는 허깨비와 같으며, 지혜로운 이는 악을 끊을 필요 없이 상황에 따라 합하거나 분리할 수 있습니다. 번뇌가 곧 보리임을 깨닫는다면 별도의 선정도 필요 없으며, 진실한 마음의 본체에는 모양과 끊음이 없습니다.

이 공부는 결코 남이 대신 깨닫게 해줄 수 없으며, 스스로 견디고 실천할 능력이 있는 사람만이 가능합니다. 이 수행은 천근의 짐을 질 힘이 있는 사람만 가능하며, 기력이 약하면 무거운 짐에 눌려 실패하고 맙니다. 큰 견해와 지혜를 가진 자만이 큰 성과를 얻습니다.

11월 15일

사람은 본래 참된 마음을 지녔으나
집착과 아집 때문에 깨닫지 못하니
오래 선한 마음을 길러야 깨달을 수 있습니다.

사람은 누구나 본래의 참된 마음을 지니고 있지만, 집착과 오래된 습관, 아집과 욕심 때문에 깨닫지 못합니다. 오래도록 선한 뿌리를 길러온 사람만이 세속의 인연에 얽매이지 않고, 집착과 습관, 아집과 욕심을 버려 단번에 깨달을 수 있습니다.

그 깨달음은 아무리 가려도 숨길 수 없는 본질적 진리이며, 이를 얻기 위해서는 마음에 집착하지 않고, 깨끗함이나 움직임조차 따지지 않으며, 본래 허망한 마음조차 붙잡지 않아야 합니다. 수행자는 성인과 범부의 구분을 넘어설 때 비로소 편안히 쉬며 자유롭게 살아갈 수 있고, 그 삶은 단련된 순금처럼 흔들림 없고 넓고 한가로워집니다.

모든 사람은 본래 평등한 마음을 지니고 있지만, 번뇌와 망상에 가려 그 본성을 보지 못합니다. 본성은 누구에게나 오묘하고 불가사의하게 갖추어져 있으나, 깨닫지 못하면 잘못 사용하여 어리석음에 빠지고 일생을 헛되게 보냅니다.

본성은 항상 변함없이 그 자리에 있어, 고통을 벗어나 진리와 대자유인 중도로 이끕니다. 따라서 수행자는 깨끗함과 더러움, 이익과 손해, 옳고 그름 같은 분별에 집착하지 않아야 합니다. 찰나에 집착을 놓으면 분별이 사라지고, 본래의 참모습을 분명히 보아 단번에 깨달을 수 있습니다. 그 깨달음에 이르면 시비가 사라지고 안팎이 하나 되어 크고 넓은 평안 속에 머물게 됩니다.

11월 16일

억지로 생각을 멈추려 하지 않고, 오직 한 생각으로 모든 생각을 바라보면 본래의 광명 즉 무념(無念)이 드러납니다.

수행자는 수시로 일어나는 잡다한 생각을 그치지 않으면 참된 진리를 만날 수 없습니다. 온갖 생각으로 생각을 억지로 그치게 하면 오히려 더 그쳐지지 않지만, 오로지 한 생각으로 모든 생각을 바라보면 자연스럽게 저절로 멈춥니다. 이렇게 알음알이의 먹구름만 걷히면 본래의 광명이 드러나는 것을 무념(無念)이라고 합니다.

무념을 체득하면 생각이 방해되지 않으며, 이 가르침의 핵심은 무념을 세워서 종지(宗旨)를 삼는 것입니다. 잡다한 생각과 판단을 내려놓지 않으면, 진정한 마음의 고요나 무념 상태도 생길 수 없습니다. 망정과 견해를 모두 없애서 본래의 순수한 상태에 도달하면, 그 깨달음은 모든 성인과 조금도 다르지 않습니다.

사람의 마음을 가리는 번뇌에는 굵은 것과 미세한 것이 있으며, 특히 미세한 번뇌는 알아차리기 어렵습니다. 이를 진심으로 믿고 분명히 살펴서 깨닫는 것이 진리에 들어가는 길입니다. 온종일 한 생각에 집중하여 잡념과 미세한 번뇌까지 제거해야 자기 본성을 볼 수 있습니다.

보고 듣는 일에도 마음을 붙잡지 않고 자유롭고 평온한 상태가 '크게 통하는' 깨달음입니다. 무심함이란 마음을 비우고 몸과 마음을 놓아 텅 빈 상태로 지내는 것이며, 오랫동안 이렇게 고요히 있으면 갑자기 깊은 깨달음을 얻는 순간이 찾아오고, 이를 위해서는 결단력 있게 마음을 다해 수행해야 합니다.

11월 17일

화두를 참구할 때는
돌이 물속으로 내려가는 것 같이
마음과 간격 없이 간절히 해야 합니다.

화두 참구의 핵심은 가장 높은 깨달음을 얻어 본래 자기 성품 자리[自性]를 보는 것입니다. 청정한 마음은 본래 맑고 밝으며, 조금도 흔들림 없이 늘 그 자리에 변함없이 머물러 있습니다, 처음 입문할 때부터 근원을 바로 알아서 자기에게로 나아가야 합니다. 철석같은 마음으로 모든 망상과 견해, 세속의 지혜와 분별, 집착과 이기심을 한꺼번에 내려놓아야 합니다.

본래 마음은 이미 깨달아 있는 것이며, 번뇌와 망상에 가려져 있을 뿐입니다. 화두는 그 망상의 구름을 걷어내는 역할을 합니다. 화두에 대해 간절히 의심(疑心)·의정(疑定)·의단(疑團)·타성일편(打成一片)·은산철벽(銀山鐵壁)에 이르면 찰나(剎那)지간에 삼매에 들어가게 됩니다. 그러므로 화두를 참구할 때는 오직 간절하게 돌이 물속을 내려갈 때처럼 화두와 마음 사이에 간격이 없이 참구해야 합니다.

혜능 스님은 8개월 동안 돌을 짊어지고 방아를 찧었으며, 설봉 스님은 밥을 짓고 물통을 나르며 수행했습니다. 암두 스님은 투자산(投子山)에 머물던 동산 양개(洞山良价) 선사를 아홉 번 찾아갔으나, 인연이 닿지 않았습니다. 이처럼 꾸준히 정진하다 보면, 때와 장소를 가리지 않고 찰나에 문득 화두타파 즉 깨달음을 체험하게 됩니다. 이때에는 우주의 모든 것을 한꺼번에 깨닫고 만사형통하게 됩니다.

11월 18일

큰 법은
마음을 바로 가리켜 본성을 보게 하고,
곧바로 깨달음을 이루게 합니다.

이 큰 법은 삼세의 모든 부처님이 함께 깨닫고, 역대 조사들이 똑같이 인가해 전하였습니다. 사람의 마음을 바로 가리켜 본성을 보아 성불케 하며, 문자나 말에 의지하지 않고 교법 밖에서 직접 마음의 인[心印]을 전했습니다. 만약 말이나 교리에 기대어 단계와 구분을 세운다면 근본 종지를 잃고 옛 성현의 뜻을 저버리게 됩니다.

화두를 타파한 깨달음은 자기 본성을 철저히 확인하는 것입니다. 한 번 체험하면 잊거나 미혹되지 않으며, 본성은 밝고 맑아 번뇌와 망상이 사라지고 안팎의 경계가 없어집니다. 순간적으로 모든 생각이 흔적 없이 사라지며, 우주와 하나 된 공의 세계를 자각하고, 신비롭고도 자연스러운 경지를 맞이하게 됩니다.

그러므로 부처님께서 세상에 나오시고 달마 대사가 서쪽에서 오신 큰 뜻은 알음알이나 사량(思量)으로는 헤아릴 수 없습니다. 다만 속세에서 닦아온 종자가 무르익어서 근기와 역량이 뛰어난 사람만이 그 임무를 감당할 수 있습니다. 임무를 완수하고 종지(宗旨)를 체득한 이들은 깊은 산이나 한적한 곳에서 세상과 단절하며 숨어 지냈습니다.

인생에서는 한순간에 단박 본심을 따르는 것이 중요합니다. 본래 있는 그대로 생겨나지도 않고 또 멸하지도 않는 마음을 자연스럽게 쓰면, 억지로 고통을 만들 필요가 없습니다. 모든 인연은 간단하고 소박하게 받아들이며, 구하지 않고 집착하지 않고 꾸미지 않으면 순리에 따라 저절로 이루어집니다.

11월 19일

화두를 참구하여 마음을 깨달은 이는
생각과 집착이 없고 망념이 일어나지 않으며,
모든 일을 원만하게 처리합니다.

최상승의 도리는 겉모습에 의지하지 않고 본심을 꿰뚫어 보는 데 있습니다. 재가인(在家人)이 출가인(出家人)의 수행을 닦는 것은 불 속에 연꽃을 피우는 것과 같습니다. 화두를 참구하여 마음을 깨달은 이는 생각과 집착이 없고 망념이 일어나지 않으며, 본성의 지혜로 모든 일을 원만하게 처리합니다. 생각에 집착하면 번뇌에 얽히지만, 무념을 깨친 이는 걸림 없이 자비롭고 지혜롭게 살아갑니다.

대적정삼매를 거쳐서 그것마저 놓아버리면 평등하고 연연(然然)하며, 모든 법을 허깨비나 꿈처럼 봅니다. 본분을 체득한 이는 처음부터 조작이 없으며, 찰나에 깨달아 우주의 순리에 거슬리지 않습니다. 이후 허망한 인연을 초월해 고금과 시방을 아우르고, 청정하고 오묘한 도리로 허공과 하나 되어야 합니다.

회양(懷讓) 스님은 조개 스님 아래 8년을, 장경혜능(長慶慧稜) 스님은 설봉 스님 아래 15년을 수행하며 깊이 배우고, 영운(靈雲) 스님과 용천(涌泉) 스님은 각각 30년과 40년 동안 스승의 문하에 의지했습니다.

역대 스님들은 수년에서 수십 년 동안 스승 아래 의지하며 수행했습니다. 영가현각(永嘉玄覺, 665~713)은 "분골쇄신해도 은혜를 다 갚을 수 없고, 한 구절이 백억 구절을 뛰어넘는다"라고 말씀하시며, 이는 성인조차 전하지 못하는 오묘한 가르침임을 강조하셨습니다.

11월 20일

나의 법문은
단박과 점차 깨달음을 아우르며,
무념을 종지, 무상을 본체, 무주를 근본으로 삼습니다.

선(禪)은 생각이 아니며 무념(無念)을 종지로 삼습니다. 마음을 밝혀 본래 근원에 이르는 것이 선도(禪道)입니다. 깨달음에는 단박과 점차의 구분이 없으나, 사람의 근기에 따라 우둔하면 점차로, 영리하면 단박에 깨칩니다. 본래 마음을 아는 것이 곧 본성을 보는 것이며, 깨달으면 차별이 없으나 깨닫지 못하면 끝없는 윤회를 거듭합니다.

본성을 보지 못하면 분별에 끌리고, 본성을 보면 마음이 자유로워 말과 행동이 바르게 됩니다. 자신의 본성을 깨닫고 마음이 완전히 자유로운 상태에 이르면, 세상일에 흔들리지 않고 항상 평온하게 머뭅니다.

나의 법문은 단박과 점차의 깨달음을 아울러 세우며, 무념(無念)을 종지로 삼고 무상(無相)을 본체로 삼으며, 무주(無住)를 근본으로 삼습니다. 참구자가 의심을 다 놓고 훌륭하다는 생각마저 없으면 자연히 밝아져 깨달음과 간격이 없어집니다. 이것이 진리의 정문이며 마음 깨닫는 법칙입니다.

옛 사람들은 "마음이 곧 부처다" "마음도 아니고 부처도 아니다" "마음도 부처도 물건도 아니다" "마삼근(麻三斤)"이라 하였는데, 단박에 알아차리면 둘이 아니며, 한 번 깨치면 일체를 아는 것입니다. 참구자는 반드시 활구(活句)를 참구해야 하며, 사구(死句)에 얽매이면 자신도 구제하지 못합니다.

11월 21일

'나'는 순간적 인식일 뿐이지만, 본래는 죽지 않고 자유롭고 충만합니다.

오랜 수행으로 편안하고 참다운 경지에 이르면 번뇌와 생사에 구속되지 않으며, 가는 털끝만큼이라도 알음알이가 있게 되면 당장 흔적 없이 털어버립니다. 핸드폰이라는 사물의 이름을 붙여도, 붙이지 않아도 도리에 맞지 않습니다. 도리를 빈틈없이 관조해 체득하면 마음이 자유로워 어떤 상황에도 흔들리지 않습니다. 사람의 가장 귀중한 가치는 외적인 것에 있지 않고, 자신의 본성과 참된 마음을 깨닫는 데 있습니다.

그러므로 마음의 본체는 본래 공하여 비어 있는데, 우리가 스스로 지어낸 망상 때문에 혼란과 집착이 생깁니다. 망상이 없음을 분명히 알면 헛된 생각에 휘둘리지 않고, 모르면 없는 것을 있는 듯 착각합니다. 이렇게 공의 본체는 항상 적멸함을 체득하여야 합니다. "갑돌이"가 '나'란 것은 단지 이름에 반응할 뿐인, 순간적인 자기 인식에 불과합니다. 그 '나'는 생겨나고 죽지 않으며, 어떤 외부 조건이나 상황에도 상하지 않고 제한받지 않고, 자유롭고 온전하게 존재하며, 우주처럼 넓고 충만합니다.

생각이 끊임없이 일어나서 서로 얽히면 참된 진리를 만나기 어렵습니다. 마음이 일어나는 본래자리를 분명히 알아야 하며, 육체는 언젠가 죽지만, 마음은 시간과 공간에 구애받지 않고 끊임없이 존재합니다. 참된 마음은 외부 조건이나 상황에 의존하지 않고, 스스로 기쁨과 평화를 만들어낼 수 있는 근원적 힘입니다.

11월 22일

마음의 본체나 본래 성품은
모양이 없고, 생각이 없고,
머무름이 없으므로,
형상과 집착에 얽매이지 않고 자유롭습니다.

마음의 본체나 본래 성품은 모양이 없다는 것은 형상에 얽매이지 않음이고, 생각이 없다는 것은 집착 없는 마음이며, 머무름이 없다는 것은 본래 성품이 자유로워 한 생각에도 얽매이지 않음을 뜻합니다.

머무름 없음을 근본으로 삼으면, 본체는 고요하고 작용은 밝게 비지며, 본체와 작용이 서로 떨어지지 않고 고요하면서 비춥니다. 인생은 짧은 희로애락의 영화와 같고, 육신은 결국 흙으로 돌아가서 허망하지만, 살아 있는 동안 모든 경험은 마음에서 비롯됩니다.

그러므로 마음을 찾기 위해 일상에서 우리가 앉고 서고 보고 듣고 말하고 행동하는 일체처 일체시에 '이뭣꼬?' 라는 근본적인 의문이 자연스럽게 떠올라야 합니다. 모든 것을 알아차리려면 한 생각도 일어나지 않도록 집중하여 '이뭣꼬?' 라는 화두를 부지런히 참구해야 합니다.

육신은 사라져도 마음은 후손에게 영원히 빛과 생명을 전하는 이것이 선대의 참된 유산입니다. 우리 안에는 이미 완전하고 자유로운 밝음과 지혜가 내재해 있으니 근본 즉 본래 마음에는 외부에서 오는 것이 아닌 '빛' 같은 본질이 있으며, 그것이 바로 불성입니다. 이 빛은 화두를 참구할 때 드러나며 이것을 반야라고 합니다.

11월 23일

본체는 모든 존재와 현상이 하나로 연결되어 통합니다.

화두 '이뭣꼬?'는 뜻을 알 수 없는 말 즉 활구(活句) 화두로 시작하면 복잡한 일도 차근차근 풀려 만사를 원만히 해결할 수 있습니다. 새벽에 일어나면서부터 세수, 식사, 대화, 일 등 모든 일에 '이뭣꼬?'라는 화두를 참구하면, 그것이 자신의 근본 본성에서 자연스럽게 드러나는 행동이 되며, 마음이 본래 청정하고 온전하므로 어떤 일도 바르게 이루어집니다.

마음을 비우는 것은 공을 체득하는 것이며, 마음속에는 끊임없이 생각이 일어나지만, 그 본질은 고정된 실체가 없고 공이라는 것을 직접 체험하게 됩니다. 모양을 떠나면 자성의 본성은 청정하여, 모양 없음을 본체로 삼습니다. 이 본체는 모든 생각과 우주, 크고 작음, 사람과 사물, 낮과 밤, 생(生)과 사(死)가 하나로 통하며, 이를 법성원융이라 합니다. 상은 둘이 아니며 모든 법은 본래 고요합니다.

성인(聖人)들도 전하기 어려운 오묘한 깨달음을 얻기 위해 회양(懷讓) 스님은 조계에 머무른 지 8년 만에야 "설사 한 물건이라 해도 옳지 않습니다"라고 하였고, 장경혜능(長慶慧稜) 스님은 설봉의존(雪峯義存, 822~908) 스님에게 가서 15년 동안 좌복을 일곱 개나 떨어뜨렸고, 영운지근(靈雲志勤) 스님은 30년을, 용천 스님은 40년을, 덕산선감(德山宣鑑, 780~865)과 임제의현(臨濟義玄, ?~867)도 오랜 세월을 스승의 문하에 의지했습니다.

11월 24일

수행자는 올바른 화두를 간택해
바르게 수행하면 사도(邪道)에 빠지지 않고,
장애를 극복하며 헛된 수고가 없습니다.

불교의 공(空)은 보이지 않지만 마음으로 체험할 수 있으며, 배움으로 아는 것이 아니라 직접 체험해야 하는 불가사의한 것입니다. 체험해 보면 모든 것이 마음으로 이루어졌음을 깨닫게 되고 생활이 안정되고 맑아지며 더욱 정진하게 됩니다.

수행에는 다양한 방법이 있지만, '이뭣꼬?' 화두는 강력한 간화선 수행법으로 한국의 대표적인 선 수행입니다. 화두 수행자는 올바른 화두를 선택해 바른길을 가야 사도에 빠지지 않고, 활구 참선하면 장애를 극복하고 헛된 수고 없이 수행할 수 있습니다.

각자 마음속에는 허공과 천지를 삼키고 티끌에도 들어가는 한 물건이 있으며, 밝기도 어둡기도 하고 항상 작용하지만 거둘 수 없고, 이름과 모양이 없고 말로도 알 수 없는 한 물건이 있으니, 이를 '이뭣꼬?' 화두로 의심하고 간절히 참구하면 참된 본성을 깨닫게 됩니다.

상화(霜華)는 대위산에서 소임을 볼 때, 대원(大圓) 스님이 떨어뜨린 쌀 한 톨을 줍고 "한 톨을 가볍게 여기지 말라, 백천 톨이 이 한 톨에서 나온다"라고 말하자, 상화가 "그 한 톨은 어디서 났는가?"라고 묻자 대원 스님은 대답하지 않고 떠났고, 저녁 소참(小參)에서 대중에게 "쌀 속에 벌레가 있구나"라고 하셨습니다. 옛 선사의 선문답에서 사소해 보이는 것 속에도 깊은 진리와 의미가 깃들어 있다는 것을 보여주었습니다.

11월 25일

'이뭣꼬?'
화두는 번뇌와 망상을 멈추고
마음을 본래자리로 되돌리는 강력한 수행 도구입니다.

화두는 번뇌와 망상을 멈추게 하는 도구로, 생각이 있으면 그릇되고 생각이 없으면 바르게 됩니다. 화두 수행은 망상을 멈추고 완전한 지혜를 찾는 것이며, 참구할 때는 고요하고 사심과 집착 없는 마음이어야 합니다. 이것은 본래 한 물건도 거두지 못하므로 미세한 티끌조차 남아 있지 않습니다.

이 물건은 마음 있는 것으로도 알 수 없고 마음 없는 것으로도 알 수 없으니 이것이 무엇인가? '이뭣꼬?' 화두는 6(識)·7식(識)·8식(識)을 제압하는 강력한 수행 도구로, 번뇌와 망상에 빠진 마음을 순식간에 본래자리로 되돌리는 화두 의심입니다.

화두 수행은 지극한 의심에서 비로소 힘이 생기며, 추측이나 상상은 오히려 망상을 키울 뿐이므로 오로지 화두에 의심을 걸어야 합니다. 화두 수행은 기력이 있을 때 집중하고, 어리석음과 둔함을 이용해 자신의 앎을 성찰하며, 평상시 생활과 고요함·소란 속에서도 한결같이 참구해야 합니다.

오랜 수행으로 모든 인연이 떨어져 나가면, 자연스럽게 저절로 화두가 일편(一片)을 이룰 것입니다, 이것이 좌선의 핵심 기술이자 안락법문(安樂法門)입니다. 깨달음과 불성은 말로 표현할 수 없고, 생각이 끊어진 상태이며, 모든 존재가 서로 연결되어 개별적 자아가 없으므로 연기입니다. 연기는 본래 성질이 없으므로 공하며, 공함으로 생각이 멈추어 볼 것도 없어진 상태를 무아라 합니다.

11월 26일

화두를 들 때는
팽팽함과 느슨함을 조화롭게 하여,
집착이나 치우침 없이 바르게 참구해야 합니다.

화두를 들 때는 잘 된다, 잘 안 된다, 이익과 손해가 있다 하는 분별을 두지 말아야 합니다. 또한 생각으로 '생각이 일어나는 근원'을 따져 보려 하지 말아야 합니다. '이뭣꼬?'라는 화두는 고요하고 편안함을 구하는 것이 아니며, 텅 빈 경지에서 성품을 보았다고 말할 수도 없습니다. 그것은 말이나 문자로 드러낼 수도 없는 자리이기 때문입니다.

눈·귀·코·혀·몸·뜻의 6근(根)이 경계를 만날 때 분별이 끝없이 일어납니다. 그 경계를 따라가면서 '이뭣꼬?'를 하면 망상이 더 어지럽고, 화두는 또렷함을 잃게 됩니다. 그러므로 언제나 움직임 속에서도, 고요 속에서도 화두가 분명해야 합니다. 이 '한 물건'은 어떤 상황에서도 사라지지 않으며, 허공이 사라진다 해도 이것은 없어지지 않습니다.

알음알이를 조금이라도 내면, 지견(知見)에 갇혀 참뜻에 이르지 못합니다. 큰 도(道)는 태허공(太虛空)과 같이 끝없이 열려 막힘이 없습니다. 화두를 들 때는 팽팽함과 느슨함을 알맞게 하여 삿된 견해에 떨어지지 말고, 소리와 물질에 집착하지 않으며, 지나치지도 모자라지도 않게 참구해야 합니다.

또한 고요함에 머물지 말고, 꿈과 깨어있음이 둘이 아님을 관해야 합니다. 화두를 참구할 때는 아는 알음알이를 철저히 버려야 하며 밖으로는 인연을 끊고, 안으로는 마음을 흔들림 없이 장벽같이 하여야 합니다.

11월 27일

불조의 오묘한 도는
각자의 본성 속에 있으나,
총명과 지혜에 집착하면 진리를 보지 못하고
그릇됨에 머물게 됩니다.

'만법이 하나로 돌아가니, 그 하나는 무엇인가?[萬法歸一 一是甚麽]' 하고 지극한 정성으로 간절히 '이뭣꼬?'를 참구하여야 합니다. 불조의 오묘한 도는 각자의 본래자리 즉 본성 속에 있으나, 총명과 지혜에 집착하면 진실을 보지 못하고 그릇됨에 머물게 됩니다.

천지와 만물이 허공을 가득 채워도 도를 담을 수 없고, 태양과 달빛으로도 도를 모두 비출 수 없습니다. 돌이 물속으로 내려갈 때 돌과 물 사이에 간격이 없듯이 화두를 끝없이 의심하여 나와 화두가 하나가 되어야 하며, 은산철벽에 갇혀 있는 것 같아야 비로소 밝은 깨달음이 올 기연을 맞이할 수 있습니다.

이 큰 인연을 깨닫기 위해서는 영리함과 뛰어난 지혜만으로는 겨우 조금 힘을 덜 수 있을 뿐입니다. 의도가 있으면 어긋나며, 필요 없는 생각을 하므로 생각의 벽에 가로막힙니다. 생각 없음이 곧 법(法)이며 심법(心法)입니다. 법성(法性)은 항상 눈앞에 있으나 형태가 없고, 태양처럼 밝고 허공처럼 넓으며, 변하지 않습니다.

그것은 본래 움직인 적 없고 끊어짐도 없으니, 오직 진실하게 알아차려 생각 없이 있으면 본래를 철저히 깨닫습니다. 그러므로 원통의 깊은 이치를 모르면 도리를 깨닫기 어렵고, 모든 법이 평등함을 알면 마음이 고요하고 맑아집니다.

11월 28일

본성 · 마음 · 성품의 이름 이전
참모습을 밝히는 것은
곧 '이뭣꼬?' 화두를 참구하여
본래면목을 보는 것입니다.

덕산선감(德山宣鑑, 782~865) 스님은 "마음에 별도로 할 것이 없으면 비었지만 신령하고, 고요하지만 두루 비춘다"라고, 운문문언(雲門文偃, 864~949) 스님은 "있는 그대로가 진실이다"라고, 암두전활(巖頭全豁, 828~887) 스님은 "무심을 지키면 저절로 삼매를 초월한다"라고, 조주종심(趙州從諗, 778~897) 스님은 "많은 이들이 부처를 찾지만 무심한 도인을 만나기는 어렵다"라고 하셨습니다.

이 가르침을 마음에 새기고 쉬어간다면, 언젠가 경계와 인연을 만날 때 큰 힘이 될 것입니다. 화두 수행자는 입에 발린 말에 머물지 말고, 집착과 걸림을 여의어 깊이 깨달음에 나아가야 합니다. 본성 · 마음 · 성품은 이름 붙인 것일 뿐, 이름 짓기 전의 참모습은 무엇이었을까요? 화두 '이뭣꼬?'를 참구하여 본래면목(本來面目)을 보는 것이 곧 깨달음입니다.

화두 수행으로 마음속 보배를 찾아 어디서든 주인답게 살아가며 참된 행복을 누려야 합니다. 이를 위해서는 견해를 고요히 하고 가슴을 비워, 안팎이 텅 비고 고요한 자리에서 한 생각도 일어나지 않는 경지에 들어야 합니다. 5조 홍인(弘忍, 601~674) 스님께서도 "죽음을 맞이할 때의 선을 참구하라"라고 하셨습니다. 깨달음은 말과 글, 그림으로는 표현할 수 없지만, 체험자는 분명히 압니다.

11월 29일

화두 '이뭣꼬?'는
마음의 번뇌를 없애고,
근본 실체를 의심하며
깨닫는 도구입니다.

옛 현인(賢人)들은 큰 근기로 스스로 깨닫고 실천했으며, 일어나는 마음과 사념(邪念)을 세밀히 살펴 조금이라도 생기면 즉시 제거했습니다. 또한 명예나 승리를 구하지 않고, 오직 생사의 큰 문제를 위해 진실하게 수행하여 끝내 어둡거나 함정에 빠지지 않았습니다.

《수심정로(水心正路)》에서는 "화두는 무엇이든 본래 의심을 드러내어 마음의 병을 제거하는 도구이며, '이뭣꼬?'란 알 수 없는 한 물건을 끝없이 의심하는 공부라 했습니다. 이 물건은 천지와 만물을 두루 아우르는 알 수 없는 것으로, 그 정체를 알 수 없고, 있음도 아님도 아니고, 한 물건도 아니면서 한 물건이 아니라고도 할 수 없으며, 어떤 생각이나 설명으로도 알 수 없으니 다만 의심할 뿐입니다"라고 했습니다.

수행자가 진실로 알아차려 한 생각도 일어나지 않게 하면 마음의 근본 자리인 참된 실체를 철저히 깨닫게 됩니다. 마음의 근본 자리, 진아(眞我), 또는 모든 분별과 집착 이전의 참된 실체는 움직임도 끊어짐도 없습니다. 모든 행위가 자유롭고 막힘 없으므로 알음알이가 일어나고 사라질 자리가 없으며 항상 해인삼매(海印三昧)의 경지에 있습니다.

11월 30일

화두를 들고 일심으로 수행하면
자아와 대상이 사라지고,
나와 부처가 둘이 아님을 깨닫게 됩니다.

화두 수행은 의심을 드러내서 마음의 병을 없애는 것이며, 다른 말이나 사상(思想)에 흔들리지 말고 오직 화두에 마음을 두어야 합니다. 간절히 일심으로 공부하면 보고 듣는 경계가 고요해지고, 대상과 자아가 사라져 걸림이 없는 상태에 이릅니다.

머리로 이해하려 하지 말고, 눈이 눈을 볼 수 없듯이 내가 둘이 될 수 없음(不二法)을 깨닫는 것이 중요합니다. 불이법(不二法)이란 마음과 우주가 하나임을 깨닫는 법으로, 자신을 스스로 분석하지 말고 오직 화두 수행을 통해 직접 체험해야 합니다.

세상은 일심의 마음 하나뿐이라고 믿고 화두를 선택하며, 마음은 허공처럼 아무것도 없음을 체험해야 합니다. 선지식들은 삶과 죽음을 넘어선 무아(無我)의 경지를 경험할 때 비로소 깨달음을 증득한다고 말합니다. 불조(佛祖)의 큰 가르침은 개념이나 언어, 지식으로 이해할 수 있는 것이 아닙니다.

모든 집착과 생각을 내려놓고, 식정(識情)을 벗어나, 고요히 마음을 비운 상태에서 모든 방편을 초월해 오묘한 마음의 근본을 직시하여 깨달아야 합니다. 진실하고 바른 경지는 한 번 깨달으면 변하지 않습니다. 사람의 마음을 곧바로 밝혀 견성 성불해야 하며, 말이나 형식에 얽매이지 않아야 합니다.

12월

대자유인

마음을 얽매는
번뇌와 집착에서 벗어나
좋고 나쁨, 옳고 그름의 분별을 넘어
있는 그대로의 마음으로
세상을 받아들이는 삶을 살아가네.

12월 1일

법신과 무위의 도는
얽매이지 않고 자유로워
직접 체험으로만 깨달음을 얻을 수 있습니다.

육진(六塵)인 색성향미촉법(色聲香味觸法)은 본래 공하고 고요하여, 눈에 보이는 모든 것이 정각 아님이 없습니다. 법신은 방위에 얽매이지 않고 자재하므로 마음으로 헤아릴 필요가 없으며, 무위의 큰 도는 자유로워 항상 미묘한 깨달음을 지니고 있습니다.

깨달음은 단순히 말이나 지식으로 얻는 것이 아니며, 모든 인연과 마음의 본질을 직접 체험하고 스스로 깨달을 때 비로소 진정한 자유를 얻는 것입니다. 본래자리는 백척간두에서 한 걸음 더 나아가야 마지막 관문을 통과할 수 있습니다. 화두 공부는 종교를 초월한 진리의 수행으로, 긴 시간 앉아 있는 것이 아니라, 순간순간 마음의 본성을 깨닫고, 고요히 체험하는 데 있습니다.

연기(緣起) · 무아(無我) · 공(空) · 중도(中道)는 본래 하나의 근원이며, 자연스럽고 자유롭게 드러나는 본래면목 또는 본지풍광(本地風光)입니다. 이를 깨달으면 영원히 얻어 생사에 걸림 없이 자유로워집니다.

화두 수행에는 열 가지 병을 조심해야 합니다. ① 아는 것에 집착하는 것, ② 생각하는 것, ③ 있음과 없음에 얽매이는 것, ④ 도리나 뜻으로 헤아리는 것, ⑤ 눈썹을 드날리거나 눈을 깜박이는 것, ⑥ 말로 장기를 삼아 재주를 부리는 것, ⑦ 아무 일 없는 곳에 앉아 있는 것, ⑧ 문자로 증명하려는 것, ⑨ 미혹을 깨치기를 기다리는 것, ⑩ 불조의 가르침을 듣고 즉시 이해했다고 생각하는 것 등이 그것입니다.

12월 2일

마음과 경계를 모두 잊고,
분별과 알음알이를 끊으면
바로 부처의 마음이 드러납니다.

한마음이 일어나지 않으면 모든 법에 허물이 없지만, 깨달음을 알음알이로 얻으려 하면 피아(彼我)의 마음이 생겨 벗어날 수 없습니다. 한마음이 무심(無心)하고 사념(思念)이 없는 경지는 오직 예리하고 영리한 사람만이 얻을 수 있습니다. 모든 사람이 깨달음의 큰 인연을 갖고 있으니, 그것은 외부가 아니라 자기 마음속에서 직접 찾아야 합니다.

마음은 본래 고요하고 비어 있지만, 그 마음이 봄과 감각을 통해 세상을 느끼고 드러냅니다. 그래서 마음은 모든 경험과 깨달음의 근원이 됩니다. 마음과 경계를 모두 잊고 고요히 지견과 알음알이를 끊으면, 바로 부처의 마음이 드러납니다.

마음은 어디서 왔는지, 어디에 머무는지, 언제부터 있었는지 알 수 없으며, 맞고 틀림의 분별도 넘어야 합니다. 구르는 둥근 공(孔)에는 머리가 없는 것처럼, 석가의 법은 특정한 형상이나 한계에 얽매이지 않고, 공(空)과 유(有)에도 막힘이 없습니다. 이것은 나를 잊고 생사를 초월해 적멸을 체득하는 법 즉, 생멸멸이 적멸위락(生滅滅已 寂滅爲樂)입니다.

이 공부는 마음을 내어 생각하고 사물을 인식하여 자기 견해에 집착하면 아무리 해도 이루어낼 수 없습니다. 그래서 석상 스님은 "그냥 쉬어라, 마음을 놓고 오래도록 향로처럼 가만히 있으라"라고 가르쳤습니다.

12월 3일

모양에 집착하지 않는 것이 무상이며, 생각을 벗어난 것이 무념 · 무심이고, 성품이 생각에 머무르지 않는 것이 무주입니다.

몸과 마음을 흙과 돌, 나무처럼 내려놓으면, 어느 순간 한 생각 없이 호흡과 속박이 끊기며 마치 어둠 속에서 빛을 만난 듯이 갑작스러운 환희심(歡喜心)이 생깁니다. 4대 5온이 가볍고 편안해져서 마치 무거운 짐을 벗어난 듯한 기쁨을 느끼며, 몸과 마음이 열려서 우주의 공함을 체험하게 됩니다.

만약 참된 깨달음을 얻지 못하면, 경계와 외연(外緣)을 만날 때, 쉽게 어지러워져서 모든 것에 휘둘리며 생사의 속박 속에 갇히게 됩니다. 따라서 정신을 바짝 차리고 덧없음을 생각하며, 생사 문제를 가장 큰 일로 삼아야 합니다.

일상에서 행동할 때는 그 행동을, 가만히 있을 때는 그 상태를, 옷을 입거나 밥을 먹을 때는 그 순간을 살피며, 서 있는 자리에서 분명히 드러나는 깨달음을 체험해야 합니다. 원상(圓想)은 분별을 벗어난 불이중도(不二中道)의 상태로, 말로 표현할 수 없고 지혜가 끊임없이 나면서도 고정되어 있지 않습니다.

이것은 머리와 꼬리가 없으며, 심지(心地) 또는 본래면목(本來面目), 본지풍광을 나타내고 마음을 놓아버리면, 편안하고 자유로운 경지가 드러납니다. 팔만 사천 경전은 이를 설명할 뿐, 실제 체험은 마치 열쇠로 보물창고를 여는 것과 같습니다.

12월 4일

참된 깨달음은
얻을 곳이 없는 자리에서 얻되,
얻는 듯 보여도 실제로는 얻는 것이 아닙니다.

만나는 모든 인연과 사물은 각각 다르지만, 모두 본래 자기에게 있던 것이므로 인연에 따라 꺼내 쓰면 됩니다. 이 큰 인연을 깊이 믿으면, 부모에게서 태어나기 전까지의 시간과 공겁 저편까지도 그 자리에서 뚜렷하게 드러납니다. 이는 매일 살아가는 지금 이 순간에 있으며, 결코 모자라거나 부족하지 않습니다.

한 곳을 꿰뚫으면 모든 곳이 빠짐없이 명확해져 깨달음이 이루어집니다. 진실이 드러날 때는 소리나 몸도 없이 그 자체로 당당하며, 한 티끌을 들어 올리면 대지 전체가 함께 움직이는 것과 같습니다. 온 법계가 마음이며, 눈·귀·코·혀·몸·의식 어느 곳에도 별도로 붙지 않음을 분명히 알아야 합니다.

이 마음은 사람에게 깃들어 지식, 감정, 의지 등 정신 활동을 하는 것이며, 거짓 없는 생각으로 외부 자극에 대해 일어나는 기분과 느낌을 포함합니다. 참된 깨달음은 얻을 곳이 없는 자리에서 얻되, 얻는 것 같아도 실제로는 얻는 것이 아니어야 합니다. 그래서 '한번 얻으면 영원히 얻어 미래세가 끝날 때까지 다함이 없다' 라고 하는 것입니다.

그렇지 않으면 깨달음도 얻음도 모두 허상에 그쳐, 결국 참된 깨달음이 되지 않습니다. 따라서 근본을 분명히 통달한 후, 수행해야 올바르며, 불법은 단순히 많이 아는 것이 아니라 자신의 마음과 본래 성품을 직시하고 깨닫는 데 있습니다.

12월 5일

본성을 깨달으면
망념과 생각을 버리고
마음이 활짝 열려 모든 것을 초월해 통하게 됩니다.

깨달음은 소박하고 진실하게 수행하며 알음알이를 정화하는 것이 가장 중요합니다. 본성을 깨달으면 망념과 생각을 모두 버리고 마음이 활짝 열려, 모든 모습을 초월해 텅 비고 통하게 됩니다. 모든 경계와 인연을 하나로 모아 허공처럼 장애 없이 밝고 자유로워야 하며, 백 겁 생(生)이 일체가 되어야 평온함을 얻습니다.

한 법도 갖거나 버릴 것이 없으면, 그 자리에서 모든 것이 원융하여 곳곳이 삼매이며 티끌마다 그 자체가 조사(祖師)의 말씀입니다. 선문(禪門)의 유전돈법(唯傳頓法)은 화두에 마음과 힘을 다해 모든 경계와 이해를 깨부수고 오매일여를 이루어 내외가 밝게 통함으로 불성을 깨닫는 수행입니다.

하나의 모습과 행동 속에서 일상삼매를 얻어 근기와 기연을 벗어나면 단번에 무심경계가 나타납니다. 옛 스님들은 "현묘한 도를 참구하는 사람이 먼저 오묘한 마음을 깨닫고, 수행할 것이 없는 수행을 통해 깨달을 것이 없는 깨달음을 증득하는 것을 귀하게 여긴다"라고 했습니다.

밖에서 구하지 말고 스스로 마음을 돌이켜서 있는 그대로 아는 것이 중요합니다. 한 생각이라도 또렷하게 깨치면, 생각마다 수행하며 닦음 없이 닦고 지음 없이 지음으로써 연마해야 합니다. 그리하면 어떤 경계에도 집착하지 않고 선악에 얽매이지 않으며, 잠잠한 마음으로 참구하여 번뇌를 벗고 청정한 묘과를 얻어 완전한 해탈에 이릅니다.

12월 6일

당시당처(當時當處)가 곧 마음이요,
마음이 곧 부처이며,
부처가 곧 진실한 도(道)입니다.

당시당처(當時當處)가 곧 마음이요, 마음이 곧 부처이며, 부처가 곧 진실한 도(道)입니다. 마음이 진실하다면 사람도, 부처도 모두 진실합니다. 그래서 오직 사람의 마음을 곧바로 가리켜 견성성불(見性成佛)하게 한 것입니다.

이 마음은 본래 청정하고 더럽힘이 없으며, 처음부터 집착이 없고, 고요히 비추어 주관과 객관을 여의니, 처음부터 원만하고 완전합니다. 그러나 자성(自性)을 지키지 못하고 한 생각을 허망하게 일으킨 까닭에 끝없는 지견이 일어나 모든 존재 속에 표류하게 된 것입니다.

본래자리에서 본래의 빛을 지니고 있어 어두워진 적이 없건만, 탐·진·치 삼독에 부질없이 끌려다니면서 속박받게 된 것입니다. 그러나 숙세(宿世)의 근기를 바탕으로 곧바로 보여주신 경계를 만나면 바로 깨치게 됩니다.

옛 사람들이 기연에 투합한 것을 보면, 강 건너 부채 흔드는 소리, 찰간대를 부러뜨림, 한 손가락을 세움, 실오라기 불어 흩날림이나 또는 복사꽃을 보고, 대나무에 기와 조각 부딪히는 소리를 듣고 깨닫기도 하였습니다. 요컨대 지식과 분별심을 버리고 지금 이 자리에서 바로 알아차릴 수 있다면, 그것이 바로 편안하고 자연스러운 깨달음의 경지입니다.

12월 7일

궁극의 깨달음은
마음을 비우고
고요히 관조하여 한 생각도
일어나지 않는 경지에 이르는 것입니다.

궁극의 깨달음을 이루려면 자기 견해를 가라앉히고 마음을 비워야 합니다. 그렇게 하면 안과 밖이 고요하고 담담하며, 밝게 관조하여 마침내 한 생각도 일어나지 않는 자리에 도달합니다. 이 위대한 법은 삼세의 모든 부처님이 깨달은 바이며, 역대 조사들이 함께 전하고 인가한 진리입니다.

이 깨달음은 마음을 바로 보아 본성을 드러내는 데 있습니다. 안팎이 밝고 투명해야 하며, 문자나 말에 의지하지 않고 마음에서 마음으로 전해져야 합니다. 그러므로 실제 참구와 자각이 중요합니다. 평상심이 곧 무심이자 도이며, 이것은 화두인 '이뭣꼬'와 다르지 않습니다.

《원오심요》에서는 스스로 깨치면 그 경지가 허공처럼 끝없이 펼쳐져 어떤 형상이나 구분에도 얽매이지 않는다고 합니다. 그것을 본래면목(本來面目) 혹은 본지풍광(本地風光)이라 부르며, 한 번 얻으면 영원히 잃지 않아 생사에도 더 이상 막힘이 없습니다.

중국 당나라 때 태전(太顚) 선사(禪師)는 "십 년 동안 축령봉을 내려오지 않았다. 색과 공을 관조하니 곧 색이 공임을 깨달았다. 어찌 조계의 한 방울 법수를 홍련의 작은 잎 위에 떨어뜨릴 수 있겠는가"라고 하였습니다.

12월 8일

깨달음은
말이나 문자에 의지하지 않고,
곧바로 체험하여 진리를 깨닫는 것입니다.

세상사 무엇보다 자기 깨달음이 가장 중요합니다. 그러므로 화두를 끝까지 참구하여 뚫어야 하며, 인연과 연기법 속에서 오온 즉 색(色)·수(受)·상(想)·행(行)·식(識)이 모두 공함을 깨달아야 합니다. 자성은 본래 없는 무아이며, 화두가 타성일편(打成一片) 합일되어 양변을 놓고 중도의 인연이 도래하면, 화두는 완벽히 타파됩니다.

회두를 간절히 참구하면, 서산대사의 〈운수단 가사〉처럼, "아유일권경(我有一卷經) 불인지묵성(不因紙墨成) 전개무일자(展開無一字) 상방대광명(常放大光明), 나에게 한 권의 경이 있는데 그것은 종이나 먹으로 이루어진 것이 아니다. 펼쳐도 한 글자 없지만, 늘 크고 밝은 광명을 놓고 있더라"라는 깨달음의 경지를 노래할 수 있습니다.

이 깨달음의 성품은 말이나 문자에 의지하지 않고 곧바로 깨달을 수 있습니다. 단박에 생사의 흐름과 무명의 굴레를 끊어 의혹 없이 진리를 체험하면, 모든 것이 진실임을 알게 됩니다. 마음과 생각에 집착하지 않고 끊임없이 깨어 있는 상태로 깨달음의 길을 간다면, 부처와 같은 깨달음을 누릴 수 있습니다.

이 길에 들어서는 사람은 반드시 날카롭고 영리한 근기가 있어야 합니다. 조금이라도 주관이나 객관에 얽매여 경계와 인연에 빠지면 곧 길을 잃게 됩니다. 그래서 고덕은 "단박에 쉬어라!"라고 강조했습니다.

12월 9일

보리와 부처의 성품은
본래 청정하여,
번뇌 · 집착 · 탐욕 · 분별심 · 어리석음 등이 없습니다.

마음에 의심이 일어나면 회광반조로 마음을 되돌아보게 되고, 의정이 이어져 익숙해지면 의단이 이루어집니다. 더욱 간절히 수행하면 타성일편에 이르러, 부처나 조사도 허깨비처럼 느껴지고, 마음은 맑은 거울이나 은쟁반 위의 밝은 구슬처럼 청정하게 드러납니다.

육조혜능(慧能, 638~713) 스님의 게송(偈頌)에서 "보리는 본래 나무가 없고, 밝은 거울 또한 받침대 없네. 부처의 성품은 항상 깨끗하거니, 어느 곳에 티끌과 먼지 있으리오"와 신수(神秀, 606?~706) 스님의 게송 "몸은 보리수와 같고, 마음은 밝은 거울과 같으니, 항상 부지런히 털고 닦아 먼지가 묻지 않게 하라"를 비교해 보면 확연히 알 수 있습니다.

거울에 티끌이 없듯이, 마음이 맑으면 광명이 드러나며, 그것이 곧 깨달음입니다. 나머지는 모두 번뇌와 망상일 뿐이지만, 이 본질은 항상 존재합니다. 수행자가 마음을 반조하여 쌓아 온 집중과 깨달음의 깊이가 매우 충만해지면 법계가 나타나고, 의정(擬定)이 확연해지면 무아(無我)의 경지에 이르게 됩니다.

그래서 본분의 수행자는 남에게 흔들리지 않고 스스로 마음을 밝히며 초연하고 고고하게 살아갑니다. 깨달은 이는 세상 이치나 가르침에도 집착하지 않고, 본래 맑고 청정한 마음을 그대로 드러낼 뿐입니다.

12월 10일

화두는
분별과 망상을 제거하고
마음을 깨달아서
본래 무일물의 상태에 이르게 하는 신비한 도구입니다.

화두 '이뭣꼬'는 분별과 망상을 제거하고 마음을 깨닫게 하는 신비한 약과 같습니다. 한 생각이 일어나면 즉시 알아차리면, 그 자리는 무념(無念)·무상(無相)·무주(無住)·무심(無心) 곧 본래무일물(本來無一物)의 상태가 됩니다. 이는 가고 옴이 없음이며[不去不來], 우주가 한순간에 펼쳐져 거울처럼 비치는 상태[宇宙一發 現今卽鏡]와 같습니다.

화두는 마음의 참된 문, 심진여문(心眞如門)이자 마음이 일어나고 사라지는 문, 심생멸문(心生滅門)입니다. 이는 천태종의 삼제[空·假·中]와 삼관[空觀·假觀·中觀]을 아우르는 것으로 진리를 깨닫는 길을 가리킵니다.

화두 수행의 지침은 한마디 말 '휴거헐거(休去歇去)'를 벗어나지 않습니다. ① 쉬어라 ② 또 쉬어라 ③ 철저히 쉬어라 ④ 한 가닥 명주실처럼 집중하라 ⑤ 한 생각이 만년처럼 이어지게 하라 ⑥ 차갑고 싸늘하게 하라 ⑦ 옛 사당의 향로처럼 하라는 뜻입니다.

이를 통해 번뇌를 끊고 무념 무심하며, 상적상조(常寂常照)하여 원증견성(圓證見性) 대원경지(大圓境地)를 성취해야 합니다. 진정한 선객은 주변에서 '선병(禪病)'에 걸렸다고 할 정도로 수행이 드러나야 하며, 도반과 하나가 되어 힘을 나누고, 어떤 맛도 흉내 낼 수 없는 참된 선을 체득해야 합니다.

12월 11일

한마음이 없으면
만법에 허물이 없으므로,
알음알이 없이 있는 그대로 공성을 체득해야 합니다.

한마음이 없으면 만법에 허물이 없습니다. 주의할 것은 알음알이로 깨치려 하지 않는 것입니다. 있는 그대로 받아들이고, 어떠한 조작도 없이 주관과 객관, 유무, 선악을 초월한 공성을 체득해야 합니다. 깨달을 때까지 화두를 끊임없이 참구하되, 한 번에 안 되면 수없이 반복해야 합니다.

화두를 들고 마음이 편안하고 안심될 때까지 계속 참구하면, 그 자리가 행복의 샘터가 됩니다. 생각이 갑자기 끊어지고, 모든 집착과 존재감이 사라져 본래무일물과 불거불래의 상태에 이릅니다. 이때 심지는 모든 씨앗인 종자가 촉촉한 비를 맞으면 싹이 트듯 깨달음이 자라납니다.

깨달음에 대한 6조 혜능(惠能) 스님과 영가현각(永嘉玄覺) 대사의 대화를 보면, 혜능이 "어찌 그리 바삐 돌아가려 하는가?" 영가가 "본래부터 움직이지도 않았는데 어찌 빠름이 있겠습니까?" 혜능이 "누가 움직이지 않은 줄 아는가?" 영가가 "스님께서 스스로 분별을 내고 계십니다" 혜능이 "그대는 생멸이 없는 이치를 아주 잘 체득하고 있구나"

영가가 "생멸이 없는데 어찌 이치가 있겠습니까?" 혜능이 "이치가 없다고 하면, 누가 분별하겠는가?" 영가가 "분별 또한 이치가 아닙니다" 6조 대사가 감탄하며 말하길 "참으로 옳은 말이다"라고 하였습니다. 이는 움직임과 분별, 생멸과 이치 모두 본래 공하고, 참된 깨달음은 이러한 집착과 분별을 초월하는 것임을 보여줍니다.

12월 12일

삶과 고요 속에서 순간을 살피며,
생각이 일어나면 알아차리고 멈추며
본래자리를 지극정성으로 깨달아야 합니다.

매일의 삶과 고요한 시간 속에서 순간순간을 살피며, 그 자리에서 드러나는 진리를 분명히 알아차려야 합니다. 생각이 일어나면 알아차리고, 생각이 멈추면 생각 이전 자리인 본래자리를 지극정성으로 알아차려야 합니다. 그러므로 화두를 참구하는 수행자는 온몸이 가루가 되더라도 화두와 간절히 씨름하며 끊임없이 참구해야 합니다.

또한 알음알이를 떠나서 연못의 달을 건지듯이 끊임없이 마음을 집중하며 수행해야 합니다. 이러한 수행을 통해 의심과 의정, 의단, 타성일편, 은산철벽, 삼매를 거쳐 백척간두의 진일보에 이르고, 결국 꿈에서 깨어나 인중보(人中寶)를 달득(達得)하여 무생사(無生死) 즉, 생과 사가 없음을 알아야 합니다.

한 곳만 깨달아도 모든 곳이 투철하게 드러나며, 모든 티끌마다 본래의 성품이 있습니다. 한 티끌을 깨닫는 순간 대지 전체가 드러나고, 온 법계가 나와 다르지 않음을 알 수 있습니다. 그러므로 둘이 아님과 다르지 않음을 분명히 알아야 합니다.

몸은 형상이 없는 곳에서 생겨난 것으로, 허깨비가 여러 형상을 만들어 보이는 것과 같습니다. 이는 본래 없는 것이며, 이것을 마음이라 하지만 사랑과 미움은 공하여 본래 없고, 가고 오는 것도 없습니다. 몸은 물거품과 같고, 마음은 허공 속 바람과 같아 실체가 없음을 알아야 합니다.

12월 13일

깨달음과 지혜는
듣고 생각하고 수행하며
내적 · 외적 주인을 세울 때 비로소 얻을 수 있습니다.

큰 법은 본래 평상(平常)한 가운데 있으며, 깨달음을 향한 영리한 근기가 있고 세밀하고 민첩하게 관통할 때 깨달음이 이루어집니다. 총명함만으로 쉽게 깨달았다고 생각해서는 안 되며, 종교를 초월한 참선은 순간순간 자신의 마음속 선지식을 만나면 곧 해탈에 이르는 것입니다.

이렇게 《주역(周易)》에서는 군자는 덕을 닦는다고 하고, 《노자》는 "도를 깨우쳐 부지런히 실천하라"라고 했으며, 《불교보적경》에서는 "큰 용(龍)이 할 일을 마치고 무거운 짐을 벗어 재물을 얻은 것과 같다"라고 했습니다. 즉 깨달음과 지혜는 듣고 생각하고 수행하며 즉 문사수(聞思修), 내적 · 외적 주인을 세워야 비로소 이루어진다는 것입니다.

깨달음은 아는 것이나 얻는 것에 의지하지 않고, 한 생각조차 일어나지 않으면 곧 부처입니다. 돈오돈수는 모든 업장이 소멸하여 더 이상 수행할 것이 없는 구경각(究竟覺), 곧 열반을 의미하며, 일행삼매는 행 · 주 · 좌 · 와에서 정혜가 완전한 삼매를 말합니다.

이렇게 구경무심지(究竟無心智)을 체득하지 않고 종사(宗師)를 자처할 수 없으며, 안팎이 환히 밝고 무심 · 무념으로 무상대열반(無上大涅槃)을 실질적으로 증득해야 법을 정통으로 이을 수 있습니다.

12월 14일

지금 이 마음을
깊이 믿고
한 생각이 없음을 알아차리면
본성을 깨닫습니다.

옛 사람들이 말한 깨달음이란 바로 이 마음을 깨달은 것입니다. 지금 당장 확실히 깨닫고자 한다면, 무엇보다 먼저 자신이 있는 그 자리에 이 하나가 있음을 깊이 믿어야 합니다. 이것은 항상 눈앞에 있으나 형상이 없고, 허공처럼 넓으며 태양보다 밝습니다.

한 생각도 일어나지 않음을 알아차리면 본성을 깨닫습니다. 이것은 본래 움직임도 끊어짐도 없고, 모든 행위가 막힘 없이 늘 밝고 깨끗합니다. 방편을 드러낸다는 것은 역시 이 마음공부의 방편을 밝힌 것입니다. 다만 무심한 경지를 지키며 홀로 체득해야 하니, 거기에는 더 이상 상대가 있을 수 없습니다.

간화선 공부는 누구나 할 수 있으나, 무엇보다 발심이 중요합니다. 신심(信心), 의심(疑心), 분심(憤心)으로 일대사인연(一大事因緣)을 해결하면 지혜와 복은 저절로 따라옵니다. 처음부터 하나의 굳은 결심으로 활구의심(活句疑心)을 붙잡아 화두를 참되게 들어야 합니다. 화두란 말 없는 자리에서 말 없는 자리로 들어가는 것입니다.

12월 15일

본성을 깨닫고
사물의 이치를 알면,
마음이 열리고 하나로 통하게 됩니다.

본성을 보고 사물의 이치를 깨닫게 되면, 쓸데없는 생각과 망상을 모두 버릴 수 있습니다. 그 결과 마음이 활짝 열리며, 세상의 모든 형상을 초월해 모든 것이 하나로 통하게 됩니다. 그러므로 말이 필요 없는 화두 '이뭣꼬?' 수행에 반드시 한 번 참여하여, 만법에 얽매이지 않고 한 생각도 없이 진실하게 알아차리면 본래의 자리를 철저히 깨닫게 됩니다.

본래는 움직인 적도, 끊어진 적도 없습니다. 그러므로 우리의 모든 행위는 처음부터 방해받거나 막히지 않고, 언제나 밝고 자유롭습니다. 이는 근본의 진여(眞如)와 하나로 어울려 어떠한 분별이나 지적인 계산도 없는 상태입니다.

지금까지 많은 수행자가 화두를 참구하며 수행과 깨달음을 이루었고, 생사(生死)의 번뇌(煩惱)에서 벗어나 대중에게 이로움을 주었습니다. 이렇게 자비를 베풀고 진리의 법을 전하는 일은 서로에게 행복을 가져다주며, 다른 사람을 돕는 것이 곧 자기 행복으로 이어집니다.

오늘날에는 선명상(禪冥想)이 전 세계적으로 큰 인기를 얻으며 발전하고 있어, 사회 곳곳에서 화두를 생활 속에서 실천하는 일이 더욱 절실히 필요합니다.

12월 16일

현묘함을 참구하는 이는
마음을 깨달아
스스로 본성을 아는 것이 참된 수행입니다.

실오라기 같은 생각조차 일어나면 모두 끊어야 향상인(向上人)의 삶이라 할 수 있습니다. 현묘함을 참구하는 이는 먼저 오묘한 마음을 깨닫고, 수행할 것이 없는 수행으로 깨달을 것 없는 깨달음을 증득함을 귀하게 여기며, 밖으로 구하지 않고 자신의 광채를 돌이켜 알아야 합니다.

마음을 모르면 살아도 사는 것이 아니며, 마음과 성품을 아는 것이 가장 중요합니다. 천 가지, 만 가지 생각이 마음에서 일어나지만, 모든 법은 하나로 돌아가므로, 이 하나가 무엇인지 의심하고 살펴보는 것을 깨달음의 법칙으로 삼아야 합니다. 화두(話頭)란 '이뭣꼬?'라는 질문으로, 앉고 서고 보고 듣고 말하는 모든 행위가 '이뭣꼬?'에 해당합니다.

이 질문을 회광반조(回光返照)하여 일초직입여래지(一超直入如來地)하고 적정삼매(寂靜三昧)에 들면 깨달음에 도달합니다. 마음과 부처와 중생은 본래 차별이 없으며, 모든 중생이 원각(圓覺)을 이미 증득했다는 경문(經文)을 오해하여 '중생이 본래 부처이므로 깨달음을 구할 필요가 없다'라고 여기면, 이는 사악한 지견(知見)에 빠져 깨달음을 부정하는 잘못으로, 부처님의 혜명(慧命)을 끊는 것이 됩니다.

12월 17일

깨달음은 마음과 함께하며
지금 이 순간,
바로 여기의 모든 경험 속에서 체험됩니다.

불법에는 많은 것이 있는 것이 아니라, 오직 화두를 참구하여 마음속에서 크게 죽고 크게 살아난 체험을 통해 항상 적멸과 참 무심을 증득하는 것이 중요합니다. 재주나 기술에 의지하지 않고 그 자리에서 바로 알아차리면, 자연스럽게 안락하게 닦아 깨달음을 얻는 경지에 이릅니다.

대도(大道)는 늘 마음과 함께하며, 깨달음은 육체적 행동이 아니라 눈 뜨고 감고 보고 듣고 느끼고 생각하며 존재하는 바로 지금 이 순간 바로 여기에서 체험되는 것입니다.

지금 눈앞의 우주와 모든 사물은 달리는 기차 창밖 풍경처럼 끊임없이 변하며, 모든 변화는 인연에 따라 일어나 본성을 쉽게 놓칩니다. 그러나 보고 듣고 생각하는 모든 순간을 바로 알아차리면, 깨달음인 도(道)는 별도로 있는 것이 아닙니다. 그 자체가 깨달음입니다.

마음이 향하는 모든 대상은 살아 있는 그대로이며, 무념 · 무주 · 무상은 마음 자체입니다. 이를 있는 그대로 받아들이고 바깥 경계에 끌려가지 않도록 마음을 안정시키면, 어떤 환경에서도 자유롭고 평안합니다.

석가모니불은 별을 보고 깨달았으나 깨달음 후에는 대상에 집착하지 않고, 사물을 따르지 않으면서도 세상과 무관하지 않습니다. 여래는 세상에 태어나거나 열반하지 않았듯, 깨달음은 외부 조건이나 생사 · 열반을 초월한 마음의 본성을 깨닫는 것입니다.

12월 18일

번뇌와 망상을 벗어나려면
마음을 비우고
무심의 고요한 경지에 도달해야 합니다.

번뇌와 망상을 벗어나려면 마음의 모든 알음알이마저 내려놓아야 하며, 한 생각도 없는 무심의 경지에 홀연히 도달해서 한가롭고 텅 비어서 고요해야 합니다. 이 경지는 바깥이나 안, 내부와 외부, 어떠한 관계에도 얽매이지 않습니다. 내 견해의 가시가 조금이라도 남아 있으면 깨달음이 어두워집니다.

뿌리로 돌아가면 본래 뜻을 얻고, 현상을 따라가면 근본을 놓칩니다. 주인공인 마음을 깨달으면 현상과 공을 초월하는 적멸현전(寂滅現前)의 경지에 이릅니다. 무한한 우주는 어디나 공(空)이지만, 그 공(空) 속에서 진공묘유(眞空妙有)가 바로 눈 앞에 펼쳐지는 것입니다.

그러므로 근본이 열리면 마음이 자유로워져, 어디로 향할지 정해지지 않아도 모든 상황에 자연스럽게 대응하며 밝게 비칩니다. 나와 남, 좋아하고 싫어하는 감정, 옳고 그름, 오는 것과 가는 것까지 구속받지 않고 자유롭게 행동하게 됩니다. 있는 그대로 자연스러운 마음인 평상심은 본래 마음의 근본 성품으로, 겉으로 특별히 드러나지 않습니다.

많은 사람 속에 섞여 있어도 눈에 띄지 않고, 흔히 쓰는 판단이나 지혜로는 쉽게 알 수 없습니다. 그러나 마음이 고요하고 비어 있으면 모든 것이 자연스럽게 드러나고, 배운다는 마음을 내려놓으면 자유롭고 맑은 마음으로 사람들과 자연스럽게 사랑과 자애를 나눌 수 있습니다.

12월 19일

깨달음이란
자기 내면의 진리를 증득하고
분별심에서 벗어나는 것입니다.

깨달음이란, 자기 내면에서 진리를 증득하는 것이며, 분별심에서 벗어나는 것입니다. 제자와 스승의 문답인 "한 물건도 가져오지 않았을 땐 어떻게 해야 합니까?" "놓아버리게" "아무것도 가져오지 않았는데, 무엇을 놓아버려야 합니까? 저는 잘 모르겠습니다" "보아하니 아직 놓아버리지 못했군"이라는 이 말을 듣고 엄양 존자는 마침내 크게 깨달았습니다.

이후 혜남 선사의 게송 "한 물건도 가져오지 않았건만 양어깨에 짊어진 듯 무겁고 벗어나지 못했네. 말끝에서 곧바로 잘못임을 알아차리니 마음속 기쁨은 끝이 없도다. 가슴속의 매서운 독이 사라지니 뱀도 호랑이도 도리어 벗이 되고, 적막한 천백 년의 세월에도 맑은 바람은 그치지 않고 불어오네"라고 한 것은, 스스로 만든 얽매임을 깨닫는 순간 번뇌가 사라지고 본래 청정한 기쁜 마음을 나타낸 것입니다.

마음의 작용은 크게 세 가지 속성, 곧 의식·활동·정체로 나눌 수 있으며, 또한 바른 지식·오류·분별·수면·기억의 다섯 가지로 구분됩니다. 한 생각을 잘못 일으키면 곧 업(業)이 됩니다. 그러므로 몸을 괴롭히지 말고, 오직 간절한 마음으로 화두를 참구(參究)해야 합니다.

화두 공부란, 의지하고 집착하던 마음을 불안·복잡·통제 불능의 상태에서 벗어나 안정·간단·간소·간편한 자리로 전환하는 것입니다. 이렇게 발심하여 생사(生死)의 문제를 해결하면, 마침내 적멸위락(寂滅爲樂)의 경지에 이를 수 있습니다.

12월 20일

자신이 있는 자리에서 '마음자리'를 철저히 믿으면, 형상 없고 변치 않는 본래의 자리를 깨닫게 됩니다.

자신이 있는 자리에서 '이 하나가 있음'을 철저히 믿어야 합니다. 그것은 모든 지견(知見)이 끊겨 의지할 것이 전혀 없는 자리이며, 눈앞에 항상 있으나 형상은 없고, 태양처럼 밝고 허공처럼 넓으며, 절대 변하지 않습니다. 그러니 자주 이 화두를 참구해 보십시오.

"한 물건도 가져오지 않았을 땐 어떻게 합니까?" 조주 스님은 이에, "놓아버리라"라고 하였습니다. 이렇게 하면 단박에 깨닫는 것이 어렵지 않습니다.

또 어떤 스님이 운문 스님께 물었습니다. "한 생각도 일으키지 않았는데 허물이 있습니까?" 운문 스님은 "수미산만큼 있다"라고 답했습니다. 이 또한 곧바로 핵심을 찌른 가르침입니다.

다만 고요히 화두를 들고, 오래도록 꾸준히 하다 보면 저절로 들어갈 자리가 나타납니다. '6식(識)' 여섯 가지 의식에 오염되지 않은, 허공처럼 텅 비어 있으면서도 실제로는 끊임없이 작용하는 이 자리, 이것을 본래면목(本來面目)·본성(本性)·도(道)·마음[心]이라 하며, 곧 자재 해탈이라 합니다.

화두를 통해 의심이 깊어질수록 화두가 끊어짐 없이 이어지고, 간절한 의정이 화두에 집중되며, 의단(疑團)이 형성됩니다. 그리고 마침내 화두가 타파되면 천만 가지 의심도 한꺼번에 사라지게 됩니다.

12월 21일

'모른다'라는 마음으로
화두를 깊이 관하면,
굳이 따져보지 않아도 먼저 알아차리고
자연스럽게 깨달음을 체험하게 됩니다.

깨달음의 인연은, 불조(佛祖)께서 열고 드러내어 보이고 깨닫고 들어가도록[開示悟入] 특별히 이끌어 주신 것이며, 최상승(最上乘)의 날카로운 근기인을 위해 제시한 것입니다. 허공은 생겨나고 사라지지만, 이것은 처음부터 변함이 없습니다.

비록 처음에는 온전하지 못하더라도, 시간이 지날수록 더욱 분명해지고 흩어짐이 없으며, 영롱한 빛 속에서 만 년의 세월도 한 생각처럼 친숙해집니다. 이것은 오직 '모른다'라는 마음으로 화두를 관(觀)하다가 깨치면, 우뚝하고 생생하여 굳이 따져 보지 않아도 먼저 알아차리고, 말하기 전에 이미 분명히 알게 됩니다.

이 화두 선(禪)이란 무엇입니까? 그 맛은 달고 성질은 서늘하여, 마음을 편안하게 하고 삿된 기운을 물리치며, 막힌 곳을 열어 주어 혈맥이 고르게 통하게 합니다. 끊임없이 익혀 무르익으면 경계에 휘둘리지 않고, 번뇌와 병이 사라지며 정신과 몸이 맑아집니다.

그리고 본래 참되고 원만한 자기 자리에서 크게 쉬어버리면, 곧 대적정(大寂定) 삼매의 경지에 이르게 됩니다. 나아가 그마저도 놓아 버리면, 텅 비어 평등하고 항상 여여하며, 무심을 철저히 깨달아 모든 법을 꿈이나 허깨비처럼 여기게 됩니다. 궁극에는 아무것에도 얽매이지 않고 홀로 벗어나 자유자재하게 됩니다.

12월 22일

본성은
항상 밝으나 얻을 수 없고,
모든 말과 생각을 끊어
성인과 범부에 얽매이지 않습니다.

화두의 생명은 간절한 마음에 있으며, 신심(信心)과 분심(憤心), 의심(疑心)입니다. 화두를 의심하는 과정에서는 한 생각에 만년이 되게 집중하여, 의정과 회광반조(回光返照)가 자연스럽게 이어져 끊어짐 없는 의단(疑團)이 스스로 드러나도록 해야 합니다.

또한 화두를 참구할 때는 혼침(惛沈), 도거(掉擧), 식광(識光)과 같은 마음의 장애를 한 번에 끊어버려야 합니다. 사람으로 태어난 이가 한 생을 허비하지 않으려면, 화두를 들고 모든 알음알이와 허망한 인연을 버리고 마음을 항상 비워야 합니다. 혹시 망상이 일어나면, 곧바로 화두를 관(觀)하여 마음을 바로잡고 본래 마음자리[本性]를 깨달아야 합니다.

본성은 항상 밝으나, 그 밝음은 취하거나 얻을 수 있는 것이 아닙니다. 그 밝음은 취모검(吹毛劍)과 같이 늠름하여 감히 칼끝조차 닿지 못합니다. 그 깨달음의 자리에서는 말과 생각이 끊어지고, 가고 싶으면 가고, 머물고 싶으면 머물며, 성인과 범부의 구별에 얽매이지 않습니다. 이것이 바로 모든 분별과 집착을 벗어나, 깨달음의 일을 마친 평범한 사람이 지닌 참된 본성입니다.

12월 23일

화두 수행의 목적은
마음의 번뇌에서 벗어나
모든 고통과 괴로움에서 자유로워져
깨달은 마음으로 사는 것입니다.

처음 발심한 수행자는 용맹한 마음으로 침식을 잊고 오로지 화두 참구에 전념해야 합니다. 이 하나의 큰 인연을 직접 수행할 수 있는 것은 숙세에 심은 큰 근기 덕분입니다. 그러나 매일의 속세 사연들조차 단박에 씻어 버리고 벗어나서 법도를 실천해야 합니다.

예로부터 스승들은 무심에 힘썼습니다. 이 무심은 참된 마음이 없다는 뜻이 아니라, 깨끗함과 더러움, 기대고 분별하며 헤아리고 집착하는 모든 마음이 없는 상태를 말합니다. 이것이 바로 발심하여 번뇌와 집착을 내려놓고, 한 생각에 집중하며 화두를 참구하여 본성을 깨달아 대오인(大悟人)은 진심과 평상심 속에서 자유롭게 살아가는 과정입니다.

화두 수행의 목적은 마음의 번뇌에서 벗어나 해탈하는 것이며, 생노병사(生老病死)와 우비고뇌(憂悲苦惱)에서 자유로워 깨달은 마음으로 살아가는 것입니다. 이것이 바로 화두 생활입니다. 이 마음은 6근(根)을 벗어난 본래 상태이며, 모든 법과 몸마저 허깨비처럼 실체가 없습니다.

깨달음은 분별과 집착에서 벗어난 자유로운 상태입니다. 이것은 불이(不二)의 중도(中道)이며, 평상심(平常心) 즉심(卽心), 직심(直心), 무심(無心)입니다. 생노병사(生老病死) 해결이 불생불멸(不生不滅)의 깨달음이자, 증득(證得)이며, 상락아정(常樂我淨)입니다.

12월 24일

마음을 깨닫고
스스로 돌아보아
깨달을 것도 없는
깨달음을 증득해야 합니다.

오묘한 마음을 먼저 깨닫고, 수행할 것 없는 수행을 하여, 깨달을 것이 없는 깨달음을 증득(證得)하여야 합니다. 밖으로 달려 무엇을 구할 것이 없으며, 그저 자신의 마음을 스스로 돌아보고 있는 그대로 깨달아야 합니다. 마음은 변함없지만, 우리의 의식만 왔다 갔다 하는 것입니다.

외롭고 힘없어 의지할 곳이 없을 때는 바로 '이뭣꼬?' 화두를 들고 시절인연이 도래하면, 앉아서 수행하는 정좌를 떠나서 일상에서도 화두를 놓지 않고 수행할 수 있습니다.

그렇게 하면 자신의 근본 마음 즉 본성, 자성을 잃지 않고 생활 속에서 항상 평온과 만족을 느낄 수 있습니다. 이 마음은 허공과 시방을 관통하며 모든 법을 품지만, 있지도 없지도 않습니다. 즉 공(空)은 본래 텅 비어 그 자체로 공(空)하고, 색(色)은 인연 따라 드러나 색(色)이 되지만, 본질과 현상은 같지 않습니다. 공(空)은 바탕이고, 색(色)은 그 바탕 위에 드러난 그림자와 같습니다.

이는 마치 바닷물 속에 짠맛이 스며있는 것처럼, 겉으로는 범부 같아 보여도 그 속에는 성인의 지혜가 함께 있습니다. 이것은 말이 없는 가운데 말이 드러나고, 모양이 없는 가운데 모양이 드러나는 것과 같습니다. 어디 가든 중심을 잃지 않고 근본 자리에서 마음을 유지하는 것입니다.

12월 25일

마음의 본체는
본래부터 천지 만물과
하나인 맑고 깨끗한 참된 성품이니,
우리가 할 일은 그 본래의 성품을 찾는 것뿐입니다.

이곳에서는 오직 올바른 길을 가는 사람만 귀히 여기며, 샛길로 벗어남을 허락하지 않습니다. 하나를 깨달으면 천만 가지도 함께 알 수 있으니, 화두를 굳게 붙잡고 스스로 삶의 주인이 되어야 합니다. 누구나 본래부터 천지 만물과 하나 된 청정한 성품을 지니고 있으며, 그것은 밝고 더럽혀지지 않는 참된 깨달음의 본체입니다.

깨달음을 얻으면 그 자리를 묘명(妙明)의 자리, 밝은 자리라고 합니다. 우리가 해야 할 일은 그저 천지 만물과 하나인 본래의 성품, 본성의 자리를 찾는 것뿐입니다. 그 본성은 별도로 닦아서 더할 필요도 없고, 덧붙일 것도 없으며, 늘어나지도 줄어들지도 않는 자리입니다. 오직 천지 만물과 하나인 본성, 본각을 밝히는 것입니다.

선문(禪門)에서는 깨달음은 홀연히 스스로 깨닫는 것이지, 누군가 대신해 줄 수 있는 것이 아닙니다. 아무리 캄캄한 어둠 속에 있어도, 찰나의 순간에 홀연히 깨닫는 것이 바로 깨달음입니다. 그 자리에서 곧바로 알아차려 쓰고 싶으면 쓰는 것이며, 다른 허다한 일이 별도로 있는 것은 아닙니다.

깨달은 사람은 마음의 작용이 모두 끊어져 알음알이도 사라지고, 그저 무심한 경지에 머물러 누가 엿보려 해도 엿볼 수 없습니다. 모든 번뇌가 사라져 분별이 끊기면, 그 삶은 평범한 시골 사람의 평상심과 다르지 않습니다.

12월 26일

**깨달음을 얻으려면
분별과 판단을 버리고,
마음을 비운 무심 속에서
수행에 전념해야 합니다.**

'도(道)는 무심(無心)이 사람에게 합(合)하고, 사람은 무심이 도에 합한다'라고 하였습니다. 즉, 도와 사람은 별도로 있는 것이 아니라 무심의 자리에서 하나로 어우러진다는 뜻입니다. 따라서 수행자는 밑바닥까지 깊이 사무쳐, 지금까지 다른 것에 의지해 일으켜 온 온갖 알음알이를 깨끗이 버리고, 본래의 자리(本分)에 확고히 서야 합니다.

이 문중에 들어와서는 분별과 알음알이에 의존하는 견해를 완전히 내려놓고, 오직 무심 속에서 도를 단련해야 향상일로(向上一路)의 길에 이를 수 있습니다. 깨달음은 분별로 알 수 있는 것이 아닙니다. 늘 발밑에 있고 눈앞에 있지만 형체가 없습니다. 생각이 쉬어진 곳에서 드러나며, 알려는 마음을 놓을 때 참된 지혜가 솟아납니다.

마음이 자유롭고 집착이 없으면, 산과 선방에서 평범하게 살아가는 삶 자체가 도(道)이며, 깨달음은 흔적 없이 자연스럽게 드러납니다. 그래서 신선(神仙)이 별도로 있는 것이 아니라, 그저 쉬고 또 쉬는 것[休歇休歇]이 바로 도(道)의 자리입니다. 마음과 법은 본래 하나로 분리되지 않으며, 마음 그대로가 법이고 법 그대로가 마음입니다.

12월 27일

깨달음은 마음을 비우고
스스로 확인하는 밝은 지혜입니다.

깨달음에는 일정한 방향이 없으며, 영리한 근기를 가진 사람만이 한 번 들으면 천 가지를 깨달을 수 있습니다. 깨달음은 안에서 일어나는 것도, 밖에서 생기는 것도 아니며, 처음부터 얻거나 잃는 것도 아닙니다. 깨달음은 억지로 구하는 것이 아니라, 마음을 비울 때 저절로 드러납니다.

공(空)을 체험하면 마음이 맑아지고 지혜가 스스로 빛나며, 그 밝음은 말로 다 표현할 수 없을 만큼 분명합니다. 모든 존재는 본래 고정된 자성(自性)이 없고 '나' 또한 없습니다. 만물은 서로 연기(緣起)되어 있으니, 그 본질은 공(空)입니다.

따라서 양쪽에 치우치지 않고 지혜롭게 자비를 베푸는 것이 중요합니다. 생(生)과 멸(滅)도 본래 없으며, 한 생각이 일어나는 그 자체가 생이자 깨달음, 곧 공(空)입니다. 크나큰 해탈을 참구하는 길은 아득하고 끝을 알 수 없을 만큼 넓고 깊습니다. 그 이유는 식(識)의 물결이 끊임없이 흐르며 쉬지 않기 때문에 깨달음을 체험할 틈을 주지 않습니다.

지금 당장 알아차리려 한다면, 몸과 마음을 고요하게 하여 마음의 일어남을 흔적 없이 지우고, 바람과 물처럼 자유롭게 만들어야 합니다. 시절인연이 도래하면 본지풍광에 계합(契合)하게 되며, 맑고 청정한 본래 성품을 깨닫게 됩니다. 그 성품은 뿌리가 깊고 꼭지가 단단하여 금강처럼 견고하며, 자신의 진정한 본체와 하나로 합일되어야 평생 지니고 나아갈 수 있습니다.

12월 28일

마음에 분별이 없고
한 생각에도 머물지 않으면,
참된 깨달음을 얻습니다.

모든 차별은 결국 하나로 돌아가고, 동정(動靜)이 한결같으며 마음과 경계가 하나 됩니다. 만법귀일 일시심마(萬法歸一 一是甚磨)의 화두가 풀리면, 하나를 깨치면 곧 모든 것을 깨닫게 됩니다. 생사와 열반도 꿈처럼 덧없어서 저절로 편안해집니다. 더는 구하거나 의심할 것이 없으니, 쉬고 싶으면 쉬고, 쓰고 싶으면 쓰면 됩니다. 배고프면 먹고 졸리면 자며, 평상심 속에서 여여하게 살아가는 것입니다.

이 마음은 번뇌에 물들지 않습니다. 씨앗이 공간에서 싹트듯, 시간과 공간 또한 진공묘유요, 연기이며 공(空)입니다. 그러므로 3법인 · 4대 · 5온 · 12처 · 18계 · 4성제 · 8정도 · 12연기 등의 가르침을 바르게 이해하면 공(空)의 이치를 깨닫는 데 큰 도움이 됩니다.

마음에 분별이 없고 어떤 생각에도 머물지 않을 때, 천만 성인 앞에서도 흔들리지 않으며 마른 나무에서 꽃이 피듯 참된 깨달음을 얻습니다. 그러나 한 티끌의 집착이라도 남아 있으면 생사의 굴레에서 벗어나지 못하고, 스스로 해탈할 수 없고 남도 제도할 수 없습니다.

모든 것을 깊이 살피되 본래자리에서 벗어나지 않아야 합니다. 그러므로 어디에 있든 주인이 되고, 서 있는 그곳이 곧 진리[隨處作主 立處皆眞]입니다. 눈에 비치는 모든 것이 그대로 진리이며[觸目皆是], 마음의 거울에 비치지 않는 것이 없습니다.

12월 29일

마음을 돌이켜 비추고
한 생각에 직관하여,
삼매 속에서 화두를 깨치면
생사의 굴레를 벗어나 해탈할 수 있습니다.

앉아 있든 서 있던 늘 마음을 고요히 하고 가슴을 비워야 합니다. 마음을 돌이켜 비추고[回光返照] 한 생각에 직관하고[一超直入如來地], 삼매에 들어[大寂定三昧] '이뭣꼬?' 화두를 타파하면, 생사(生死)의 굴레를 벗어나 해탈에 이를 수 있습니다. 언제 어디서나 본래자리를 지키며 모든 일에 화두를 적용하면, 본래 청정한 자비와 지혜가 자연스럽게 드러납니다.

이렇게 깨달음은 생각이 고요해진 자리에서 나타나며, 말로는 보여줄 수 없지만, 체험은 가능합니다. 마음이 움직이더라도 그 본질은 깊고 고요하며, 마음이 청정하여 공(空)하면 사물[法]도 본래 공(空)합니다.

마음을 진실하게 비워 분별을 버리고 잔재를 끊으면, 본성을 알 때 기쁨과 슬픔에 흔들리지 않고 마음은 늘 자유롭고 평온합니다. 진정한 깨달음은 모든 구분과 집착을 초월하며, 마음과 법에 얽매이지 않습니다.

12월 30일

깨달음은
자기 안에 있으며,
밖에서 찾을 수 없고
근본과 본질을 깨달으면
해탈에 이를 수 있습니다.

조주 스님은 "한 물건도 가져오지 않았을 땐 어떻게 합니까?"의 물음에 "놓아버리라"라고 답했습니다. 운문 스님도 "한 생각도 일으키지 않았는데 허물이 있습니까?"라는 질문에 "수미산만큼"이라고 답하며 요점을 단도직입적으로 보여 주었습니다. 따라서 마음을 비우고 생각을 고요히 한 채 우둔한 듯 꾸준히 화두를 공부하면, 오래되지 않아 자연스레 깨달음의 자리를 찾게 됩니다.

이 깨달음은 분명히 자기 안에 있으며, 밖에서 찾을 수 없습니다. 큰 근본과 본질을 깨달아야 하며, 중하근기(中下根機)의 작은 법도(法道)에도 얽매이지 않아야 합니다. 그렇게 하면 번뇌와 망상을 벗어나 해탈에 이를 수 있습니다.

깨달음의 본질이 신비롭지만 동시에 자연스럽고 이미 존재하는 것이며, 말이나 지식으로 완벽히 표현할 수 없습니다. 오본 스님이 묻기를 "어디로 가려는가?" "변함이 없는 자리로 가렵니다" 그러자 다시 묻기를 "변함이 없는 자리인데 어찌 가는 것이 있느냐?" "가는 것도 역시 변함이 없습니다"라고 했습니다. 그러므로 모든 법은 불생불멸(不生不滅)하여 적멸이 늘 현전(現前)하며, 생과 사는 돌지 않고 하나로 통하며, 숨김과 드러남도 별도로 있지 않습니다.

12월 31일

수행은
무언가를 더하는 일이 아니라,
단지 알아차림입니다.
더할 수행도,
얻을 깨달음도 별도로 없습니다.

시절인연이 오면 찰라에 회광반조(回光返照)하여 일초직입여래지(一超直入如來地)하면, 바로 대적정삼매(大寂定三昧)입니다. 대도(大道)는 언제나 본래 그대로 참되기에, 거기에는 분별도, 집착도, 흔들림도 없습니다.

마음이 흔들린다면 아직 때가 무르익지 않은 것이니, 자신을 스스로 비추어 보아야 합니다. 수행은 어떤 특별한 행위를 더하는 것이 아니라, 바로 이 알아차림입니다. 수행할 것이 없는 수행을 하고, 깨달을 것이 없는 깨달음을 증득할 뿐입니다. 그러므로 밖으로 구하지 말고, 자신의 광명을 거두어 안으로 돌이켜 보아야 합니다.

설법자는 말할 것도, 보일 것도 없으며, 듣는 이는 들을 것도, 얻을 것도 없습니다. 참된 선과 본래의 자리는 제거할 미망도, 얻어야 할 깨달음도 없는 완전한 충만 그 자체입니다. 그러므로 참된 진리는 말할 것도, 들을 것도 없습니다. 집착을 놓으면 마음은 여여해지고, 일상은 평안해져 중도의 삶이 드러납니다. 도를 배우려면 지식에 매이지 말고 자신을 스스로 있는 그대로 드러내야 합니다.

진리는 멀리 있지 않고 늘 일상에 있지만, 망상 때문에 보지 못할 뿐입니다. 찾으려 하면 찾을 것이 없지만, 언제나 변하지 않는 '이 하나'가 있습니다. 그래서 옛사람들은 아주 평범한 계기 속에서 바로 깨달음을 얻을 수 있었습니다.

부 록

1. 간화선이란
2. 간화선 용어 풀이
3. 약전(略傳)
4. 발문(跋文)

1. 간화선이란

1) 간화선 수행이란

조계종의 정통 수행법으로 명실상부한 한국의 대표적 수행법은 간화선(看話禪)입니다. 간화선은 인도불교가 중국불교로 이어지면서 변화된 수행체계로, 하나의 문제를 깊이 참구해 그것의 본래 의미를 확실히 깨닫는 수행법입니다.

핵심은 '화두'를 끊임없이 의심하는 '의심덩어리[疑團]'를 형성하여 무명을 타파하는 것입니다. 이는 '생각'을 버리고 '화두'에 몰입하는 과정을 통해 가능하며, 좌선과 화두 의심이 수행 전부라고 할 수 있습니다.

2) 수행의 준비와 마음가짐

조신(調身)·조식(調息)·조심(調心)은 수행자가 몸과 마음, 생활 전반에서 깨어있게 하는 기본 지침입니다.

① 조신(調身) - 좌선할 때는 바른 자세를 유지하고, 일상의 동작에서도 몸을 조심스럽게 다루어야 합니다. 이는 신체를 바로 세워 마음의 안정과 집중을 돕는 수행의 기초입니다. 허리와 등을 곧게 세워 척추의 자연스러운 곡선을 유지하고, 어깨와 가슴은 편안히 열어 긴장을 풉니다.

손은 배꼽 앞에 포개고, 다리는 결가부좌나 반가부좌로 하며, 어려우면 반가부좌로 앉아 무게 중심을 단전에 둡니다. 머리는 자연스럽게 세우고 눈은 반쯤 감아 시선을 아래로 둡니다. 이처럼 몸·손·눈을 가지런히 하면 몸과 마음이 안정되고, 좌선의 깊이가 자연스레 더해집니다.

② 조식(調息) - '호흡을 만들어 다스린다'는 것은 호흡을 통해 몸과 마음을 안정시키고 집중력을 높이는 수행법입니다. 단순한 숨쉬기가 아니라 호흡과 마음을 하나로 연결해 수행의 상태를 조성하는 것입니다. 호흡은 억지로 조절하지 말고 들숨과 날숨을 있는 그대로 관찰하며 자연스러운 흐름을 유지해야 합니다.

마음이 산란해지면 호흡에 집중해 다시 중심을 잡고 고요해집니다. 수행이 익숙해지면 들숨은 깊고 부드럽게, 날숨은 짧고 맑게 하여 기운이 단전(丹田)에 자연스럽게 모이도록 합니다. 이렇게 호흡을 다스리면 몸과 마음이 안정되고 수행이 깊어집니다.

③ 조심(調心) - '마음을 만들어 다스린다'는 것은 마음을 억누르지 않고 스스로 다스려 집중과 깨어있음을 기르는 수행입니다. 좌선 중 일어나는 잡념과 번뇌를 판단하거나 밀어내지 않고 그대로 알아차림으로써 마음의 흐름을 바르게 관찰합니다. 이렇게 함으로써 망념(妄念)을 정념(正念)으로 돌려, 마음을 고요하고 맑게 유지하게 됩니다. 이는 흐트러진 마음을 바로 세워 본래의 청정한 마음으로 돌아가는 과정입니다.

3) 화두 결택과 방법

① 화두(話頭)란 - 깨달음을 얻기 위한 핵심 도구입니다. 수행자는 스

승으로부터 화두를 받거나 스스로 정한 화두를 끊임없이 참구하며 의문을 지속합니다. 대표적인 화두로는 조주 선사의 '무(無)' 자 화두와 '이 뭣고?' 화두 등이 있습니다. 한 가지 화두를 선택하고, 매 순간 그 화두를 간절히 의심하는 것입니다. 생각으로 풀거나 해석하려 하지 말고, 오직 '모른다' 라는 상태를 유지하는 것이 핵심입니다.

② 화두에 집중하기 - 일상생활의 모든 순간, 걸을 때나 앉아 있을 때, 일할 때에도 화두를 마음에 두는 것이 중요합니다. 처음 화두를 접할 때는 앉아서 하는 좌선이 화두를 익히고 마음에 깊이 새기는 데 큰 도움이 됩니다. 고양이가 쥐를 잡듯, 외자식을 잃은 과부가 자식을 찾듯, 간절하게 화두에 집중해야 합니다.

③ 수행의 일상화 - 수행이 깊어지면 화두가 일상생활 속에서도 마치 물이 흐르듯 자연스럽게 이어집니다. 앉아 있을 때뿐 아니라 걸을 때, 일할 때 등 모든 순간에 화두를 마음에 두게 됩니다. 부엌, 거실, 사무실 등 일상의 모든 공간이 그대로 수행의 장소가 되며, 깨달음을 삶 속에서 실천하면서 몸과 마음, 말과 행동이 하나가 됩니다.

4) 수행 단계

간화선 수행에서는 대의심(大疑心), 대분심(大分心), 대신심(大信心)이 중요합니다. 대의심은 깨달음을 향한 근본적인 의심을 말하고, 대분심은 화두 참구 과정에서 나타나는 날카로운 집중력이며, 대신심은 깨달음과 수행 과정을 온전히 신뢰하고 마음을 맡기는 상태를 의미합니다.

수행의 단계적 과정은 의심(疑心) → 의정(疑情) → 의단(疑團) → 은산철벽(銀山鐵壁) → 타성일편(打成一片)과 파의(破疑) → 백척간두진일보(百尺竿頭進一步) 순으로 진행됩니다.

① 의심(疑心) - 화두를 탐구하는 과정에서는 '나는 누구인가?', '무(無)란 무엇인가?' 와 같은 근본적인 물음에 대한 간절한 의심을 일으키는 것이 중요합니다. 이러한 의심이 바로 깨달음으로 향하는 원동력이 됩니다.

② 의정(疑情) - 단순한 '생각하는 단계' 가 아니라, 수행의 추진력입니다. 지식이나 믿음으로는 닿을 수 없는 세계를 향해 '이것이 과연 무엇인가?' 라는 깨달음을 향한 절실한 의심이 일어날 때, 참된 수행이 시작됩니나.

③ 의단(疑團) - 의심이 깊어지면 모든 잡념이 사라지고 오직 의심만 남는 상태가 되는데, 이를 '의단' 이라고 합니다. 이 의단이 하나의 큰 덩어리로 뭉쳐질 때, 깨달음의 순간이 다가옵니다.

④ 은산철벽(銀山鐵壁) - 의정(疑情)이 무르익어 분별이 완전히 끊기면, 마치 은빛 산이 앞을 가리고 철벽이 뒤를 막아 더 이상 갈 곳이 없는 것처럼 느껴집니다. 이 막힘이 바로 깨달음 직전의 문턱입니다.

⑤ 타성일편(打成一片)과 파의(破疑) - 의정을 처음 접하면 '나' 와 ' 화두' 가 분리되어 있습니다. '이것이 무엇인가?' 하고 묻는 나와, 그 물음의 대상인 화두가 따로 존재하는 상태입니다. 그러나 의심이 점점 깊

어질수록 그 경계는 사라집니다.

이때 수행자는 화두를 붙드는 자도 없고, 화두의 내용도 없으며, 오직 의심 그 자체만 남게 됩니다. 이를 타성일편(打成一片), 즉 '화두와 마음의 완전한 융합 상태'라고 합니다. 의심이 한순간 무너지고 본래의 밝은 마음과 깨달음이 드러나는 순간, 의단이 타파되며 단번에 깨달음을 얻는 것을 파의(破疑)라고 하며, 이를 돈오(頓悟)라 부릅니다.

⑥ 백척간두진일보(百尺竿頭進一步) - '더 이상 나아갈 곳이 없다고 생각되는 곳에서 한 걸음 더 나아간다'라는 말로는 간단하지만, 선에서는 이것을 깨달음 이후의 참된 삶을 상징합니다. 이미 깨달음의 경지에 이르렀지만, 거기서 멈추지 않고 한 걸음 더 나아가야 한다는 수행자의 자세를 의미합니다. 깨달음은 단순한 체험이 아니라 세상 속에서 실천되고 확장되어야 함을 말합니다.

5) 수행의 효과

① 마음의 집중과 안정 - 화두 참구와 좌선을 통해 마음이 한곳에 집중되면, 잡념과 분별심이 줄고 마음이 평정과 고요를 유지하게 됩니다. 이에 따라 마음의 안정과 집중력, 통찰력이 높아지고, 자기 조절력과 감정 관리 능력도 향상됩니다. 결과적으로 스트레스와 번뇌가 줄고, 내적 평화와 자유를 체험할 수 있습니다.

② 무명(無明) 타파와 깨달음 경험 - 지속적인 화두 의심(疑心)과 의정(疑情), 의단(擬斷), 은산철벽(銀山鐵壁), 타성일편(打成一片), 파의(破疑)의 과정을 거치면 무명과 번뇌가 사라지고 본래 마음이 드러납니다. 무명(無

明)은 근본적인 어리석음으로, 단순한 무지나 지식 부족이 아니라 본래 마음과 진리를 보지 못하게 하는 근본적 번뇌입니다. 분별심이 사라진 상태에서 마음은 청정하고 밝으며 자유롭습니다. 깨달음은 단순한 지적 이해가 아니라, 직접 체험과 통찰을 통해 마음 깊이 체득하는 것입니다. 이후 수행자는 깨달음을 삶 속에서 적용하며, 세상 속에서 실천하게 됩니다.

③ 직관적 통찰력 향상 - 논리적 사고가 아니라, 직접 체험과 직관을 통해 진리를 깨닫는 능력이 강화됩니다. 화두 참구 과정에서 마음의 날카로운 집중력[大分心]과 깊은 의심[大疑心]이 이를 돕습니다. 간화선을 수행하면 번뇌를 다스리고 자기 자신을 깊이 성찰함으로써, 진정한 자아를 발견하는 데 큰 도움이 됩니다.

④ 일상 속 수행 능력 강화 - 깨달음을 일상 속 삶과 행동으로 실현할 수 있습니다. 몸과 마음, 말과 행동이 하나로 어우러지면서 삶 전체가 수행의 장이 되며, 심신의 회복력과 치유 능력이 향상되어 병이나 고민을 다스리고 마음을 정화하는 효과를 얻을 수 있습니다.

⑤ 행복한 일상생활 - 간화선 수행으로 마음이 고요해지면, 일상의 작은 순간에서도 행복을 느낄 수 있습니다. 연기법을 깨닫고 긍정적인 자세로 삶을 살아가면서, 일이 자연스럽게 순조롭게 이루어 집니다. 반복되는 업무 속에서도 마음이 잡념에서 벗어나 집중과 성취를 경험하게 되어 작은 일에서도 만족과 기쁨을 발견합니다. 어떤 갈등 상황에서도 마음이 흔들리지 않고 평화를 유지하고 관계를 안정시키며, 일상의 순간마다 외부 조건에 구애받지 않고 지속적인 행복을 누리게 됩니다.

2. 간화선 용어 풀이

○ 12처(十二處): 불교의 여러 일체법 분류체계 하나로, 존재 전체를 안처(眼處)・이처(耳處)・비처(鼻處)・설처(舌處)・신처(身處)・의처(意處)의 6근(六根)・6내처(六內處) 와 색처(色處)・성처(聲處)・향처(香處)・미처(味處)・촉처(觸處)・법처(法處)의 6경(六境)・6외처(六外處)의 총 12가지 처(處).

○ 18계(十八界): 불교의 여러 일체법 분류체계 또는 분석방식 중 하나로, 존재 전체를 안계(眼界)・이계(耳界)・비계(鼻界)・설계(舌界)・신계(身界)・의계(意界)의 6근(六根)과 색계(色界)・성계(聲界)・향계(香界)・미계(味界)・촉계(觸界)・법계(法界)의 6경(六境)과 안식계(眼識界)・이식계(耳識界)・비식계(鼻識界)・설식계(舌識界)・신식계(身識界)・의식계(意識界)의 6식(六識의 총 18가지 계(界).

○ 4대(四界): 지(地)・수(水)・화(火)・풍(風)의 4대종은 물질계.

○ 5온(五蘊): 색(色)・수(受)・상(想)・행(行)・식(識)의 다섯 요소.

○ 견문성색(見聞聲色): 보고 들음 '견문(見聞)'과 소리, 성(聲)과 빛깔, 색(色)을 아울러 이르는 말로, 감각적인 모든 경험과 현상을 의미.

○ 결제(結制): 선방(禪房)에서 수행 기간인 4월 15일부터 7월15일까지, 10월 15일부터 1월15일까지 각 3개월을 수행하는 시작을 결제(結制)라 하며, 이 기간이 끝나는 날을 해제(解制).

○ 계족산(鷄足山): 가섭존자가 입정하는 산으로 중인도 마갈타국에 있음.

○ 공가중(空假中): 진리를 파악하는 삼제(三諦)와 삼관(三觀)을 이르는 말로, 공제(空諦)・가제(假諦)・중제(中諦)의 삼제와 공관(空觀)・가관(假觀)・중관(中觀)의 삼관.

○ 공삼매(空三昧): 모든 것이 인연에 따라 생겨나고 사라진다는 '공(空)'의

이치를 깨닫기 위한 깊은 명상 상태.

○ 공적연기(空寂緣起): 불교의 핵심교리인 공(空)과 연기(緣起)를 결합한 개념으로, 모든 존재가 인과관계에 따라 발생하며 고정된 실체가 없다는 의미.

○ 교외별전(敎外別傳): 선종(禪宗)에서 문자나 경전의 가르침 아닌, 마음에서 마음으로 직접 진리를 전하는 방식.

○ 구경무심지(究竟無心智): 선(禪)에서 '궁극의 무심의 경지'를 뜻하며, 모든 망념이 사라지고, 일체의 가르침과 수행을 쉬고 오직 무위무작(無爲無作)의 경지에 이르는 궁극적인 깨달음 상태.

○ 기봉(起峯): 화엄경(華嚴經)에서 법기보살(法起菩薩)이 머무는 곳이며, 법이 일어나는 곳, 깨달음이 솟아나는 봉우리를 뜻.

○ 기연(機緣): 무슨 일이 일어나게 되는 계기 즉 어떤 기회로 맺어진 인연.

○ 내외명철(內外明徹): 안과 밖이 모두 밝고 통하는 경지를 의미하며, 불교에서 깨달음의 최고 경계를 나타내는 말.

○ 단상이견(斷常二見): 모든 것이 끊어져 없어진다고 보는 단견(斷見)과 영원하고 불변하는 것이 있다고 보는 상견(常見)이라는, 중도(中道)를 벗어난 두 가지 극단적인 견해.

○ 단제(單提): 화두를 참구하는 방법에는 전제(全提)와 단제(單提)로 구분한다. 단제는 아무런 수단 방편을 쓰지 않고 바로 본분의 참뜻을 들어 보이는 것이고, 전제(全提)는 처음부터 끝까지 화두 이야기를 하는 것.

○ 대기대용(大機大用): 깨달음이 원숙한 경지에 이르러 자유 자재로움을 발휘하는 경지.

○ 대무심지(大無心地): 사념(思念)이 끊어지고 전후(前後)가 단제(斷際)하여 청정각명(淸淨覺明)이 현전(現前)하는 경지.

○ 대총상법문(大總相法門): 바로 우리 자성(自性), 우리의 본성(本性) 자리, 또는 우주의 본성 자리.

○ 대휴헐(大休歇): 일체의 망상과 번뇌를 완전히 끊어버린 경지. 모든 생각과 감정을 쉬고 안락한 경계에 이른 상태.

○ 도거(掉擧): 마음이 들뜨고 불안정해지며 산란해지는 정신 작용.

○ 동정일여(動靜一如): 본래 의미는 일상[動]과 좌선[靜]을 구분하는 이분법적인 사고로 본다거나 둘로 나누어 보지 말고 하나로 보라는 것.

○ 동체대비(同體大悲): 동체(同體) 같은 몸이라는 뜻인데, 부처님은 인간이 살아가면서 겪는 희로애락(喜怒哀樂)을 마치 자기 몸이 겪는 것처럼 똑같이 느낀다는 뜻.

○ 마장(魔障): 불교와 도가 등 동양 사상에서 수행이나 깨달음을 방해하는 심리적 · 정신적 장애.

○ 말라식(末那識): 제7식으로 아뢰야식에 저장된 종자를 끌어내 인식이 이루어지도록 하고 생각과 생각이 끊임없이 일어나게 하는 마음 작용.

○ 말후구(末後句): 말후는 구경, 필경, 구극, 지극의 뜻, 구는 언구, 어구, 문구라는 뜻 종문(宗門)의 활구.

○ 망식(忘識): 망식(忘識)은 유식(唯識)에서 망각된 즉, 참되지 못한 마음.

○ 면면적적(綿綿寂寂): 끊어지지 않고 길게 이어지면서도 마음이 고요한 상태.

○ 멸진정(滅盡定): 무상정(無想定)과 마찬가지로 마음[心]과 마음 작용[心所]을 소멸(滅盡)시켜 무심(無心)의 상태에 머무르게 하는 선정.

○ 무기(無記): 아뢰야(阿賴耶) 무기(無記) 제8식(識)인 아뢰야식(阿賴耶識) 즉 모든 종자(種子)가 저장된 근원적 무의식이 사라지고 '무기(無記)'에 해당하는 업까지 소멸하면, 삶과 죽음의 경계가 사라지고 하나가 된다는 의미.

○ 무루지(無漏智): 범부의 지혜를 유루지(有漏智)라 하고, 도(道)를 이룬 자의 지혜를 무루지(無漏智).

○ 무상대열반(無上大涅槃): 부처님의 최종 깨달음, 다시 태어남도 없고 고통도 없는 완전한 자유와 평안의 경지.

○ 무상삼매(無相三昧): 상(相)이 없는 상태에서 수행하는 삼매로, 정심(定心)의 일종으로, '마음의 형태가 없음'을 관(觀)하는 행위와 함께 일어나는 삼매

○ 무생법인(無生法忍): 존재하는 모든 것은 생겨난 바가 없다는 무생법(無生

法)을 깨달음.

○ 무심삼매(無心三昧): 유상삼매(有想三昧)보다 깊은 경지로, 산란한 생각과 분별심이 없는 정심행처(正心行處).

○ 무애지(無礙智): 부처님의 지혜. 어떤 것에도 거리낌 없이 모든 사리(事理)를 죄다 알아 통달 자재한 지혜.

○ 무여열반(無餘涅槃): 모든 번뇌가 끊기고, 남음이 없는 열반.

○ 무연자비(無緣慈悲): 부처가 모든 중생에게 차별 없이 베푸는 절대 평등의 자비.

○ 무원삼매(無願三昧): 무원(無願) 바랄 것 없는 삼매로, 모든 법을 원하거나 구하지 않는 삼매.

○ 반문문자성(反聞聞自性): 듣는 것을 돌이켜 자신의 본성(자성)을 듣는다는 뜻으로, 외부 소리를 듣는 귀의 작용을 되돌아보아, '듣는 나' 자신이 바로 본성임을 깨닫는 수행법으로, 외부 세계를 인식하는 것이 아니라, 내면을 향해 수행하며, 이근원통(耳根圓通) 수행법의 핵심.

○ 반연(攀緣): 외경(外境)에 끌리는 마음..

○ 방하착(放下着): 손을 내려 밑에 둔다는 뜻으로, 흔히 '내려놓으라', '놓아버려라' 라는 의미.

○ 백정식(白淨識): 무명의 미혹을 끊고 깨달음으로 전환된 식(識)으로서 8식 외에 별도로 존재하는 것이 아니라 8식 자체가 전환된 식. 제9 백정식은 때가 전혀 묻지 않았다고 하여 무구식(無垢識) 또는 진여식(眞如識).

○ 백척간두(百尺竿頭): 몹시 어렵고 위태로운 상태.

○ 백회(百會): 머리 꼭대기 정수리의 가장 높은 지점에 있는 혈 자리로, 모든 경락이 모이는 곳.

○ 보전보임(保全保任): 깨달은 본성을 잃지 않고 잘 지키고 다듬어야 한다는 수행법으로 깨달음을 얻은 후에도 증득(證得)과 정인 보임(保任)을 끊임없이 수행하여 불성을 깊게 닦는 과정.

○ 본각(本覺): 모든 이가 지닌 염오되지 않는 본래 청정한 깨달음의 본체

○ 본래면목(本來面目): 본래부터 가진 본연의 모습, 불성(佛性)이나 본래의 심성을 의미함.

○ 본래무일물(本來無一物): 본래 하나의 물건도 없음. 아무것에도 집착하지 않는 청정한 마음 상태를 비유하는 말.

○ 본분사(本分事): 본래의 신분으로 돌아가거나 본래의 마음을 깨닫는 것을 뜻하며, 본분전지, 본지풍광 등으로도 불리는 본래면목을 자각하는 수행을 의미.

○ 본분소식(本分消息): 선(禪)가에서 사용하는 용어로, 자신의 본분(본래의 마음, 본성)을 깨닫는 소식.

○ 본분작가(本分作家): 본래의 마음이나 자기 본성의 의미로, 부처님의 가르침을 깨닫고 실천하는 즉, 본분(本分)을 찾은 제자나 스승.

○ 본분종사(本分宗師): 불교에서 깨달음을 온전히 성취하여 수행자의 본래 면목을 회복하고, 그 안목으로 제자를 올바르게 지도할 수 있는 역량과 지혜를 갖춘 최고 지위의 대사.

○ 본색도류(本色道流): 본연의 모습으로 도(道)를 닦는 사람.

○ 본연각성(本然覺性): 사람의 본래 청정하고 밝은 마음 즉 자성(自性)이 본래부터 완전한 깨달음의 상태.

○ 본지풍광(本地風光): 자신이 본디부터 지닌 천연(天然) 그대로의 심성(心性) 태어나면서부터 지닌 부처의 성품.

○ 불각(不覺): 진여가 미혹에 덮여 있는 것.

○ 불이중도(不二中道): 이분법에서 벗어난 중도를 의미인 불성(佛性)을 가리킴.

○ 사구(死句): 죽은 말로써 참구할 만한 가치가 없는 말.

○ 사대색신(四大色身): 인간의 육신을 가리키는 말로, 지(地), 수(水), 화(火), 풍(風)의 네 가지 요소.

○ 사량계교(思量計較): 생각하고 헤아리며 따지는 행위를 뜻하며, 사량분별(思量分別), 사량복탁(思量卜度).

○ 사량분별(思量分別): 생각하고 헤아리며 분별하는 마음 작용이며, 연기(緣起)의 이치를 깨닫지 못하고 좋고 나쁨, 옳고 그름 등을 나누어 판단하는 것.

○ 사마타: 고요함을 개발하는 불교의 명상법으로, 고요 · 적멸 · 사마디(삼매)를 목표로 하는 명상.

○ 사성제(四聖諦): 불교 중심 교리의 하나로, 인생의 모든 문제와 그 해결 방법에 대한 네 가지의 근본 진리 즉 고제(苦諦) · 집제(集諦) · 멸제(滅諦) · 도제(道諦)로.

○ 살활자재(殺活自在): 살리고 죽임을 마음대로 할 수 있음.

○ 삼삼매(三三昧): 증일아함경(增一阿含經) 등에서 3 삼매는 ① 공삼매(空三昧) ② 무상삼매(無相三昧) ③ 무작삼매(無作三昧).

○ 삼현삼요(三玄三要): ① 현중현은 생사 없는 근원을 보는 활구 참선 ② 구중현은 언어를 끊고 분별이 사라진 지혜 ③ 체중현은 삼세가 한 생각임을 깨닫는 진공의 이치.

○ 상락아정(常樂我淨): 열반사덕(涅槃四德) 열반의 네 가지 덕을 일컫는 말로, 영원하고[常], 안락하며[樂], 진정한 나이며[我], 더없이 깨끗한[淨] 경지.

○ 상자거각(常自擧覺): 항상 스스로 깨달음을 들어 챙기라는 의미로, 일상에서 매 순간 자신의 마음 상태를 점검하고 깨어 있으라는 불교 수행법

○ 상적상조(常寂常照): 항상 고요하면서 항상 비춤.

○ 선불장(選佛場): 부처를 선발하는 도량이라는 뜻으로, 승과고시의 과장이나 사찰의 승당이나 선방을 가리키는 말.

○ 설통(說通): 설법(說法)이 자유자재(自在)로 함.

○ 성성적적(惺惺寂寂): 마음이 고요하면서도(寂寂) 의식이 맑게 깨어 있는(惺惺) 상태.

○ 소소영영(昭昭靈靈): 마음이 깨어 있어 밝고 신령스러운 것을 묘사하는 용어.

○ 소실봉(少室峯): 중국 선종(禪宗)의 발상지인 숭산 소림사가 위치한 산봉우리.

○ 쇄쇄낙락(灑灑樂樂): 마음이 깨끗하고 욕심이 없어 시원스럽고 통쾌한 상태

○ 수상행식(受想行識): 인간을 육신과 정신으로 나눌 때 오온(五蘊) 즉 색(色)·수(受)·상(想)·행(行)·식(識) 중에서 색을 제외한 나머지 네 가지.

○ 시각(始覺): 본각을 깨달아가는 것.

○ 식심견성(識心見性): 자신의 마음을 알고 본래 성품을 꿰뚫어 보는 것.

○ 식정(識情): 무슨 생각이 든지 분별을 일으키면 그것은 모두 식심(識心), 식정(識情), 망념(妄念).

○ 심행처멸(心行處滅): 마음의 작용[心行]이 미치지 못하는 것. 곧 사량분별(思量分別)이 끊어진 것을 말함.

○ 십이연기(十二緣起): 무명(無明)부터 노사(老死)까지의 12지분 간의 인과관계로 윤회를 설명하는 불교 교리 ① 무명(無明) ② 행(行) ③ 식(識) ④ 명색(名色) ⑤ 육입(六入) ⑥ 촉(觸) ⑦ 수(受) ⑧ 애(愛) ⑨ 취(取) ⑩ 유(有) ⑪ 생(生) ⑫ 노사(老死).

○ 아뢰야식(阿賴耶識): 종자(種子)를 저장하고, 육근의 지각 작용을 가능하게 하는 가장 근원적인 심층 의식.

○ 안락법문(安樂法門): 마음을 편안하게 하고 즐겁게 하는 불교의 가르침을 의미하며, 안심법문(安心法門)이나 안상삼매(安詳三昧).

○ 안심입명처(安心立命處): 마음이 편안하고 운명을 확정 짓는 곳을 뜻하며, 고통 속에서 평안을 찾을 수 있는 이상적인 장소나 상태.

○ 언어도단(言語道斷): 말로는 표현할 수 없는 심오한 진리.

○ 연기공(緣起空): 인연(因緣)에 따라 생겨나고 사라지는 만물은 고정불변의 실체가 없다.

○ 오매일여(寤寐一如): 잠들 때나 깨어 있을 때나 한결같은 마음의 경지.

○ 원상(圓相): 둥근 모양(○)을 의미하며, 특히 선종에서 깨달음의 경지나 우주 만물의 본원으로 막힘없는 법.

○ 원융(圓融): 모든 법의 사리가 구별 없이 널리 융통하여 하나가 됨.

○ 위빠사나: 부처님이 깨달음을 얻은 수행 방법으로, 수행이 높아져 최고의

경지에 도달하면 스스로 깨달음을 얻게 되는 방법.

○ 유식사지(唯識四智): ① 성소작지(成所作智), 전(前) 5식(識) ② 묘관찰지(妙觀察智), 제6식(識) ③ 평등성지(平等性智) 제7식(識)인 말나식(末那識) ④ 대원경지(大圓鏡智) 제8식(識)인 아뢰야식(阿賴耶識).

○ 유전돈법(唯傳頓法): 돈황본(敦煌本) 육조단경(六祖壇經)에서 나오는 8가지 가르침 중 하나로, 점진적인 깨달음, 점수(漸修)가 아닌 단번의 깨달음, 돈오(頓悟)를 오직 전한다는 의미.

○ 육근(六根): 육경(六境)을 인식하고 판단하기 위한 능력이 있는 기관으로, 눈(眼根)·귀(耳根)·코(鼻根)·혀(舌根)·몸(身根)·뜻(意根).

○ 육바라밀(六波羅蜜): 열반의 세계에 이르는 실천 수행법으로, 보시(布施)·지계(持戒)·인욕(忍辱)·정진(精進)·선정(禪定)·반야바라밀(般若波羅蜜) 등의 여섯 가지.

○ 육식(六識): 식별하고 판단하는 마음 작용으로, 안식(眼識), 이식(耳識), 비식(鼻識), 설식(舌識), 신식(身識), 의식(意識).

○ 육진(六塵): 색(色:빛깔)·성(聲:소리)·향(香:냄새)·미(味:맛)·촉(觸:감촉)·법(法)으로, 눈으로 보는 것은 빛깔의 티끌[色塵], 귀로 듣는 것은 소리의 티끌[聲塵], 코로 냄새 맡는 것은 냄새의 티끌[香塵], 혀로 맛보는 것은 맛의 티끌[味塵], 몸으로 오염되는 것은 감촉의 티끌[觸塵], 뜻이 집착하는 것은 법의 티끌[法塵].

○ 육진삼매(六塵三昧): 안이비설신의가 전부 애증심을 벗어나 얽매이지만 않으면 애증심이 다 없는 상태 즉 육근 삼매.

○ 은산철벽(銀山鐵壁): 뚫기 어렵고 험준하여 극복하기 힘든 난관을 비유하는 말로, 어떤 유혹에도 흔들리지 않는 굳건한 마음이나 쇠고집을 뜻함.

○ 음계(陰界): 미혹의 세계. 음(陰)은 오음(五陰)으로 색수상행식(色受想行識)이며, 계(界)는 18계(界)로 6근(根)과 6진(塵) 그리고 6식(識).

○ 음덕(陰德): 공(空)의 음덕(陰德)은 공(空)의 개념과 음덕의 개념을 합쳐서 이해해야 하며, 음덕은 남에게 드러나지 않게 쌓는 덕행이며, 공은 불교의

핵심 가르침.

○ 응연(凝然): 꼼짝하지 않고 굳게 서 있거나 엉겨 있는 모습을 의미하며, 특히 고불(古佛) 이전의 응연일상원(凝然一相圓)이라는 구절을 통해 모든 것이 둥근 하나의 근원적 상태를 묘사할 때 주로 사용.

○ 의단(疑團): 화두에 대한 의심이 깊어져 하나의 덩어리처럼 뭉쳐진 상태.

○ 의심(疑心): 화두에 대한 간절한 의심이 감정처럼 솟아 나오는 것.

○ 의정(疑情): 화두에 대해 깊이 알 수 없는 의문을 품고 그것에 꽉 막히는 상태.

○ 인중보(人中寶): 사람 가운데 보배로운 존재로, 보통 부처님이나 위대한 성인(聖人)을 일컫는 말.

○ 일대사인연(一大事因緣): 부처님이 이 세상에 중생제도(衆生濟度)라는 한 가지 큰일을 위해서 오셨다는 뜻.

○ 일도양단(一刀兩斷): 한칼로 둘로 나눈다는 뜻으로, 머뭇거리지 않고 단호하게 결정하여 일을 처리함.

○ 일물일상(一物一相): 진여(眞如) 즉 진리의 본체를 가리키는 말로, 한 물건, 한 모양. 이것은 우주의 모든 존재가 차별 없이 하나의 근본 실체에서 비롯되었다는 의미이며, 자신의 본성을 간파하기 위한 수행의 방법.

○ 일상삼매(一相三昧): 우주의 근원 자리에 대한 깨달음을 얻어서 마음의 동요가 멈춘 경지이며, 일행삼매(一行三昧) 또는 진여삼매(眞如三昧)로, 마음이 하나의 모습으로 고요하고 일관된 상태에 집중하는 수행.

○ 일초직입여래지(一超直入如來地): 한 번 뛰어넘어 곧장 여래의 경지.

○ 자성삼매(自性三昧): 불교에서 자신의 본바탕인 성품(自性)에 집중하여 마음이 고요하고 청정해지는 선정(禪定)의 경지.

○ 자연지(自然智): 스스로 존재하는 지혜. 인위적인 노력에 의하지 않고, 자연적으로 생기는 부처님의 깨달음의 지혜.

○ 적조쌍류(寂照雙流): 고요함, 적((寂)과 비춤, 조(照)가 쌍으로 흐르는 것을 의미로, 마음이 고요하면서도 모든 것을 비추는 상태 즉 정혜(定慧)가 함

께 작용하는 상태.

○ 정법안장(正法眼藏): 진리를 볼 수 있는 지혜의 눈인 정법안(正法眼)으로 깨달은 비밀의 법, 장(藏)이란 뜻임.

○ 정변지각(正遍知覺): 최상의 깨달음이자 모든 진리를 올바르고 두루 아는 경지.

○ 정위(定位): 의식이 한 곳에 쏠려 고정된 상태를 의미하며, 마음이 산만하게 흩어지지 않고 집중하여 깨어 있는 의식 상태를 뜻.

○ 정인정과(正因正果): 바른 원인(正因)에는 바른 결과(正果)가 따른다는 인과응보의 법칙을 의미.

○ 정좌(靜坐): 고요히 바로 앉아 마음을 가라앉히는 것.

○ 정혜(定慧): 마음을 한곳에 머물게 하는 선정(禪定)과 현상 및 본체를 관조하는 지혜(智慧)를 아울러 이르는 말.

○ 정혜등지(定慧等持): 선정(定)과 지혜(慧)를 동등하게 함께 지니고 닦는 것으로 선정과 지혜의 선후 관계없이 동시에 닦는 것이며 정혜쌍수(定慧雙修).

○ 정혜일여(定慧一如): 선정(禪定)과 지혜(智慧)가 둘이 아니라 하나임. 정(定)과 혜(慧)를 동시에 수행해야 함을 강조하는 정혜쌍수(定慧雙修)의 사상과 맥락을 같음.

○ 정혜체일(定慧體一): 정과 혜가 하나다 정과 혜가 함께 구족됨.

○ 제법실상관(諸法實相觀): 눈에 보이는 사실이나 현상은 눈에 보이지 않는 내면의 진리가 나타난 것이라고 관찰하는 마음의 기능(機能).

○ 종통(宗通): 선문(禪門)에서 스스로의 개오(開悟)가 철저함.

○ 주장자(拄杖子): 승려들이 좌선할 때나 설법할 때 가지는 지팡이.

○ 중지(中智): 중도(中道)의 지혜를 깨닫고, 양극단의 분리감을 극복하여 진리의 핵심을 파악한 경지.

○ 즉심즉불(卽心卽佛): 마음 그 자체가 부처다. 즉 깨달으면 자기 마음속에 부처가 있다는 사실을 알게 됨.

○ 지해(知解): 불교에서 이론이나 지식으로 얻은 알음알이를 의미하며, 부처님의 가르침을 수행을 통해 깨닫는 것이 아니라 머리로만 이해하려는 경향을 뜻함.

○ 진공묘유(眞空妙有): 불법의 핵심을 꿰뚫는 표현으로, 참으로 비어 있으면 가운데 오묘한 존재가 있다는 뜻임.

○ 진공묘지(眞空妙智): 참된 공(空)에서 드러나는 오묘한 지혜. 화엄경(華嚴經)이나 선종(禪宗) 사상에서 자주 등장하는 표현임.

○ 진여묘심(眞如妙心): 참다운[眞] 묘(妙)한 마음을 뜻하며, 모든 현상계를 초월한 근원적이고 본래의 마음.

○ 진여실상(眞如實相): 진여의 있는 그대로의 참모습.

○ 진여정념(眞如正念): 불교에서 우주의 본래 모습을 깨닫기 위해 진여(眞如)의 진리를 정념(正念)으로 바르게 알아차리는 수행.

○ 차조동시(遮照同時): 가리고 비추는 것이 동시에 일어난다는 뜻으로, 부정과 긍정이 동시적이고 상호 의존적으로 존재하며 분리할 수 없다는 불교의 중도적 진리.

○ 찰간대(刹竿臺): 불교 사찰에서 큰 사찰임을 알리거나, 덕 높은 스님이 머물고 있음을 나타내기 위해 세우던 깃대.

○ 참구자(參求者): 참구자(參求者) 깨달음을 얻기 위해 참선(參禪)을 수행하는 사람.

○ 총령(蔥嶺): 위서(隋書) 등 중국 역사서에서는 총령을 유럽과 아프리카의 산의 발원지.

○ 축착개착(築著磕著): 때 딱 맞아떨어지는 체험.

○ 취모검(吹毛劍): 털이 날아와서 붙어도 잘리는 아주 잘 드는 이검(利劍)을 뜻함.

○ 타성일편(打成一片): 생각이 없어서 너도 없고 나도 없고 주관과 객관이 완전히 사라진 무(無)의 경지.

○ 탐진치(貪瞋癡): 탐(貪) 탐욕, 진(瞋) 성냄, 치(癡) 어리석음 등 삼독심임.

○ 태란습화(胎卵濕化): 태생·난생·습생·화생의 사생(四生)을 말로, 태생은 모태에서 태어나는 생물, 난생은 알로 태어나는 생물, 습생은 습기로 태어나는 생물, 화생은 변화하여 태어나는 생물.

○ 파의(破疑): 마음속에 남아 있는 미세한 의심(疑結)을 깨뜨려, 진정한 깨달음에 나아가는 단계.

○ 팔정도(八正道): ① 정견(正見), 바른 견해 ② 정사(正思惟), 바른 생각 ③ 정어(正語), 바른말 ④ 정업(正業), 바른 행위 ⑤ 정명(正命), 바른 직업과 생활수단 ⑥ 정정진(正精進), 바른 노력 ⑦ 정념(正念), 바른 마음챙김 ⑧ 정정(正定), 바른 선정.

○ 평상심시도(平常心是道): 평범하고 일상적인 마음이 곧 도(道)라는 가르침이라는 뜻으로, 일상의 모든 순간이 곧 깨달음의 길이라는 뜻임.

○ 포행(布行): 좌선 중에 잠시 일어나 천천히 걷는 행위를 말하며, 경행(經行) 또는 행선(行禪).

○ 행주좌와어묵동정(行住坐臥語默動靜): 걷거나 서거나 앉거나 눕거나 말하거나 침묵하거나 움직이거나 고요함.

○ 향상일로(向上一路): 절대의 진리에 이르는 외길. 선문(禪門)의 극처(極處).

○ 화두결택(話頭決擇): 참선수행에서 화두를 결정하고 집중하여 수행하는 방법.

○ 화두타파(話頭打破): 화두를 참구함으로써 도(道)를 깨우쳐 나감을 이르는 것.

○ 확철대오(確徹大悟): 확연히 크게 사무친 깨달아 곧 부처가 되는 것.

○ 활구(活句): 살아 있는 말로서 참구할 만한 가치가 있는 말

○ 회광반조(廻光返照): 빛을 돌이켜 되비춘다. '회(廻)'는 전환, '광(光)'은 광명으로 불심·불성·본심을 가리키고, '반조(返照)'는 빛이 되비추는 것을 뜻으로 밖으로 찾는 마음을 안으로 돌이켜 본심 즉 불성을 비춰보는 것임.

3. 약전(略傳)

– 해광 이영원(海光 李永遠) 선법사(禪法師)

선법사(禪法師)님은 1950년 경북 영천군 고경면에서 태어나셨으며, 본관은 성산(星山), 성은 이(李)씨, 휘는 영원(永遠), 법명은 해광(海光)입니다. 일찍이 학문에 뜻을 두시어 지방 국립대학인 경북대학교와 고려대학교 최고위 과정과 동국대학교 불교대학원에서 공부하셨습니다.

또한 무불선학대학원을 졸업하고 선법사로 품서를 받은 뒤, 서울 불교전문강당과 조계사 선림원 등에서 꾸준히 수행과 공부를 이어오셨습니다. 2002년 11월 28일에는 동양학의 저명한 대학인 스리랑카 불교대학원(SRI Dhamodaya Pracinapandit Sangha University)으로부터 명예 불교 철학박사 학위를 받으셨습니다. 이후 전국 각지의 선원에서 안거를 성만하신 뒤, 선법사로서 불법을 전하는 일에 전념하고 계십니다.

선법사님은 1976년에 대구에서 금성정밀을 창업하시어 지역을 대표하는 경영인으로 성장하셨습니다. 이후 23년 동안 금성정밀 대표이사를 역임하시며 지역 경제 발전에 크게 이바지하셨습니다. 남다른 선견지명으로 미래를 내다보는 안목을 지니시어 기업 경영에서도 탁월한 역량을 발휘하셨습니다. 주식회사 금성정밀, 금성전자와 금성플라스틱, 부성컨설팅 등 4개의 기업을 일구며, 기업인으로서 탄탄한 업적을 쌓으셨습니다.

경영 활동에 매진하시면서도 불교의 가르침에 깊은 뜻을 두시어, 언제나 공부에 대한 열정을 잃지 않으셨습니다. 틈틈이 수행과 공부를 이어가며,

삶과 일터 속에서 불법(佛法)을 실천하셨습니다.

기업 경영으로 바쁜 와중에도 화두 공부에 대한 열정을 놓지 않으시고, 제방의 선원과 선사를 찾아 꾸준히 수행정진하셨습니다. 그 과정에서 해인총림 제6대 방장이자 대한불교 조계종 제10대 종정이신 혜암(慧菴, 1920~2001) 스님을 원당암에서 친견하셨습니다. 스님으로부터 '만법귀일 일시심마(萬法歸一 一是甚麼)'의 화두를 받고, 일대사인연(一大事因緣)을 해결하고자 목숨을 건 각고의 정진을 하셨습니다.

선지식이 있다는 소식을 들으시면, 기업 경영은 잠시 뒤로 미루고 낮과 밤을 가리지 않고 참례하여 가르침을 청하셨습니다. 그리고 지리산 상무주암 맞은편 혜암 스님의 토굴을 비롯한 제방 선원에서 재가 수행자로서 여러 차례 안거를 성만하셨습니다. 특히 겨울날 토굴에서의 수행은 혹독하였으며, 오고 가는 길이 끊겨 산속을 헤매다 죽을 고비를 겪으면서도 수행을 이어갔습니다.

1999년에 자녀들이 모두 성장하여 제 갈 길을 가게 되자, 선법사님께서는 때가 되었음을 아시고 오로지 화두 공부에 전념하기로 결심하셨습니다. 그리하여 본업이던 회사를 믿음직한 후배에게 맡기고, 본격적으로 수행의 길에 들어서셨습니다. 그동안 정성과 열의로 건실하게 일군 회사를 정리하는 일은 결코 쉬운 일이 아니었으며, 가족들의 만류 또한 적지 않았습니다. 그러나 공부에 대한 선법사님의 일편단심(一片丹心)과 굳은 신심(信心)은 그 어떤 어려움에도 꺾이지 않았습니다.

이러한 삶은 힌두교에서 말하는 인생의 네 단계 즉 학습기(學習期)·가주기(家住期)·임서기(林棲期)·유행기(遊行期)와도 상통합니다. 즉, 25세가 될 때까지는 스승을 모시고 경전을 배우며 학문을 닦고, 50세까지는 가정을 이루어 사회적 역할을 다하며, 50세 이후에는 자녀를 성장시켜 사회적 의무를 마쳤으니, 이제는 자신의 영혼을 구제하기 위한 수행의 삶에 전념하고, 76세가 지나 수행이 무르익으면 세속의 얽힘을 떠나, 여기저기 유랑하며 대자유의 삶을 사는 단계로 나아가는 삶의 궤적은 힌두교의 인생관과도 일맥상통합니다. 이러한 결단과 기상은 결코 범상한 인연에서 비롯된 것이 아니며, 숙세에 쌓아온 깊은 공덕과 선업(善業)의 결실이라 하지 않을 수 없습니다.

불기 2545(2001)년 4월 4일 오후에 공주 대자암 무문관 하안거 입제 전, 뒷산을 오르던 중 화두가 또렷이 여일(如一)하여 화두를 타파하셨습니다. 그 순간은 말로 다 표현할 수 없었으며, 다만 몸에서 일어나는 현상이 있었습니다. 단전의 한 점이 갑자기 사라지고, 정수리 백회가 열리며 밝은 광명이 환하게 쏟아져 우주와 자신이 하나가 됨을 느끼셨습니다. 천지간이 둘이 아님을 몸소 깨닫고 한 법계의 진리를 증득하셨습니다. 이에 스승 혜암(惠菴)스님께서 말씀을 올리니, 인정하시고 매우 기뻐하셨습니다.

또한 불기 2546(2002)년 6월 11일, 대구 자택에서 새벽 수행 중 대자암에서의 깨달음과 같은 체험을 다시 경험하시며, 그 깨달음을 더욱 확신하셨습니다. 그 후로는 어떤 경전을 보아도 부처님의 말씀을 확연히 이해할 수 있었으며, 깨달음이 부처님의 경전과 조사어록에 조금도 어긋나지 않음을 확신하셨습니다.

화두를 타파하신 뒤에는 제방의 선지식들을 찾아 법을 구하고 그 깨달음을 확고히 하셨습니다. 경북 봉화 금봉암의 은암당 고우(隱庵堂 古愚) 대종사와 여러 차례 법거량을 나누시어 인정받으셨습니다. 또한 충주 석종사 금봉선원의 선원장 혜국(慧國) 스님의 죽비 아래 전국 재가자 간화선 실참 회상에서는 스님께서 특별히 상석 좌복을 마련해주며 보림 수행을 격려하셨습니다. 아울러 유튜브를 통해 선풍을 펼치고 있는 재가 김태완 선지식과도 법거량을 나누셨습니다.

전국 제방 선원에서 45차례에 걸쳐 안거를 성만하시며, 수행 속에서 체험하고 증득한 바를 일관되게 다져 당체(當體)를 세우시고, 대중 교화를 시작하셨습니다.

이후 2003년 5월 3일에 탁마선원을 설립하시어 선원장으로서 재가자의 선법(禪法) 교화에 힘쓰셨으며, 또한 조계사 선림원 초대 회장으로 간화선을 널리 알리기 위해 재가자 수행 단체인 중림회의 창립에 참여하여 그 태동에 큰 역할을 하셨으며, 고우 스님을 증명 법사로 모시고 중림회를 이끌어 오셨습니다. 현재는 중림회 선원장으로서 그 소임을 다하고 있으며, 조계사 선림원 대중으로부터도 깊은 존경과 찬탄을 받고 계십니다.

또한 파주 3653군 부대 소재 정토사에서 주지를 역임하시며, 군 장병과 가족들의 교화에 전력하시고, 현대 생활 속에서 실천하는 생활선(生活禪)의 대중화를 위해 각고의 심혈을 기울이셨습니다. 아울러 2016년 3월 3일 동국대학교 불교대학원 동창회 동불선원을 개관하시고 선원장으로서 재가자의 간화선(看話禪) 수행 전통을 진작(振作)하고 널리 보급하는 데 헌신하고 계십니다.

선법사님께서는 한국불교의 근본 종지인 조계종 간화선(看話禪)이 점차 퇴색되어 가는 현실을 깊이 안타깝게 여기시며, 이에 동불선원을 중심으로 한국 전통선, 특히 간화선의 진흥(振興)과 전승을 위해 온 정성과 열의를 다하고 계십니다. 또한 일상에서도 화두공부를 통해 대자유를 얻고 참된 행복을 누릴 수 있는 길을 제시하시며, 누구나 생활 가운데서 화두선 수행에 전념할 수 있도록 오늘날까지 가르침을 전하고 계십니다.

4. 발 문(跋文)

2016년 학교를 퇴직하고 막연히 방황하던 시기에, 동국대학교 불교대학원 동창회 사무실에서 인연처럼 선원장님을 만나게 되었습니다. 그분은 동불선원을 개원하여 후학을 지도하고 계셨습니다. 그 인연으로 저는 동불선원에서 매주 목요일 저녁 불교 이론 공부와 화두 참선 공부를 시작하게 되었습니다.

처음에는 《선가귀감》, 《육조단경》, 《서장》, 《원오심요》 등을 교재로 삼아 기초 교학을 익혔고, 이어 선원장님께 화두를 받아 "만법귀일 일시심마(萬法歸一 一是甚麼)" — '이뭣꼬?' 수행을 시작했습니다. 그 뒤로 매년 하안거와 동안거에 꾸준히 동참하며 정진을 이어온 지도 어느덧 10년이 흘렀습니다.

선사님께서는 평소 제자들을 지도하시며, 간편하고 간소하게 공부할 수 있는 교재의 필요성을 깊이 느끼셨습니다. 이에 후학들을 지도하시는 동안 틈틈이 기록해 두신 원고를 바탕으로 후학들의 수행과 공부에 지침이 될 수 있는 책으로 엮고자 하는 원력을 세우셨습니다.

후학들의 화두 수행 안내서로서 선사님께서는 2016년에 영인출판사에서 〈365일 화두 일기〉를 발간하셨습니다. 이후 미흡한 부분을 보완하여 개정판을 발간하고자 하는 원력을 세우시고, A4 원고지에 1년 365일 분량의 〈선명상일기〉를 직접 집필하셨습니다.

이 원고의 편집, 발간하고자 여러 차례 권유받았으나, 비학천재(非學天才)

인 제가 감히 감당하기 어려워 쉽게 나서지 못했습니다. 불교계 여러 출판사에 협의를 요청했으나 선공부을 깊게 한 필진을 구하지 못하거나 자체 편집 역량의 한계로 출간이 어렵다는 답변을 들었습니다. 저명한 저술가 스님들께 부탁드렸으나 타인의 원고를 교정·교감하여 저자의 의도를 온전히 살리는 일은 공력이 너무 크다는 이유로 모두 사양하셨습니다.

그런데도 선사님의 원력과 후학들에게 남기고자 하시는 간절한 바람을 저버릴 수 없어 미천한 지혜와 알음알이로 감히 편집과 정리에 손을 담그는 큰 허물을 지었습니다.

편집 정리 과정에서 초고 원고를 1일 1페이지 단위로 적용하며 정리하다 보니 일부 원고는 간략히게 재편집되있고, 누락된 부분도 다수 발생하였습니다. 이에 따라 선사님의 종지를 온전히 담아내지 못하고 잘못 편집된 부분이 있다면 이는 모두 제 수행과 공부가 미진한 탓이라 감히 변명의 여지가 없습니다.

부처님의 가르침을 거스르거나 허물이 될 만한 표현이 있다면 그것 또한 저의 미진함에서 비롯된 것이니 하심으로 헤아려 주시기 바랍니다. 그런데도 편집 발간한 것은 선사님의 가르침을 후학들이 수행과 공부에 조금이나마 도움이 되기를 바라는 간절한 마음 하나 때문이었습니다.

이 책은 총 12개 단락으로 구성하여, 불교 수행 입문에서 대자유인에 이르는 과정을 쉽게 이해할 수 있도록 하였습니다.

① 자기성찰
② 불교입문

③ 구도(求道)

④ 간화선 입문

⑤ 좌선의 기본자세

⑥ 참선자의 마음가짐

⑦ 화두수행

⑧ 화두타파

⑨ 최종관문

⑩ 보림수행

⑪ 중생제도

⑫ 대자유인

월별로 구성하여 간화선 수행의 흐름을 따르도록 하였으나, 일기의 내용은 매일의 명상과 깨달음을 기록한 것이므로 목차와 완전히 일치하지는 않습니다.

일기 상단에는 간단한 요지를 제시하고, 그 아래에 자세한 설명을 덧붙였습니다. 상단의 요지를 먼저 숙지한 뒤 본문을 깊이 음미하신다면 수행의 맥락을 더욱 잘 이해하실 수 있을 것입니다. 본문에 등장하는 어려운 불교 용어는 뒷부분에 〈간화선 용어풀이〉로 정리하여 이해를 돕도록 하였습니다.

이 책의 내용은 특정 근기의 후학들만을 위해 쓰인 것이 아닙니다. 공부하는 누구라도 자신의 근기에 맞게 취할 수 있도록 선사님의 가르침을 충실히 담았습니다. 어느 한 부분이라도 읽고 익히면 수행에 도움이 되며 반복하여 읽다 보면 자연히 간화선 화두 공부의 체계를 이해하고 수행이 한층 깊어짐을 체감할 것입니다.

시중에 간화선 관련 저술이 많으나 재가 수행자가 접근하기에는 여전히 어렵습니다. 이 책은 선사님께서 치열한 수행과 깊은 공부를 통해 체험하고 증득하신 화두 참선의 요지를 재가자의 눈높이에 맞게 쉽고 간결하게 풀어낸 것으로 특히 재가 수행자에게 큰 공덕이 될 것입니다.

부족한 제가 이 책의 발간에 참여할 수 있었음은 오로지 부처님의 무한한 가피라 여기며 깊은 감사의 마음을 올립니다. 공부자들이 이 책을 널리 읽고 화두 수행에 발심하는 계기가 되고 큰 깨달음을 얻고 대자유인의 삶을 살아간다면 비록 편집 과정에 허물이 있더라도 그로써 이 책의 뜻은 이루어졌다고 생각합니다.

끝으로, 이 책의 발간을 흔쾌히 허락해 주신 하늘북 출판사 김현회 사장님께 깊이 감사드리며, 교정에 함께해 주신 덕운 조석준, 법성 남건우 거사, 연해자 이자옥 보살님께 감사의 마음을 전합니다. 또한 동불선원을 물심양면으로 지원해 주신 동국대학교 불교대학원 동창회 회장 혜담 큰스님과 이연우 실장님, 그리고 함께 수행의 길을 걸어온 도반님들께도 진심으로 감사드립니다. 다시 한번 감사의 마음을 담아 회향합니다.

마하반야바라밀

불기 2569(2025)년 11월 30일

동불선원 입승 명봉(明峯) 합장

【선법회 안내】

- 조계사 재가 참선모임 중림회

- 일시 : 매주 수요일, 오후 7~9시
- 장소 : 조계사 시민선방 자율선원
- 대상 : 간화선 발심자
- 연락처 : 회 장 010-8903-7564(법산)

- 동국대학교 불교대학원동창회 동불선원 참선법회

- 일시 : 매주 목요일 오후5~7:30시
- 장소 : 종로구 종로오피스텔 1113호
  동국대학교 불교대학원 총동창회 동불선원
- 대상 : 간화선 발심자
- 연락처 : 010-7376-1053(동창회사무실)

선명상 노트

현대인에 꼭 필요한 365일 간화선 수행

선명상일기(禪冥想日記)

초판 제1쇄 발행: 2025년 12월 3일

지은이 ‖ 해광 이영원

표지 디자인 ‖ 임성한

펴낸이 ‖ 김현회

펴낸곳 ‖ 도서출판 하늘북

주 소 ‖ 서울시 서대문구 홍제내2다길 40

등 록 ‖ 1999년 11월 11일(제3000-2003-138)

전 화 ‖ 02-722-2322, 02-722-7484(법공양 상담 문의)

전자우편 ‖ hanulbook@hanmail.net

ISBN : 979-89-90883-97-1. 03220

값 25,000원